UM TREM NO INVERNO

CAROLINE MOOREHEAD

UM TREM NO INVERNO

Uma história extraordinária de mulheres, amizade e sobrevivência na Segunda Guerra Mundial

tradução
Alessandra Cavalli Esteche

PAZ & TERRA

Título original: *A Train in Winter*

Editora Paz e Terra Ltda.
Rua do Triunfo, 177 — Sta Ifigênia — São Paulo
Tel: (011) 3337-8399 — Fax: (011) 3223-6290
http://www.pazeterra.com.br

Texto revisto pelo novo Acordo Ortográfico da Língua Portuguesa.

CIP-BRASIL. CATALOGAÇÃO NA FONTE
SINDICATO NACIONAL DOS EDITORES DE LIVROS, RJ.

Moorehead, Caroline
Um trem no inverno / Caroline Moorehead ; tradução de Alessandra Cavalli Esteche. -- São Paulo : Paz e Terra, 2012.

Título original: A train in winter.

ISBN 978-85-7753-245-2

1. Amizade entre mulheres - França 2. Auschwitz (Campo de concentração) 3. França - História - Ocupação alemã, 1940-1945 4. Guerra Mundial, 1939-1945 - Mulheres - França - Biografia 5. Guerra Mundial, 1939-1945 - Resistência - França 6. Prisioneiras de campos de concentração - Polônia - Biografia 7. Prisioneiras de guerra - França - Biografia I. Título.

12-12141 CDD-940.530820944

Para Leo

Sumário

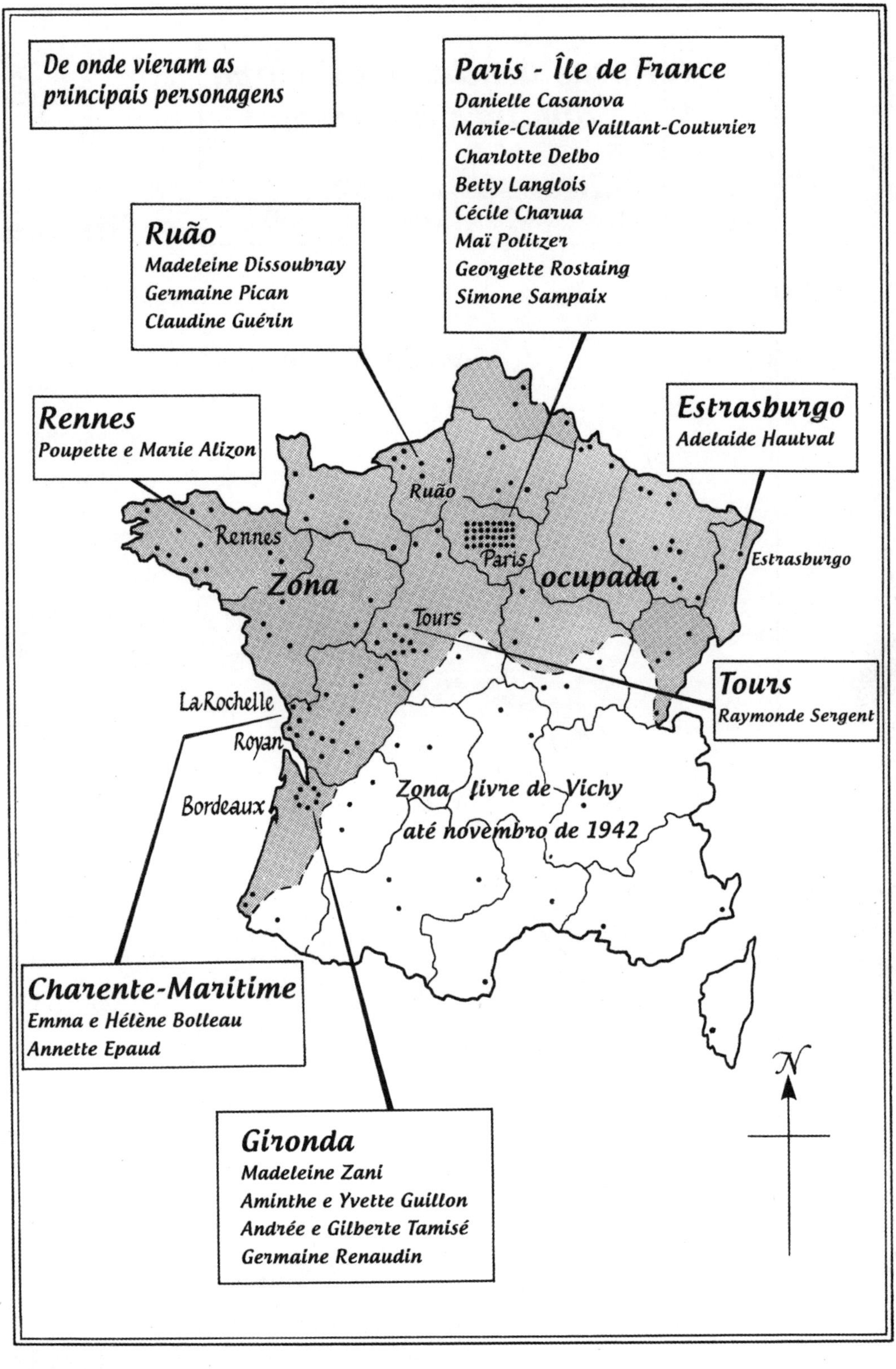
De onde vieram as principais personagens
Paris - Île de France
Danielle Casanova
Marie-Claude Vaillant-Couturier
Charlotte Delbo
Betty Langlois
Cécile Charua
Maï Politzer
Georgette Rostaing
Simone Sampaix
Ruão
Madeleine Dissoubray
Germaine Pican
Claudine Guérin
Rennes
Poupette e Marie Alizon
Estrasburgo
Adelaide Hautval
Ruão
Rennes
Paris
Estrasburgo
Zona
ocupada
Tours
Tours
Raymonde Sergent
La Rochelle
Royan
Bordeaux
Zona livre de Vichy
até novembro de 1942
Charente-Maritime
Emma e Hélène Bolleau
Annette Epaud
Gironda
Madeleine Zani
Aminthe e Yvette Guillon
Andrée e Gilberte Tamisé
Germaine Renaudin
N

Rotas usadas na Europa durante a Guerra
0
100
200 milhas
0
100
200
300 km
Dinamar
(ocupada)
Mar do Norte
Kiel
Neuengammen
Hamburgo
(Zazel)
Bremen
Inglaterra
Amsterdã
Holanda
(ocupada)
Hanover
Londres
Münster
Beendo
rio Reno
Calais
Cologne
Bruxelas
Lille
Erfu
Bélgica
(ocupada)
rio Sena
Frankfurt
Compiègne
Würzburg
Metz
Paris
(Romainville)
Nurembe
Châlons-sur-Maine
Stuttgart
Estrasburgo
rio Danúbio
Orleans
França
(ocupada)
Tours
Dijon
rio Loire
Basileia
rio Saône
Suiça
(neutra)

Suécia
(neutra)
Mar Báltico
Copenhage
Malmo
Danzig
Marienburg
Rostock
Ravensbrück
Stettin
rio Elbe
Berlim
rio Vistula
Varsóvia
Posen
Magdeburg
rio Oder
Lodz
Polônia
(ocupada)
Halle
Breslau
Leipzig
Dresden
rio Danúbio
Cracow
Oświęcim
(Auschwitz)
Praga
Pilsen
Tchecoslováquia
(ocupada)
Regensburg
rio Danúbio
Mauthausen
Bratislava
Linz
Viena
Munique
Salzburgo
Budapeste
Áustria
(anexada à Alemanha em 1938)
Hungria
(ocupada)

Prefácio

Em 5 de janeiro de 1942, um inspetor da polícia francesa chamado Rondeaux, posicionado no 10° *arrondissement*[1] de Paris, viu um homem que acreditou ser membro procurado da Resistência Francesa. Além de ser professor, André Pican era, de fato, o chefe da Frente Nacional da Resistência do Baixo-Sena; um prêmio de 30 mil francos era oferecido por sua cabeça pelo descarrilamento de um trem que levava produtos e materiais de guerra para a Alemanha.

O superior de Rondeaux, um zeloso francês anticomunista e colaborador ativo da Gestapo, chamado Lucien Rottée, achou que Pican poderia levá-los a outros membros da Resistência. Onze inspetores foram orientados a seguir, mas não prender, Pican.

Durante as duas semanas seguintes, fizeram buscas pelas ruas de Paris em vão. Então, em 21 de janeiro, um inspetor que fazia a vigia no Café du Rond, perto do Porte d'Orléans, pensou ter visto um homem que batia com a descrição de Pican. Ao segui-lo, viu quando ele parou para conversar com um homem atarracado, de uns trinta anos, rosto ossudo e bigode largo. Os homens de Rottée ficaram por perto. Em 11 de fevereiro, Pican foi visto do lado de fora de uma loja. Às 15h50, entrou no estabelecimento em companhia de uma mulher de "28 a trinta anos de idade, 1,70m de altura, magra, com cabelos castanhos encaracolados nas pontas"; vestia um "casaco azul da Prússia, com um cinto preto e meias de lã cinza-claro, pouco elegantes". O policial, sem saber quem ela era, chamou-a de "*Femme Buisson-St.-Louis*", devido a uma estação de metrô que ficava ali perto; Pican passou a ser chamado de "Buisson". Depois de assistir a um filme no cinema Le Palais des Glaces, Pican e a "*Femme Buisson*" foram vistos comprando pão e ostras antes de partir pela rua Saint-Maur.

---

[1] *Arrondissement* - divisão administrativa utilizada em alguns países francófonos e no Reino Unido.

Nos dias que se seguiram, Pican encontrou "Motte Piquet", "Porte Souleau" e *"Femme nº 1 de Balard"*. Sem saber quem eram, os policiais deram a elas os nomes dos lugares onde foram vistas pela primeira vez.

Em 12 de fevereiro, *"Femme Buisson"* foi vista entrando no Café au Balcon, onde recebeu uma pequena mala de "Ménilmontent" — uma mulher baixa de trinta e poucos anos, de "1,55m de altura, cabelo castanho-escuro preso com uma redinha, casaco preto, bolsa de couro chique, cinto vermelho". Até aquele momento, Pican também havia encontrado e trocado pacotes com *"Femme Brunnet St. Lazare"* ("1,60m, 34 anos, pele muito escura, nariz pontudo, casaco bege, capuz forrado em vermelho, amarelo e verde") e com *"Femme Claude Tillier"* ("1,65m, 33 anos, pele escura, um pouco corpulenta, cardigã volumoso e meias de lã"). *"Femme Vincennes"* ("1,60m, 32 anos, cabelos bonitos, óculos, casaco marrom de lã de carneiro, meias de lã bege") foi vista conversando com *"Femme Jenna"* e *"Femme Dorian"*. Um dos oficiais da polícia francesa, inspetor Deprez, foi especialmente meticuloso nas descrições que fazia das mulheres que seguia, anotando nos cartões retangulares, que cada inspetor preenchia todas as noites, que a *"Femme République"* tinha uma pequena marca vermelha na narina direita e que seu vestido cinza era feito de lã de angorá.

Em meados de fevereiro, Pican e seus contatos haviam se tornado visivelmente nervosos, olhando constantemente por sobre os ombros para ver se estavam sendo seguidos. Rottée começou a temer que estivessem planejando uma fuga. Os próprios inspetores de polícia também se inquietavam, pois na primavera de 1942 Paris estava cheia de cartazes colocados pela Resistência, dizendo que os policiais franceses não eram melhores que a Gestapo alemã e que, portanto, deviam ser baleados em legítima defesa. Em 14 de fevereiro, Pican e *"Femme Brunet"* foram vistos na estação Montparnasse comprando passagens para o trem que partiria na manhã seguinte para Le Mans e arrumando três malas grandes para levar no vagão de carga. Rottée decidiu que havia chegado o momento de agir. Às três da manhã de 15 de fevereiro, sessenta inspetores de polícia saíram por Paris para fazer suas prisões.

Durante as 48 horas seguintes, eles bateram em portas, invadiram casas, lojas, escritórios e depósitos, fizeram buscas em porões e sótãos, pocilgas e cabanas, despensas e armários. Apreenderam cadernos, endereços, falsas identidades, explosivos, revólveres, panfletos, senhas de racionamento habilmente forjadas, certidões de nascimento, máquinas de escrever, projetos para ataques a trens, quadros de horários, passagens e dezenas de cartões-postais rasgados, as metades que faltavam destinadas a funcionar como senhas ao serem combinadas àquelas que pertenciam às pessoas cujos nomes estavam nos cadernos. Quando Pican foi capturado, tentou engolir um pedaço de papel com uma lista de nomes; em seus sapatos foram encontrados endereços, um panfleto anti-Alemanha e 5 mil francos. Os outros, quando confrontados pelos homens de Rottée, gritaram por socorro, resistiram e tentaram fugir; duas mulheres morderam os inspetores.

Com o passar dos dias, cada prisão levava a outras. A polícia deteve jornalistas e professores universitários, agricultores e comerciantes, zeladores e eletricistas, químicos e carteiros, professores e secretárias. De Paris, a rede alastrou-se, chegando a Cherburgo, Tours, Nantes, Evreux, Saintes, Poitiers, Ruffec e Angoulême. Os inspetores de Rottée prenderam a mulher de Pican, Germaine, também professora e mãe de duas filhas pequenas; ela era a oficial de ligação do Partido Comunista em Ruão. Também foram levados Georges Politzer, um distinto filósofo húngaro que lecionava na Sorbonne, e sua mulher, Maï, "Vincennes", uma parteira de beleza impressionante, que tinha tingido os cabelos loiros de preto como disfarce para seu trabalho como mensageira e datilógrafa clandestina, e não muito depois, Charlotte Delbo, assistente do famoso ator Louis Jouvet.

E então prenderam Marie-Claude Vaillant-Couturier, *"Femme Tricanet"*, sobrinha do criador das histórias de Babar e contribuidor da edição clandestina do *L'Humanité*, e Danielle Casanova, *"Femme nº 1 de Balard"*, cirurgiã-dentista de Corsica, uma mulher robusta e enérgica em seus trinta anos, com grossas sobrancelhas pretas e um queixo forte. Maï, Marie-Claude e Danielle eram velhas amigas. Quando levados ao distrito central de Paris e interrogados, alguns dos que foram presos se recusaram a falar, outros foram insolentes, outros agiram com desdém. Disseram que não tinham nenhum interesse por política, que não sabiam de nada sobre a Resistência, que haviam recebido pacotes e encomendas de completos estranhos. Maridos disseram que não faziam ideia a respeito do que suas mulheres faziam o dia todo, mães afirmavam que não viam os filhos havia meses.

Dia após dia, Rottée e seus homens interrogaram os prisioneiros. Sozinhos e em duplas, anotavam seus relatos e depois saíam para fazer novas prisões. O que nunca relataram foi que o pouco que descobriram era geralmente resultado de tortura, tapas, socos, chutes, golpes na cabeça e nas orelhas e ameaças às famílias dos prisioneiros, principalmente às crianças. Os detidos deviam ser tratados, dizia uma anotação feita na margem de um relato, *avec égard*, ou seja, com consideração. As palavras foram seguidas por uma série de pontos de exclamação. A tortura havia se tornado piada.

Quando, no fim de março, o que agora era conhecido como *caso Pican* foi fechado, Rottée anunciou que a polícia francesa tinha proferido um golpe "decisivo" na Resistência. Sua captura incluía três milhões de panfletos anti-Alemanha e anti-Vichy, três toneladas de papel, duas máquinas de escrever, oito mimeógrafos, mil estênceis, 100kg de tinta e 300 mil francos. Foram detidas 130 pessoas, 35 delas mulheres. A mais jovem dessas mulheres era uma menina de dezesseis anos chamada Rosa Floch, que foi presa enquanto escrevia "Vive les Anglais!" [Vivam os ingleses!] nas paredes do colégio. A mais velha era a esposa de um agricultor, de 44 anos, Madeleine Normand, que disse à polícia que os 39.500 francos de sua bolsa estavam lá porque ela tinha vendido um cavalo recentemente.

Nove meses depois, na manhã nevosa de 24 de janeiro de 1943, trinta dessas mulheres juntaram-se a outras duzentas, detidas como elas em todas as partes da França ocupada, no único trem a levar mulheres da Resistência Francesa aos campos da morte nazistas durante os quatro anos da ocupação alemã.

No início dos anos 1960, Charlotte Delbo, uma das mulheres no trem, sentou-se para escrever uma peça. Pensou em si mesma como uma mensageira, trazendo a história de suas ex-companheiras: 23 mulheres, usando vestidos listrados idênticos, conversam sobre a vida em um campo nazista. Mal se podia distinguir umas das outras, todas igualmente cinza em suas roupas esfarrapadas e sem forma, cabelos e traços propositadamente olvidáveis. "Os rostos", Delbo escreveu em suas rubricas, "não importam". O que importava era a experiência que tinham em comum. Como em uma tragédia grega, a violência é relatada, mas não vista.

"Alguma de nós há de voltar", diz uma das mulheres. "Você ou outra, não importa. Temos que lutar e sobreviver, porque somos lutadoras... Aquelas que voltarem terão vencido." Uma segunda mulher fala. "E as que deixarmos para trás?" Outra responde: "Não vamos deixá-las. Vamos levá-las conosco." Então alguém pergunta: "Por que acreditar nessas histórias de fantasmas, fantasmas que voltam e que não são capazes de explicar como?"

Em 2008, decidi ir em busca das mulheres que deixaram Paris, naquela aurora congelante de janeiro 65 anos antes. Imaginei se alguma delas estaria viva, para contar a história do que as levou a participar da Resistência, de como vieram a cair nas mãos dos homens de Rottée e que batalhas tiveram de lutar para sobreviver, à época e mais tarde.

Charlotte Delbo, descobri, morreu de câncer em 1985. Mas sete das mulheres ainda estavam vivas. Encontro Betty Langlois com 95 anos, uma mulher magra, mas forte, de um charme imenso, com os mesmos olhos castanhos brilhantes e penetrantes que saltavam de suas fotografias antigas, morando em um apartamento escuro no centro de Paris, cheio de vasos de plantas e móveis de mogno. Serve biscoitos coloridos e de presente me dá um pequeno gato de pelúcia enrolado em uma caixa de papelão marrom. Apesar de não ter um gato, ama a maneira como esse parece de verdade e dá um de presente para todos os amigos.

Betty me leva a Cécile Charua, em Guingamp, em Brittany, que ri de meu francês formal e me ensina muitas gírias indecentes. Aos 93 anos, Cécile é robusta, bem-humorada e não se queixa. Visito as duas muitas vezes e em cada ocasião elas falam e falam, contando cenas e episódios que parecem frescos e reais demais em suas mentes para terem acontecido mais de meio século atrás. Nenhuma das duas, em todo esse tempo, falou muito sobre o que aconteceu com elas. É Cécile quem fala sobre Madeleine Dissoubray, 91 anos e professora aposentada de matemática, que vive sozinha em um pequeno apartamento nos arredores de Paris, cercada de livros; e, mais tarde, no encontro anual de sobreviventes, que acontece todos os anos no dia 24 de janeiro, ouço Madeleine, uma mulher correta e angular, com voz firme e doce, descrever para uma multidão de espectadores o que significou sobreviver. Ela é sisuda e completamente contida.

Tenho dificuldades em encontrar Poupette Alizon, que se afastou das outras e vive longe das filhas. Mas uma reviravolta da sorte me leva a Rennes, onde a encontro em um silencioso e elegante apartamento, de decoração impecável, cheio de quadros, com vista para um parque deserto e alguns jardins. Poupette, aos 83 anos, um pouco mais jovem que as outras e em seu longo casaco esvoaçante lilás, tão elegante quanto seu entorno, parece incomodada e um pouco resistente. Poupette, também, fala e fala. Ela é solitária e a vida não parece ter sorrido muito para ela.

Não consigo encontrar Lulu Thévenin, Gilberte Tamisé e Geneviève Pakula. Embora todas estejam vivas em 2008, são muito frágeis para receber visitas. Mas encontro o filho de Lulu, Paul, e sua irmã mais nova, Christiane.

No verão de 2009, Betty falece, logo após minha terceira visita. Tinha câncer no pâncreas havia sete anos, e ninguém sobrevive a esse tipo de câncer por tanto tempo. Na última vez que a vi, ela contou, em tons de prazer e orgulho, que intrigava todos os seus médicos. Sobreviver, diz, é algo que ela faz muito bem.

Tendo passado horas conversando com as quatro sobreviventes, decido procurar pelas famílias daquelas que não voltaram dos campos nazistas ou que morreram depois. Encontro o filho de Madeleine Zani, Pierre, em um vilarejo perto de Metz; o filho de Germaine Renaudin, Tony, em uma casa confortável e bonita em Termes d'Armagnac, não distante de Bordeaux; o filho de Annette Epaud, Claude, convalescia depois de uma cirurgia em uma casa de repouso em Charente; a filha de Raymonde Sergent, Gisèle, em Saint-Martin-le-Beau, o vilarejo perto de Tours onde sua mãe cresceu. Encontro o neto de Guillon em um café em Paris. Cada um me conta a história de sua família e me apresenta a outras famílias. Viajo para cima e para baixo pela França, para fazendas remotas, casas de repouso e blocos de apartamentos, para vilarejos e arredores das principais cidades francesas. As crianças, algumas agora com setenta anos, produzem cartas, fotografias, diários. Falam sobre suas mães com admiração e um leve ar de perplexidade, que foram tão corajosas e tão pouco vaidosas a respeito de suas próprias realizações. Isso faz com que esses filhos e filhas, agora idosos, sintam ainda mais saudades. Quando conversamos sobre o passado, seus olhos por vezes se enchem de lágrimas.

Este é um livro sobre a amizade entre mulheres e a importância que deram à intimidade e ao cuidado de umas com as outras; sobre como, sob circunstâncias de dificuldade e perigo extremos, tal dependência mútua pode ser a diferença entre viver e morrer. É sobre coragem, encarar e sobreviver ao pior que a vida pode oferecer, com dignidade e uma determinação incontestável que não pode ser destruída. Aquelas que voltaram à França em 1945 deviam suas vidas principalmente ao acaso, mas também deviam, e não era pouco, à tenacidade com que se agarraram umas às outras, apesar de separadas por cada divisão de classe, idade, religião, profissão, política e educação. Não gostavam igualmente de todas, é claro: algumas eram amigas muito mais próximas que outras. Mas cada uma delas cuidou das companheiras com o mesmo grau de atenção e preocupação e sentiu cada morte com angústia. E aquilo pelo qual todas passaram, por meses e meses, está no limite absoluto da resistência humana.

Essa é a história delas, de Cécile, Betty, Poupette, Madeleine e as outras 226 mulheres que estavam com elas no que ficou conhecido como o "comboio dos 31.000".

Parte 1

1

Um brinquedo enorme cheio de sutilezas

O que surpreendeu os parisienses, em pé e em pequenos grupos ao longo da Champs-Élysées para assistir aos soldados alemães tomarem sua cidade nas primeiras horas de 14 de junho de 1940, foi como eles pareciam jovens e saudáveis. Altos, belos, bem-barbeados, foi observado que os jovens que marchavam ao som de uma banda militar até o Arco do Triunfo usavam uniformes feitos com tecido de boa qualidade e botas reluzentes feitas de couro de verdade. Os revestimentos dos cavalos que puxavam os canhões brilhavam. Não parecia uma invasão, mas um espetáculo. A própria Paris estava calma e em silêncio quase completo. Além das ondas constantes de tanques, infantarias motorizadas e tropas, nada se movia. Embora tivesse chovido muito no dia 13, o enorme calor do início de junho retornava.

E quando pararam de assistir, os parisienses voltaram para suas casas e esperaram para ver o que ia acontecer. Um espírito de *attentisme*, ou seja, de esperar, de não fazer nada, assistindo, estabeleceu-se pela cidade.

A velocidade da vitória alemã — os *panzers* em Luxemburgo em 10 de maio, as forças holandesas aniquiladas, a travessia do rio Mosa em 13 de maio, o Exército e as Forças Armadas francesas provados obsoletos, mal-equipados, malconduzidos e fossilizados pela tradição, a Força Expedicionária Britânica obrigada a recuar em Dunquerque, Paris bombardeada em 3 de junho — havia sido chocante. Poucos eram capazes de absorver o fato de que uma nação cujo valor militar era reconhecido pela batalha de Verdun na Primeira Guerra Mundial e cujas defesas foram garantidas pela supostamente invencível Linha Maginot, tinha sido reduzida, em apenas seis semanas, a um estado de vassalagem. Era impossível prever quais seriam as consequências, mas elas não tardariam a chegar.

Ao meio-dia do dia 14, o general Sturnitz, comandante militar de Paris, tinha estabelecido seu quartel-general no Hotel Crillon. Paris foi declarada cidade aberta, então não houve destruição. Uma bandeira alemã foi hasteada sobre o Arco do Triunfo e suásticas levantadas sobre o Hôtel de Ville, a Câmara dos Deputados, o Senado e vários ministérios. Edith Thomas, uma jovem marxista historiadora e romancista, disse que isso a fez pensar em "aranhas enormes, cheias de sangue". O Grande Palácio foi transformado em uma garagem para os caminhões alemães, a Escola Politécnica, em um quartel. A Força Aérea alemã, a Luftwaffe, tomou conta do Grande Hotel de Paris na praça da Opéra. Postes de sinalização franceses vieram abaixo; postes alemães subiram. O horário francês foi adiantado em uma hora, para ficar em conformidade com Berlim. O marco alemão foi a quase o dobro de seu valor pré-guerra. Nas horas que se seguiram à chegada dos ocupantes, dezesseis pessoas cometeram suicídio, o mais famoso deles o de Thierry de Martel, inventor da neurocirurgia francesa, que havia lutado em Gallipoli.

As primeiras demonstrações de comportamento alemão foram, no entanto, reconfortantes. Toda propriedade deveria ser respeitada, desde que as pessoas fossem obedientes às exigências alemãs de lei e ordem. Os alemães controlariam a central telefônica e, no tempo devido, as ferrovias, mas os serviços de utilidade pública permaneceriam em mãos francesas. A queima de sacos cheios de arquivos e papéis do Estado no Ministério das Relações Exteriores, realizada após a chegada dos alemães, foi inconveniente, mas não em excesso, pois muito foi salvo. O general von Brauchtisch, comandante supremo das tropas alemãs, ordenou que seus homens se comportassem com "perfeita correção". Quando ficou claro que os parisienses planejavam uma revolta, o toque de recolher, originalmente previsto para 48 horas, foi elevado. Os franceses, que temiam a selvageria que acompanhou a invasão da Polônia, ficaram aliviados. Entregaram suas armas, como lhes fora instruído, aceitaram que dali em diante só poderiam caçar coelhos com *terriers* ou arminhos e registraram seus adorados pombos-correio. Os alemães, por sua vez, ficaram admirados com a passividade francesa.

Quando, no decorrer dos dias e semanas seguintes, as pessoas que fugiram para o sul retornavam em carros, bicicletas, charretes, caminhões de mudança, carrinhos de sorvete, carros funerários ou carroças, levando com eles carrinhos de bebês, carrinhos de mão e rebanhos de animais, ficaram espantados com a civilidade que os conquistadores pareciam ter.

Havia algo um pouco vergonhoso nessa reação em cadeia do terror, tão remanescente do *Grand Peur* que havia tirado os franceses de suas casas nos primeiros dias da Revolução de 1797. O ano de 1940 não foi, afinal, tão terrível assim. Os franceses estavam acostumados à ocupação; afinal de contas, haviam sofrido com ela em 1814, 1870 e 1914, e à época houve caos e saques. Agora encontravam soldados alemães na recém-reaberta galeria Lafayette, comprando meias, sapatos e perfumes pelos quais pagavam escrupulosamente, passeando em Notre-Dame, dando chocolates a crianças pequenas e oferecendo seus assentos às idosas no metrô.

"Sopões" foram criados pelos alemães em várias partes de Paris e sob as castanheiras florindo nos jardins das Tulherias, bandas militares tocavam Beethoven. Paris permaneceu em um estranho silêncio, principalmente porque a nuvem preta e oleosa que envolveu a cidade depois do bombardeio dos enormes depósitos de petróleo no estuário do Sena dizimou a maior parte da população de aves. Hitler, que fez uma visita-relâmpago em 28 de junho, foi fotografado batendo nos joelhos em deleite sob a Torre Eiffel. Como o pintor e fotógrafo Jacques Henri Lartigue observou, os conquistadores alemães estavam se comportando como se estivessem diante de um brinquedo novo maravilhoso, "um brinquedo enorme cheio de sutilezas das quais não suspeitavam".

Em 16 de junho, Paul Reynaud, o primeiro-ministro que presidiu o voo do governo francês de Paris a Tours e, então, Bordeaux, renunciou, entregando o poder ao marechal Pétain, o adorado herói de Verdun. Às 12h30 do dia 17, Pétain, com sua voz fina e crepitante, que lembrou a Arthur Koestler um "esqueleto com frio", anunciou no rádio que tinha concordado em presidir um novo governo e que estava pedindo à Alemanha um armistício. O povo francês, ele disse, ia "parar de resistir" e cooperar com as autoridades alemãs. "Tenham confiança no soldado alemão!", diziam cartazes que logo apareceram em todos os muros.

Os termos do armistício, assinados após 27 horas de negociação na clareira de Rethondes, na floresta de Compiègne, onde a derrota militar alemã havia sido assinada no final da Primeira Guerra Mundial, 22 anos antes, eram brutais. A geografia da França foi redesenhada. 49 dos 87 departamentos franceses continentais — $^{3}/_{5}$ do país — seriam ocupados pela Alemanha. Alsácia e Lorena seriam anexadas. Os alemães controlariam o Atlântico e as costas do canal e todas as importantes áreas de indústria pesada, além de ganharem o direito a grandes porções das matérias-primas francesas. Uma linha de demarcação de 1.200km fortemente vigiada, cortando a França pela metade e correndo desde os arredores de Genebra a leste até o oeste, nos arredores de Tours, sul da fronteira espanhola, deveria separar a zona ocupada no norte da "zona livre" no sul. Além disso, haveria uma "zona proibida" no norte e no leste, controlada pelo Alto-Comando Germânico em Bruxelas. Uma quantia diária exorbitante deveria ser paga pelos franceses para cobrir os custos da ocupação. O policiamento de uma zona desmilitarizada ao longo da fronteira italiana deveria ser dado aos italianos — que, não querendo desperdiçar o momento, declararam guerra à França em 10 de junho.

O governo francês foi descansar em Vichy, um spa da moda na margem direita do rio Allier, em Auvergne. Aqui, Pétain e seu ministro-chefe, o apaziguador e pró-Alemanha Pierre Laval, começaram a desenhar um novo Estado francês. No papel, pelo menos, não era um fantoche alemão, mas um Estado legal e soberano com relações diplomáticas. Durante o rápido avanço alemão, cerca de 100 mil soldados franceses foram mortos em ação, 200 mil feridos e outros 1,8 milhão capturados como prisioneiros de guerra e levados para campos na Áustria e na Alemanha; mas uma nova França se levantaria das cinzas. "Sigam-me", declarou Pétain, "mantenham sua fé em *La France Eternelle* [A França eterna]". Pétain tinha 84 anos. Aqueles que preferiram não segui-lo juntaram-se para deixar a França — pela fronteira, até a Espanha e a Suíça, ou atravessando o canal — e começaram a se reunir como a França Livre com franceses das colônias africanas que haviam lutado contra uma rendição negociada para a Alemanha.

Nessa França imaginada por Pétain e seus seguidores católicos, conservadores, autoritários e muitas vezes antissemitas, o país seria purgado e purificado, retornando a uma era de ouro mítica anterior à introdução de ideias perigosas sobre igualdade. Os novos franceses respeitariam seus superiores e os valores de disciplina, trabalho duro e sacrifício, e afastariam o individualismo decadente que havia, junto com judeus, maçons, sindicalistas, imigrantes, ciganos e comunistas, contribuído para a derrota militar do país.

Voltando de um encontro com Hitler em Montoire em 24 de outubro, Pétain declarou: "Com honra, e para manter a união francesa... estou embarcando hoje no caminho da colaboração." Aliviados por não precisarem lutar, enojados pelo bombardeio britânico à frota francesa ancorada no porto argelino de Mers-el-Kebir, aquecidos com o pensamento de seu líder paternal heroico, a maioria dos franceses estava feliz de se juntar a ele. Mas não, como logo ficaria claro, todos eles.

Muito antes de chegarem a Paris, os alemães vinham se preparando para a ocupação da França. Não haveria nenhum gaullista[2] — como na recém-anexada Alsácia-Lorena —, mas haveria governo militar do tipo minucioso e altamente burocrático. Tudo, desde a censura da imprensa até o funcionamento dos serviços postais, deveria estar sob rígido controle alemão. Mil funcionários ferroviários chegaram para supervisionar o funcionamento dos trens. A França deveria ser encarada como um inimigo mantido em *faiblesse inférieure*, ou seja, um estado de fraqueza dependente, e deveria ser mantida fora do alcance das forças Aliadas. Foi contra esse contexto de colaboração e ocupação que a Resistência começou a tomar forma.

O ex-líder escoteiro e reorganizador da Luftwaffe, Otto von Stülpnagel, um disciplinador prussiano que usava monóculo, foi nomeado chefe da Comissão de Armistício Franco-Germânica. Mudando-se para o Hotel Majestic, começou a organizar a administração civil da França ocupada, com o auxílio de funcionários públicos alemães, esboçada rapidamente em Berlim. Os poderes de von Stülpnagel incluíam tanto a provisão quanto a segurança dos soldados alemães e a direção da economia francesa. Não longe dali, no Hotel Crillon, na

[2] Pessoa partidária do gaullismo (ideologia política baseada nas ideias de Charles de Gaulle).

rua de Rivoli, o general von Sturnitz estava ocupado supervisionando o dia a dia da capital. Em hotéis e casas requisitadas, homens de botas reluzentes eram assistidos por jovens secretárias alemãs, que logo ficaram conhecidas entre os franceses como "ratinhos cinza".

Havia, no entanto, o outro lado da ocupação, que não era nem tão declarado, nem tão moderado; e nem estava tão rigidamente sob o comando militar alemão quanto von Stülpnagel e seus homens gostariam. Era todo o aparato do serviço secreto, com seus diferentes ramos entre os militares e a polícia.

Depois dos protestos de alguns de seus generais a respeito do comportamento da Gestapo na Polônia, Hitler havia concordado que nenhum policial da segurança da tropa de proteção — a chamada *Schutzstaffel* [SS] acompanharia as tropas que invadiriam a França. Poderes policiais estariam nas mãos apenas da administração militar. Mas o *Reichsführer* Heinrich Himmler, chefe da polícia alemã, quarenta anos, míope, lábios finos, que sempre sonhou com a criação de uma raça superior de arianos nórdicos, não queria ver a camisa negra da SS excluída. Decidiu despachar para Paris sua própria cabeça de ponte, que mais tarde usaria para enviar mais homens até lá. Himmler ordenou que seu subordinado, Reinhard Heydrich, o chefe sangue-frio da *Geheime Staatspolizei*, ou Gestapo, que ele havia transformado em um instrumento de terror, incluísse um pequeno grupo de vinte homens, vestidos com o uniforme da polícia militar secreta do Abwehr[3] e dirigindo veículos com placas militares. Um jornalista de trinta anos com doutorado em filosofia, chamado Helmut Knochen, era o responsável pelo grupo. Knochen era especialista na repressão de judeus e falava um pouco de francês. Depois de comandar uma casa na avenida Foch com seu time de especialistas em antiterrorismo e assuntos judaicos, recorreu à prefeitura de Paris, onde exigiu que lhe fossem dados os dossiês sobre todos os imigrantes alemães, todos os judeus e todos os antinazistas conhecidos. Quando os militares perguntaram o que estava fazendo, ele disse que estava conduzindo uma busca por dissidentes.

Knochen e seus homens logo se tornaram extremamente habilidosos em infiltração, no recrutamento de informantes e como interrogadores. Sob o seu comando, o serviço secreto alemão se tornaria

---

[3] Serviço de informação do Exército alemão.

a organização alemã mais temida na França, permeando todas as esquinas do sistema nazista.

Knochen não estava, no entanto, sozinho em seu desejo de policiar a França. Havia também os homens de combate ao terrorismo do Abwehr, que respondiam ao almirante Canaris em Berlim; a Einsatzstab Rosenberg, que desentocava lojas maçônicas e sociedades secretas e saqueava obras de arte valiosas a fim de serem enviadas para a Alemanha; e os especialistas em propaganda de Goebbels. O ministro das Relações Exteriores em Berlim, von Ribbentrop, também havia convencido Hitler a deixá-lo enviar um de seus homens a Paris, Otto Abetz, francófilo que havia cortejado a França na década de 1930 com planos de cooperação franco-germânica. Abetz tinha 37 anos, era um homem genial, um pouco robusto, que havia sido mestre de artes e, apesar de famoso pelo charme e pelo amor que tinha à França, era visto tanto pelos franceses quanto pelos alemães com desconfiança, principalmente porque suas instruções, um pouco ambíguas, faziam-no "responsável por questões políticas tanto da França ocupada quanto da desocupada". De sua embaixada suntuosa na rua de Lille, Abetz embarcou na colaboração "com um toque de luz". Paris, como vista por ele, iria se tornar novamente a "cidade luz" e, ao mesmo tempo, serviria como o lugar perfeito de prazer e deleite para seus conquistadores alemães. Não muito tempo depois de visitar Paris, Hitler declarou que todo soldado alemão teria direito a uma visita à cidade.

Apesar do fato de que todas essas forças separadas eram, em teoria, subordinadas ao comando militar alemão, na prática tinham toda a intenção de operar de forma independente. E quando a dissidência e a Resistência começaram a crescer, o comando militar também ficou cada vez mais contente em deixar as forças não oficiais de repressão lidarem com quaisquer sinais de rebeldia. Paris acabaria por se tornar uma pequena Berlim, com todas as rivalidades, os clãs e as divisões da pátria, sendo a única diferença que dividiam um objetivo comum: o de dominar, governar, explorar e espionar o país que estavam ocupando.

Embora a polícia francesa — que apresentava mais ou menos 100 mil policiais por toda a França no verão de 1940 — tivesse a princípio recebido ordens de entregar suas armas, rapidamente foi instruída a pegá-las de volta, pois logo ficou claro que os alemães tinham uma falta desesperadora de policiais. Os 15 mil homens que originalmente trabalhavam para a polícia de Paris foram instruídos a retomar seus empregos à sombra dos homens da Feldkommandatur. Alguns pediram demissão; a maioria escolheu não pensar, apenas obedecer a ordens; mas houve outros determinados a pensar que a ocupação alemã seria um passo para uma promoção rápida.

A única presença policial alemã que os militares estavam tacitamente preparados para aceitar como independente de seu controle era a do serviço antijudaico, enviado por Eichmann, sob o comando de um bávaro alto e magro de 27 anos chamado Theo Dannecker. No fim de setembro, Dannecker também já havia chegado à avenida Foch e planejava o que viria a se tornar o Instituto de Estudos de Assuntos Judaicos. Seu trabalho foi muitíssimo facilitado quando ficou claro que Pétain e o governo de Vichy estavam ansiosos por antecipar seus desejos. Nesse estágio da guerra, os alemães estavam menos interessados em prender os judeus na zona ocupada que em livrar-se deles, enviando-os à zona livre, embora Pétain não estivesse menos determinado a não tê-los de todo. De acordo com um novo censo, havia cerca de 330 mil judeus vivendo na França em 1940, dos quais apenas a metade era de nacionalidade francesa, sendo que os outros estavam lá como resultado de ondas de perseguição em toda a Europa.

Na época da Revolução de 1789, a França foi o primeiro país a emancipar e integrar seus judeus como cidadãos franceses. Durante os anos 1920 e 1930, o país nunca fez distinção entre seus cidadãos com base em etnia ou religião. Dentro de semanas da invasão alemã, cartazes com as palavras "Nosso inimigo é o judeu" eram vistos nos muros parisienses. Como os alemães achavam que era importante manter a ilusão — se é que era ilusão — de que medidas antijudaicas eram resultado de ordens diretas do governo de Vichy e que se apoiavam no antissemitismo inato francês, Dannecker começou simplesmente "sugerindo" algumas demonstrações antijudaicas "espontâneas". "Guardas jovens" eram recrutados em segredo para ficar na frente das lojas dos judeus a fim de assustar a clientela. No início de agosto, saquearam uma série de lojas de judeus. No dia 20, uma *grande action* viu as janelas dessas lojas que ficavam na Champs-Élysées apedrejadas. Um dos castelos dos Rothschild teve suas obras de arte levadas, o que deu a Göring seis Matisses, cinco Renoirs, vinte Braques, dois Delacroix e 21 Picassos para serem adicionados a sua crescente coleção de quadros saqueados.

Mas não eram apenas os judeus que atraíam o interesse de von Stülpnagel e seus homens. A França tinha orgulho do acolhimento oferecido a sucessivas ondas de refugiados de países que enfrentavam guerras civis, repressão política ou pobreza extrema. Poloneses, em especial, vinham à França desde o século XVIII, e os anos de 1920 trouxeram milhares de homens para substituir a escassez de mão de obra causada pelas imensas perdas francesas na Primeira Guerra Mundial. Muitos haviam se tornado mineradores, estabelecendo-se no norte e no leste. Mais recentemente haviam chegado refugiados alemães, em resposta a cada repressão nazista, 35 mil deles apenas em 1933; austríacos fugindo da *Anschluss*;[4] tchecos na esteira de Munique; italianos, que se opunham a Mussolini. E havia também os espanhóis republicanos, fugindo de Franco no final da guerra civil, dos quais 100 mil ainda estavam na França, muitos deles vivendo em terríveis dificuldades atrás do arame farpado dos campos próximos à fronteira espanhola.

Os franceses foram generosos com esses refugiados, pelo menos até as reversões econômicas de 1930 aumentarem o desemprego e o primeiro-ministro Daladier elaborar medidas para reduzir seu número e manter o controle de "espiões e agitadores", enquanto abria campos para "estrangeiros indesejáveis". A França, sob o comando de Daladier, foi a única democracia ocidental a não condenar a Noite dos Cristais.[5] O líder de extrema direita da "Ação Francesa", Charles Maurras, citou "esses micróbios políticos, sociais e morais patogênicos". Vendo um trem de refugiados deixar a França não muito antes da guerra, o escritor francês Saint-Exupéry comentou que eles haviam se tornado "não mais que meios seres humanos, jogados de um

---

[4] Anexação político-militar da Áustria por parte da Alemanha.

[5] Nome popularmente dado aos atos de violência que ocorreram na noite de 9 de novembro de 1938 em diversos locais da Alemanha e da Áustria, então sob o domínio nazista.

canto a outro da Europa por interesses econômicos". Apesar da xenofobia crescente, muitos estrangeiros permaneceram na França; mas agora, em uma atmosfera de incerteza e hostilidade. Eram apátridas, sem proteção e extremamente vulneráveis. No final de setembro de 1940, muitos estavam a caminho de campos de internamento e, entre eles os alemães marcados como "inimigos do Reich" e entregues pelos próprios franceses, que pouco antes haviam lhes concedido asilo.

O tratamento dos exilados políticos causou poucos protestos. Os franceses tinham outras coisas com que se preocupar. O alívio inicial com a educação dos ocupantes alemães rapidamente dava lugar à inquietação e a uma incerteza crescente em relação a como sobreviveriam economicamente, já que a guerra não dava sinais de estar no fim. Mais alemães chegavam para administrar a França, comandar casas, hotéis, escolas e até mesmo ruas inteiras. Requisitavam móveis, carros, pneus, lençóis, vidros e gasolina, fechavam alguns restaurantes e cinemas para uso exclusivo de empregados alemães, e reservavam seções inteiras de hospitais para pacientes de nacionalidade alemã. A charcutaria sumia das lojas, conforme os alemães consumiam suínos, ovinos e gado. Aquilo para que não tinham uso imediato, mandavam de volta para a Alemanha, e vagões cheios de mercadorias logo eram vistos saindo das estações do leste de Paris, carregados de bens saqueados, juntamente com matérias-primas e qualquer coisa que pudesse ser útil ao conforto alemão durante a guerra. "Sonho com saques, e minuciosamente.", escreveu Göring para o comando militar na França. Assim como Napoleão havia um dia saqueado os territórios que ocupou de sua arte, agora a Alemanha pegava tudo que chamava a atenção dos ocupantes. Logo, alfaiatarias em Paris estavam fechando, porque não havia tecido com que se trabalhar; sapatarias fechavam, porque não havia couro. Cofres e contas bancárias eram analisados e, se pertencessem a judeus, saqueados. Rapidamente, as fábricas francesas viram-se produzindo aviões, peças sobressalentes, munição, carros, tratores e rádios para a Alemanha.

Em setembro de 1940, os franceses receberam senhas de racionamento e instruções de que não deveriam comer mais que um antepasto, um prato principal, um vegetal e um pedaço de queijo em restaurantes. Eram necessários cupons para pão, sopa, materiais escolares e carne, em quantidades calculadas de acordo com a idade e a necessidade do indivíduo. Os parisienses foram aconselhados a não comer ratos, que começaram a aparecer dos esgotos, famintos: "exércitos de enormes ratos de olhos vermelhos, pelos escuros e bigodes longos", apesar de a pele de gato, principalmente pretos, brancos e castanhos, ter se tornado popular para forrar roupas de inverno, já que o carvão desaparecera e as casas permaneciam sem aquecimento. A partir de novembro, um mercado negro poderoso de carnes, papel, fios elétricos, botões e cigarros começou a operar em Les Halles.

Os franceses estavam se tornando engenhosos. Todos arranjavam-se como era possível, remendavam, improvisavam. A palavra *ersatz* [substituição] passou a fazer parte do vocabulário cotidiano de Paris; donas de casa trocavam dicas e receitas enquanto ficavam em filas intermináveis por suprimentos cada vez mais escassos. Ensinavam umas às outras a fazer *gazogène* e combustível, com madeira e carvão vegetal, a esmagar sementes de uva para tirar óleo e a enrolar cigarros com uma mistura de tabaco escasso, alcachofras-de-jerusalém, girassóis e milho. Como as matérias-primas vindas das colônias pararam de chegar à França e abastecimentos de linho, algodão, lã, seda e juta cessaram, as mulheres tingiam as pernas com iodo, usavam meias soquetes e carregavam bolsas feitas de pano. Logo, Paris movia-se ao som de tamancos e carroças puxadas por cavalos. Vegetais eram plantados nas Tulherias e nas janelas. Um primeiro vento de resistência começava a soprar. Quando as cinzas do filho de Napoleão, l'Aiglon, retornaram do exílio em Viena, no dia 15 de dezembro de 1940, numa grande fanfarra de esplendor militar para serem enterradas novamente no Palácio dos Inválidos, cartazes eram vistos com as palavras: "Peguem sua pequena águia de volta, devolvam nossos porcos."

Também não era fácil saber de muita coisa do mundo exterior. Em 25 de junho, um grupo da imprensa foi criado com o objetivo de fazer coletivas para os jornais que, como *Le Matin* e *Paris Soir*, haviam sido autorizados a reaparecer. Em teoria, os alemães levantavam os "temas", enquanto jornalistas decidiam sobre o conteúdo real. Na prática, editores receberam uma longa lista de palavras e tópicos a serem evitados, de "anglo-americanos" a Alsácia-Lorena, enquanto as palavras Áustria, Polônia, Iugoslávia e Tchecoslováquia jamais deveriam ser usadas, porque não mais existiam enquanto países. Abetz nomeou o dr. Epding para "difundir a cultura alemã". Editoras, enquanto isso, haviam recebido uma lista "Otto" de livros banidos, que incluía qualquer coisa escrita por judeus, comunistas, anglo-saxões ou maçons, para melhor criar uma "atitude saudável". Malraux, Maurois e Aragon sumiram das livrarias, assim como Heine, Freud, Einstein e H.G. Wells. Com o tempo, 2.242 toneladas de livros seriam banidas. Por outro lado, *Au Pilori*, um jornal violentamente antissemita baseado no *Stürmer* de Julius Streicher, era encontrado em toda a cidade.

A ocupação, para os franceses, estava se tornando um negócio miserável.

2
A chama da Resistência Francesa

Poucas pessoas que viviam na França ouviram o celebrado chamado às armas de um general francês relativamente desconhecido, Charles de Gaulle, transmitido pela BBC em 18 de junho — quatro dias após a queda de Paris. Mais ou menos 8 milhões delas ainda estavam nas estradas que levavam ao sul, embora agora o trânsito estivesse engatinhando para o outro lado, de volta a suas casas no norte. Mas a BBC havia concordado em dar à França Livre um quadro toda noite, cinco minutos dele em francês, e após seu primeiro chamado aos franceses, de Gaulle falou-lhes novamente, nos dias 19, 22, 24, 26 e 28. A cada dia que passava, sua voz firme e calculada ganhava autoridade. Sua mensagem não variava. Era um crime, ele dizia, que homens e mulheres da França ocupada se submetessem a seus ocupantes; era uma honra desafiá-los. Uma frase em especial atingiu seus ouvintes. "Em algum lugar", disse de Gaulle, "deve brilhar e queimar a chama da Resistência Francesa".

Logo a ideia de que, na verdade, era possível não se entregar aos alemães tornou-se um eco, recebido e repetido, escrito e distribuído, impresso em jornais clandestinos e panfletos.

O general de Gaulle não disse uma palavra sobre os motivos da derrota francesa, simplesmente afirmou que a França não fora vencida e que viveria para ver mais um dia. À noite, atrás de cortinas fechadas, na escuridão, desafiando ordens alemãs, aqueles que possuíam rádio reuniam-se para ouvir quando os primeiros acordes da Quinta Sinfonia de Beethoven — escolhida quando alguém apontou que o V, em código Morse, eram três batidas curtas — anunciavam palavras que logo ficariam famosas: *"Içi Londres. Les Français parlent aux Français."* [Aqui é Londres. Os franceses falam para os franceses.] Essas palavras tinham o efeito de criar vínculo entre os ouvintes. Nas longas filas de alimentos, donas de casa discutiam o que tinham ouvido. Justamente na época em que os alemães pareciam invencíveis, davam a homens e mulheres comuns o sentimento de que eles, também, deveriam participar da derrota derradeira de seus opressores, mesmo se esse momento pertencesse a um futuro distante. E apesar de terem pouca noção do que de Gaulle tinha em mente, além de seus chamados por voluntários a juntarem-se a ele e à França Livre em Londres, alguns franceses começaram a ver em de Gaulle um possível futuro libertador e líder.

Quando o cabeça e futuro líder da Resistência, Jean Moulin, visitou Paris em novembro, para ver com os próprios olhos se havia uma possível Resistência Francesa, concluiu que não havia nada de mais acontecendo. Mas estava enganado.

Os primeiros atos de resistência eram pequenos, espontâneos e mal-coordenados, realizados por indivíduos que agiam por sentimentos pessoais de revolta e vergonha. A Cruz de Lorena da França Livre — o símbolo tirado de Joana d'Arc — e "Vs" de vitória eram rabiscados com lápis, batom ou tinta em muros, carros alemães, no metrô e em paradas de ônibus, e quando os alemães assimilaram os "Vs", alegando que queriam dizer *victoria*, uma palavra alemã antiga, os franceses começaram a escrever "Hs", de *honneur* [honra]. Rosa Floch foi apenas uma das dúzias de jovens a escrever *"Vive les Anglais!"* [Vivam os ingleses!] nas paredes das escolas. Algumas pedras foram jogadas nas janelas de restaurantes requisitados pelos alemães. Havia vaias e assovios durante cinejornais alemães, até que foi ordenado que as luzes deveriam permanecer acesas — então a plateia começou a ler livros e tossir. Um jovem chamado Etienne Achavanne cortou um cabo de telefone alemão.

No início de outubro, um editor musical chamado Raymond Deiss datilografou em duas folhas duplas os boletins diários da BBC, imprimiu-os em linotipo e chamou sua folha informativa de *Pantagruel*.[6] Folhetos, cartazes, panfletos, datilografados e impressos por jornalistas e estudantes universitários, lembrando às mulheres de que um grupo de peixeiras parisienses havia marchado em Versalhes em 1789 exigindo pão de Luís XIV, chamavam-nas a protestar contra o

[6] Mais tarde, Deiss seria decapitado por machado em Hamburgo.

racionamento. No Museu do Homem, um grupo de etnógrafos e antropólogos uniu forças para emitir uma folha informativa antiVichy e antinazista no mimeógrafo do museu.

Inspirados por uma mistura de patriotismo e humanismo, por uma visão da França como a campeã das liberdades individuais e dos alemães como conquistadores brutais, esses primeiros panfletos e jornais vinham de todas as classes e todas as ideologias políticas. Alguns exaltavam o catolicismo e a moralidade; outros, o marxismo; outros apoiaram Tom Paine e seu *Os direitos do homem*. Todos compartilhavam uma convicção de que não fazer nada era errado. Diante dessa onda de protestos, os alemães agiram de forma rápida e decisiva mandando para a prisão os escritores e impressores que capturavam. Os primeiros rebeldes ingênuos não eram páreo para os nazistas, bastante acostumados a uma guerra dura de repressão em casa. Os alemães começaram a colocar seus próprios cartazes, alertando para as consequências da resistência e oferecendo recompensas para informantes. Seguindo-os de perto, meninos arrancavam os cartazes enquanto ainda estavam úmidos ou escreviam as palavras "Faça uma linha para de Gaulle", e logo os cartazes alemães estavam cobertos por dezenas de pequenas linhas.

Havia, no entanto, um grupo político na França que já sabia muito sobre sobrevivência e a vida clandestina. O Partido Comunista Francês (PCF), nascido no ocaso da Primeira Guerra Mundial de um cisma da esquerda em Tours em 1920, ziguezagueou através das correntes turbulentas dos anos do entreguerras francês. No poder compartilhado durante um breve período como parte da coalizão de radicais de Léon Blum, socialistas e comunistas em 1936, e novamente em 1938 como a Frente Popular, com uma plataforma de melhores condições para os trabalhadores e uma bandeira de "Pão, Paz e Liberdade", o PCF viu seus números aumentarem consideravelmente nas cidades mineradoras do norte, em áreas de indústria pesada e em portos.

O partido tinha atraído uma larga varredura de seguidores, dos stalinistas, que acreditavam em uma revolução dos trabalhadores e eram veteranos das primeiras lutas com os socialistas, até toda uma geração de jovens idealistas inspirados pela visão do PCF de uma França mais igual. O que unia muitos deles eram o apoio aos espanhóis republicanos depois que Franco lançou sua rebelião contra a Frente Popular e invadiu a Espanha, em julho de 1936, e o desgosto com a decisão da França de assinar o pacto de não intervenção. Muitos desses comunistas mais jovens tinham ido à Espanha para lutar nas Brigadas Internacionais, enquanto suas famílias, na França, recolhiam dinheiro para ajudar mulheres e crianças republicanas espanholas. E quando os refugiados que fugiam dos soldados de Franco começaram a cruzar os Pirineus e a entrar na França, os comunistas franceses foram os primeiros a receber as famílias necessitadas espanholas e a fazer campanha em seu nome. Ser jovem e ativo na França dos anos 1930 era se importar profundamente com a política.

Um desses jovens idealistas era Cécile Charua, uma mulher de espírito forte, fisicamente robusta que nasceu no *Ceinture Rouge* de Paris, os subúrbios "vermelhos". Na visão dela, crescer na França era crescer comunista, e se você não lutasse contra a injustiça e a xenofobia, bem, então a vida não tinha nenhum sentido. Os pais de Cécile divorciaram-se quando ela era pequena, e sua mãe casou-se com um pintor, cujas crenças anarquistas ocupavam mais de seu tempo do que trazer dinheiro para a família. A maioria dos irmãos e irmãs consideravelmente mais velhos de Cécile tinha saído de casa há muito tempo. Sua mãe saía de casa antes do amanhecer, nos primeiros meses do verão, para colher centáureas azuis nos campos a fim de vendê-las na estação Saint-Lazare a caminho do trabalho. Ela restaurava peles, mas ganhava muito pouco dinheiro.

Aos treze anos, Cécile foi enviada como aprendiz a outra pelaria. Ela gostava de trabalhar com peles, de costurá-las a um forro, selecionando os diferentes pedaços; saboreava suas cores e o jeito como as peles se misturavam, formando padrões. Gostava especialmente de astracã, o velo de cordeiros da Ásia Central. Cécile via a si mesma como arrojada e capaz, e com a habilidade de encontrar as combinações entre as diferentes peles, mas não era muito boa em bordados finos. Não podia comprar um casaco de peles, e como todas as outras trabalhadoras do negócio de peles, foi dispensada quando a demanda diminuiu, em dezembro. Quando tinha dinheiro, gastava em ingressos de teatro, comprando os assentos mais baratos do Comédie-Française ou indo ver Louis Jouvet atuar no Athenée; um dia, seu padrasto artista a levou para conhecer Picasso.

Logo após seu aniversário de dezesseis anos, Cécile decidiu que estava cheia do rigor de sua mãe e da ociosidade de seu padrasto. Querendo, conforme disse mais tarde, um pouco mais para comer e um pouco de liberdade, casou-se com um homem que trabalhava no correio e era sindicalista entusiasmado. Nove anos mais velho que ela, ele a levava a reuniões políticas, onde Cécile conheceu antifascistas e aprendeu sobre o que estava acontecendo com as famílias republicanas na Espanha. Logo ela também começou a recolher dinheiro a fim de comprar leite para bebês espanhóis em Bilbao. Cécile teve uma filha e nos finais de semana colocava o bebê em uma tipoia nas costas e saía para acampar nas florestas dos arredores de Paris com os amigos.

Em 1935, Cécile tornou-se membro do partido. O que a atraiu no PCF foi que os comunistas queriam pão suficiente para todos. Por ter passado fome na infância, isso fazia sentido para ela.

O pacto nazi-soviético de não agressão, assinado por von Ribbentrop e Molotov em 24 de agosto de 1939, veio como um choque para Cécile, tal qual para todo o Partido Comunista Francês. Da noite para o dia, comunistas foram considerados pelo novo governo centrista francês, e por seu primeiro-ministro, Edouard Daladier, como estando do lado de seus antigos inimigos, os alemães. Depois que o *L'Humanité*, o principal jornal do PCF, publicou longo comunicado a favor do pacto, Daladier o fechou, fazendo o mesmo com sua publicação-irmã, *Le Soir*. Em gráficas clandestinas, o *L'Humanité* contra-atacou, acusando os governos francês e britânico de imperialistas, travando uma guerra contra os trabalhadores. No que chamaram de "expurgo nacional essencial", a polícia invadiu escritórios do partido, prendeu militantes conhecidos e suspendeu governantes comunistas. Os 35 deputados comunistas que ocupavam o Parlamento foram presos e finalmente sentenciados a cinco anos de prisão por agir em nome do Comintern. No outono de 1939, dizia-se que havia milhares de comunistas atrás das grades.

O partido viu-se amargamente dividido. Indignados com a posição inicial do PCF de apoiar o pacto, sentindo-se traídos por Stalin, alguns membros deixaram o partido. Mas muitos mais permaneceram, preferindo ignorar uma ação que não conseguiam ou não queriam entender, e enquanto assistiam à prisão de camaradas que eram levados para campos de internamento, sua solidariedade foi ficando mais forte.

Com a ocupação alemã em junho de 1940 veio um momento mais intenso de confusão. Assistir às tropas avançarem sobre Paris fez com que Cécile se sentisse fisicamente doente. Em pé perto do Panteão, pensou consigo mesma: "Como isso será terrível." Depois que o *L'Humanité* — ainda clandestino, mas largamente distribuído e lido — publicou um artigo dizendo que os soldados alemães eram apenas trabalhadores, assim como os trabalhadores franceses, e deveriam ser tratados com cordialidade, os comunistas ficaram otimistas com a possibilidade de que os ocupantes permitissem que eles retornassem à arena pública. Alguns comunistas proeminentes saíram da clandestinidade, o que só fez com que fosse mais fácil encontrá-los quando Pétain e a polícia francesa sugeriram à Gestapo que os comunistas militantes deveriam ser presos, com os maçons e judeus estrangeiros, como "inimigos do Reich". A proposta de Pétain era mais que aceitável para os alemães, que elogiavam os governantes e a polícia francesa por seu zelo e declaravam que os comunistas detidos passariam a ser considerados "reféns para a garantia da segurança dos soldados alemães". Os campos de internamento de Pétain estavam rapidamente se tornando depósitos de rebeldes e judeus.

Em setembro de 1940, com todos os que foram feitos prisioneiros de guerra e estavam em campos na Alemanha, e os que agora estavam sob custódia, dizia-se haver, no máximo, de 180 a duzentos membros ativos do Partido Comunista em todo o território de Paris. Mas estes eram homens e mulheres que, como Cécile, agora sentiam ter um novo objetivo, mais um para manter o sentimento da maior parte do país: antifascista, antiVichy e antiocupantes. Rapidamente, começaram a reagrupar-se, estimulados por Maurice Thorez, o líder do PCF exilado em Moscou, que lançou seu chamado aos franceses: "Jamais", declarou Thorez, "uma nação grande como a nossa se tornará uma nação de escravos".

Na visão de Cécile, agora ela tinha trabalho de verdade a fazer. Entrou em contato com um homem que conhecia do negócio de peles, que também era um vereador local comunista, e perguntou como poderia ajudar. Descobriu que Raymond Losserand estava administrando a seção militar da Resistência comunista em Paris e que havia sido forçado a passar para a clandestinidade, temendo a prisão. Deixou crescer um farto bigode e usava um chapéu de abas largas. Losserand ofereceu a Cécile 1.500 francos por mês para suas despesas e deu a ela metade de um bilhete de metrô, dizendo que só confiasse na pessoa que entrasse em contato com ela se apresentasse a outra metade. Usando dois nomes diferentes, ora Cécile, ora Andrée, ela começou a atuar como agente de ligação, e tornou-se seu trabalho pagar aos impressores clandestinos e providenciar a coleta de panfletos antialemães e sua distribuição entre impressores e armazéns. Às vezes os pacotes eram tão pesados que ela mal conseguia levantá-los, mas temia ofertas de ajuda. Seu principal contato na Resistência, a pessoa que tinha a outra metade do bilhete de metrô, era um homem chamado Maurice Grancoign, um ex-impressor do *L'Humanité*. Cécile mais tarde admitiu que, apesar de sua bravura, tinha medo, o tempo todo. "Como alguém poderia fazer esse trabalho", disse, "e não ter medo?"

Na ocasião, Cécile estava divorciada do marido, e quando saía em missões para o PCF deixava a filha com sua mãe no 11° *arrondissement*. Cada vez mais em desacordo com seu padrasto irresponsável, e temendo que a pouca comida que alcançasse a casa dificilmente chegasse até sua filha, decidiu mandar a menina para morar com uma família adotiva fora da cidade. Ela também se mudou para um pequeno apartamento no centro de Paris, alugado pelo PCF. "Como alguém pode fazer esse trabalho quando se tem uma filha?", perguntou sua mãe. "É por ter uma filha que eu faço esse trabalho", Cécile respondeu. "Este não é um mundo no qual desejo que ela cresça."

Enquanto Cécile estava ocupada ajudando a configurar as redes de Paris, outra jovem, Madeleine Passot, conhecida pelas amigas como Betty, saiu para viajar de um canto da França a outro, recrutando novos membros para a Resistência comunista. Betty tinha 26 anos e era a única filha de uma família parisiense de socialistas comprometidos; seu pai era mecânico e tinha sido preso por se opor ao envolvimento da França na Primeira Guerra Mundial. Quando criança, Betty demonstrou tanto interesse pela política que seu pai a apelidou de *la petite communiste* [a pequena comunista]. Atraída pelo PCF, como Cécile, pelo destino dos republicanos espanhóis, Betty abandonou o emprego de secretária de uma grande empresa e voluntariou-se a trabalhar pela Resistência assim que a guerra foi declarada. Com tantos homens presos, ela logo se tornou uma mensageira essencial entre Paris e o sul.

Magra, destemida, elegante com suas unhas vermelhas e ternos sob medida, ela era, como gostava de dizer, a candidata perfeita para a "vida nas sombras". Muitas vezes, escolheu, confiante, sentar-se com alemães nos trens que a levavam para o sul, sabendo que, galantes, a protegeriam em postos de controle, embora essas jornadas, com dinheiro escondido em fundos falsos de sua mala e papéis no forro de sua bolsa de mão, fossem aterrorizantes. Ela temia principalmente a passagem por Marselha, onde as escadas eram expostas e a polícia ficava assistindo à chegada dos passageiros. Muitas vezes foi parada e revistada.

Durante o outono de 1940, Betty raramente não estava na estrada; caminhava quilômetros de salto alto, com armas escondidas em cestas de uvas, implorava a fazendeiros por carona pelas linhas de demarcação militar. Em suas jornadas, às vezes conseguia se encontrar com seu companheiro, Lucien Dorland, com quem vivia em um pequeno apartamento em Paris, apesar de ele viver ocupado juntando grupos de jovens na zona livre. Em suas viagens, Betty usava outros nomes, chamando-se, algumas vezes, Madeleine, Odette ou Gervaise, e dizia que às vezes não conseguia se lembrar de quem deveria ser. Lucien também era comunista e estava no alto da hierarquia do partido. Ela achava os longos períodos de separação difíceis, mas, como Cécile, sentia que não tinha muita escolha.

Em outubro de 1940, o PCF, na área de Paris, tinha atingido mais de mil membros ativos. Muitos eram mulheres, pressionadas à luta pela falta de homens, e, como Betty e Cécile, estavam provando ser excelentes impressoras, distribuidoras e agentes de ligação. O *Bulletin de La France Combattante* era administrado por duas mulheres escondidas em uma abadia, enquanto madame Cumin trabalhava em uma imprensa em sua lavanderia.

Em novembro, depois de uma onda de prisões, o número de membros do PCF caiu para menos de trezentos, mas um mês depois passou a marca dos mil novamente. Resistentes, enérgicos e preparados para se sacrificarem, os comunistas compartilhavam um sentimento de solidariedade e camaradagem e a coragem com que faziam seu trabalho não estava perdida em possíveis novos recrutas. "Os responsáveis por essa guerra fugiram", anunciava o PCF. "Mostraram desolação e morte. Agora cabe a nós reunir o povo e salvar a França." Como Heydrich relatou a seus superiores, o PCF estava se tornando a única organização "em posição de reunir aqueles que buscam uma causa política".

Para evitar perdas excessivas, o PCF estava estruturado em células de três pessoas, para que nenhum membro soubesse os nomes de mais do que dois outros membros ao mesmo tempo. Para Cécile e Betty, a chegada dos alemães teve um efeito estimulante. Os longos meses da guerra de araque tinham sido uma época sombria e desconcertante, e quando Betty olhava para trás falava deles como "vazios". Agora ela tinha uma missão.

Estava, no entanto, ficando cada vez mais perigoso. Um a um, muito conscientes do perigo que seu trabalho representava para suas famílias, sabendo do número cada vez maior de informantes e da sofisticação da Gestapo, muitos dos ativistas — como Cécile — estavam deixando suas casas e desaparecendo para trabalhar em outros bairros e com outros nomes. O que muitos mais tarde se lembrariam era de como se sentiam solitários, mudando constantemente de endereço, raramente falando com alguém por mais do que alguns minutos seguidos.

Entre os membros do PCF pré-guerra estava um grande número de professores universitários e alunos da prestigiosa Escola Normal Superior de Paris. E foi dentre esses homens e mulheres que agora emergia a primeira resistência séria, unida e intelectual contra os ocupantes.

Nos anos 1930, a vida intelectual francesa, resumida por um pequeno grupo de pessoas — não todas, mas a maioria delas francesa

— vivendo e encontrando-se na margem esquerda de Paris, estava no centro do palco europeu. Esse grupo lia e escrevia para a *Nouvelle Revue Française*, reunido no auditório *art déco* no porão do Palácio Municipal ou em cafés no bulevar Saint-Germain. Embora não todos da esquerda política, o clima era principalmente radical e socialista e havia muitas conversas sobre a ameaça de Mussolini e Franco, sobre a necessidade de paz e a importância de se conseguir melhores condições de trabalho para as classes trabalhadoras pobres da França. A causa dos republicanos espanhóis era apoiada apaixonadamente por muitos deles. André Gide, André Malraux, Henri Barbusse, Romain Rolland, Louis Aragon e sua companheira, Elsa Triolet, estavam entre aqueles cujas vozes eram frequentemente ouvidas nas páginas de revistas cujos títulos que expressavam com perfeição os anseios por uma época melhor: *Esprit*, *Combat* e *Ordre Nouvelle*. Quando, em 1929, Marc Bloch e Lucien Febvre lançaram seu *Annales d'Histoire Économique et Sociale*, para olhar a sociedade através de outra lente, uma que incidisse sobre as condições em que as pessoas comuns viviam e não sobre os atos de políticos e governantes, pareceram expressar com perfeição o clima da época.

Entre 1933 e 1940, Paris tornou-se um dos únicos pontos de encontro seguros para os exilados intelectuais de Hitler, Mussolini, Franco e suas ditaduras. Uma das questões que exercitavam muitos daqueles que sentavam e discutiam em cafés era se o papel apropriado para o intelectual deveria ser o daquele que busca a verdade, conforme mantido pelo romancista e filósofo Julien Benda, ou se, ao contrário, era importante tornar-se um escritor comprometido, que sujasse as mãos. Em uma época de fracas causas políticas e alianças, com a política externa, militar e econômica à deriva de um canto do mundo ao outro e intelectuais franceses definidos por sua atitude em relação ao comunismo, havia poucas respostas fáceis. Alguns dos mais astutos críticos da rigidez doutrinária haviam mesmo, na verdade, sido levados em direção ao campo neofascista.

A chegada repentina dos alemães a Paris no verão de 1940 pegou os intelectuais, assim como o restante das pessoas, despreparados. Alguns fugiram para o exterior, alguns se juntaram ao êxodo para o sul, entre eles Aragon, Elsa Triolet e Jean Cocteau, e montaram seus lares na zona livre. Outros voltaram para a Paris ocupada. Mas enquanto os da distante direita descobriam rápida e prazerosamente uma nova popularidade entre os nazistas e seus colaboradores, os que estavam da esquerda eram confrontados com a questão de como deveriam reagir à ocupação. Sartre, Simone de Beauvoir e François Mauriac logo decidiram que coexistiriam com o inimigo e deixariam que seu próprio trabalho continuasse aparecendo, embora o fato de seus artigos serem publicados lado a lado com os de pró-alemães e antissemitas desse aos fascistas certa legitimidade. ("Ai!", observou Jean Zay, que havia sido ministro da Educação no governo de Léon Blum, "Quanta submissão e renúncia há no mundo da literatura francesa!") Segundo a visão de Aragon, o papel do homem das letras era falar, continuar a escrever, já que esse era o seu trabalho, mas também torcer as palavras, dando a elas novos significados escondidos.

Outros escritores achavam isso vergonhoso. Jean Guéhenno, chocado com a facilidade com que Pétain havia feito "da desonra uma tentação", desgostoso com aqueles a quem se referia como "invasão de ratos", não teve dificuldade em decidir o que fazer. Porque tinha sido feito prisioneiro efetivamente, viveria como tal; já que não podia escrever o que queria, não escreveria nada. Antes de cair em silêncio como lembrete da guerra, Guéhenno escreveu uma última obra. "Tenham orgulho", escreveu a seus leitores. "Retirem-se às profundezas do pensamento e da moralidade", mas, o que quer que façam, não "se rebaixem à servidão de imbecis". Um socialista e sindicalista chamado Jean Texcier escreveu o que mais tarde seria chamado de "manual da dignidade", uma lista de 33 "pequenos conselhos para os ocupados". Case-se com seu ódio, aconselhou, pois pode precisar dele. Não sinta que tem que dar aos alemães as instruções certas quando eles perguntarem o caminho: eles não são seus companheiros de caminhada. E, acima de tudo, "não se iluda: esses homens não são turistas". Seu panfleto foi impresso e reimpresso, circulou de mão em mão, foi lido e relido, e Texcier logo se tornou um herói para o grupo crescente de rebeldes. Para Betty e Cécile, seu desafio vivo era contagioso.

Além de ser escritor, Guéhenno era também professor na Escola Normal Superior. E foi lá, assim como nas várias faculdades da Sorbonne, que alunos, voltando no começo do outono de 1940 para as aulas, começaram a questionar seus professores e uns aos outros sobre até onde estavam preparados a aceitar os ocupantes nazistas. Estavam com raiva por seus professores judeus terem sido declarados "intelectualmente fracos" e "indesejáveis" no primeiro decreto antissemita. Quando oficiais alemães começaram a aparecer nas aulas, eles saíam. Alguns começaram a usar a Cruz de Lorena, outros a carregar um *gaule* — outro nome para vara de pesca.

No fim de outubro, Morais, o fundador e presidente de um grupo de estudantes chamado Corps des Lettres, começou a conversar com os amigos sobre lançar uma campanha de cartazes. O número 5 da praça Saint-Michel era o lar de várias organizações estudantis, e ali, depois do horário comercial, Morais e seus amigos produziam panfletos antiVichy e antialemães, distribuídos no dia seguinte em colégios e faculdades ao longo de toda Paris por estudantes. Em um clima cada vez maior de hostilidade e zombaria, andavam pela cidade repetindo suas piadas preferidas. "Colaborar com os alemães?", dizia um deles. "Pense em Voltaire... Um verdadeiro ariano deve ser loiro como Hitler, esguio como Göring, alto como Goebbels, jovem como Pétain e honesto como Laval." Outro começava com a pergunta: "Você sabe o que aconteceu? Às 9h20, um judeu matou um soldado alemão, abriu seu peito e comeu seu coração! Impossível! Por três motivos. Alemães não têm coração. Judeus não comem porcos. Às 9h20 todos estão ouvindo a BBC." Quando, de um em um ou dois em dois, os líderes estudantis eram presos, só fazia com que seus companheiros ficassem mais determinados.

Então, em 30 de outubro, um cientista distinto de quase setenta anos chamado Paul Langevin foi preso em seu escritório na Faculdade de Física e Química Industrial. Nos anos 1930, Langevin foi o fundador de um movimento antifascista e era muito admirado por seus alunos. Tanto professores quanto alunos decidiram ver em sua prisão um ataque nazista à vida intelectual francesa. Cartazes com as palavras "Libertem Langevin" apareceram de imediato nos muros. E, já que o professor ministrava suas aulas às sextas-feiras, uma demonstração em massa foi convocada para uma sexta-feira, 8 de novembro, na frente do Collège de France, onde Langevin mantinha seu laboratório.

Apesar da presença de soldados alemães e da polícia francesa, a manifestação aconteceu tranquilamente. Mas os estudantes sentiam que agora estavam em guerra. Enquanto isso, em uma mensagem transmitida pela BBC, os franceses em Londres sugeriram que grinaldas fossem ostentadas no Arco do Triunfo no dia 11, para marcar o Dia do Armistício. Os alemães emitiram uma ordem proibindo todas as reuniões desse tipo. Os estudantes decidiram desafiar essa ordem. Às três horas da tarde do dia 11, multidões de jovens estavam reunidas no início da Champs-Élysées e começaram a andar em direção ao Étoile em pequenos grupos, cantando a *Marselhesa*. Um grupo de amigos produziu um cartão de visita enorme, de mais de 1m, com as palavras *Le Général de Gaulle*.

Até o meio da tarde quase 10 mil pessoas estavam reunidas. O tempo estava bom e o clima era quase festivo. Mas não por muito tempo. Os alemães abriram fogo. Vários estudantes ficaram seriamente feridos, mas nenhum morreu, já que os soldados haviam recebido ordem de atirar somente nas pernas. Desses, 150 foram presos imediatamente; muitos outros foram procurados nos dias que se seguiram e enviados, por períodos breves, para a prisão. A universidade foi fechada. Paul Langevin permaneceu preso por 37 dias, durante os quais continuou com sua pesquisa com a ajuda de alguns palitos de fósforo usados que encontrou no chão de sua cela, antes de ser enviado para Troyes, sob prisão domiciliar.

O professor Langevin tinha uma filha de 21 anos, uma jovem majestosa de cabelos escuros chamada Hélène. Depois que seu marido, Jacques Solomon, um físico que trabalhava com mecânica quântica e raios cósmicos, foi dispensado dos serviços médicos e voltou para casa, Hélène sugeriu que tirassem um folga e andassem de bicicleta pelas florestas perto de Paris. Enquanto pedalavam, eles discutiam o que poderiam fazer para se opor aos ocupantes alemães. Jacques dizia: "Não devemos nos enganar. O que quer que façamos será o mesmo que nos jogarmos na cova dos leões."

Nas trilhas da floresta encontraram dois amigos, um filósofo marxista húngaro chamado Georges Politzer e Maï, sua mulher. Maï, que tinha 25 anos, era a única filha de um *chef* célebre, que havia sido *chef* da corte espanhola. Educada em um convento em Biarritz, estudou para se tornar parteira e conheceu Politzer em um trem no País Basco. Por meio dele, descobriu o marxismo. Os Politzer tinham um filho de sete anos de idade, Michel. Maï era loira e muito bonita. Andando de bicicleta juntos, os dois jovens casais conversavam sobre fundar um jornal, *L'Université Libre*, que visaria reunir todos os intelectuais da Resistência, independentemente de crenças políticas. Deveria, concordaram, ser uma "frente nacional de todos os escritores franceses".

Aconteceu de Hélène estar almoçando com a mãe quando os dois soldados alemães vieram procurar por seu pai. Rapidamente, espalhou a notícia de sua prisão. Os Politzer e os Solomon decidiram apressar a primeira edição do *L'Université Libre*, mil cópias de quatro páginas mimeografadas, a fim de que saísse a tempo para a demonstração do dia 11. Na época já haviam unido forças com Jacques Decourdemanche, conhecido como Decour, um erudito professor de alemão, jovem alto, magro e amigável, que tinha passado os anos anteriores à guerra escrevendo para várias publicações de esquerda. A mensagem do *L'Université Libre* era clara: as próprias palavras são ações, e ações motivam; precisamos dizer "não" ao ocupante. O relacionamento entre seus fundadores era um pouco complicado porque Decour e Maï eram amantes.

Logo procurado pela Gestapo, Jacques Solomon escondeu-se na casa de um professor do Lycée Fénelon, onde continuou a trabalhar no jornal. "Os franceses", repetia, "devem ser livremente capazes de ler e pensar em francês na França". À noite, Hélène assumia a distribuição do *L'Université Libre*, usando o Café Wepler, na praça Clichy, como ponto de encontro ou deixando bolsas que continham cópias do jornal em armários de estações, a fim de serem coletados mais tarde por outros resistentes para distribuição. Maï, que tinha bons contatos no PCF, estabeleceu contato com membros do partido, enquanto outra amiga, Viva, filha de Pietro Nenni, chefe do Partido Socialista Italiano, ofereceu ajuda para imprimir algumas das edições nas gráficas que ela e o marido administravam. Viva, 25 anos, tinha ido a Paris com o pai, quando ele foi obrigado, pelo interesse da polícia secreta de Mussolini, a buscar refúgio no exterior, e terminou os estudos na

França. Ela também era uma jovem muito bonita, com fartos cabelos crespos escuros. Decour, que lecionava no Lycée Rollin, andava de bicicleta por Paris exclamando: "No país de Descartes, a razão triunfará!" Ainda era possível, no inverno de 1940, ser leve ao se opor aos ocupantes; os jovens rebeldes sentiam-se decididos e exultantes.

Nas semanas que se seguiram, *L'Université Libre* comentaria todas as prisões, cada virada e cada passo da guerra, cada decreto e cada proibição nazistas. Em sua esteira logo vieram planos para outros jornais e revistas, projetados para manter viva a chama da resistência arquitetada por de Gaulle, exaltando tudo o que havia de melhor e mais importante na cultura francesa.

Um a um, outros jovens intelectuais eram atraídos para o rebanho. Um desses jovens era Charlotte Delbo, a filha de 27 anos de um metalúrgico de Seine-et-Oise que havia ascendido e administrava seu próprio estaleiro. Charlotte era uma jovem alta e esperta, de rosto comprido e fino e reluzentes olhos verde-acinzentados. Era rápida, engraçada e sabia ser afiada. Seus pais — mesmo sua mãe, vinda de uma família italiana católica da classe trabalhadora, que havia imigrado para a França antes da Primeira Guerra Mundial — eram ateus, e foi deles que Charlotte, a mais velha de quatro filhos, puxou sua forte convicção antifascista. Não tinham dinheiro para mandá-la para a universidade, então Charlotte parou de estudar depois do ensino médio e estudou para ser secretária.

Em 1932, quando o PCF estava entrando em uma nova fase de expansão e recrutamento, Charlotte juntou-se a sua ala jovem, a Juventude Comunista. Lá, pôde estudar à noite com o filósofo marxista Henri Lefebvre. Maï e Georges Politzer eram amigos de Lefebvre. No ano seguinte, trabalhando como secretária durante o dia, Charlotte começou a contribuir com artigos para um jornal organizado pelos jovens comunistas, Jeunes Filles de France [União das Meninas da França]. Fascinada pelo teatro, ela foi enviada um dia para entrevistar o diretor e ator Louis Jouvet, que recentemente havia assumido o Teatro Athenée. Jouvet foi cativado pela inteligência de suas perguntas e pela agilidade com que ela anotava suas palavras com uma escrita limpa e rápida.

Dois dias depois, ofereceu a ela um emprego como uma de suas duas assistentes, tomando nota do curso sobre teatro que ele ministrava na universidade. Charlotte, enquanto isso, conheceu e se casou com Georges Dudach, filho de um metalúrgico de uma empresa de aeronáutica. Aos doze anos, Georges tinha começado como aprendiz na área, mas quando ficou claro que era inteligente e estudioso, foi embora para trabalhar para um sindicato e começou a estudar direito à noite. Apesar da oposição do pai, Georges juntou-se ao PCF em 1933, e quando ele e Charlotte se casaram estava trabalhando em um dos outros jornais do partido, *L'Avant-Garde*.

No verão de 1939, Charlotte e Jouvet saíram para caminhar juntos no campo. Quando chegou em casa, com um monte de mimosas que havia colhido, Charlotte sentou-se e registrou em seu diário o que lembrava da conversa que tiveram, sem saber para que precisaria daquele registro mais tarde. A atenção de Jouvet aos detalhes e o jeito como ele analisava cada aspecto de uma produção a encantavam. Ela também tinha uma memória excelente.

Porque Charlotte falava um pouco de alemão, assim como inglês, espanhol e italiano, e porque não suportava encontrá-los, ele mesmo, Jouvet pediu que ela lidasse com a maioria das relações entre o Teatro Athenée e os alemães. Um dia ela foi chamada à rua de Saussaies e pediram que informasse sobre membros da companhia, que dissesse se eles eram "puros" ou não. Ela sentiu indignação e desprezo ao ser solicitado que espionasse. Conforme as semanas passaram, e os alemães iam rapidamente em direção ao controle total do teatro em Paris, ela assistiu com horror à crescente exclusão de judeus de empregos e profissões. Charlotte não era judia, mas sua mente era desafiadora, independente e humana. Não tinha tempo para os ataques e a burocracia dos nazistas.

O inverno de 1940 foi excepcionalmente frio, o mais longo e mais frio desde que os registros meteorológicos haviam começado. Em Tolosa, as temperaturas caíram para -13°C. A neve chegou à altura de 1m em Grenoble. Em Paris, onde o ar congelante se estendeu por 66 dias consecutivos, mulheres com frio, famintas e furiosas, incapazes de pagar por cartões de racionamento caríssimos no mercado negro, ficavam na fila durante horas para conseguir mantimentos, os quais diminuíam a cada dia. Embora a integração da França à economia de guerra nazista tivesse reduzido dramaticamente o desemprego, os franceses estavam começando a entender que a escassez era resultado direto dos enormes saques de roupas, comida e matérias-primas que deixavam a França todos os dias e iam para o Reich. Os parisienses agora estavam obcecados com comida e calor, forrando suas roupas com jornais, colocando mostarda em suas meias e fazendo regalos com peles de coelhos ou gatos. O frio extremo permitiu que os jovens dissidentes se vestissem com roupas ultrajantes — meninos com enormes sobretudos, o cabelo lambido para trás com óleo vegetal, garotas de casacos de peles sobre saias muito curtas. Chamavam a si mesmas de *zazous* e tornaram-se uma visão colorida nas ruas de Paris; lembravam às pessoas as exóticas *merveilleuses* durante o Diretório de 1795.

Não mais a capital da França, sem governo ou embaixadas — para além de um representante dos Estados Unidos —, a Paris francesa tinha se tornado uma cidade silenciosa, parada e ansiosa, patrulhada por tropas inimigas de uniforme. A imprensa livre tornou-se clandestina, sindicatos foram abolidos e as reuniões com mais de cinco pessoas, proibidas. A Paris alemã, por outro lado, florescia, seus restaurantes e cabarés cheios, suas coleções de roupas admiradas, suas mostras de arte bem-frequentadas. A costureira Madeleine de Rauch produziu uma coleção de roupas de inverno espirituosa baseada no tema do metrô. Solférino era um casaco vermelho de alfaiataria, Austerlitz, uma jaqueta amarela.

Paris havia se tornado uma cidade de colaboradores, ao mesmo tempo aberta e escondida, antissemitas, antimaçons, comunistas arrependidos e direitistas católicos, que haviam odiado a Frente Popular de Blum e sentiam mais que admiração furtiva pelo culto da juventude alemã ao valor, à ordem e ao heroísmo. A maior parte deles eram homens, presos a uma relação cada vez mais lucrativa, mas perigosa, com os ocupantes e prisioneiros efetivos de seus externamente educados, mas internamente implacáveis amigos alemães; mas havia mulheres entre eles também. Gabriel Petri, que trabalhava no *L'Humanité*, chamou-os *nazilous* e falou do grupo como servos dos alemães. Para surpresa dos ocupantes, informantes apareciam às centenas para denunciar judeus, ciganos, atuantes do mercado negro e vizinhos que mantinham porcos em seus jardins. Mais tarde seria dito que mais da metade das 3 milhões de denúncias recebidas durante os anos da ocupação havia sido motivada pelas recompensas oferecidas, 40% por política e 10% por atos de vingança.

Uma guerra de cartazes havia sido declarada. Para cada mensagem divulgada nos muros de Paris pela Resistência, certamente seria visto um contra-ataque alemão, prometendo recompensas generosas para quem fornecesse informações sobre "agentes pagos por potências estrangeiras" e "judeus escondidos". Na véspera do Natal de 1940, os parisienses acordaram com uma mensagem, em letras vermelhas e pretas em negrito, tanto em francês quanto em alemão, que contava sobre a execução de um engenheiro de 28 anos chamado Bonsergent, que levou um tiro por ter dado um encontrão em um oficial alemão na rua. Os cartazes logo foram retirados, e os lugares onde estavam colados foram marcados com pequenos ramos de flores. Diariamente, estava ficando mais difícil se sentir alegre por desafiar os alemães.

Em meio a essa batalha de palavras, a direita francesa, apoiada e sustentada por Abetz, fazia progresso. Jean Paulhan, ex-editor da prestigiosa *Nouvelle Revue Française*, no centro do mundo literário francês por mais de três décadas, havia partido (e agora ajudava a imprensa clandestina). Seu trabalho foi entregue ao germanófilo nietzschiano Drieu La Rochelle, que prometeu dar fim a seu tom "judaico e belicoso". Um ex-filósofo e político pró-Vichy, chamado Marcel Déat, administrava o *L'Oeuvre*, e o pró-fascista Robert Brassilach editava o *Je Suis Partout*: ambos exploravam temas da decadência causada pelos judeus e maçons e exaltavam a virilidade e a ousadia dos nazistas. Emergindo depois de anos de controvérsia, o Partido Popular Francês, violentamente anticomunista, de Jacques Doriot, e a Cruz de Fogo do coronel François de La Rocque tornavam-se populares entre os jovens monárquicos e católicos que gostavam do estilo hitleriano desses partidos.

Em meio a tudo isso, a Resistência mantinha-se firme. Os meses de relativa tranquilidade haviam permitido ao PCF reunir-se novamente e às revistas clandestinas que florescessem. Georges Politzer, que declarou que dali em diante classificaria escritores na França ocupada como pertencentes à "literatura legal" ou à "literatura da traição", estava trabalhando duro em uma resposta a um discurso particularmente odioso dado em Paris por Alfred Rosenberg, autor de algumas das principais crenças ideológicas nazistas, sobre o tema raça e sangue. O *L'Université Libre*, nas mãos dos Politzers, de Hélène. e Jacques Solomon e de Charlotte e seu marido, estava indo bem.

O Museu do Homem liberou a primeira edição de seu novo jornal, *Résistance*, no qual seu animado jovem editor, o etnógrafo polar Boris Vildé, escreveu: "Resistir já é preservar o coração e o cérebro. Mas, acima de tudo, deve ser agir, fazer algo de concreto, executar ações fundamentadas e úteis." Havia apenas um objetivo, Vildé declarou, um objetivo a ser compartilhado por toda a Resistência, independentemente de suas crenças políticas, e esse objetivo era trazer o "renascimento de uma França pura e livre". Aqui e ali, conforme o inverno congelante começava a amenizar, os primeiros atos da resistência armada, a sabotagem de trens e a explosão de depósitos alemães, eram planejados. O que os ocupantes mais temiam, a transformação de gestos de rebeldia isolados e espontâneos em atos esquematizados de hostilidade, estava prestes a começar. E nesses atos, agindo juntas ou sozinhas, mulheres de todas as idades e de toda a França, como Betty e Cécile, Charlotte, Hélène e Maï, de espírito generoso e cabeças-duras, estavam prestes a desempenhar um papel crucial.

Longe de Paris, a própria França pouco a pouco se tornava um Estado policial, no modelo alemão, um país de pequenos campos de internamento, em Sarthe, Maine-et-Loire, Charente, Pirineus Atlânticos, Loiret e Doubs, lugares sujos, sem aquecimento e insalubres em que, no frio extremo de dezembro, janeiro e fevereiro, as pessoas estavam morrendo. A avenida Foch, um dos logradouros mais lindos de Paris, havia se tornado o centro de tortura da Gestapo. As tensões entre alemães e franceses, observou o crítico e romancista Jean-Richard Bloch, ficaram tensas como uma corda de violino.

3
Filhas do Iluminismo

Um dos motivos dados por Pétain para a derrota francesa em 1940 foi a carência severa de crianças francesas. Mulheres jovens, reclamou, tiveram suas cabeças viradas por assistirem a muitos filmes americanos e porque lhes foi dito pela Frente Popular que não havia razão nenhuma para que não estudassem para se tornar advogadas e doutoras como seus irmãos. Sob uma lei de 1938, foi permitido às meninas francesas inscrever-se em universidades, abrir suas próprias contas bancárias, assinar e receber cheques e ter seus próprios passaportes.[7]

Pétain pretendia reverter esse espírito inebriante de liberdade e, sem uma Assembleia que o impedisse, começou a aprovar uma série de decretos e estatutos que tinham o objetivo de fortalecer o que via como o tecido moral degenerado da França. Métodos contraceptivos foram declarados ilegais na esteira das grandes perdas na Primeira Guerra Mundial, e continuariam a ser, mas agora as punições contra o aborto, e principalmente contra abortistas, foram reforçadas e incluíram a guilhotina. As mulheres que continuavam a amamentar os filhos depois do primeiro ano de idade recebiam cartões de prioridade para as filas (desde que o bebê fosse legítimo e francês). Mães de cinco filhos recebiam uma medalha de bronze, depois uma de prata no oitavo filho e uma de ouro no décimo. Dezenas de bebês-Vichy tiveram Pétain como padrinho. Famílias eram declaradas "patriotas"; permanecer solteiro significava a decadência.

Durante os anos 1930, a Frente Popular despejou dinheiro na cultura popular e nos esportes, no escotismo, em férias remuneradas e em albergues da juventude. Enquanto os intelectuais franceses pen-

[7] Mas não a votar, um direito que os franceses conservadores achavam muito ameaçador.

savam sobre o modernismo, o socialismo e a paz, os jovens eram encorajados a viajar, descobrir as partes da França que nunca haviam visitado, sair e pedalar nos feriados. O governo de Vichy também havia decidido que o esporte teria o grande benefício de formar "meninas de beleza robusta e de caráter bem-formado". Já que a frouxidão moral e as vestimentas sedutoras tinham uma ligação indissolúvel, estilistas foram convidados a adaptar as novas saias divididas — com o desaparecimento dos carros, as bicicletas haviam se tornado onipresentes — de maneira que a divisão permanecesse quase invisível. Na nova França de Pétain, as meninas seriam jovens sérias; não coquetes, mas cândidas, de rosto limpo e sem artifícios.

Como consequência, o movimento em direção ao esporte, à vida ao ar livre e à independência atraiu muito as jovens francesas durante os anos 1930. Pela primeira vez, seus pais permitiam que passassem as noites longe de casa com os amigos. Acostumaram-se a andar de bicicleta em grupos pelos campos da França, a ficar nas centenas de albergues recém-inaugurados, a sentar diante da lareira tarde da noite discutindo os acontecimentos do dia — atividades que agora para algumas fariam parte de seus papéis na Resistência. Para Cécile, suas viagens ao campo com a filha, às vezes a única moça entre uma dúzia de rapazes, eram tempos de conversas e política. Era agradável sentir-se parte de um grupo, compartilhar as mesmas noções a respeito de igualdade e justiça.

Em 1936, quando o PCF estava se expandindo e chegando ao poder junto à Frente Popular, uma jovem dentista chamada Danielle Casanova foi convidada a administrar uma ala da juventude para meninas, como uma organização irmã da Juventude Comunista, que seria chamada de L'Union des Jeunes Filles de France [União das Meninas da França] — JFdeF. Danielle, que nasceu em Córsega, à época era uma jovem forte, espirituosa e tenaz, de tez escura, sobrancelhas pesadas, nariz arrebitado e olhos negros muito brilhantes que morava com seu marido, Laurent, perto do bulevar Saint-Germain, onde tinha seu escritório. Ela era alta e um pouco acima do peso, e gostava de provocar.

Quando chegou de Ajaccio para estudar odontologia em Paris, Danielle se tornou ativa nas diversas associações de estudantes. Os

Casanova não tiveram filhos e eram comunistas fervorosos. Quando Danielle foi a Moscou, voltou mais convencida do que nunca a respeito do que o comunismo poderia fazer pelos trabalhadores pobres da França. Durante as noites e os finais de semana, escrevia artigos veementes chamando as jovens a se levantarem e se engajarem nos grandes debates políticos do dia. Ela não tinha tempo para quem não acreditasse na igualdade absoluta entre homens e mulheres. Era, como Cécile mais tarde diria, o mais direta e honesta que uma pessoa poderia ser.

A Jeunes Filles de France era um espelho perfeito do clima saudável e de ar livre da Frente Popular. Quando tinha tempo, Danielle dava um jeito de encontrar a amiga Maï Politzer em um café e as duas jovens conversavam sobre como estavam horrorizadas com a miséria e a pobreza em que tantas famílias trabalhadoras francesas viviam. Às vezes juntavam-se a Marie-Claude, uma jovem bela e de temperamento forte que se casara com Paul Vaillant-Couturier, editor do *L'Humanité*. O pai de Marie-Claude era um conhecido editor jornalístico, e a mãe escrevia sobre moda e culinária. A própria Marie-Claude era repórter e fotojornalista, e nos anos 1930, a revista *Vu* publicou uma série de suas fotografias em Dachau, o primeiro campo de concentração aberto por Hitler, perto de Munique. Paul, que era bem mais velho, tinha deixado a mulher para ficar com ela. Ele morreu em 1937.

Nos escritórios da JFdeF, perto da Ópera de Paris, onde Danielle produzia um boletim convocando as mulheres a doar roupas e leite para as crianças durante a guerra espanhola, um time de jovens igualmente dispostas se reunia com frequência para conversar. Algumas tinham aulas noturnas de russo. Embora sérias, não eram avessas à diversão, e Danielle logo fazia todas rirem. Os bailes que elas organizavam para angariar fundos eram muito populares. Quando a guerra explodiu, a JFdeF tinha mais de 20 mil membros.

Durante os nove meses da guerra de araque, suas tochas escurecidas pelo papel azul usado pelas crianças francesas para encapar seus livros, Danielle e suas colegas andaram pelas ruas escrevendo mensagens sobre liberdade de expressão e direitos dos trabalhadores nos muros. O blecaute era muito útil para esse tipo de trabalho clandestino. Quando as edições da revista que editava ficavam prontas, Danielle dava os exemplares para estudantes e crianças em idade escolar distribuírem. Era uma organizadora nata.

A chegada dos alemães só serviu para estimulá-la na direção de esforços ainda maiores. Tudo nela se revoltava com a ideia da ocupação. Em poucas horas já havia tirado dos escritórios todos os documentos incriminatórios. Durante o longo e quente verão de 1940, Danielle e os outros membros da JFdeF andavam de bicicleta nas florestas ao redor de Paris e depois de jogar vôlei sentavam na grama conversando sobre o que poderiam fazer para deixar a vida dos alemães mais difícil. Alguns dos jovens que as acompanhavam deixavam o bigode crescer para parecerem mais velhos; as meninas passaram a usar óculos escuros. Ficaram indignados quando um amigo disse ter visto um cartaz na piscina pública local com as palavras: "Proibido negros, judeus e cachorros."

No outono, quando as escolas e universidades reabriram, os membros da JFdeF ofereceram-se para distribuir cópias clandestinas do *L'Humanité*. Houve cenas de raiva quando pais descobriram montes de jornais escondidos nos quartos de suas filhas. Maroussia Naitchenko, que aos quatorze anos ajudou nos escritórios perto da Ópera de Paris, mais tarde escreveria que às vezes todos aqueles jovens pareciam estar "brincando de polícia e ladrão".

A visão que Pétain tinha das mulheres como seres ideológica e politicamente inferiores deixou as recrutas de Danielle extremamente irritadas. Logo, centenas de novos membros vagavam pelas ruas de Paris cheias de boa vontade com panfletos em suas mochilas e, pelo menos no início, raramente eram paradas; nem a Gestapo nem a polícia francesa acreditavam muito que meninas tão alegres e saudáveis poderiam ter algo a ver com a Resistência. Como Danielle dizia, paquerar um pouco os alemães podia render excelentes resultados. Ela era excepcionalmente boa em inspirar os outros, em fazer as pessoas sentirem como se não houvesse alternativa a não ser ajudar.

Foi quando o racionamento começou a ter impacto na vida das famílias que as mulheres mais velhas começaram a se juntar a ela em uma nova organização, L'Union des Femmes Françaises [União das Mulheres Francesas]. Vendo que as filas do lado de fora das lojas de comida ficavam ainda maiores, Danielle enxergou como o descontentamento daquelas mulheres poderia ser aproveitado com eficácia na causa. Inteligente, jogando com a simpatia das mulheres por crianças famintas, persuadiu algumas delas a contribuir com artigos para seu próprio jornal clandestino — *La Voix des Femmes* — e também para outras revistas para mulheres que não haviam sido banidas pelos alemães.

Mulheres que nunca haviam se engajado em qualquer atividade fora de suas casas logo começaram a escrever artigos raivosos sobre a escassez de comida e as expropriações alemãs. Escreviam frases declamatórias curtas e claras. Enquanto Vichy pregava devoção, modéstia e abnegação, Danielle pedia ativismo e rebelião. Os alemães tornaram-se *les boches* e *les brutes nazies*. Havia referências a Joana D'Arc, La Pasionaria e às mulheres que invadiram a Bastilha em 1789. As primeiras manifestações de rua, organizadas pelos comitês locais de Danielle — mulheres que ocupavam lojas de comida em que os melhores produtos eram reservados para os alemães —, transcorreram pacificamente; mas as mulheres estavam ficando cada vez mais raivosas e militantes.

Desde o início, a JFdeF foi naturalmente atraída para o mundo da imprensa clandestina. Como secretárias e trabalhando em escritórios, muitos de seus membros já sabiam tudo sobre estênceis e mimeógrafos. Os escritórios onde algumas delas trabalhavam eram os locais perfeitos para roubar estoques de papel e tinta. Algumas das colegas de Danielle eram jornalistas, e ficaram felizes em ajudar a confeccionar panfletos e cartazes periodicamente. Sob a biblioteca da Sorbonne, o labirinto de porões e corredores era usado como armazém para a universidade. Ali, entre as caixas e os livros, jovens professores universitários imprimiam folhas informativas, deixando-as nas prateleiras para secar e, mais tarde, serem levadas pelos estudantes em cestas de compras e mochilas. Zeladores em prédios de escritórios e de apartamentos, para quem o ir e vir de carteiros era uma ocorrência diária, viraram caixas de correio. Filas revelaram-se lugares perfeitos para passar ordens e mensagens. Carrinhos de bebê eram ideais para esconder documentos, e, mais tarde, armas.

Danielle, enquanto isso, fazia esforço para perder um pouco de peso e se vestir de forma mais elegante, contando aos amigos, aos risos, o quanto os alemães eram muito menos propensos a parar mulheres bonitas e que parecessem ricas. Seu marido, Laurent, era prisioneiro de guerra na Alemanha e, para esconder seus rastros, ela mudava de endereço com frequência, raramente dormindo no mesmo lugar por duas noites seguidas. Maï Politzer e Marie-Claude Vaillant-Couturier tinham uma elegância natural. Quando as três se encontravam nos cafés da moda do bulevar Saint-Germain para discutir estratégias e repassar informações, pareciam um grupo qualquer de amigas animadas, curtindo a companhia umas das outras. Tomando chá na galeria Lafayette, Danielle recrutava jovens mulheres para administrar a JFdeF em outras partes da capital. Até então vinha trabalhando de perto tanto com Betty, mantendo-se em contato com o PCF por meio dela, quanto com Cécile, que mostrou ser uma mensageira extremamente eficiente. No fim de 1940, 25 das trinta mulheres no comitê nacional da JFdeF eram membros ativos da Resistência.

Sem surpresa nenhuma, o *Ceinture Rouge*, o cinturão vermelho das comunas comunistas que cercavam Paris, lar de muitos dos trabalhadores industriais, provou ser um excelente campo de recrutamento de novos membros. Foi em Ivry, no subúrbio do norte de Paris, que Danielle encontrou Madeleine Doiret, conhecida pelas amigas como Madô, filha de um ex-cavalariço que então administrava uma pequena fábrica de cal e cimento. Madô, que era a mais velha de cinco filhos, interrompeu os estudos do ensino médio para aprender taquigrafia e datilografia. Com a declaração de guerra, no entanto, tantos professores homens haviam sido mobilizados que ela se tornou professora temporária em Yonne. Madô, como Cécile e Betty, foi atraída à política pela Guerra Civil Espanhola. Tendo fugido de Paris em 1940, durante o grande êxodo para o sul, ela voltou para Ivry e ofereceu seus serviços à Juventude Comunista.

Encantados com suas habilidades de secretariado, pediram que ela datilografasse textos em estênceis, que então eram impressos por seu pai, à noite, no porão escondido de sua casa em um mimeógrafo elétrico. Ela e o pai tinham muito orgulho de sua máquina, que era uma das primeiras de Paris. Durante a noite, com a ajuda de seu irmão

Roger, que carregava os pacotes em uma mochila, Madô deixava os folhetos em vários pontos de distribuição em Ivry, prontos para serem pegos por outros jovens da Resistência.

No início de 1941, Danielle pediu a Madô que passasse à clandestinidade e trabalhasse com ela em tempo integral. Então ela saiu da casa dos pais em Ivry e foi morar em um pequeno apartamento no 15º *arrondissement*, onde vivia sob um nome falso e compunha artigos convocando os trabalhadores a se engajarem em atos de resistência contra Vichy e os ocupantes, escritos na forma de cartas póstumas redigidas por homens executados pela Gestapo. Madô tinha apenas vinte anos. Seu trabalho para a Resistência significava cortar qualquer contato com a família e os amigos. À noite, sozinha, sem ter falado com nenhum conhecido o dia inteiro, às vezes se deitava na cama e chorava de solidão.

Madô não estava, é claro, sozinha na crença de que opor-se a Vichy e aos alemães valia o sacrifício, embora nesse estágio da guerra às vezes fosse difícil ver com precisão o que estava sendo conquistado. Também não estava sozinha ao fazer esses sacrifícios. Conforme o inverno de 1940 passava, muitas das mulheres que trabalhavam em tempo integral para a Resistência decidiram mandar seus filhos para morar com os avós ou com famílias adotivas, com o intuito de mantê-los seguros e para se sentirem mais livres. Maï e Georges Politzer, constantemente preocupados com os perigos de sua vida clandestina, já haviam enviado o filho, Michel, para morar com os avós longe de Paris.

Perto de Madô em Ivry vivia uma grande amiga, Georgette Rostaing, que havia trabalhado na polícia de transportes antes da guerra e que agora começava a ajudar seu irmão Pierre, de dezoito anos, a recrutar membros para a Juventude Comunista e para a JFdeF. Georgette também foi atraída para a rede pela Guerra Civil Espanhola e também conhecia Danielle e Marie-Claude e ajudava na JFdeF. Era mãe solteira, o que não era uma posição fácil para uma jovem na França de Pétain.

Um dia Pierre, que estava na lista de jovens comunistas procurados, caiu nas mãos da polícia. Georgette não hesitou. Deixou sua filha, Pierrette, que tinha acabado de fazer nove anos, com a mãe e assumiu o trabalho do irmão como oficial de ligação e distribuidora de material clandestino; e, mais tarde, de explosivos e detonadores. Ela era uma jovem alegre e de bom coração, como Danielle, um pouco acima do peso, com um maço de cabelos escuros e franja, sempre andando por Ivry calçando sapatos de saltos muito altos.

Mesmo quando criança, Pierrette era levada a reuniões da JFdeF para ouvir Danielle e seus amigos fazerem planos sobre atos da Resistência contra os alemães, e nunca era mandada sair do cômodo quando membros da Resistência iam a sua casa. Um deles ensinou-a a ver as horas. Como Georgette dizia, "estamos todos juntos nessa, como uma família". Instintivamente, Pierrette sabia que o que via e ouvia não eram coisas que devessem ser repetidas. Do campo de prisioneiros, seu tio Pierre mandava cartas repletas de pequenos desenhos de pássaros; quando viesse para casa, escrevia para ela, planejava se tornar um artista em vidro. Georgette amava cantar. Um dia ela levou Pierrette para ouvir Édith Piaf, cujas canções sabia de cor e cantava no mais alto volume de sua voz alegre. Viver em um mundo de segredos e alto-astral foi estimulante para a garotinha.

Outra família que decidiu dar um filho pequeno para adoção a fim de poder trabalhar para a Resistência foi a das irmãs Serre. Lucienne, conhecida como Lulu, era a mais velha, nascida em 1917; a seguir vinha Jeanne — conhecida como Carmen — nascida em 1919, seguida por Louis e Christiane. Sua mãe, uma argelina formidável que havia deixado o marido catalão e mudado das docas de Marselha para Paris, levando os quatro filhos consigo, sustentava a família trabalhando como faxineira em uma sala de concertos. Era analfabeta, tinha deixado a escola aos sete anos para trabalhar no campo, mas falava cinco línguas fluentemente e era uma mãe encantadora e devotada. Também amava música e amava cantar, e à noite o pequeno apartamento na rua de la Huchette badalava com árias de Rossini e danças de flamenco. Madame Serre fazia cuscuz e *îles flottantes*, trocadilho de claras de ovos com açúcar, para todos eles.

Lulu encontrou um emprego de secretária; Carmen e Louis trabalhavam em uma siderúrgica. Christiane, a mais jovem, aos onze anos ainda estava na escola, e a mãe fazia questão que ela fosse bem nos estudos, recompensando seus esforços com livros de história e política como presentes, que não podia ler sozinha, mas desejava entender. Depois da escola, a mãe pedia que a menina lesse os livros em voz alta, e depois explicava seu significado a ela.

Ao chegar a Paris, madame Serre tomou como inquilinos ex-combatentes das Brigadas Internacionais na Espanha e pareceu perfeitamente natural e correto que Lulu e Carmen se juntassem à JFdeF e Louis à Juventude Comunista. De fato, fazer qualquer outra coisa seria impensável. Segundo a visão de madame Serre, a Resistência era *notre affaire*, da nossa conta, e não importava muito a quem você se juntasse, contanto que fizesse alguma coisa.

Lulu, que era casada com um jovem comunista, Georges Thévenin, que então era prisioneiro de guerra, teve um bebê chamado Paul, mas como a comida e o leite eram muito escassos e o bebê não estava se desenvolvendo, enviou-o para viver com uma família adotiva no campo. Isso deu a ela mais tempo, durante a noite, para trabalhar para Danielle. Carmen havia se tornado oficial de ligação na empresa de impressão de Viva Nenni, e quando a polícia pareceu estar fechando o cerco, era vista andando rápido pelas ruas de Paris com uma impressora, tinta e papel em um carrinho de mão, procurando por um lugar melhor para se esconder. Quando madame Serre foi presa, devido à polícia ter descoberto caixas de jornais clandestinos no apartamento, e enviada pela Gestapo para a prisão de Cherche-Midi, Lulu e Carmen simplesmente adicionaram o trabalho dela para a Resistência aos seus.

A Gestapo finalmente decidiu que não havia evidências suficientes contra madame Serre e libertou-a. Depois de sua soltura, ela decidiu levar os dois filhos mais novos para Marselha, pagando a um *passeur*, um guia, 1kg de bananas secas e trinta francos para atravessar com eles a linha de demarcação militar. Em Marselha, então quase completamente cega devido ao glaucoma, foi trabalhar com um merceeiro e usava seu cavalo e sua charrete para distribuir cópias clandestinas do *L'Humanité* para os estivadores. Para os Serre, a Resistência era mais um estado de espírito que uma atividade. Cercados por convicções políticas e um senso de dever, os quatro filhos, como Pierrette Rostaing, admiravam e amavam a mãe indomável.

Durante todo o frio inverno de 1940 e o início da primavera de 1941, cada vez mais mulheres de todas as idades foram atraídas para a Resistência, preenchendo posições então vagas devido às prisões dos homens, assumindo tarefas para as quais se viam admiravelmente adequadas. Naquele momento ainda não havia objetivos muito claros para suas atividades, além do constante assédio dos alemães, cujas forças elas esperavam manter em estado de alerta constante e desconfortável. Também queriam mandar uma mensagem a Vichy de que a colaboração era uma ação odiosa, inaceitável às pessoas decentes, e que seria, quando a sanidade e a vitória retornassem à França, punida com severidade.

Aquelas estudantes, mães, avós, donas de casa e profissionais juntavam-se à Resistência por causa de seus pais e irmãos que já faziam parte dela; ou porque tinham ouvido seus avós falarem sobre o caso Dreyfus e sobre Verdun; ou porque tinham visto os filhos de refugiados espanhóis lutarem pela vida nos Pirineus; ou porque, como Cécile, não queriam que seus filhos crescessem em um mundo governado por nazistas; ou, simplesmente, porque eram *frondeuses* — rebeldes contra a autoridade e o dogmatismo, filhas verdadeiras do Iluminismo francês. Como viam as mulheres Serre, elas realmente não tinham escolha.

O que nenhuma delas sabia, enquanto andavam apressadas pelas ruas de suas vilas e cidades, carregando mensagens e folhetos, sentindo-se estranhamente seguras em um país onde as mulheres ainda não eram reconhecidamente ativas na Resistência, era como aquilo tudo estava para se tornar letal.

O final da primavera de 1941 foi marcado em toda a zona francesa ocupada pelos alemães por atos esporádicos de sabotagem, por uma guerra contínua de cartazes e pela prisão e internamento de cada vez mais "inimigos do Reich". Várias gráficas clandestinas foram descobertas e seus operadores julgados e mandados para a prisão. Em maio, centenas de policiais franceses foram enviados para os bairros tradicionalmente judeus de Paris para "convidar" os moradores a apresentarem-se para uma "verificação de seu *status*". Desorientados, atônitos ao descobrirem que as leis francesas não os protegeriam, 3.710 judeus estrangeiros mais tarde foram internados. Cartazes oferecendo recompensas de mil francos por informações que levassem à prisão de um militante comunista ocupavam os muros da capital. Em junho, 2.325 comunistas estavam em prisões ou campos de internamento por toda a França. Na Festa de Joana D'Arc, milhares de estudantes se reuniram para cantar canções patriotas e gritar: "Joana D'Arc, livrai-nos dos bárbaros!"

Uma vez que ficou claro que os comunistas não estavam sozinhos no apoio à Resistência, mas que em toda a França atos de rebelião também eram realizados por católicos, judeus e gaullistas, decidiu-se, no início de maio, que tentariam coordenar suas forças. No dia 15, um comunicado conjunto foi emitido a toda a Resistência, tanto na zona ocupada quanto nas desocupadas. Todos os franceses, homens ou mulheres, independentemente de suas afiliações políticas, que "pensasse em francês e desejasse agir em francês", foram convidados a se unirem sob uma Frente Nacional para a independência da França. A ideia era estabelecer pequenas Frentes Nacionais por todo o país, em fábricas, em áreas de mineração, em vilas. "Viver vencido", dizia um dos panfletos, citando Napoleão, "é morrer todos os dias". Mesmo assim, Otto von Stülpnagel e as forças ocupantes alemãs continuaram a sustentar que o estado da França causava pouco alarme. Os comunistas, ainda o elemento mais forte da Resistência nesse estágio, continuaram a ser considerados párias por grande parte das pessoas devido ao pacto nazista-soviético.

Então, ao despertar da manhã de 22 de junho de 1941, tudo mudou.

Quando amanheceu, 2 milhões de soldados alemães, 3.200 aviões e 10 mil tanques invadiram a União Soviética ao longo de uma frente de 300km. Da noite para o dia, entre os oponentes globais de Hitler, os comunistas deixaram de ser considerados em conluio com o inimigo. Stalin redefiniu a guerra, que passou de guerra do imperialismo a "grande guerra de libertação antifascista e patriótica". Os soviéticos — e os comunistas — agora eram "aliados". A mensagem que chegava aos partidos comunistas em toda a Europa ocupada era clara: os invasores alemães deveriam encontrar resistência, grupos partidários deveriam ser colocados atrás das linhas inimigas e atos de sabotagem, destruição de linhas ferroviárias e fios de telefone deveriam ser realizados. Os ocupantes alemães, dali em diante, seriam "aterrorizados". A Resistência teria uma só direção: avançar a um nível muito mais perigoso.

O conturbado PCF na França recebeu a notícia da invasão com alívio imenso. Os meses de ambiguidade e dúvida haviam chegado ao fim. Maï Politzer, seu marido, Georges, e seu amante, Decour, Hélène. e Jacques Solomon, Danielle, Cécile e Betty saíram do anonimato. O clandestino *L'Humanité* respondeu com uma chamada para o combate armado.

Durante muitos meses, conversava-se sobre a necessidade de combatentes para uma *Organisation Spéciale*, um grupo de homens armados que protegeria militantes, puniria traidores e informantes e também reuniria armas e planejaria atos de sabotagem. Esses homens seriam, diziam os resistentes, as tropas de choque do movimento. Mas havia consideráveis receios quanto a progredir a ataques armados e ao assassinato de soldados alemães, principalmente porque grande parte da população francesa, comprometida com o *attentisme*, estava ansiosa por não promover maiores repressões e represálias por parte dos alemães. Além do mais, as armas que estavam disponíveis eram antigas e muito duvidosas.

Agora, no rastro da invasão da União Soviética, uma reunião foi convocada na Closerie des Lilas, no bulevar Saint-Germain. Compareceram à reunião Danielle Casanova e um jovem chamado Albert Ouzoulias, que havia fugido recentemente de um campo de prisioneiros de guerra na Áustria. Quando se separaram, Ouzoulias, que atendia pelo nome clandestino de Zouzou, havia concordado em organizar o que seria conhecido como os Batalhões da Juventude, uma ala armada jovem. Para ajudá-lo havia um veterano da Guerra Civil Espanhola de 22 anos, Georges Pierre, que assumiu o codinome de guerra Fabien ou Frédo e era o único com alguma experiência de combate. Os dois jovens, que eram amigos inseparáveis, saíram à procura de recrutas; não demorou muito, eram um bando de 56. Poucos tinham mais que vinte anos. Consideravam Danielle, que tinha 31 anos, sua irmã mais velha.

Entre os primeiros a se apresentarem estavam Georges Tondelier, de dezoito anos, que administrava a Juventude Comunista no 19º *arrondissement*, Isidore Grünenberger, que era polonês, e seu amigo de escola, um jovem sapateiro chamado André Biver. Biver tinha uma namorada, Simone Sampaix, uma garota sincera de dezesseis anos com um sorriso doce e bochechas rosadas. Seu pai, Lucien, era ex-editor gerente do *L'Humanité*, um homem distinto com cabelos grisalhos muito curtos. Era muito admirado dentro do Partido Comunista por escrever uma série de artigos anteriores à guerra ligando o movimento antissemita Cagoule aos industrialistas franceses e aos serviços secretos alemães, pelos quais havia sido julgado, mas absolvido. Os Sampaix eram amigos dos Politzer e de Danielle, que era a dentista da família, e, quando jovem, Simone havia participado de um coquetel em homenagem ao casamento de Fabien. Yvonne, esposa de Lucien, trabalhava em uma fábrica têxtil e a família vivia em uma casa pequena no 19º *arrondissement*, no coração da classe trabalhadora comunista.

No verão de 1941, Lucien estava na prisão; havia sido apanhado pela polícia francesa durante uma repressão à imprensa clandestina. "E pensar que nossos avós tomaram a Bastilha", escreveu para sua mulher. "Quantas Bastilhas ainda há para se tomar!" Simone o visitou na prisão, para dizer que havia juntado os Batalhões da Juventude e já estava transportando materiais deles em seus livros de escola. Com sua aparência inocente e infantil, era uma suspeita improvável. Lucien disse a ela que estava orgulhoso, mas pediu que tomasse cuidado. A polícia tinha cada vez mais recursos e o número de informantes crescia. Mulheres e garotas não permaneceriam seguras por muito tempo. Yvonne, só agora ciente das atividades de sua filha e tanto em admiração quanto em medo extremo, mandou os dois filhos mais novos, Pierre e Jacques, para a casa de amigos no interior. Os novos jovens recrutas dos Batalhões, alguns com menos de dezesseis ou dezessete anos, não tinham um centavo, estavam famintos, com os calçados furados, não tinham dinheiro para o metrô e nem lugar para dormir. Seus sapatos vazavam. Na pequena casa no 19º *arrondissement*, que parecia mais uma casa de campo que uma moradia urbana, Yvonne não raro cozinhava para eles.

Todas as reuniões de mais de cinco pessoas eram proibidas pelos alemães, mas Ouzoulias e Fabien, sob o pretexto de participar de uma das campanhas de férias aprovadas de Vichy, conseguiram levar vinte dos novos recrutas ao Bois de Lardy, em Seine-et-Oise. Saíram da estação de Austerlitz levando mochilas e usando bermudas. O mais jovem era André Kirschen, que havia acabado de fazer quinze anos. No bosque montaram tendas, cozinharam em fogueiras e discutiram a tática mais adequada. Os meninos aprenderam a usar revólveres, jogar granadas e criar bombas com latas vazias, cheias de dinamite, pregos e pequenos pedaços de arame; as meninas cozinhavam e lavavam os pratos no rio. Como observou corretamente Maroussia Naitchenko, havia um elemento forte de audácia e bravura entre os jovens resistentes.

A Simone e às poucas outras meninas foi dito que, como mulheres, seu papel seria a "logística". À noite, debatiam sobre como se sentiriam a respeito de atirar em alguém a sangue-frio, e Simone, sem a mínima certeza de que algum dia seria capaz de fazê-lo, ficou aliviada com o fato de que não receberia uma arma. Fabien contava a história de um herói da Primeira Guerra Mundial, um camponês idoso que, com apenas um tridente, atacou um pelotão de soldados alemães fortemente armados. Como as irmãs Serre, Carmen e Lulu, Simone mais tarde se lembraria de pensar que não havia nada de muito heroico no que estava fazendo. O que parecia estranho a ela era que os outros não faziam o mesmo. De seu exílio na casa da fazenda no interior, seus irmãos mais novos invejavam a boa sorte da irmã.

Os medos do pai de Simone, no entanto, justificaram-se. Confrontos entre resistentes e alemães ficavam mais explosivos a cada dia. Entre os primeiros jovens a unirem-se aos Batalhões havia vários judeus das numerosas populações de russos, poloneses e armênios que se estabeleceram na França nos anos 1920 e 1930 e criaram sua própria associação, a Main-d'Oeuvre Immigrée [Mão de Obra Imigrante]. Muitos falavam iídiche em casa. No início de agosto, três amigos, todos com menos de vinte anos — Samuel Tyszelman, Charles Wolmark e Elie Walach — invadiram uma pedreira em Seine-et-Oise e saíram de lá com 25kg de dinamite. Em 13 de agosto, Tyszelman e outro amigo, Henri Gautherot, lideraram uma manifestação que protestava contra as restrições alemãs. Milhares de pessoas se reuniram, gritando "*Vive la France!*" [Viva a França!] e "*À bas l'Occupant!*" [Abaixo os ocupantes!]. Soldados alemães abriram fogo, Tyszelman foi atingido na perna e ele e Gautherot foram presos.

Simone e suas amigas mais jovens ficaram horrorizadas com essa mudança repentina e ainda mais chateadas quando descobriram que Tyszelman e Gautherot haviam sido condenados à morte por um tribunal militar alemão. Dia 19, cartazes tomaram os muros, nas usuais letras vermelhas e pretas em negrito, anunciando que dois jovens foram executados naquela manhã por fuzilamento. Como para enfatizar a atitude de Vichy em relação aos judeus estrangeiros da França, uma batida simultânea no 11º *arrondissement* levou 4.232 em custódia, para se juntarem aos 30 mil judeus que já estavam presos em campos de internamento franceses.

Dois dias depois, no início da manhã de 21 de agosto, André Biver pediu a Simone que o acompanhasse às avenidas. Não explicou por quê. Haviam acabado de chegar à estação Barbès quando ouviram gritos e Fabien e vários membros dos Batalhões correram pelas escadas do metrô e misturaram-se à multidão. Ao passar correndo por eles, Fabien gritou: "Titi e Henri foram vingados." A matança de que Simone tanto temia fazer parte havia começado.

O ataque havia sido minuciosamente planejado. Fabien escolheu a estação Barbès, na linha 4, porque sua plataforma tinha uma curva estratégica que não permitia que o controlador visse o trem inteiro, enquanto o vagão da primeira classe, onde os alemães viajavam sempre, parava imediatamente nas escadas que levavam ao bulevar Rochechouart. No reconhecimento, Fabien observou que entre as oito horas e as 8h30, toda manhã, vários oficiais alemães pegavam a linha 4.

Naquela manhã, havia cerca de trinta pessoas esperando pelo trem. Uma delas era o recém-chegado oficial da Kriegsmarine, Alfons Moser, a caminho de um depósito em Montrouge. Quando Moser subiu no trem, Fabien disparou duas balas em suas costas. O oficial morreu na hora. Isidore Grünenberger, que estava de vigia na rua, agradeceu a Simone por transportar a arma que tinha tornado o ataque possível. A encenação havia terminado; tudo estava se tornando terrivelmente real.

A resposta alemã foi instantânea. Hitler, ao saber da morte de Moser, exigiu a execução imediata de cem reféns. Conforme anunciado, todos os prisioneiros franceses que estivessem em mãos francesas ou alemãs, seriam dali em diante considerados reféns e seriam baleados em resposta a qualquer ataque aos alemães. Mas von Stülpnagel ainda não estava preparado para abandonar sua colaboração satisfatória com o governo de Vichy. Por isso, informou a Pétain, por meio de seu oficial de ligação, major Boemelberg, que a Kriegsmarine pedia apenas dez reféns. Enquanto isso, Pierre Pucheu, ministro do Interior recém-eleito, ordenou que as ruas de Paris fossem vasculhadas, atrás dos assassinos. Um toque de recolher foi estabelecido para as nove horas da noite; restaurantes e teatros tinham que fechar às oito. Dentro de três horas, 3 mil documentos de identificação foram conferidos, mas nenhum dos membros dos Batalhões foi encontrado.

Havia planos em andamento de um tribunal francês para julgar resistentes, com um entendimento implícito de que penas de morte seriam proferidas. Em 27 de agosto, o corpo de jurados formado às pressas sentenciou três comunistas à morte, o quarto, o pai de Simone, Lucien, teve sua pena comutada para serviço pesado em prisão perpétua depois de fazer um discurso eloquente e apaixonado. Foi enviado à prisão de Caen, com as mãos e os pés algemados.

Foi Vichy quem então propôs realizar as execuções por guilhotina, em público; os militares franceses, temendo repercussões por parte do público francês, concordaram com a guilhotina, mas insistiram que fosse usada em particular. Em 28 de agosto, os três comunistas foram para o cadafalso. Além disso, nos dias seguintes, os alemães executaram cinco outros comunistas — por participar da manifestação de Samuel Tyszelman — e três gaullistas. Juízes franceses agora mandavam para a morte cidadãos franceses, completamente inocentes dos crimes pelos quais eram punidos, simplesmente por serem considerados próximos em ideais àqueles suspeitos — sem comprovação — de serem culpados.

Simone, treinando com os outros adolescentes sob as faias e os carvalhos no Bois de Lardy, estava certa em questionar as implicações de avançar para ataques armados contra soldados alemães. O ataque na estação Barbès, o primeiro assassinato público de um oficial alemão, marcou uma virada crucial. Ouzoulias mais tarde diria que esse único ato foi a contribuição mais importante dos Batalhões, que levou a Resistência a uma escala superior. Mas conforme os resistentes escolhiam matar, as punições também tornavam-se mais letais.

Não seria mais possível que nenhum membro da Resistência — mesmo as mulheres e meninas, que até o momento sentiam-se relativamente seguras nas sombras — se sentisse seguro. Betty, Danielle, Cécile e as outras, que estavam começando a se reunir e a estabelecer laços, agora viviam em um estado de constante desconfiança. Daquele momento em diante, em um ciclo de ataques sem fim, represálias, mais ataques, mais execuções, haveria uma guerra completa entre ocupantes e um número crescente de ocupados, que, revoltados com a brutalidade alemã, simpatizariam cada vez mais com a Resistência. Como observou Pétain: "De várias partes da França, começo a sentir um vento desagradável se formar."

4

Caça aos resistentes

Até o verão de 1921, os soldados alemães na França sentiam-se relativamente seguros. O país que haviam invadido com tanta facilidade parecia-lhes em grande parte tolerar sua presença e até gostar de tirar proveito da ocupação, apesar de muitas pessoas comuns desviarem cada vez mais o olhar ao passarem por eles nas ruas. Mas agora, na esteira do ataque na estação Barbès, soldados eram aconselhados a não sair sozinhos depois que escurecesse e nunca deixar seus veículos sozinhos. O general von Stülpnagel, enquanto continuava a defender que a repressão a toda resistência deveria ser deixada principalmente nas mãos da polícia francesa, de cooperação notável, ao mesmo tempo enviava um comunicado secreto aos comandantes militares alemães das várias regiões ocupadas da França.

A guerra contra os comunistas alcançava um estágio crítico, disse, e a obrigação dos alemães era ter a certeza de que os franceses operavam contra eles com a maior severidade. "Julguem com rapidez, dureza e certeza", instruiu os tribunais militares da Wehrmacht. No dia 13 de setembro, um velho amigo de Charlotte Delbo e Georges Dudach, o arquiteto André Woog, foi guilhotinado no pátio da prisão de La Santé, com dois outros "militantes comunistas". Woog foi preso por distribuir folhetos antialemães. Até aquele dia, acontecera 33 execuções de comunistas e "inimigos do Reich"; o mais jovem foi um menino de dezenove anos, o mais velho um homem de setenta.

De Berlim, Hitler continuou a encorajar represálias mais duras e frequentes, não só na França, mas em toda a Europa ocupada, principalmente contra os comunistas, que continuavam a ser amplamente responsabilizados pelo número crescente de ataques armados. Embora a Alemanha tivesse 8,5 milhões de homens armados, eram necessários mais soldados para controlar a França, a Holanda, a Bélgica, a

Dinamarca e os Bálcãs; havia lutas pesadas no deserto do oeste e ao longo da frente do leste. Não era permitido que atos de resistência distraíssem soldados alemães. Estes deveriam estar envolvidos ativamente em seu trabalho. No dia 28 de setembro, em uma violação clara ao artigo 19 da Terceira Convenção de Tóquio, de 1934, que dizia sem ambiguidades que reféns jamais, sob quaisquer circunstâncias, poderiam ser fisicamente punidos ou condenados à morte, um Código de Reféns foi emitido para o povo francês. As duas cláusulas eram violadas.

"Grupos" de franceses, detidos por alemães ou franceses devido a ações supostamente comunistas ou anarquistas — espionagem, traição, sabotagem, ataques armados, ajuda a inimigos estrangeiros, posse ilegal de armas —, deveriam ser mantidos como reféns contra ataques a soldados alemães. Em números proporcionais ao crime, esses reféns seriam executados. De cinquenta a cem franceses seriam mortos para cada alemão assassinado. Já que pouquíssimos desses homens foram julgados por um tribunal, não haveria como saber se eram culpados ou não. Comandantes militares nas várias regiões foram instruídos a manter listas atualizadas de nomes disponíveis. Onde não havia o suficiente, mais homens deveriam ser procurados entre professores universitários e estudantes, assim como entre gaullistas, agora também reconhecidos como ameaça à segurança dos ocupantes alemães. *Notables*, pessoas proeminentes, considerados reféns adequados por um breve período, eram descartados em favor de "antialemães", principalmente comunistas, que continuavam a ser as pessoas mais detestadas por Vichy, e "intelectuais", aqueles que usavam suas penas para difundir ideias comunistas. Pais de famílias grandes seriam "generosamente" poupados.

Alguns membros do início da Resistência ficaram agitados com a ferocidade com que os alemães respondiam a seus ataques, temendo que, ao recorrer a armas e assassinatos, alienariam o povo francês. Mas Danielle, Cécile e Maï estavam entre os que defendiam apaixonadamente uma "guerra nacional de independência e libertação", com toda a violência armada que essas palavras implicavam. Nos muros de Paris apareceram cartazes com as palavras: "Para cada patriota executado, dez alemães serão mortos." Voltar atrás quanto à tática do ataque armado lançada na estação Barbès, defendia Ouzoulias, significaria "capitulação e desonra" e só levaria e maiores e mais terríveis repressões. Simone Sampaix e os meninos e meninas dos Batalhões da Juventude ficariam em casa, esperando por mais instruções. A aversão de Simone à ideia de atirar a sangue-frio não tinha ido embora por completo, mas ela não tinha intenção nenhuma de abandonar a luta agora.

Quando, no início do ano, a Frente Nacional unida da Resistência havia sido criada, ficou claro que algum tipo de ala militar se seguiria. À época do tiroteio na estação Barbès, o Main-d'Oeuvre Immigrée, as Operações Especiais do PCF e os Batalhões da Juventude fundiram-se para formar o Francs-Tireurs et Partisans (FTP) — Francoatiradores e Apoiadores —, sob o comando de um ex-editor do *L'Humanité* chamado Pierre Villon. Quatro objetivos foram dados ao grupo: atingir trens que levavam homens e material para a frente oriental; punir traidores e colaboradores; sabotar fábricas que trabalhavam para os alemães; e executar soldados das forças ocupantes, todas ações cujo valor simbólico iria muito além dos danos reais causados.

Um ex-caldeireiro da fábrica de automóveis Renault, quieto, sisudo, fumante de cachimbo, Arthur Dallidet, que era feroz quanto a disciplina e prudência e fanático em seu ódio a renegados e traidores, foi encarregado da segurança. Um bibliotecário, Michel Bernstein, tornou-se o mestre falsificador de documentos. E France Bloch, uma jovem química com dois diplomas em ciência, que era judia e perdera o emprego no Museu de História Natural, recebeu a tarefa de produzir explosivos. France era filha do distinto crítico e historiador Jean-Richard Bloch, à época exilado em Moscou. Era casada com um metalúrgico, Frédo Sérazin, e tinha um filho de dezoito meses.

Desde meados dos anos 1930, quando participaram de comícios antifascistas juntos, France era amiga íntima de uma engenheira química, Marie-Elisa Nordmann, uma jovem um pouco rechonchuda, de rosto redondo e trejeitos delicados. Jovem e promissora pesquisadora, passou um ano na Alemanha e voltou chocada com o espetáculo dos comícios de Hitler. Casou-se jovem e teve um filho, a quem adorava. Entretanto, o casamento não durou e Marie-Elisa e o bebê foram morar com a mãe viúva. À noite, ela e France iam a reuniões do recém-fundado Comitê de Vigilância dos Antifascistas Intelectuais no 5º *arrondissement* de Paris, do qual Marie-Elisa se tornou tesoureira. Hélène. e Jacques Solomon e os Politzer tornaram-se grandes amigos dela. Como France, Marie-Elisa era judia.

Durante o verão de 1940, tendo se juntado ao êxodo para o sul, as duas mulheres e seus filhos compartilharam uma casa por um breve período perto de Bordeaux. Agora, faziam bombas e granadas juntas, Marie-Elisa roubando mercúrio do instituto de pesquisa onde trabalhava, outros fornecendo tubos de metal de fábricas de veículos. Em seu laboratório no número 5 da avenida Debidour, no 9º *arrondissement*, France também mantinha remédios e vacinas para a Resistência. À noite, Marie-Elisa e sua mãe davam abrigo a resistentes que, descobrindo que suas casas estavam sendo vigiadas, não tinham onde dormir. Não longe dali, no bulevar de la Villette, outra jovem e seu marido tinham uma loja de bicicletas; ali, à noite, limpavam revólveres e faziam explosivos.

Para Danielle, assim como para as outras figuras de liderança da nova Resistência, o momento parecia certo para levar a luta armada para as outras áreas ocupadas da França, para amarrar melhor os soldados alemães e aliviar o peso da repressão dentro e nos arredores de Paris. Segundo o ponto de vista dos resistentes parisienses, mudando de endereço de poucas em poucas noites, vivendo longe de suas famílias e sob nomes falsos, haviam perdido qualquer sensação de paz "seja à noite, seja de dia". Três ataques simultâneos foram planejados, em Ruão, Nantes e Bordeaux. A ideia era usar combatentes do novo FTP, que, porque viriam só para o ataque e então desapareceriam, seriam mais difíceis de perseguir. Teriam ajuda dos habitantes locais, já familiarizados com os movimentos dos ocupantes alemães.

Ruão, a primeira cidade a ser alvo, já estava relativamente bem-abastecida de combatentes em potencial. Era dentro e nas redondezas de Ruão que André Pican e sua esposa, Germaine, professores do colégio local, escreviam, imprimiam e distribuíam informativos antialemães clandestinos. André era membro fundador da Frente Nacional unida da Resistência. Era um homem agitado, magro, de boa aparência, de quarenta e poucos anos, um excelente orador, que trouxe a esposa, de início relutante, para a batalha. Para André nunca houve um momento de escolha. Como Germaine afirmava, ele tinha que agir. Assim que os alemães chegaram, ele saiu para visitar fábricas, espalhar o espírito da Resistência e recrutar combatentes. "Uma grande revolução começou", dizia a eles. "Nós, trabalhadores da França, não falharemos nessa tarefa." Os franceses não poderiam e não seriam derrotados. Germaine concordava. Desde a Guerra Civil Espanhola, sentia que não era tolerável sentar e aceitar os fascistas. Ela ouviu os apelos feitos por de Gaulle no rádio e ficou feliz em andar de bicicleta pelo campo, sua sacola cheia de folhetos antialemães para serem distribuídos em aldeias e outros lugares.

Os Pican tinham duas filhas jovens, que eram o centro de suas vidas. Eram uma família unida e extremamente feliz, e Germaine dizia que ela mesma aprendeu sobre a felicidade durante a infância por ter sido uma de três irmãs em uma família unida e amorosa. Quando André foi preso e enviado a um campo de internamento no verão de 1940, Germaine assumiu a tarefa de fazer a ligação com o FTP em Paris. Ela também sabia tudo sobre impressão, já que seu pai era especialista em esculpir os rolos usados para estampar a chita pela qual Ruão era famosa. Encontrou uma ajudante em Claudine Guérin, que, aos dezesseis anos e meio, não era muito mais velha que as duas filhas de Germaine. A mãe de Claudine, Lucie, uma colega professora e grande amiga, fora condenada a oito anos de trabalhos pesados na prisão de Rennes por distribuir folhetos, e Germaine se sentia responsável pela adolescente. Claudine era adorável; era uma menina bonita e falante, sempre alegre, que nunca reclamava, e fazia as pessoas rirem. Juntas, Germaine e Claudine, e André antes de ter sido preso, andavam de bicicleta pelo campo a fim de encontrar galinhas e manteiga para levar a seus camaradas na cidade.

No início do outono de 1941, no entanto, Germaine foi presa, suspeita de administrar a Resistência no Baixo-Sena na ausência do marido, e suas duas filhas tiveram que se esconder. A mãe de Claudine e Germaine estavam entre as relativamente poucas mulheres resistentes já presas, o mito da mulher apolítica e doméstica ainda prevalecia em grande parte da França. Germaine foi levada a uma prisão em Ruão, e Claudine ia visitá-la de bicicleta todos os dias. As duas trocavam notícias por uma janela aberta. Em outubro, Claudine foi mandada para um internato em Paris, e então assumiu o trabalho de Germaine como oficial de ligação, transmitindo mensagens da capital para Ruão. Era uma aluna brilhante, que já tinha sido aprovada no ensino médio.

Não longe dali, e esperando ser incumbida de uma tarefa, estava Madeleine Dissoubray, de 23 anos. No início de 1941, Madeleine juntou-se à Resistência e passou a viver clandestinamente. Assumiu um nome falso, madame Duteurtre, e com esse nome alugou um quarto, mas às vezes respondia pelo nome de Thérèse Pasquier. A mãe de Madeleine tinha morrido e seus irmãos mais velhos já faziam parte da Resistência; seu pai, um engenheiro agrônomo socialista, criou os filhos para serem politicamente ativos. Veterano da Primeira Guerra Mundial, dizia que Léon Blum e a Frente Popular haviam dado a ele as primeiras férias remuneradas de sua vida. Durante a Guerra Civil Espanhola, os Dissoubray acolheram refugiados da Espanha.

Madeleine estava estudando para ser professora de educação física, apesar de pensar em mudar para matemática. Entre os amigos do esporte, havia muitas conversas sobre tentar atravessar para a Inglaterra e juntar-se à França Livre. Diziam uns aos outros que manteriam a fé na verdadeira França, mesmo que isso significasse a morte. A morte, diziam, deveria ser "domada". Vendo os cartazes alemães surgirem nos muros de Ruão, com suas ameaças e intimidações, Madeleine sabia exatamente o que estava arriscando. Isso só fazia com que sentisse maior solidariedade para com os amigos. Como diria mais tarde, eles estavam aterrorizados, falando sobre o que poderiam fazer, "não só para si mesmos, mas um pelo outro". Bailes públicos foram proibidos pelos alemães, mas aulas de dança não, e justamente nessas aulas, os meninos com os cabelos penteados para trás com óleo vegetal e as meninas com modernas e elegantes faixas pretas e douradas nos cabelos, se reuniam e discutiam seus planos. "Como poderíamos não resistir?" Madeleine diria mais tarde. "Não era possível viver sob a liderança nazista. Simplesmente não podíamos aceitar." No outono de 1941, Madeleine foi um membro importante da secretaria comunista de Ruão.

O ataque em Ruão, marcado para 19 de outubro, envolveria o descarrilamento de um trem perto da estação de Malaunay. Maquinistas e ferroviários locais que trabalhavam para a Resistência concordaram em afrouxar os parafusos pesados que mantinham os trilhos juntos. Contudo, esse era um trabalho barulhento e Madeleine, se passando por vigia das constantes patrulhas alemãs, recebeu um revólver, caso fossem descobertos. Na execução da tarefa, vários trilhos foram soltos com sucesso sem que os alemães percebessem, e um trem que carregava material para o leste deslizou e saiu dos trilhos. Sem vítimas, mas houve danos consideráveis. No dia seguinte, o chefe da polícia local francesa prendeu 150 pessoas que suspeitava pertencerem ao PCF. Madeleine conseguiu evitar a captura.

O segundo ataque, no dia 20, foi mais ambicioso. Dois jovens resistentes, Gilbert Brustlein e Guisco Spartico, enviados de Paris para Nantes, onde havia uma grande guarnição de tropas, avistaram dois oficiais alemães cruzando a praça da catedral. Eles seguiram os oficiais e sacaram seus revólveres. O de Spartico travou, mas o de Brustlein funcionou. O tenente-coronel Holtz, "gritando como um porco", foi ao chão. Mais uma vez, os dois agressores fugiram. "O que estão esperando que aconteça", perguntou Robert Brassilach no jornal *Je Suis Partout*, "antes que comecem a matar comunistas?"

O terceiro ataque, o ataque a um membro do comando militar alemão em Bordeaux chamado Reimers, na noite de 21 de outubro, ainda não havia acontecido quando os alemães reagiram ao ataque a Holtz. O general von Stülpnagel enviou um de seus oficiais para o campo de internamento de Chateaubriand, em Brittany, exigindo uma lista de detidos. Um cartaz foi colocado, o qual anunciava que cinquenta reféns seriam executados imediatamente, uma vez que um oficial havia sido assassinado "por criminosos covardes a mando da Inglaterra e de Moscou", e mais cinquenta teriam o mesmo destino se os responsáveis pelos ataques não estivessem sob custódia até a meia-noite do dia 23. Uma recompensa de 15 milhões de francos foi oferecida em troca de informações que levassem à captura dos culpados. Depois do ataque em Bordeaux e da morte de Reimers, mais cem homens foram marcados para serem executados. Mais tarde, foi dito que o ministro do Interior, Pucheu, quando lhe foi mostrada a lista de nomes, trocou os de "quarenta bons franceses", *anciens combattants* da Primeira Guerra Mundial, por nomes dos "comunistas mais perigosos".

No início da tarde do dia 22, soldados alemães dirigindo caminhões chegaram para recolher 27 homens do campo de Chateaubriand e levá-los a uma pedreira de areia a 2km dali. Estavam incluídos entre esses homens um deputado comunista chamado Charles Michels, alguns líderes sindicais proeminentes, um médico e alguns professores. O mais jovem era um estudante, Guy Môquet, filho de um político comunista. Cada um dos homens recebeu uma folha de papel, um envelope e um lápis para escrever uma carta de despedida. "Vou morrer!", Guy escreveu a sua mãe, implorando a ela que fosse forte, como ele esperava que fosse, forte como aqueles que estavam indo com ele. Quando os caminhões saíram pelos portões do campo, transeuntes tiraram os chapéus. Os homens cantavam a *Marselhesa* e continuaram cantando mesmo quando foram colocados diante do pelotão de fuzilamento, em três grupos. Nenhum deles aceitou uma venda. "Os vitoriosos naquele dia", observou um alemão que estava presente, "não fomos nós, mas aqueles que morreram".

Chateaubriand não seria o único local para as represálias em massa; de fato, nos dias que se seguiram, outros professores comunistas e sindicalistas acompanharam aqueles primeiros homens em pelotões de fuzilamento de diversos lugares. Entretanto, o nome Chateaubriand entraria na consciência não apenas dos franceses, mas dos Aliados, como símbolo da brutalidade alemã. No domingo que se seguiu às execuções, apesar de ser expressamente proibido, moradores da cidade depositaram flores na pedreira de areia. Os corpos haviam sido cuidadosamente espalhados entre nove cemitérios diferentes, para evitar santuários de martírio.

Tanto Roosevelt quanto Churchill emitiram declarações condenando as mortes e avisaram que quando a guerra acabasse haveria punição. O general de Gaulle, no entanto, foi mais cauteloso. "Era perfeitamente certo e apropriado", declarou, "que os franceses matassem alemães. Mas guerras envolvem táticas". E era ele, pessoalmente, com o Comitê Nacional, quem estava no comando das estratégias. Como combatentes, os FTP deveriam seguir ordens, e as ordens dele eram não matar alemães, porque isso fazia com que fosse muito fácil para o inimigo massacrar pessoas que estavam "momentaneamente desarmadas". A hora chegaria para a ação armada, mas ainda era muito cedo. Danielle, Cécile, Madeleine, Maï e os Batalhões da Juventude deram pouca atenção a suas palavras, mas de Berlim Hitler ordenou que os nomes dos gaullistas fossem removidos das listas de reféns nos campos.

Para os alemães que ocupavam a França, os assassinatos em Nantes e Bordeaux marcaram mais um passo no caminho de uma repressão ainda mais brutal. Eles queriam retribuição decisiva e imediata, e tinham a intenção de obtê-la. Mas, pelo menos por enquanto, von Stülpnagel continuava a defender que os franceses deveriam ser responsáveis por seu próprio policiamento, embora ainda recebessem grande suporte da Wehrmacht e da Gestapo. Pétain, que por um momento cogitou oferecer-se para tomar o lugar de um dos reféns até ser dissuadido por Pucheu, anunciou que Vichy estava mais comprometido a colaborar do que nunca, mesmo tendo lamentado pessoalmente o "rio de sangue" causado pelas execuções em massa. "Com a voz partida, faço um apelo a vocês", disse aos franceses no rádio, "não deixem que mais mal venha à França... Com o armistício, concordamos em depor nossas armas. Não temos o direito de empunhá-las novamente para atirar em alemães pelas costas". Ele não fez comentários sobre a proporção de cem vidas francesas por cada única vida alemã. Reféns, assegurou a seus ouvintes, seriam escolhidos apenas entre aqueles "cuja culpa foi provada em definitivo". Guy Môquet, de dezessete anos, foi convenientemente esquecido.

Estava, no entanto, ficando mais difícil que nunca para os colaboradores franceses cumprirem as ordens dos alemães. A fim de cumprir novos compromissos de redobrar a vigilância, descobrir os culpados e capturar todos os líderes comunistas, eram necessárias novas forças. Vichy estava prestes a encontrá-las em uma proliferação de grupos policiais especializados, *polices d'occasion*, polícia para todas as ocasiões, completamente dedicada a *la chasse* [a caça] a resistentes.

O que ninguém esperava era que os resistentes contra-atacariam com tamanha tenacidade e bravura. Nas semanas e nos meses seguintes, mais soldados alemães e informantes foram mortos, houve explosões em linhas ferroviárias, granadas foram atiradas em restaurantes alemães, bombas jogadas em depósitos, bibliotecas e cantinas alemãs. A zona industrial do Baixo-Sena, onde Germaine Pican e Claudine Guérin agiam, foi o cenário de ataques constantes — linhas de trem cortadas, bombas de gasolina jogadas, motores sabotados por um grupo de gaullistas, comunistas, católicos e socialistas trabalhando juntos, muitos deles estudantes ou trabalhadores ferroviários. Houve um momento em que os ataques às ferrovias eram tão frequentes que os alemães colocavam vários civis franceses reféns a bordo de todos os trens que levavam soldados alemães. Quando os resistentes ficavam sem dinheiro, invadiam prefeituras e fugiam com todo o dinheiro que encontrassem.

Para Betty, viajar pela França como mensageira, ouvindo a si mesma e seus companheiros serem declarados terroristas, era não ter entendimento do significado da palavra. Terroristas eram pessoas que matavam espectadores inocentes; ela e seus amigos eram combatentes, engajados na guerra contra o inimigo. Sentiam-se exultantes.

Nos primeiros dias da ocupação, os alemães foram cautelosos com a polícia francesa, suspeitando que no fundo fossem republicanos fervorosos. Poucos, de fato, eram, e esses rapidamente pediram demissão. Mas a maioria dos 15 mil homens que policiavam Paris e o departamento do Seine ficou em seus postos e, com o passar dos meses, foi atraída para uma rede de colaboração cada vez mais profunda, na "zona cinza" de Primo Levi, em algum lugar entre ocupantes e ocupados. Como tantos cidadãos franceses, acreditavam que a Alemanha venceria a guerra. Na melhor das hipóteses, faziam o que podiam para atenuar a crueldade dos ocupantes; na pior, tornavam-se torturadores.

No verão de 1940, foi aprovada uma lei cujo conteúdo dizia que qualquer funcionário civil seria demitido se não prestasse contas. Infectados por anos de hostilidade pública para com os comunistas, lembrando dos confrontos com as "criaturas de Blum" da esquerda, temendo por seus empregos, coagidos por apelos a seu senso de dever, muitos policiais franceses escolheram simplesmente tentar sobreviver aos anos de guerra ilesos e sem se comprometer. No verão de 1941 ficava cada vez mais difícil fazerem isso.

O assassinato na estação Barbès, assim como os ataques em Ruão, Nantes e Bordeaux, apenas aceleraram um processo que já estava em andamento. Como Pucheu, ministro do Interior, estava determinado a fazer de tudo para evitar que o monopólio da repressão passasse exclusivamente por mãos alemãs, já arquitetara planos muito avançados para uma força policial francesa reorganizada e revigorada, comprometida tanto com a revolução nacional de Vichy quanto com ataques à Resistência. Os seus melhores homens, Pucheu prometeu a von Stüpnagel, seriam utilizados contra os culpados pelos ataques. Haveria melhores pagamentos para policiais, mais treinamento e novos uniformes, mas não, para sua decepção, novas armas, pois os alemães continuavam relutantes em ver os franceses mais bem-armados.

Com novas seções dedicadas a perseguir judeus, maçons e estrangeiros, administradas por seus próprios "especialistas", vieram duas novas brigadas, uma para "comunistas" e a outra para "terroristas". Existiram Brigadas Especiais antes, sob o comando do Renseignements Généraux, o serviço secreto da polícia francesa, cuja tarefa era espionar possíveis encrenqueiros, mas estes seriam mais cruéis, mais independentes, mais hábeis.

No verão de 1941, o novo prefeito da polícia, instruído a caçar inimigos do Reich, nomeou chefe do Renseignements Généraux um policial francês experiente chamado Lucien Rottée. Rottée, um homem alto e magro, usava ternos e ia a qualquer lugar acompanhado de um cachorro grande. Detestava comunistas, a quem considerava agentes da União Soviética. Tão logo foi nomeado, Rottée trouxe seu protegido, Fernand David, para chefiar as Brigadas Especiais anticomunistas e, logo em seguida, seu sobrinho, René Hénoque, como chefe da unidade antiterrorista. David, que tinha trinta e poucos anos, era arrogante e ambicioso ao extremo; logo seria conhecido como o "carrasco dos patriotas". Ambas as brigadas trabalhariam junto com os alemães, principalmente com a Gestapo.

Não houve dificuldade em encontrar recrutas. Recebendo a oferta de melhores salários, mais liberdades, roupas normais em vez de uniformes, a promessa de promoção rápida e a chance de pegar "inimigos" em vez de perseguir judeus e maçons, poucos dos jovens recusaram. Em outras partes da França ocupada, policiais, também seduzidos por ideias de poder e promoção, apressaram-se em oferecer-se para as Brigadas Especiais locais semelhantes. Os primeiros foram escolhidos entre os que já tinham se destacado como interrogadores, mas logo os novos recrutas estavam ocupados aprendendo sobre vigilância, entrega de cartas, casas seguras, a detectar comportamento suspeito, todos os sinais reveladores da vida clandestina. Rottée tratava-os bem, convidando-os a recepções, destacando os que apresentavam bom desempenho e aquietando as dúvidas dos que eram perturbados pela moralidade de espiar seus compatriotas. Logo foram considerados uma elite, com privilégios especiais, despesas generosas, acesso a muitos itens racionados e até, por vezes, à possibilidade de assegurar a libertação de um parente que era prisioneiro de guerra em um campo na Alemanha.

O que Rottée rapidamente entendera foi que tudo dependia da vigilância. Seus homens trabalhavam em turnos, retornando ao escritório para escrever relatórios detalhados. Ele os ensinava a desenvolver a memória, a estudar rostos e gestos e roupas com minúcia e a anotar o que observavam com precisão. Alguns traziam anos de conhecimento do Partido Comunista ao trabalho; outros tinham habilidade em decifrar códigos. Nos escritórios no segundo andar da prefeitura, na Île de la Cite, em Paris, foi montado, aos poucos, um índice de nomes, endereços, contatos, atividades, pseudônimos, identificando características, tudo assistido por um exército de informantes, vizinhos ressentidos, amigos invejosos e chefes zelosos. Alguns dos informantes enviavam fotografias com suas denúncias. Toda pista era seguida, todo dossiê de comunistas suspeitos era analisado. Chantagens, subornos, promessas, tudo trazia informação.

Colocando seus homens em pontos estratégicos de Paris, em pontes, em estações de metrô e de trem, e usando idosos, mulheres e crianças como observadores extras, os oficiais de Rottée, durante o outono de 1941, começaram a montar uma imagem da Paris clandestina. Vigiavam, seguiam — Rottée tinha arranjado para que tivessem solas de borracha no lugar das de madeira, a fim de atrair menos atenção — e esperavam. Às vezes disfarçavam-se de carteiros ou funcionários que vinham ler o relógio de luz. Quando as pessoas que estavam seguindo pareciam muito ansiosas ou alertas, eles se afastavam.

Chegaria o momento em que os índices revelariam a identidade de redes inteiras da Resistência; mas ainda não era a hora. Então, dia após dia, os inspetores voltavam para a prefeitura e preenchiam seus relatórios com descrições minuciosas. "Trinta anos, 1,80m, bigode, um pouco manco, sobretudo verde" e "vinte anos, 1,55m, elegante, meias brancas, chapéu com uma pena", pois entre os que eles seguiam pelas ruas de Paris, ao longo das margens do Sena, atravessando praças e pontes, em parques e entrando e saindo de estações de metrô, havia muitas mulheres. Os inspetores chamaram Betty de "*Ongles Rouges*" [unhas vermelhas], devido a suas unhas pintadas de vermelho vivo e suas roupas estilosas.

Arthur Dallidet, tentando incutir nos resistentes uma sensação apropriada de perigo, dizia a eles que variassem suas rotas, usassem roupas diferentes, mudassem os lugares de entrega das cartas. "Pareça elegante e atraente", disse a Danielle; Betty, com suas maneiras estilosas, não precisava do aviso. Em um livreto que emitiu para os membros da Resistência, Dallidet aconselhava vigilância incessante e a necessidade, sempre, de antecipar-se às situações. Mudem seus pseudônimos de tempos em tempos. Se alguém perder um encontro, pediu, não vá para casa. E, completou, nunca, jamais se atrasem para uma reunião.

Não eram, no entanto, só os comunistas e os diferentes grupos de resistentes que estavam em perigo crescente. Havia outro grupo de pessoas cujas vidas estavam prestes a serem destruídas.

No verão de 1940, observando o avanço rápido do Exército alemão, Langeron, o prefeito da polícia de Paris, decidiu evacuar os arquivos mantidos pelo Service des Étrangers, o departamento responsável pelos estrangeiros, assim como papéis do gabinete e documentos políticos. Barcaças foram levadas para o Quai des Orfèvres e toneladas de papel passaram de mão em mão por uma fila de homens, trabalhando em turnos por 48 horas. A barcaça com os documentos políticos chegou ao sul antes que os alemães chegassem a Paris, mas a que continha os dossiês dos estrangeiros foi bloqueada no Sena quando um barco que carregava munições explodiu. Apesar das tentativas fervorosas por parte dos funcionários públicos de Langeron de recuperar e esconder os dossiês, a maior parte dos arquivos foi descoberta pelos alemães e levada de volta para a prefeitura da polícia. E quando, em outubro, um Departamento de Estrangeiros e Assuntos Judaicos foi criado, os arquivos recuperados, e principalmente os arquivos de judeus, foram úteis no início da busca por "indesejáveis".

As primeiras leis antissemitas do outono de 1940 excluíram os judeus da maioria dos cargos públicos. Vichy, sendo sua definição de judaísmo mais abrangente que a dos nazistas, determinou que judeu era qualquer um que tivesse três avós judeus, ou, sendo casado com um judeu, ter dois avós também judeus. Até aquele momento, algumas famílias judias francesas, que eram cidadãs francesas havia muitas gerações e que eram seculares, não se definiam como judias de todo. Tanto France Bloch quanto Marie-Elisa Nordmann, que tinham sido criadas sem a religião, viam a si mesmas como essencialmente francesas e não judias.

Mesmo antes que qualquer pedido fosse feito por Vichy, os primeiros decretos antijudeus foram lançados. Quando tal ação foi solicitada, a maior parte dos judeus franceses — e principalmente os judeus estrangeiros, ansiosos em demonstrar sua lealdade à França — registrou-se junto às autoridades, tanto porque temiam as consequências da desobediência quanto porque poucos perceberam o que estava por vir. De qualquer forma, muitos dos que decidiram não se declarar logo foram denunciados. Advogados, médicos, banqueiros, comerciantes, todos apressaram-se em denunciar os *juifs camouflés* [judeus camuflados], judeus que viviam em "casas de luxo", mulheres judias de "moral duvidosa" e judeus que ficaram "ricos e gananciosos" à custa de boas famílias católicas. Com o racionamento e a escassez de comida, a ideia de judeus "empanturrando-se" inflamava esses informantes.

As prisões de judeus em Paris começaram em maio de 1941, não muito depois da criação de um Comissariado-Geral para Questões Judaicas, sob o comando de um membro da direita do Parlamento chamado Xavier Vallat. Este perdera um olho e uma perna na Primeira Guerra Mundial e era conhecido pela selvageria de seus ataques a Léon Blum em 1936. Foi no verão de 1941 que a *chasse aux Juifs* [a caça aos judeus] começou para valer, seguida de maneira tão zelosa pelos colaboradores franceses que se diz que até mesmo os nazistas ficaram impressionados. Judeus estrangeiros seriam internados; empresas judias seriam "arianizadas". "Para deixar nossas casas limpas de verdade", dizia um cartaz em uma exibição, "devemos varrer os judeus".

As primeiras prisões foram relativamente restritas — de homens adultos que não tinham cidadania francesa —, mas em 18 de agosto policiais franceses isolaram o 11º *arrondissement* de Paris. A iniciativa veio dos alemães, enquanto aqueles que a realizavam eram, como habitual, de Vichy. Verificando papéis nas estações de metrô e nas ruas, invadindo apartamentos, lojas e escritórios, a polícia levava todos os judeus com idades entre dezoito e cinquenta anos que identificava. Batidas continuaram até o dia 23; a essa altura já havia 4.242 homens sob custódia. Foram levados para os campos recém-abertos de Drancy, nos arredores de Paris, usado anteriormente para internar civis britânicos. Havia camas, mas não havia colchões; comida, mas não como aquecê-la. Naquela altura, tanto Abetz, na embaixada alemã, quanto Dannecker, no Departamento de Assuntos Judaicos dos escritórios da Gestapo na rua de Saussaies, já haviam discutido internar judeus em vários campos na zona ocupada até que pudessem ser encontrados trens suficientes para levá-los às terras recém-conquistadas no leste.

Em meados de dezembro, um momento de relativa tranquilidade na guerra contra os comunistas, outra busca por judeus foi realizada e 743 foram levados a um campo em Compiègne. Em pouco tempo, juntamente com trezentos judeus escolhidos entre os que estavam em Drancy, estavam a caminho do leste. Quantos conheciam os planos de Hitler para a Solução Final? A rádio Moscou transmitiu a intenção alemã de exterminar os judeus e panfletos foram escritos e circulavam por Paris, mas quem os ouviu? Quem os leu?

No início do verão de 1941, Louis Jouvet trocou Paris por Buenos Aires, levando consigo os roteiros de oito peças, um elenco de atores e Charlotte Delbo como assistente. Cada vez mais incomodado com a censura alemã e as regras que o proibiam de empregar judeus em sua companhia, com raiva por ter sido proibido de produzir peças de dramaturgos judeus, Jouvet decidiu que não estava mais preparado para ser parte de um mundo teatral que havia se tornado colaboracionista. A escolha por Buenos Aires como cidade na qual esperariam pela queda da ocupação alemã foi, em parte, de Charlotte, a quem tinha sido dada a tarefa de explorar possibilidades de turnês estrangeiras. A Argentina havia feito o convite necessário.

Georges Dudach, marido de Charlotte, escolheu ficar em Paris, onde estava trabalhando em estreita colaboração com Georges e Maï Politzer, organizando a Resistência nas várias faculdades da Sorbonne e recrutando estudantes para o FTP. Em um apartamento que alugou na rua de la Faisanderie, Dudach escrevia e datilografava tratados, convidando os franceses patriotas a se tornarem os novos guardiões de um "espírito de liberdade em uma França cuja face estava parcialmente obscura pelas mentiras de Hitler". Precisava existir uma plataforma, Dudach insistia, para escritores franceses que se recusavam a serem silenciados.

Em junho de 1941, logo depois que Charlotte partiu para a América do Sul, Dudach cruzou a linha de demarcação para buscar Louis Aragon e Elsa Triolet para uma reunião em Paris que discutiria o lançamento de um jornal o qual refletisse todo o espectro da resistência literária. Como havia acontecido com a nova Frente Nacional unida da Resistência, parecia ter chegado o momento de ir além das limitações sectárias. Passando novamente pelas linhas de demarcação, na volta, perto de La Haye-Descartes, em Indre-et-Loire, "no silêncio cinzento e perigoso" do amanhecer, como Triolet descreveria, Dudach foi parado e preso por uma patrulha alemã. Aragon e Triolet conseguiram fugir.

Dudach foi mantido sob custódia por três semanas e então foi liberado, sem que sua identidade real fosse descoberta. Voltou a Paris a tempo de ajudar a planejar um novo Comitê Nacional de Escritores, para todas as vivências e crenças políticas, e um novo jornal, *Les Lettres Françaises*, com a missão de preservar a "pureza espiritual do homem" e de lembrar aos escritores, acadêmicos e poetas as orgulhosas tradições republicanas da França. Assim como os filósofos do Iluminismo um dia lutaram contra o mal supremo do obscurantismo, os intelectuais franceses levantariam suas penas para lutar contra Hitler, que extinguira a luz da verdade e da liberdade. *Les Lettres Françaises*, no qual Politzer, Dudach e Decour começaram a trabalhar, assistidos por Maï Politzer e Hélène Solomon., publicava resenhas de livros, poemas, obras de escritores banidos na França e fornecia listas dos executados como reféns.

Com o tempo, viria uma nova versão de um antigo jornal, *La Pensée Libre*, assim como uma editora clandestina, Les Éditions de Minuit, comprometida com a ideia de desafiar a dominação alemã draconiana da cultura francesa. O romancista e artista plástico Jean Bruller, sob o pseudônimo de Vercors, logo estava trabalhando naquele que seria seu primeiro livro. *Le Silence de la mer* [O silêncio do mar] é a história de um oficial alemão alojado em Chartres com um tio e sua sobrinha, que se recusam a falar com ele, e que fica tão horrorizado com o que os alemães estão fazendo com a França que se voluntaria para a guerra do oeste. Apesar de criticado por construir um personagem alemão muito simpático, Vercors dizia que tal homem "tem que existir, para o bem da humanidade". Em toda a França e fora dela, *Le Silence de la mer* logo se tornaria uma metáfora do silêncio da opressão e da censura, mas também da escolha e da renúncia. Na esteira dessas publicações diversas vieram comitês nacionais para as outras artes — música, cinema, teatro —, exaltando tudo o que era francês e mantendo contato com artistas exilados no exterior ou na zona livre.

Havia de fato uma grande necessidade de reafirmar a cultura francesa na França ocupada pelos alemães. No final de 1941, Paris estava, como os alemães diziam, "brilhando culturalmente", mas brilhava só para eles. Os teatros abriam para plateias lotadas, cabarés floresciam, escritores escreviam, artistas pintavam, músicos faziam recitais, mas tudo com a condição de que não houvesse judeus entre eles, que a censura completa fosse aceita, que a lista de livros banidos fosse respeitada. A lista se estendera para incluir qualquer coisa que fosse escrita por americanos ou ingleses depois de 1870; isso significava que escritores como George Meredith — um dos escritores estrangeiros mais populares na França — poderiam ser lidos apenas em parte.

Um embate entre Goebbels e Ribbentrop quanto a quem deveria controlar a propaganda alemã fora do país havia sido vencida temporariamente por Ribbentrop, e sob a pata de veludo de Abetz uma atmosfera cultural favorável à Alemanha, na qual a França parecia ser culturalmente independente, mas na verdade era controlada, escrutinada e subvertida, foi colocada em prática. Enquanto na embaixada alemã Abetz seduzia escritores e artistas com suas recepções glamorosas, os homens de Goebbels da Propaganda-Abteilung continuaram a tentar destruir silenciosamente o mundo intelectual francês, para substituí-lo por um alemão. Ameaçados com trabalho forçado, ou até mesmo com a morte, se ouvissem transmissões de rádio estrangeiras, muitos parisienses preferiram não se envolver com toda a questão de colaboração e cumplicidade. Em vez disso iam ao cinema assistir a filmes escapistas. A colaboração era algo completamente novo, desconhecido, imposto por circunstâncias excepcionais, e agora tinha que ser simplesmente suportada.

O que Maï e Georges Politzer, Decour e o marido de Charlotte, Dudach, estavam determinados a fazer era combater, com todos os meios disponíveis, esse mau cheiro penetrante de cumplicidade. Para isso, estavam dependendo de impressores e distribuidores. Maï, Cécile, Viva Nenni e Hélène Solomon. nunca trabalharam tão duro, carregando provas, carbono, zinco e paquês de um lado a outro de Paris para novas publicações. As ordens de Dallidet quanto a prudência e vigilância ficavam cada vez mais difíceis de seguir: havia muito a ser feito. E aquilo tudo estava ficando cada dia mais arriscado.

Aquelas jovens, conhecidas pela polícia francesa como *les militants techniques* [as técnicas do movimento] ajudaram a colocar em prática um sistema altamente organizado. Fernand David e seus homens sabiam que esse sistema existia, mas ainda não tinha conseguido penetrar na rede. Uma das mulheres pegava um manuscrito com Politzer ou Decour e levava para um tipógrafo. De lá o manuscrito viajava, nas mãos de outra mensageira, para um fotogravador. Depois disso, uma terceira jovem pegava as páginas e as levava para o impressor.

Crescia o número de estúdios gráficos clandestinos independentes pela cidade, alguns escondiam os trabalhos que faziam para a Resistência com trabalhos legítimos — como, por exemplo, Viva Nenni e seu marido na praça de Clichy, que trabalhavam como uma gráfica normal para o público durante o dia e para a Resistência à noite, atrás de portas trancadas. O marido de Viva, Henri Daubeuf, foi relutante ao extremo quanto a ajudar a Resistência, mas ela insistiu, dizendo que seu pai italiano socialista o teria feito sem hesitar. O que ela não sabia era que Daubeuf havia insistido em ser bem-pago por suas dores.

Havia outros agentes, muitos deles também mulheres, que entregavam tinta e papel, e aqueles que buscavam as páginas impressas e as levavam para depósitos, de onde outros ainda providenciavam a distribuição. "Nunca confie em nenhum estranho que se aproxime de você", Dallidet dizia a eles, "a não ser que eles entreguem a outra parte do bilhete de metrô que entreguei a vocês".

Um dos homens responsáveis pela impressão era um mecânico de 29 anos chamado Arthur Tintelin, que fora membro da Juventude Comunista antes da guerra. Tintelin andava quilômetros por Paris todos os dias, usando os labirintos das pequenas vielas no Marais e no 5º *arrondissement* para cobrir seus rastros, encontrando Cécile, Lulu e Madô Doiret, a jovem protegida de Danielle. Agora outra jovem havia se juntado a elas. Jacqueline Quatremaire era uma datilógrafa de vinte e poucos anos que havia perdido o emprego na Labour Exchange quando os sindicatos foram fechados e que usava roupas estilosas e muito coloridas. Os pais de Jacqueline estavam em campos de internamento. Madô e Jacqueline tornaram-se grandes amigas, e sentindo-se cada vez mais sozinhas e isoladas em aposentos quase vazios, ficando sem comida por diversas vezes quando seus cartões de racionamento falsos chegavam atrasados; começaram a se encontrar e a fazer caminhadas juntas. Achavam difícil lembrar de destruir todos os nomes e endereços incriminadores, tendo-os memorizado primeiro, encontrar lugares seguros para esconder documentos e cartões de racionamento falsos, mudar de aparência e de rotina de poucos em poucos dias e certificar-se de que, em caso de prisão, quaisquer códigos de que estivessem de posse não fossem decifráveis.

O inverno de 1941 foi novamente de um frio insuportável. Em Paris, nevou 31 vezes, a temperatura caiu para -20°C e o Sena congelou.

"*Paris a froid, Paris a faim*", escreveu Paul Éluard em um poema chamado *Courage*. "*Paris ne mange plus de marrons dans la rue [...]/ Paris tremblant comme une étoile.*"[8] As fábricas usavam todo o carvão. Uma tentativa de produzir carvão vegetal de folhas e agulha de pinheiros falhou.

Tudo parecia ser racionado, até o leite para as crianças. Mães desejavam que seus filhos começassem a andar tarde, porque não havia racionamento de sapatos para crianças com menos de um ano. Muito mais da metade de todas as fábricas na zona ocupada trabalhavam para a Alemanha e dizia-se que o que havia sido feito e entregue para os ocupantes durante 1941 permitiu que os alemães montassem e mantivessem dezoito divisões armadas e quarenta divisões de infantaria, além de terem produzido 2.500 aviões e dois terços do equipamento de inverno usado pela Wehrmacht na frente leste naquele inverno. O mercado negro prosperava para aqueles que tinham dinheiro, como os informantes, que eram bem-pagos e tinham a liberdade de promover saques sob a vista grossa dos oficiais alemães em troca de um trabalho cada vez mais sujo. No que diz respeito a Paris, a base da cidade estava ruindo; as linhas de bonde foram destruídas para que se tivesse ferro; as madeiras da cidade, tiradas para se ter combustível; seu esgoto estava sem os cuidados necessários. Porque não havia mais petróleo para os caminhões, o lixo se amontoava.

Ao final do ano, 11 mil comunistas estavam sob custódia, em prisões e campos de internamento, dos quais mais de mil estavam espalhados pelo país. Viviam com o medo constante de serem executados como reféns. E as execuções em massa continuavam, não tendo sido encontrados culpados pelos ataques em Nantes, Ruão e Bordeaux.

Em dezembro um último grupo de reféns ficou diante do pelotão de fuzilamento em represália ao tiroteio contra Holtz em Nantes. Um deles foi Lucien Sampaix, pai de Simone. Sampaix, com suas inabaláveis coragem e clareza moral, foi uma espécie de herói para os jovens resistentes e planos estavam em curso para uma operação

[8] Paris sente frio, Paris sente fome/ Paris já não come castanhas nas ruas [...]/ Paris é trêmula como uma estrela.

que o libertaria da prisão em Caen. Aconteceria em 16 de dezembro e Simone e seus jovens amigos estavam trabalhando com fervor para subornar guardas e assegurar a rota de fuga.

Mas no dia 15, Sampaix e doze outros homens foram levados a um quartel nas redondezas e mortos. Antes de morrer, Sampaix disse aos amigos que estava profundamente aliviado por não ser guilhotinado. Quando era um jovem jornalista, foi forçado a assistir a um guilhotinamento, e aquela visão sempre o atormentara. Aqueles que seriam mortos encaravam aquilo como se estivessem seguindo em frente, escreveu um dos amigos de Sampaix, Gabriel Petri, executado com ele. Usou uma frase que se espalhou rapidamente pela França: preparariam "os amanhãs que cantariam".

Ninguém foi avisado. Simone só soube da morte do pai algumas horas depois, por meio das redes clandestinas. Tentou preparar a mãe, mas Yvonne estava feliz, tendo acabado de receber uma carta de Sampaix dizendo que seria poupado. Somente quando Fabien chegou com a notícia oficial da execução Yvonne absorveu o que tinha acontecido. Sem dizer palavra, foi até o armário, tirou todas as roupas do marido e entregou-as a Fabien, para os jovens resistentes; daquele dia em diante, Yvonne recolheu e escondeu armas para a Resistência em sua cesta de compras, escondidas sob os vegetais.

Em sua última carta para os filhos, escrita quando soube que seria executado, Saimpaix pediu a Simone que trabalhasse duro para "a felicidade universal que eu tanto quis ver". "Você já está crescida", disse a ela. "Chore, mas seja forte e decidida... Você ainda tem a vida pela frente, ela é sua, trabalhe pelo que ela tem a oferecer." Em Caen, seu túmulo foi coberto de flores. Os alemães ordenaram que fossem retiradas; mais flores continuavam a chegar.

Simone era muito dedicada ao pai; ficou estarrecida e em choque com sua morte. No dia seguinte decidiu denunciar seus executores, tão publicamente quanto era capaz. Com a ajuda de seus amigos dos Batalhões, imprimiu cartazes e folhetos com bordas pretas acusando os alemães de assassinato, que distribuiu por toda a vizinhança. Supondo que era ela quem estava por trás daqueles cartazes e folhetos, a polícia fez uma busca na casa dos Sampaix, mas não encontrou nada. Simone mais tarde diria que a morte de seu pai a havia deixado mais decidida do que nunca a lutar contra Vichy e os alemães; e que desde aquele dia os laços que tinha com os amigos da Resistência ficaram mais fortes. Tinha dezessete anos e meio; mas já fazia muito tempo que havia deixado de ser criança.

Entre o mês de agosto e o fim de 1941, houve 68 ataques graves aos alemães dentro e nos arredores de Paris. A brutalidade com que eram tratados, as execuções em massa de reféns e a escassez cada vez maior de comida estavam finalmente juntando-se para virar o povo francês contra seus ocupantes. Até von Stülpnagel e Abetz começaram a defender que as execuções em massa estavam se tornando contraproducentes. Os dias de *attentisme* quase universal tinham chegado ao fim. Se nos primeiros dias as pessoas comuns, desaprovando a violência, estavam dispostas a ajudar a capturar os criminosos, agora testemunhas viravam as costas, iam embora, não diziam palavra e até abrigavam os que fugiam para as multidões. O famoso espírito da Fronda do século XVII, a rebelião, estava se revelando em lentidão deliberada, atrasos inúteis e extravio de documentos. Os menores atos de desobediência restauravam um sentimento de dignidade, perdido com o colapso da França. Betty, Danielle, Charlotte e outras jovens resistentes sentiram a diferença no ar e trabalharam mais duro do que nunca. E a Resistência se espalhava e intensificava, entre outras mulheres, em outras partes da França ocupada.

Nunca tantos documentos falsos e selos forjados estiveram tão disponíveis: dizia-se que o *Défense de France*, que se tornaria o maior jornal clandestino da França, estava produzindo 2 mil carimbos e selos falsos — de certidões de nascimentos a licenças de casamento, passes para livros de racionamento — em suas oficinas, e mercearias locais os distribuíam em pacotes vazios de macarrão. Os prefeitos, relatando das províncias a respeito do clima do país, falavam de um "ódio velado" aos alemães, de ressentimento e pessimismo crescentes. O povo francês, avisavam, estava ficando ansioso e "instável".

5

À ESPERA DO LOBO

De acordo com o artigo 2º do Armistício Franco-Germânico, 53 dos 87 departamentos da França estavam ocupados pelos alemães, 41 deles inteiramente. A linha de demarcação separava a ostensiva zona livre do sul da zona ocupada no norte e as áreas litorâneas. A própria linha, no entanto, não era tão clara quanto parecia. Na prática, serpeava através do campo e ao longo de rios, dividindo fazendas, vilas e até cidades em duas. Crianças foram separadas de suas escolas, médicos de seus pacientes, fazendeiros de suas colheitas. Passava em linha reta no Clemenceau, bem no meio do castelo: uma metade era ocupada por alemães e a outra por freiras francesas. Em um ponto no Cher, uma patrulha alemã, percebendo o que parecia ser uma praia agradável do outro lado do rio, mudou a linha para tomá-lo. Havia trechos ocasionais de arame farpado e até minas. Ao longo da linha, nas extremidades de florestas, em estradas e pontes, postes de 1,5m de altura eram encontrados pintados com o vermelho, o branco e o preto da bandeira alemã.

Imediatamente após o armistício, quaisquer comunicação e movimento entre as duas zonas — fosse de correio, telégrafos, trens, trânsito ou pessoas — foram interrompidos. Mas logo Abetz concordou com um *laissez-passeurs* especial, "para assuntos graves de família", e, pouco a pouco, a linha de demarcação foi violada. Um serviço postal interzona de cartões especiais pré-impressos foi estabelecido; o telefone foi reparado; trens começaram a trafegar. Para os *frontaliers*, as pessoas que viviam num raio de 5km da linha, em qualquer dos lados, era possível solicitar um passe diário, desde que cruzassem em períodos pré-combinados e visitassem endereços listados no passe. Crianças com menos de quinze anos que cruzavam para ir à escola não precisavam de passe.

Mas para quem vinha de mais longe era consideravelmente mais difícil. Uma delegacia especial foi aberta em Paris para emitir passes para aqueles que tinham negócios convincentes no sul; delegacias menores apareceram em Vierzon e Bourges e, mais tarde, em Tours e Angoulême. Para judeus, que fugiam da prisão na zona ocupada, para membros da Resistência que estabeleciam contato com sulistas, para soldados Aliados, abatidos no norte e tentando recuperar seus países, cruzar a linha de demarcação se tornou uma tarefa terrível. Como Rémy, líder da Resistência, diria mais tarde, a linha se tornou um lugar de heroísmo, mas também de vergonha.

Durante os primeiros oito meses da ocupação, soldados e policiais militares alemães — conhecidos como *vaches de choix* (vacas premiadas), por causa dos medalhões que usavam no pescoço — supervisionaram o lado ocupado da linha. Mas depois que Hitler invadiu a URSS e houve a necessidade de mais tropas para a guerra no leste, guardas de fronteira alemães assumiram o posto. Patrulhando em grupos de quatro, a cavalo ou com motos e *sidecars*, às vezes com cachorros, não hesitavam em vasculhar o campo atrás de candidatos a atravessadores ilegais ou em invadir casas onde suspeitavam que pessoas poderiam estar se escondendo. No lado francês, foi estabelecido que era responsabilidade do mal-equipado *armée d'armistice* [exército de armistício] e da polícia fazer a patrulha. Vichy tentava constantemente tornar a linha de demarcação uma zona-tampão, para proteger melhor sua suposta soberania.

Nos primeiros dias da França dividida, os *frontaliers*, como os franceses em geral, buscavam uma política do *attentisme*, enquanto resmungavam sobre a inconveniência provocada por pontos de controle e passes. Mas conforme a ocupação completava seu segundo ano e os soldados alemães provavam estar despreparados e ser destrutivos no interior, fazendo seus exercícios militares no meio de campos recém-plantados, requisitando um número cada vez maior de cavalos e gastando suprimentos cada vez mais escassos de alimento para animais e vegetais frescos, o espírito de rebeldia crescia ao longo da linha de demarcação. Colar cartazes antialemães nos muros de Paris e ajudar as pessoas a cruzarem clandestinamente as zonas, por exemplo, tornou-se um ato de provocação contra o ocupante. E, como com as mensageiras em Paris e as oficiais de ligação no Charente, o papel de *passeur* era frequentemente assumido por mulheres.

Começou lentamente, poucos fazendeiros atravessando viajantes durante a noite. Mas se estabeleceu em resposta a um desespero crescente entre as pessoas da zona ocupada, ou porque eram judeus ou porque estavam envolvidos nas atividades da Resistência ou porque haviam se tornado suspeitos sob o olhar dos ocupantes. Os primeiros *passeurs*, contrabandistas ao longo da linha, geralmente eram médicos, padres ou camponeses que conheciam as trilhas pelo interior da floresta ou maquinistas, que escondiam pessoas em suas cabines ou atrás de sacos de carvão e as deixavam quando atingiam a zona livre, diminuindo a velocidade dos trens e soltando arrotos de fumaça para esconder aqueles que desciam.

Mais tarde cresceram as redes de *passeurs*, levando as pessoas de casas seguras a casas seguras, geralmente sem saber nada sobre os homens e mulheres que as ajudavam. Na maioria das vezes, os *passeurs* eram corajosos e generosos, recusando qualquer pagamento por seus serviços. Mas, como observou Rémy, havia também *passeurs* sem escrúpulos, que faziam fortunas com o dinheiro que extorquiam de pessoas aterrorizadas, por vezes usando de chantagem para que pagassem mais no último minuto. E não era só a travessia clandestina — normalmente à noite, a pé no campo ou de barco no rio — que tinha de ser negociada, mas estadas em casas seguras perto da linha, enquanto se esperava por um *passeur* ou uma noite sem lua. Em dezembro de 1941, o governo de Vichy instruiu a polícia a prestar atenção especial a trens, hotéis e estações de trem em ambas as zonas, fazendo com que se tornasse essencial não ser visto vagando sem rumo pelas ruas de quaisquer das cidades próximas à linha.

A punição para os que eram pegos tentando atravessar ilegalmente começou com multas ou breves períodos na prisão, mas em teoria poderia incluir prisão permanente. Para o *passeur*, conforme o passar do tempo e conforme os alemães tomavam consciência das centenas de pessoas que faziam a travessia clandestinamente todos os dias, ser pego significava prisão, tortura, possível deportação ou encarceramento entre os vários reféns mantidos para serem executados em eventuais represálias.

Ao longo do rio Loire e seus afluentes, o Lot, o Cher, o Greuse e o Vienne, onde a linha de demarcação ficava ora de um lado, ora do outro e muitas vezes no meio da água, o campo tinha muitas árvores, era montanhoso e tinha longos trechos de baixa densidade populacional. As margens dos rios eram de areia, os rios muitas vezes largos, cheios de ilhas e com choupos e salgueiros suspensos. Vinhas estendiam-se a distância. Os famosos *châteaux* eram rodeados de florestas, que um dia foram os campos de caça da nobreza. Esses vales eram perfeitos para os *passeurs*.

Foi no início de julho de 1940 que os alemães alcançaram Saint-Martin-le-Beau, uma pequena cidade no Cher, perto de Tours. Gisèle Sergent, na época com dez anos, estava escondida com sua mãe e seu avô no porão. Ouvindo gritos e batidas no andar acima, subiram e encontraram soldados exigindo cerveja e vinho.

Raymonde, mãe de Gisèle, administrava um café na cidadezinha. Uma das cinco filhas de uma família de fazendeiros católicos, tinha crescido otimista e de espírito forte, recusando-se a acompanhar as irmãs à igreja nos domingos e escolhendo para marido um lenhador chamado Paul Sergent, das proximidades de Bléré. Durante os anos 1930, o casal aliou-se à esquerda política. Foram a Paris com o propósito de ganhar dinheiro suficiente lavando louça e servindo comida em restaurantes para comprar uma casa própria, e quando ouviram que o velho Café l'Union em Saint-Martin-le-Beau estava a venda, juntaram tudo o que haviam guardado e voltaram para casa a fim de comprá-lo.

Era uma vida boa. Paul jogava futebol em um time local. A cidadezinha tinha um grupo comunista ativo e Gisèle nunca esqueceu o dia em que marcharam da estação até o café, todos cantando a Internacional o mais alto que podiam. A provisão da Frente Popular de dar férias remuneradas para os trabalhadores trouxe famílias de Paris vindas de bonde de Amboise ou de bicicleta das margens do Cher para se hospedarem nos quartos no andar de cima do café. À noite, os hóspedes comiam juntos em uma grande mesa, servindo-se de pratos e cantando, muitas vezes dançando após o jantar. Gisèle e seus muitos primos brincavam juntos. Raymonde era rigorosa com sua única filha, e, embora fosse muito amorosa, Gisèle tinha a consciência de que a mãe desejava um menino.

Em 1940, Paul foi preso na Linha Maginot e enviado a um *stalag*[9] na Alemanha. Raymonde juntou-se à Resistência e tornou-se uma *passeur*. Havia um campo de internamento perto de Saint-Martin-le-Beau, em Amboise, e alguns dos prisioneiros que conseguiam escapar iam até o Café l'Union, onde ela os escondia no porão ou os mandava dormir nos estábulos de uma das fazendas de suas irmãs, enquanto planejava para que cruzassem a linha de demarcação. Embora Saint-Martin-le-Beau ficasse na zona ocupada, Athée-sur-Cher, do outro lado do rio, era na França Vichy. O pároco de Athée, o abade Marcel Lacour, também era um *résistant*, e entre eles, usando os serviços de um homem chamado Pelé, que tinha um barco ilegal, atravessaram incontáveis números de pessoas da zona ocupada para a zona livre durante todo o ano de 1940 e o ano de 1941.

Raymonde tinha um codinome de guerra, Denise, e uma senha — *"Bonjour, ma cousine."* [Bom dia, minha prima.] — conhecidos por toda a extensão da linha pelos *passeurs*. Um aviso — *"Le temps est bouché à l'horizon."* [O tempo está nublado no horizonte.] — significava que patrulhas da polícia estavam às margens do Cher, ou que não havia ninguém disponível para guiar as pessoas pelas águas. Não era permitido que barcos circulassem nos rios, mas Pelé e seus três filhos jovens o levavam um de cada vez para transportar as pessoas. Quando chegavam notícias de que os alemães estavam na área, Raymonde levava as pessoas que tentavam escapar para fora do café por uma entrada pelos fundos que dava na casa do vizinho, que os escondia no porão, atrás de sacos de cimento.

Enquanto esperavam, seus convidados viviam como hóspedes haviam vivido em 1930, compartilhando refeições em volta de uma grande mesa comunitária. Um vendedor de livros chamado André Wahl, que matou um guarda e escapou de um campo de prisioneiros de guerra na Alemanha, chegou a Saint-Martin-le-Beau no início de 1941 com a esposa, desesperado para chegar ao sul. Mais tarde ele

[9] Termo usado para designar os campos de prisioneiros de guerra na 2ª Guerra Mundial.

diria que Raymonde os tratava como amigos, confortando-os, acalmando sua esposa, que estava muito ansiosa e se recusava a aceitar qualquer quantia em dinheiro até ele a convencer de que não faria falta para eles. A última lembrança que Wahl tinha de Raymonde, quando ele e a mulher foram levados em um barco a remo ao outro lado do rio, era a dela parada no caminho, com o braço levantado em um cumprimento fraternal. Ela lhe contou que sonhava em encontrar uma maneira de ajudar Paul a escapar do campo de prisioneiros na Alemanha.

O abade Lacour, um homem genial que falava bem alemão e tinha o cuidado de manter relações amigáveis com os soldados que patrulhavam os arredores do Château de la Chesnaye, geralmente estava tão ocupado que não tinha tempo para trocar as botas antes de rezar a missa. Ele tinha seu próprio método para ajudar as pessoas a atravessar a linha. Um funeral saía da zona ocupada, seguido de enlutados lamentosos, cruzava uma ponte sobre o Cher com passes emitidos pelos alemães e seguia até sua igreja em Athée. Lá o caixão era aberto, uma pessoa viva saía dele, enquanto alguns enlutados sumiam rapidamente nos campos. Os enlutados restantes, que voltavam para a França ocupada, eram um grupo bastante reduzido.

Uma noite, depois que a Gestapo apareceu inesperadamente no Café l'Union, por causa de dois soldados norte-africanos exaustos que roncavam alto no sótão, e Raymonde, com muita sorte e raciocínio rápido, conseguiu esconder sua presença, ela decidiu que não era mais seguro que Gisèle morasse lá. Mandou-a para uma escola em Tours como interna semanal; a garota voltava para casa de bicicleta ao longo do rio todos os finais de semana para ver a mãe. "Caso alguém pergunte qualquer coisa a nosso respeito", Raymonde dizia a ela, "diga que não sabe de nada e que não viu nada".

Gisèle estava com a mãe no café quando a polícia francesa foi prendê-la no dia 6 de junho de 1941. "Não chore", Raymonde disse a ela. "Seja corajosa. Eu vou voltar." Ela foi levada a Paris, para a prisão de Cherche-Midi, usada tanto pelos franceses quanto pelos alemães para alojar resistentes. De lá escreveu longas cartas a Gisèle, com uma letra miúda e elegante. "Pequena Gisèle, a quem eu amo mais do que tudo... O papai me disse para cuidar de você e torná-la boa e corajosa.

Como não posso estar aí, seja adulta e obediente... Logo estarei em casa para dar o carinho que você merece." Não querendo que Paul descobrisse o que tinha acontecido a ela, fez com que uma das irmãs avisasse que ela havia machucado a mão gravemente e que não poderia escrever-lhe por um tempo.

Raymonde foi libertada em agosto. Retomou o trabalho como *passeur*. Abandonou o nome Denise e tornou-se "Rossignol" [rouxinol]. Permaneceu tão corajosa quanto antes, planejando, com o abade Lacour e a família de Pelé, as melhores rotas de fuga. Um dia, para horror de Gisèle, um francês que todos eles conheciam chegou ao café usando um uniforme alemão. Sua mãe deu-lhe um tapa no rosto e mandou que fosse embora. "Isso não acabou aqui", o homem gritou.

O Café l'Union estava sempre cheio. Raymonde começou a organizar bailes com o objetivo de arrecadar dinheiro para as famílias dos prisioneiros de guerra. Mas alguns dos habitantes tinham inveja, e quando a polícia apareceu para prender Raymonde pela segunda vez, ela sabia que tinha sido denunciada pelo proprietário de um café de menos sucesso. Mais uma vez, Gisèle estava em casa e assistiu enquanto a mãe era levada para longe.

Dessa vez, Raymonde foi levada para a prisão de La Santé, em Paris. Como Cherche-Midi, era uma cadeia onde os resistentes eram mantidos enquanto os alemães resolviam o que fazer com eles. "Não largue os estudos", escreveu a Gisèle, "estude bastante, vá às aulas de música e ao dentista". Ela contou que havia sido colocada em uma cela sozinha e que precisava de uma agulha e de um pouco de algodão. O que não contou foi que o confinamento solitário em La Santé era uma experiência triste e devastadora. "Cuide de seu avô. Todo o meu amor a você, a quem amo com tanta ternura." Gisèle fez pacotes de geleia e os enviou a Paris. Para o pai, que bebia bastante, Raymonde escrevia, austera, que ele deveria comer direito e, "acima de tudo, não beba". Três meses depois, Raymonde foi libertada.

Mesmo depois de tudo isso, ela se recusava a dar as costas às pessoas que viam pedir-lhe ajuda para atravessar para a zona livre. Assim como aumentava o número de judeus atacados em novas batidas em Paris, havia judeus inquietos chegando a Saint-Martin-le-Beau e implorando por ajuda para fugir. As patrulhas alemãs se intensificaram. Agora, Raymonde mantinha uma mala pronta na porta da frente. O perigo para *passeurs* conhecidas como ela era tão grande que um membro do serviço secreto francês simpático à causa foi a Saint-Martin-le-Beau avisá-la que estava sob vigilância constante dos alemães e de seus colegas franceses. Gisèle vivia em um estado permanente de angústia; nada que sua mãe fizesse ou dissesse a tranquilizava. Ainda assim, Raymonde e o abade Lacour continuavam com seu trabalho. Quem administraria o café, ela dizia, se partisse para a clandestinidade? Quem esconderia os judeus? Quem ajudaria as pessoas desesperadas a fugir? A qualquer um que perguntasse se tinha medo, ela respondia: "Sinto-me como um bode, preso a uma estaca. Estou esperando que o lobo venha me pegar."

O lobo veio. Um dia, a sorte de Raymonde acabou. Juntamente com o abade Lacour, ela foi denunciada por outros dois *passeurs* na linha de demarcação. Até então, a maioria das pessoas que ela ajudava a atravessar clandestinamente era composta por judeus, fugindo das batidas na zona ocupada. "Seja corajosa", ela disse a Gisèle, então com onze anos, que assistiu em silêncio enquanto a mãe era levada embora. "Tudo vai ficar bem."

As primeiras linhas de fuga da França para soldados Aliados foram criadas em 1940 com o propósito de evitar que os sobreviventes de Dunquerque fossem levados como prisioneiros dos alemães. Com elas, vieram voluntários tentando se juntar a de Gaulle e à França Livre. Então, aviadores Aliados atiraram sobre a Europa ocupada e os que esperavam chegar em casa atravessando o canal. Ao longo de toda a costa oeste da França, redes de resistentes se uniram, de início para fornecer casas seguras e documentos falsos, mas logo também para reunir informações sobre instalações militares alemãs, campos e depósitos de armas, a fim de transmitir a Londres e aos Aliados.

O SOE, Special Operations Executive [Executivo de Operações Especiais], inspirado no entusiasmo de Churchill pela guerra de guerrilha, mas combatido por aqueles que duvidavam que a tática de guerrilha poderia chegar muito longe, foi criado em julho de 1940, quando a marcha de Hitler pela Europa parecia imbatível. A ideia era organizar exércitos de resistentes em todos os países ocupados. Mas havia um projeto rival da Resistência, comandado em Londres e administrado por uma seção secreta do M19 no Ministério da Guerra. A seção 1.S.9 (d) tratava da França, da Bélgica e da Holanda. Sua função era fornecer dinheiro e rádios, jogar suprimentos e providenciar buscas pelo ar ou pelo mar pela costa da França.

Tendo pouquíssimos agentes próprios, o M19 contava com grupos locais da Resistência, formados em 1940 e 1941 em toda a parte rural de Brittany. O nome de um desses grupos era Johnny, iniciado por um arquivista de Quimper chamado Alaterre, cujo codinome de guerra era André. Johnny era especializado em informação, embora também protegesse as pessoas que tentavam fugir, escondendo-as em chatôs, casas de fazenda e cafés. Foi a primeira das redes a transmitir informação militar sobre Brittany para a inteligência britânica. Johnny, como todos os grupos semelhantes, era extremamente vulnerável a infiltrações e traições; e tanto a Gestapo quanto as Brigadas Especiais estavam determinadas a exterminá-lo.

Quando criança, Simone Alizon, conhecida somente por Poupette, era doente e frágil. Seus pais eram donos de um hotel, o Arvor, uma antiga estação retransmissora localizada em frente à estação ferroviária principal em Rennes. Tinha dezoito quartos de hóspedes no andar de cima, um café no andar de baixo e uma garagem e oficinas na parte de trás, além de estábulos transformados, que um dia foram cheios de cavalos mantidos para viajantes franceses. Até os seis anos de idade, Poupette passou muito tempo de sua vida no campo com uma família de fazendeiros, onde se acreditava que o ar fresco e as comidas saudáveis a deixariam mais forte. Apesar de sentir saudades da irmã, Marie, quatro anos mais velha, não era infeliz. Sua mãe, enlutada pela perda de um filho de dois anos, tinha se tornado melancólica e devota, e a atmosfera em casa geralmente era erma. A vida na fazenda, Poupette diria mais tarde, trouxe-lhe o gosto pela solidão e uma certa independência de espírito.

Foi em 1938, quando Poupette tinha treze anos, que refugiados espanhóis chegaram a Rennes, e tanto ela quanto Marie ficaram impressionadas com sua miséria. Poupette amava e idolatrava a irmã, uma menina afetuosa, bem-humorada e muito bonita, com pontos de vista fortes a respeito do certo e do errado. "Era", diria mais tarde, "um prazer vê-la viver". Durante o grande êxodo francês para o sul em junho de 1940, quando Rennes foi tomada por famílias aterrorizadas fugindo dos alemães que avançavam, a cidade foi bombardeada e um trem que carregava munições foi explodido. Para Poupette, aqueles eram dias de despertar político, agravado quando se observava a vergonha e a fúria dos habitantes de Rennes ao descobrirem os termos do armistício de Pétain. Ao verem o primeiro cartaz alemão, de um soldado sorrindo com uma criança francesa nos braços, e sua legenda, "Confie nos soldados alemães", ela e Marie ficaram furiosas. Pensando no que poderiam fazer para protestar, reuniram fotos de de Gaulle do tamanho de selos, impressas e distribuídas por sua sobrinha, Geneviève.

Não muito depois disso, um grupo de aviadores alemães, incorporados a um aeródromo militar próximo, foi instalado em um hotel na frente do Arvor. Eram pilotos de bombardeiro, e à noite iam beber no bar do hotel, com suas botas peludas de aviador, dobradas nos tornozelos. Poupette os achava magníficos, com sua beleza loira e saudável. Os Alizon lutaram com sucesso contra uma tentativa das autoridades alemãs de requisitar o Arvor como bordel, mas não tiveram como evitar as visitas noturnas das tropas alemãs com o intuito de beber. Madame Alizon, doente do que viria a ser câncer no estômago, não fazia esforço em esconder seu desgosto por eles.

Certa noite, enquanto madame Alizon reclamava dos soldados alemães para uma amiga no café, a uma das mesas estava sentado um jovem, chefe local da rede Johnny. Ele estava em Rennes para encontrar uma casa segura para seus operadores de rádio. No dia seguinte, enviou para lá dois colegas a fim de observarem o hotel mais de perto. Conversando com Marie e Poupette, decidiram que os sótãos do Arvor seriam o lugar perfeito para instalar os transmissores. As irmãs concordaram. Monsieur e madame Alizon conversaram a respeito e disseram que embora pessoalmente não quisessem participar daquilo, não se oporiam à ideia. A guerra não era mais deles, diziam, mas algo combatido por outros em um lugar distante; do ponto de vista de Poupette, não era possível ignorar as coisas ruins que aconteciam ao seu redor.

Ancorados no porto de Brest, não longe dali, estavam três barcos alemães. Os jovens resistentes iam com frequência ao Arvor, para receber e transmitir mensagens sobre seus movimentos. Um deles se apaixonou por Marie e ela começou a pensar em casamento. Poupette achava que a irmã nunca havia sido mais bonita ou feliz. Isso aconteceu no início do inverno de 1941. A vida no *réseu Johnny* estava ficando precária. Com frequência, agora, carros alemães com receptores de monitoramento patrulhavam as ruas de Rennes, esperando captar sinais de transmissores de rádio clandestinos. Um jovem piloto da Baviera, que tinha se afeiçoado às garotas, puxou Marie para um canto uma noite e avisou-a que tinha ouvido rumores de que várias prisões estavam prestes a acontecer. "Você não sabe do que os nazistas são capazes", disse a ela. Pouco depois, Marie subitamente chamou Poupette para que tirassem uma foto juntas, "porque nunca se sabe o que pode acontecer com a gente". A foto mostrava duas jovens corajosas, belas e sorridentes.

Na época, os Alizon haviam sido avisados de que havia um infiltrado no Johnny. Dizia-se que o namorado de Marie estava preso, embora tenha quebrado o tornozelo ao tentar fugir da prisão, pulando de uma janela do segundo andar em Quimper. Surgiram rumores de tortura e confissões. No dia 13 de março de 1942, a Feldgendarmerie[10] chegou para prender Marie, enquanto Poupette estava na escola. Marie foi levada para a prisão central de Rennes e mantida lá durante três dias antes de ser enviada à prisão de La Santé, em Paris.

Poupette esperou. Parou de ir à escola. Poderia ter se escondido, mas estava preocupada com os pais. Cinco dias depois, às onze da manhã, dois oficiais alemães chegaram ao Arvor para prendê-la. Levaram-na para a prisão de Rennes, interrogaram-na, agrediram-na e disseram que a colocariam em um trem para Paris, onde continuaria a ser interrogada. Seus pais, avisados de que ela sairia da cidade de trem, foram para a estação e ficaram lá o dia todo, com esperanças de falar com ela. Quando o carro que a levou à estação chegou ao pátio, Poupette tentou parecer despreocupada e alegre; era, repetia para si mesma, apenas uma estudante, e certamente os alemães não a manteriam presa por muito tempo. Estava quase orgulhosa por-

[10] Unidades da polícia militar do Império Alemão.

que os alemães precisaram de três soldados armados para vigiar uma adolescente que havia acabado de comemorar o aniversário de dezessete anos e ainda parecia uma criança. Seus pais estavam pálidos de tristeza.

Juntamente com Raymonde Sergent, Marie e Poupette estavam entre as primeiras mulheres presas. As outras, uma a uma, estavam prestes a cair em mãos alemãs, em pequenos grupos, em Paris, na linha de demarcação, nas fazendas de Brittany e da Normandia, em suas casas em Bordeaux.

6
Tolerante com as mulheres

O final do inverno de 1941 foi horrível para os resistentes. O grupo do Museu do Homem foi a julgamento e todos os sete homens — antropólogos, etnógrafos, cientistas sociais — foram condenados à morte por escrever e distribuir material antialemão. Enquanto um vento gelado varria grande parte da França e as pessoas tremiam dentro de suas casas sem calefação, as Brigadas Especiais em Paris, sob o comando de David e Hénoque, preparavam-se para seu primeiro grande sucesso. A operação era como uma imensa bola de lã, e conforme desenrolava-se mais uma descoberta acontecia: um nome, uma carta entregue, um informante, cada uma levava à próxima; os policiais franceses devem ter pensado algumas vezes que aquilo jamais alcançaria seu fim.

Em Paris, os jornais, as editoras, as gráficas e os distribuidores clandestinos trabalhavam sem parar. *Le Silence de la mer* era copiado, mimeografado e colado a mão, pronto para a distribuição. Por toda Paris, grupos de escritores, médicos, artistas, cientistas, atores e professores trabalhavam em seus próprios comitês e informativos. Tornava-se difícil encontrar suprimentos de papel, material racionado pelos alemães. Marie-Claude, Danielle e Maï continuavam a se encontrar, vestidas com elegância e se passando por velhas amigas fazendo compras, mas trocando secretamente páginas editadas e planejando estratégias futuras. Cécile e Betty ainda viajavam de um lado a outro de Paris, e de um lado a outro da França, levando ordens e distribuindo dinheiro.

O que nenhuma delas sabia era que, pouco a pouco, item por item, os homens de David preparavam dossiês. Com frequência, a polícia ainda não tinha os nomes dos homens e mulheres que seguia. Betty ainda era *"Ongles Rouges"*, Danielle, *"Femme nº 1 de Balard"*. Mas sua obstinação e seus relatórios minuciosos estavam prestes a dar frutos. Não era o descuido dos resistentes, bem-ensinados por Dallidet, que estava prestes a decepcioná-los, mas a obstinação de seus oponentes.

A primeira a cair nas mãos do comissário David foi Marie-Claude; e isso aconteceu quase que por acidente. As Brigadas Especiais estavam preparando uma *sourcière* [armadilha] para outro suspeito quando um dos inspetores notou que ela estava visitando a mesma casa. Ele não sabia quem ela era, mas achou que se lembrava daquele rosto de quando seguia André Pican. Voltou ao escritório e verificou os registros: a descrição batia. No dia 4 de fevereiro, David decidiu prendê-la; seu policial a pegou enquanto ela carregava 1kg de manteiga para a família de um prisioneiro de guerra. Levada à delegacia e interrogada, entregou apenas o próprio nome.

O passo seguinte de David foi o único erro que ele cometeria em toda a operação. Colocou uma fotografia de Marie-Claude, com um anúncio, em um jornal diário chamado *Le Petit Parisien*, perguntando se alguém sabia a identidade e o endereço daquela mulher, encontrada vagando pelas ruas, confusa e sem memória. Quando mostraram o jornal para Marie-Claude, ela ficou secretamente feliz; avisaria aos outros que estava presa, e eles evitariam todos os locais fixos de reunião e tomariam cuidado extra. Dallidet pressionou todos a fim de que não entregassem nada por pelo menos 24 horas, o que daria tempo aos outros para encobrir seus rastros.

No entanto, David e seus homens já estavam ficando cada vez mais atentos ao fato de que os homens e mulheres que eles seguiam — André Pican, "Moustaches", "Femmes Trocadéro", "République", "Franklin" e os outros — estavam muito nervosos, constantemente mudando de direção enquanto andavam por Paris, entrando e saindo de estações do metrô, cruzando ruas e voltando ao mesmo lado. No dia 15 de fevereiro, David, temendo que poderiam desaparecer na clandestinidade, decidiu que não adiaria mais os fatos. Sessenta policiais foram enviados para prender todos aqueles que vinham sendo seguidos, se possível na rua e não em suas casas, onde poderiam conseguir destruir qualquer prova e, mais importante, listas com nomes e endereços.

As Brigadas Especiais começaram demarcando o apartamento de Maï e Georges Politzer na rua de Grenelles. Maï, já tinham estabelecido, era "*Femme Vincennes*" (32 anos, 1,60m, cabelos claros, óculos...). Vigiaram e esperaram até que viram Jacques Decour apertar a campainha e fecharam o cerco. Decour fora avisar os amigos que temia que a polícia estivesse em seu rastro. Com ele foi encontrada uma pequena fotografia de Maï. Sob um saco de batatas na cozinha, foram descobertos manuscritos destinados ao *Lettres Françaises*. Decour, acusado de "ajudar o inimigo" e de colocar em risco a vida dos soldados alemães com sua propaganda antialemã, foi levado em prisão "ultrassecreta".

David teve então o bom-senso de deixar dois inspetores da polícia no apartamento dos Politzer, e assim pegou Danielle, quando ela tocou a campainha naquela manhã. Estava carregando um pequeno saco de carvão que levava de presente. Danielle foi identificada como "*Femme nº 1 de Balard*" e foi levada para se juntar aos Politzer na prefeitura de Paris para interrogatório.

Em seguida, foi a vez de André e Germaine Pican. Germaine, que tinha sido libertada da cadeia recentemente, veio juntar-se ao marido em Paris, deixando suas duas filhas em Ruão. Elas ficaram na casa dos amigos Raoul e Marie-Louise Jourdan — "*Femme nº 34*" —, que administravam uma lavanderia a seco no 18º *arrondissement*, que às vezes também funcionava como estadia segura para a Resistência. Foi lá que os homens de David encontraram os quatro, sentados do lado de dentro, atrás de cortinas fechadas. Não tiveram chance de escapar.

Ao ver a polícia, André tentou engolir uma lista de nomes e endereços, mas os inspetores foram rápidos demais para ele. Ele foi despido e revistado. Em seus sapatos estavam uma identidade falsa com o nome de Léon Rochand e outra lista com nomes e a data de um evento próximo. Um dos nomes na lista era o de Yvonne Emorine, uma costureira que vivia na rua Crimée, 39. Dois inspetores foram enviados para prendê-la. Ao fazer a revista, descobriram 3 mil francos em sua bolsa. Yvonne recusou-se a entregar os nomes de quaisquer de seus clientes e insistiu que tinha ganhado o dinheiro na loteria nacional, mas pareceu incapaz de lembrar-se do dia em que o sorteio teria ocorrido. O marido de Yvonne, Antoine, já estava sob custódia; fora detido preventivamente por ser membro eminente do Partido Comunista. Os homens de David então voltaram sua atenção para Germaine. Em seu bolso havia uma carta de Claudine Guérin: a polícia partiu para prendê-la no colégio onde estudava, perto dali. Claudine tinha apenas dezesseis anos.

Esse primeiro passo, para grande satisfação das Brigadas Especiais, trouxe dezenove pessoas, todas ou figuras importantes do Partido Comunista ou oficiais de ligação da Resistência. Nove delas eram mulheres. Muitas levavam grandes somas em dinheiro, bem como documentos falsos, e estavam claramente prestes a desaparecer na clandestinidade. Uma das figuras cruciais, chamada Félix Cadras, revelou-se um desenhista e sindicalista que vinha ajudando a organizar a Resistência no sul. Preso do lado de fora de sua casa, Cadras gritou avisando sua esposa, e quando a polícia forçou a porta encontraram-na em pé sobre um radiador enquanto jogava uma sacola de compras cheia de documentos pela janela. Recuperaram a sacola e descobriram relatórios sobre as atividades da Resistência em todo o país. O que ficou conhecido como a primeira fase, a *fase Pican*, provou ser extremamente fecundo.

Melhor que as pessoas capturadas, na verdade, foram as coisas que a polícia encontrou em suas casas. Escondidos atrás de cisternas, embaixo de comida, dentro de roupas e sapatos, e enterrados em áticos e porões — tudo vasculhado pelos homens de David — não havia apenas tratados, manuscritos e montes de dinheiro, mas listas detalhadas e endereços de outros membros da Resistência, bem como fragmentos de cartões e bilhetes destinados a serem usados como as outras metades de senhas. Alguns relacionados a operações em Paris. Muitos, entretanto, levavam a Ruão, Evreux, Tours, Cherburgo, Nantes e Ruffec. Com Danielle foram encontrados os nomes de contatos tão distantes quanto os Pirineus.

Então uma segunda fase, a *fase de Province*, foi lançada. David tinha muita certeza de que Pican fazia parte de uma rede extensa; mas estava apenas começando a entender quão extensa essa rede realmente era.

Em Cherburgo, usando metade de um bilhete encontrado com Cadras, policiais, disfarçados de membros da Resistência, visitaram um homem chamado Mesnil, que, apresentando a sua metade, levou-os a uma reunião com os chefes de Calvados e La Manche. Isso ligou-

-os a seis resistentes. Tours rendeu outros nove; Ruffec, mais nove; Nantes, três; Evreux, mais três.

Ruão revelou-se o centro mais importante de todos. Um dos passes encontrados com André Pican, com um endereço, levou à rua Montbret, 20. Um inspetor, Delarue, fazendo-se passar por membro da Resistência, e tendo metade de um passe, foi enviado para investigar. A mulher que abriu a porta era Madeleine Dissoubray, a professora que ajudou no descarrilamento do trem em outubro e que proporcionou uma casa segura em Ruão a Feldman, o jovem membro da ala armada dos Batalhões da Juventude que organizou o ataque.

Quando Madeleine viu que os passes completavam-se, disse a Delarue que estava a caminho de uma reunião com os chefes locais da Resistência. Saíram caminhando juntos e, embora fosse evasiva em relação a todos os nomes, foi aberta ao falar de planos, gráficas e de como a Resistência estava estruturada na Normandia. Delarue ouviu com atenção, falou pouco e pareceu realmente fazer parte da Resistência. Quando julgou que não havia mais nada que pudesse descobrir com ela, mostrou seu distintivo da polícia e disse que estava presa. Madeleine tentou fugir, gritou por ajuda e jogou-se no chão. Mas Delarue segurou-a e chamou reforços. Arrastada para a delegacia e deixada sozinha em uma sala do primeiro andar, Madeleine tentou fugir descendo por um cano de esgoto. Interrogada repetidamente para que revelasse nomes, não disse nada. Mais tarde, esperando um trem que a levaria a Paris, tentou fugir mais uma vez jogando sua mala nas pernas dos guardas, mas escorregou e caiu, esfolando muito suas pernas. A *fase de Province* elevou o número de atuantes da rede de Pican sob custódia da polícia francesa para mais de sessenta.

Mas a terceira operação policial, a *fase Dallidet*, provaria ser a mais mortal de todas. Como aconteceu com a prisão de Marie-Claude, ocorreu quase que por acidente.

Na noite de 28 de fevereiro, enquanto Paris ainda estava sob profunda neve, Arthur Dallidet, o hábil chefe de segurança dos FTP, conhecido como "Émile", foi visto conversando com uma mulher em um café perto da estação de metrô Reuilly. A polícia só havia chegado até ele naquela manhã. Durante muito tempo, o cuidado intenso de Dallidet valeu a pena; mas sua sorte não duraria muito. Quando preso, Dallidet e sua companheira gritaram por ajuda, mas as pessoas nas ruas próximas a eles ficaram apenas assistindo. Dallidet foi levado para a prisão de La Santé, onde foi acorrentado e algemado. Apanhou tanto que amigos próximos, mais tarde, não o reconheceram; Dallidet não entregou nada. Na verdade, não era necessário que entregasse, já que uma longa lista de nomes e endereços foi encontrada com ele.

Um desses nomes era o de sua oficial de ligação mais importante, Betty, "*Ongles Rouges*"; ela foi presa em seu apartamento em Paris às sete da manhã do dia 3 de março por policiais que se fizeram passar por eletricistas. Ela e seu companheiro, Lucien Dorland, estavam prestes a viajar para o sul, onde deveriam entregar dinheiro e ordens à Resistência de Bordeaux. Sairiam mais cedo, se ela não tivesse escorregado no gelo e machucado o joelho. Mais tarde, lembraria-se de sinais de que estava sendo seguida — uma mulher estranha, que ficou perto dela enquanto fazia compras, um menino indiferente —, mas não os havia registrado. No apartamento foi encontrado um esconderijo com documentos falsos, manuscritos e um caderno com nomes e endereços. Levada a La Santé, onde logo se referiram a ela como a *dure de dure*, a mais valente dos valentes, Betty levou tapas, socos e foi interrogada repetidamente. Como Dallidet, não revelou nada. Colocada em uma cela de punição, na escuridão total, sem cama ou colchão, perdeu qualquer noção de tempo e espaço. Mais tarde, disse a seus pais: "Mas saí de lá tão orgulhosa quanto entrei, um pouco doente, mas logo passou."

Charlotte Delbo estava em Buenos Aires, sentada em uma praia lendo o jornal, quando viu a notícia de que o amigo André Woog fora guilhotinado. Correu ao encontro de Jouvet e disse a ele que tinha de voltar para a França. Não suportava estar segura, disse, enquanto seus amigos estavam sendo mortos. Queria compartilhar seus riscos. Jouvet fez tudo o que podia para convencê-la a não voltar. Observou que seria muito mais fácil para seu marido, Georges, se a esposa estivesse segura na América do Sul. Como soldado, lutando pela Resistência, era melhor não ter responsabilidades. Por um tempo, Jouvet escondeu o passaporte de Charlotte, mas ela mostrou-se irredutível e marcou uma passagem em um navio brasileiro com destino à Europa. Quando se despediram, ele lhe disse: "Tente não ser pega. Você está entrando em uma cova de leões."

Chegando à França via Portugal, ela encontrou Georges em Pau. Viajaram para Paris separados, cruzando a linha de demarcação da zona livre para a ocupada com *passeurs* diferentes. Enquanto Georges ia e vinha ao longo da margem esquerda a serviço do *Lettres Françaises*, Charlotte ficava no apartamento que tinham na rua de la Faisanderie, nº 95, fumando um cigarro atrás do outro, inclinada sobre a mesa e enrolada em um cobertor para afastar o frio intenso, transcrevendo e traduzindo as notícias das rádios russas e britânicas, pronta para incluí-las nos informativos da clandestinidade. Ela e Georges haviam decidido que seria mais seguro se nunca saíssem juntos, mas sempre que ele se atrasava para voltar para casa, o estômago dela se revirava de pavor.

Charlotte usava o nome madame Delepine. À época, ela e Georges já sabiam que os Politzer, Decour, Danielle e Marie-Claude haviam sido todos presos, mas tinham certeza de que não entregariam nenhum nome. Mesmo assim, era impossível não sentir um medo constante, ver um policial em cada estranho, em cada batida na porta uma inspeção policial. E o que Charlotte não sabia era que, quando saía do apartamento, carregando cestas e sacolas que trocava com outros resistentes em cafés onde encontrava seus amigos, estava sendo seguida.

No dia 2 de março ela estava trabalhando em casa quando Georges voltou, trazendo consigo um amigo, um membro antigo crucial da *resistência intelectual*, Pierre Villon. Filho alsaciano de um rabino liberal judeu — e amante de Marie-Claude —, Villon recebeu um convite para ser um dos editores do *Lettres Françaises*, uma vez que Politzer estava na prisão. Chegou de pijama, escondido sob um sobretudo enorme e de chinelos de pano — uma coisa não muito incomum em uma cidade onde muitos dos habitantes tinham frieiras —, pois escapara de ser preso pulando uma janela naquela manhã, quando os homens de David apareceram em sua casa.

As notícias que Villon trazia eram ruins: não só sua senhoria, que o ajudou a traduzir as transmissões russas, tinha sido presa, como

Jacques Solomon não aparecera nas últimas três reuniões. Ninguém ousou procurar por Hélène. Georges disse a Charlotte que acreditava também estar sendo seguido. Discutiram a respeito de quanto tempo levariam para conseguir sair de Paris. Enquanto estavam conversando, a campainha tocou. Uma voz chamou da escada dizendo que era um homem que tinha vindo ler o medidor de gás.

Suspeitando problemas, Charlotte empurrou Villon para dentro do banheiro, de onde ele escapou pela janela e subiu no telhado, passando para o apartamento dos vizinhos, atônitos. Os cinco inspetores da Brigada Especial que forçaram a entrada no apartamento dos Dudach ficaram surpresos ao encontrar Charlotte lá, mas disseram que ela também deveria ir à delegacia com eles. Perguntando se poderia vestir algo mais quente, foi até o banheiro para se trocar. Lá, viu um pedaço de papel com uma lista de nomes, que claramente Villon havia deixado cair quando escapou; rapidamente, mastigou o papel e engoliu. Ela e Georges foram levados à prefeitura. No sobretudo de Villon, abandonado quando fugiu do apartamento dos Dudach, foi descoberto o manuscrito inteiro de uma próxima edição do *Lettres Françaises*.

Depois de Charlotte e Georges, foi a vez de Hélène Solomon. cair. Ela foi capturada enquanto pegava uma pasta juntamente com uma máquina de escrever Remington de um armário na estação Saint-Lazare. Com ela foi encontrado um manuscrito com as palavras "A França deve se libertar!".

No dia 25 de março de 1942, acabava a operação que as Brigadas Especiais chamariam de uma das mais bem-sucedidas de todas as já montadas contra os "terroristas". De toda a França ocupada, 113 pessoas estavam sob custódia, 35 delas mulheres. Entre essas pessoas havia membros do comitê central do Partido Comunista, oficiais de ligação, líderes regionais e provas suficientes para ligá-los aos movimentos da Resistência desde o norte de Paris até os Pirineus. Conforme os documentos encontrados com eles deixavam claro, uma "guerra completa" estava prestes a ser travada contra a polícia francesa, que deveria ser considerada o "inimigo número um".

O que tornou a operação policial tão gratificante para David e seus homens foi o fato de que, juntamente com a vasta descoberta de documentos, nomes e endereços e documentos falsos, foram encontradas provas de que a própria Resistência não era mais inspirada por pequenos grupos de comunistas, mas colocada nas mãos dos FTP e de combatentes da guerrilha. Em suas buscas, os oficiais das Brigadas Especiais foram extremamente minuciosos, cavando em jardins, arrancando papéis de parede, revistando edículas, garagens e porões. Relatando, com algum orgulho, que a "França e Paris poderiam contar com eles", as Brigadas Especiais anunciaram que estavam completamente conscientes da *grandeur*, da importância da tarefa que lhes havia sido confiada.

A maioria dos capturados foi levada para o depósito embaixo da prefeitura. Lá foram interrogados. A maioria deu respostas vagas e não disse nada, ao que recebiam tapas e chutes. Fingiram não conhecer uns aos outros. Danielle, que apanhou e ficou muito machucada, conseguiu mandar uma carta para a mãe clandestinamente. "Meu coração está cheio de sol", escreveu com a determinação e o otimismo que marcavam todas as suas ações. "Estou calma e determinada." Ela cantava para as amigas e dizia para elas que tinha orgulho de estar na prisão. Levadas uma a uma para o vasto salão do depósito, as mulheres ficaram horrorizadas ao ver o que estava acontecendo com seus companheiros do sexo masculino.

Arthur Dallidet foi torturado com tanta severidade que estava completamente surdo e com o rosto inteiramente desfigurado. Foi acorrentado de tal maneira que tinha de tomar a sopa de um prato no chão, como um cão. Georges Politzer, também acorrentado e algemado, desenvolveu feridas que estavam infeccionadas e teve o pulso quebrado pela polícia. Mais tarde foi dito que Pucheu, o ministro do Interior de Vichy, estava presente quando Politzer, o distinto filósofo húngaro de quarenta anos, foi despido e chicoteado. Maï, que não foi torturada, sabia exatamente o que estava acontecendo com seu marido e com seu amante, Decour. Félix Cadras foi torturado primeiro pelos franceses, depois pela Gestapo; mas não entregou nada.

As mulheres, enquanto isso, enfrentavam sua própria batalha. Percebendo que tinham a sorte de estarem juntas, protestavam em grupo contra o frio extremo, a sujeira e as pulgas e clamavam por cobertores quentes. Na noite de 11 de março, exigiram serem transferidas do enorme depósito gelado da prefeitura, de cujas janelas apenas conseguiam ver as botas dos soldados fazendo patrulha do lado de fora, para as celas menores e mais quentes. Vigiadas por uma ordem de freiras com pequenos véus azuis, causavam todos os problemas possíveis, imitando em voz alta barulhos de animais selvagens, até que os policiais fossem chamados e elas, acalmadas. As mais velhas entre as mulheres — Charlotte, Germaine Pican e Marie-Claude — faziam o que podiam para confortar as mais jovens. Claudine Guérin estava extremamente infeliz e com uma dor de ouvido aguda. O que atormentava Charlotte era a sede, e o fato de que para muitas centenas de pessoas havia apenas uma torneira até a qual cada prisioneira tinha que ser levada separadamente, algemada.

No dia 20 de março, sete dessas mulheres e cinco dos homens foram transferidos para a prisão de La Santé. Entre eles estavam André e Germaine Pican, Maï e Georges Politzer, Madeleine Dissoubray e Marie-Claude. Foram escoltados por policiais armados e fizeram o trajeto em vans da polícia. Quando estava subindo para a van, André Pican conseguiu se soltar e escapar, sendo perseguido por quatro policiais. Percebendo que não conseguiria fugir, escalou um muro e pulou sobre o parapeito para dentro do Sena, onde nadou por 150m contra a corrente, lutando com o peso de seu casaco. Muito exausto para continuar, foi até a margem e, antes que os policiais o alcançassem, gritou para a multidão: "Vejam o que a polícia francesa está fazendo com os franceses!" Nas vans da polícia, sua esposa, Germaine, incapaz de ver o que estava acontecendo, mas ouvindo os gritos dos espectadores, começou a cantar a *Marselhesa*. Então, todos juntos, a plenos pulmões, os prisioneiros gritaram *"Vive la France!"* [Viva a França!].

La Santé, no 14º *arrondissement*, era uma das várias prisões compartilhadas pelos franceses e alemães, cada um ocupando sua própria seção e providos de seus próprios funcionários. Com o tempo, essas prisões ficariam conhecidas como os *châteaux de la mort lente* [os chatôs da morte lenta]. Havia blocos separados para homens e mulheres, para prisioneiros civis e políticos; e havia as celas de punição, para as quais os detentos eram levados pelas menores contravenções, buracos escuros e apertados sem colchões onde os prisioneiros podiam apenas ficar agachados, na escuridão completa. Embora em teoria os alemães tivessem jurisdição apenas em sua própria seção, na prática pisoteavam quanto quisessem os detentos franceses. Em La Santé, havia pouquíssima comida, não havia calefação e o vapor escorria pelas paredes de pedra. Pulgas e piolhos eram endêmicos. A chance de libertação era praticamente inexistente. À noite, os prisioneiros da ala alemã ou aqueles que esperavam a execução cantavam canções da revolução. Um homem em uma das celas superiores, noite após noite, assoviava a *Eine kleine Nachtmusik*, de Mozart.

Danielle, Maï, Marie-Claude, Charlotte e outras mulheres dos grupos de Politzer, Pican e Dallidet foram colocadas em celas em duplas e trios, mas algumas, como Madeleine Dissoubray, consideradas desordeiras, foram colocadas em confinamento solitário. Madeleine passou cinco meses sozinha, proibida de estabelecer qualquer contato com os outros prisioneiros; deixou a cela apenas duas vezes, uma para tomar banho e outra para se exercitar. Marie-Claude, Betty e Charlotte também passaram muitas semanas no confinamento. Mesmo para mulheres independentes, acostumadas a passar longos períodos de tempo sozinhas, a solidão, dia após dia, sem saber o que aconteceria com elas, era aterrorizante. Remoendo seus pensamentos ansiosos e esperando pelo momento em que ouviriam algum sinal de vida humana do lado de fora de suas celas, elas viviam em um mundo silencioso e vazio. Foram necessárias todas as suas reservas de coragem para não afundarem em apatia e desespero.

Aos considerados culpados de atos menos graves foi permitido receberem uma parcela de roupas limpas, comida a cada duas semanas e, muito de vez em quando, um livro. Excepcionalmente, não mais que uma vez por semana, eram levados ao pequeno pátio central para dez minutos de exercícios. Não havia o que fazer durante o restante dos dias longos, frios e ansiosos além de pensar, conversar e planejar um futuro melhor. Claudine, quando se recuperou da dor de ouvido, cantava. Poucas desse primeiro grupo de mulheres tinham filhos.

Mas para as que tinham, como Maï, pensar neles, mas nunca ter a permissão de vê-los ou saber o que tinha acontecido com eles era uma forma de tortura. A ausência do cheiro familiar e da presença física das crianças era como uma dor constante.

Charlotte, lutando para não perder a noção da realidade quando estava na solitária, tentava evocar personagens das produções de Louis Jouvet, mas eles se recusavam a aparecer, permanecendo firmemente "nas sombras". Ela passava as horas solitárias assistindo aos desenhos que a luz fazia nas paredes de sua cela. Mas um dia estabeleceu contato pelos canos com a mulher que estava na cela abaixo da sua e descobriu que ela tinha um livro, *A cartuxa de Parma*, de Stendhal. Tecendo uma corda com fios arrancados de seu cobertor, puxou o livro para sua cela, com medo de que a qualquer momento pudesse ser descoberta. Depois disso, afirmou: "Minha cela estava habitada."

Desde o início, assim que se estabeleceram em La Santé, Danielle tomou para si a responsabilidade de ser a líder. Assim como um dia havia comandado as atividades das jovens mulheres na União das Jovens Filhas da França, também agora tentava manter o espírito das amigas leve. Logo dominou o sistema de comunicação da prisão, que usava os canos velhos e enferrujados que se distribuíam pelas paredes; usando um tipo de código Morse ou articulando as sentenças cuidadosamente, era possível ficar em contato com outras celas e outros andares. As mulheres conseguiam contar histórias umas às outras. E cantavam. Descrevendo a vida em La Santé, mais tarde, a seus parentes, Danielle escreveu: "Cantávamos toda noite. Se ao passar por aqueles muros sujos alguém ouvisse uma cantoria, éramos nós. Com 'nós' quero dizer os 'elementos perigosos'."

Toda noite, Danielle montava um boletim de notícias com informações colhidas com os guardas ou outros prisioneiros, e esse boletim era transmitido de cela em cela pelos prisioneiros deitados no chão, perto da porta e gritando através da fenda na base da parede; durante algum tempo, os guardas foram tolerantes. Um dia, entretanto, chegaram à cela que Danielle compartilhava com Germaine Pican e a encontraram escrevendo. Quando ela enfiou o pedaço de papel na boca e tentou engoli-lo, deram um chacoalhão nela e a levaram para a cela de punição. Nos dez dias que se seguiram ela não teve cama, nem cobertor, nem luz e comeu apenas pão e água. Saiu de lá pálida e magra, mas desafiadora.

Quando a primavera chegou e a prisão ficou mais aquecida, ela conseguiu que todos os prisioneiros quebrassem uma vidraça de suas janelas, e de sua cela gritava notícias, incentivos e planos. Ninguém conseguia vê-la, mas, em pé ao lado de suas janelas quebradas, podiam ouvir suas palavras. Novamente ela foi punida, passando quatro dias sem comida, mas os guardas não se deram ao trabalho de substituir as vidraças quebradas. Por toda a prisão de La Santé, os prisioneiros sentiam-se conectados uns aos outros. No dia do aniversário de dezessete anos de Claudine, toda a prisão cantou para ela pela ventilação. "Não nos sentíamos sozinhos", Germaine diria mais tarde.

O comissário David e as Brigadas Especiais tinham razão na importância que deram ao conteúdo dos documentos encontrados com as agora rompidas redes de Dallidet e Pican. A natureza da Resistência estava mudando, de fato. Não era mais uma questão de pequenas coligações de resistentes separados, sozinhos ou em pequenos grupos, geralmente ligados por crenças sectárias e agindo por um sentimento de indignação pessoal ou desgosto pelos ocupantes; mas de uma entidade maior, unida, infinitamente mais poderosa e ameaçadora. As alas armadas das várias partes do início da Resistência, como os Batalhões da Juventude, vinham realizando ações conjuntas havia meses, mas no dia 3 de abril de 1942 apareceu um artigo na edição clandestina do *L'Humanité* chamando a atenção para os Francs-Tireurs et Partisans — *francs-tireurs* devido à descrição de Victor Hugo dos combatentes de 1870, *partisans* ao uso soviético da palavra para descrever guerrilhas.

Os FTP, conforme descritos pelo *L'Humanité*, seriam uma força amalgamada de combatentes armados, comunistas, judeus, italianos, poloneses ou católicos, travando uma *lutte armée* [luta armada] contra os ocupantes alemães e seus colaboradores de Vichy, sob uma frente política única. Embora houvesse pouco para encorajar os resistentes franceses nas novidades da guerra entre os Aliados e o Eixo — Rommel avançava em todo o deserto ocidental, Cingapura havia sido conquistada pelos japoneses e os americanos estavam paralisados nas Filipinas —, aproximava-se rapidamente o momento em que a luta francesa do general de Gaulle seria um chamado de união para a maior parte da Resistência Francesa.

Os resistentes, no entanto, não estavam sozinhos na percepção de que precisavam se unir e se reagrupar. Diante dos inúmeros ataques a seus homens, os alemães também repensavam sua estratégia de repressão.

Otto von Stülpnagel, comandante militar da França, um homem descrito ao mesmo tempo como gracioso e um fantoche de madeira, tanto melancólico quanto maníaco, nunca gostou da política de execução em massa em represália aos ataques a soldados alemães. Considerava a tática contraproducente, mais suscetível a inflamar hostilidade contra os ocupantes que a acabar com os resistentes. Apesar das várias centenas de reféns executados durante o outono e o inverno de 1941, ataques armados não apenas continuavam, como, proliferavam, enquanto os mortos em represália eram vistos como mártires, seus túmulos transformados em templos, suas fotografias passadas de mão em mão. Lucien Sampaix, pai de Simone, muito conhecido pela coragem com que confrontara os ocupantes, tornara-se um herói.

Em fevereiro de 1942, von Stülpnagel foi a Berlim defender uma resposta mais sutil à Resistência: punir apenas aqueles cuja culpa havia sido provada e seus cúmplices, não a população inteira, deportando mais pessoas e tendo toques de recolher mais longos. Hitler recusou-se a vê-lo. O general von Stülpnagel retornou a Paris e entregou o posto. Em relação a execuções em massa, disse: "Não posso mais — pelo menos no momento e sob as atuais circunstâncias —, em sã consciência, aceitar essa responsabilidade perante a história." Seu lugar foi assumido por seu primo, Karl Heinrich, um homem de composição mais severa. Antes de deixar Paris, von Stülpnagel falou do *tourbillon* [turbilhão] de ódio desencadeado na França pelas execuções em massa.

Talvez mais significativamente, o poder na França estava se afastando da Wehrmacht em direção à Gestapo. Na esteira de outros ataques armados realizados pela Resistência Francesa, Himmler convenceu

Hitler de que o Exército alemão de ocupação não estava agindo com força suficiente, e no início de maio o general Karl Oberg, grande exterminador de judeus na Polônia, foi nomeado chefe supremo da SS e da polícia alemã na França ocupada. Quase não falava francês e não conhecia praticamente nada da França. Em uma grande cerimônia realizada no Ritz, Oberg foi oficialmente instalado em seu escritório por Heydrich, alguns dias antes de Heydrich sofrer uma emboscada dos patriotas tchecos em Praga. O assistente de Oberg era Helmut Knochen, o jovem filósofo e antissemita entusiasmado que havia chegado a Paris em 1940 como líder da SS. Knochen se tornou coronel; e uma vez que Otto von Stülpnagel havia deixado o cargo, pôde liberar seus homens para agir com toda a brutalidade de que eram capazes.

Oberg também aproveitaria os serviços de um time de juristas, que o ajudaria a determinar quem deveria comparecer diante de um tribunal, quem seria deportado e quem seria morto. Na prática, no entanto, qualquer sinal de legalidade e de atenção alemã à correção e à burocracia foi logo abandonado em favor da velocidade e da conveniência. Acabaram os dias em que juízes franceses simpáticos à causa poderiam apressar os processos contra os membros da Resistência de modo que eles se tornassem incompreensíveis para observadores alemães, ou alegar que os presos por ouvir à BBC tinham na verdade apertado o botão errado em seus rádios.

Oberg tinha 45 anos e cabeça raspada; tinha o rosto rosado, barriga de cerveja e protuberantes olhos azul-acinzentados. Conhecido pelos colegas como um homem amigável e de família, um burocrata escrupuloso e sensato que realizava suas ordens com meticulosidade nazista, Oberg logo se tornou o homem mais odiado da França. Com o avanço da primavera, anunciou medidas que não apenas atingiriam com violência os autores dos ataques, mas também suas famílias, propondo enviar as mulheres a campos de trabalho forçado e assumir a responsabilidade por suas crianças. Em seis meses, aumentou as forças de Knochen de seiscentos para 2 mil. A tortura, sancionada por Heydrich e Göring, deveria ser usada para forçar as pessoas a entregar nomes de companheiros resistentes e a confessar seus próprios crimes. No caso dos comunistas, "terroristas", resistentes, "vagabundos poloneses ou soviéticos", Testemunhas de Jeová e "elementos antissociais", o terceiro grau — pão e água, cela escura, privação do sono, exercícios extenuantes e "flagelação" — era permitido sem que fosse necessária a autorização prévia. Alguns dos homens de Oberg assistiam a aulas especiais na Alemanha para estudar a teoria e a prática da tortura. Quando suspeitos recusavam-se a falar, a tortura tornava-se selvagem.

Concordando com Heydrich, a França seria muito mais zelosa na repressão à Resistência se lhe fosse permitida certa atitude, Oberg favoreceu a "verdadeira colaboração" com a polícia francesa, cooperação em todos os níveis, com recursos generosos fornecidos pelos alemães e esforços cada vez mais árduos por parte dos franceses. Isso era ainda mais necessário agora que tantas tropas alemãs eram necessárias para a frente oriental. Os colaboradores franceses ficaram felizes em aceitar, mesmo se, nos meses seguintes, os alemães dessem pouquíssima atenção aos acordos feitos entre eles.

Sob o comando de Oberg e Knochen, e com a conivência francesa, suspeitos apanhados pela polícia francesa eram entregues aos alemães à vontade. Frequentemente eram passados de interrogador a interrogador. Mantidos algemados nas celas dos porões do escritório da Gestapo na rua de Saussaies ou em qualquer uma das outras casas elegantes do século XVIII comandadas pelos alemães, esperavam para serem torturados de maneiras sádicas e inventivas. Politzer, Decour, Dallidet, Cadras e Solomon, todos passaram pelas mãos da Gestapo. E quando os interrogadores alemães estavam satisfeitos com a tortura ou sentiam que seu conhecimento de francês não estava à altura da tarefa ou simplesmente queriam que seu trabalho sujo fosse feito por outras pessoas, pediam a ajuda do comissário David e de seus colegas franceses. As Brigadas Especiais tornaram-se uma Gestapo paralela. Um manual foi emitido, em francês, explicando quais formas de tortura usar e por quanto tempo. Os assistentes da polícia francesa tornaram-se conhecidos pelo dinheiro que ganhavam com resgates e extorsões e pelo apreço com que mergulhavam a cabeça de seus prisioneiros em tinas de água fria. Rottée, como chefe do escritório de informações gerais no comando das Brigadas Especiais, tornou público que garantia que não haveria investigações quanto à brutalidade quando a guerra acabasse.

Uma das medidas defendidas por Otto von Stülpnagel havia sido a deportação de um número muito maior de suspeitos para a Alemanha. Uma política de *Nacht und Nebel*, ou seja, enviar inimigos do Reich para a "*noite e o nevoeiro*, além da fronteira... totalmente isolados do mundo exterior", já havia sido usada com alguma eficiência dentro da própria Alemanha. A ideia era que essas pessoas "desaparecidas" não teriam direitos e não receberiam cartas; não se saberia nada sobre elas, nem onde estariam nem se ainda estariam vivas. Tanta incerteza, argumentou-se, serviria para aterrorizar e intimidar suas famílias e camaradas a desistirem de mais ações. Na França, a nova medida começou com a *Schutzhaft* [prisão preventiva], o que significava prisão arbitrária e detenção sem acusação nem julgamento: o detento seria entregue à Gestapo antes de "desaparecer" no oriente.

Sofrendo oposição da Wehrmacht no início, a *Schutzhaft* e a *Nacht und Nebel* seriam usadas nos meses seguintes contra muitos homens e mulheres franceses suspeitos de espionagem, traição, ajuda aos inimigos do Reich ou posse ilegal de armas, todos crimes que poderiam ter resultado em pena de morte.

O inverno e o início da primavera de 1941 e 1942 não foram muito produtivos ou bem-sucedidos para os Batalhões da Juventude. Após seus três ataques dramáticos em outubro, em Ruão, Nantes e Bordeaux, uma série de sabotagens causou danos pequenos e vários descarrilamentos de trens haviam falhado. Como sucessos, podiam listar apenas um soldado alemão morto e dois feridos. Mas estavam prestes a pagar um preço alto por suas atividades.

As primeiras prisões aconteceram devido à falta de cuidado. Às vezes era como se os jovens resistentes não compreendessem completamente sua vulnerabilidade ou o fato de que muitos policiais franceses passaram para o lado dos ocupantes. Um dos jovens mostrou seu revólver à namorada; ela contou a seu pai; ele informou a polícia. Não foi difícil encontrar seus camaradas, já que a maioria deles ainda era adolescente e vivia na casa dos pais.

A Gestapo decidiu que uma série de julgamentos amplamente divulgados poderiam agir como uma forma de dissuasão. O primeiro, de sete jovens resistentes, resultou em sete penas de morte; Karl Heinrich von Stülpnagel estava presente na execução no dia 9 de março. Logo depois, um segundo julgamento, maior, foi aberto no salão da Casa de Química, decorado com suásticas. 25 dos 27 no banco dos réus foram torturados e levados ao salão algemados. Um menino de quinze anos e uma das duas meninas receberam longas sentenças de prisão. O restante foi condenado à morte. O escritor Jean Guéhenno, ao saber das sentenças, escreveu, triste, em seu diário: "Fome, frio, miséria, terror. O país em um estado de prostração."

Chocados com as sentenças, mas mais decididos do que nunca, os jovens membros dos batalhões sobreviventes continuaram a se encontrar, a trocar informações e a distribuir armas e planos de ações futuras. Tendo realizado os primeiros ataques armados aos alemães, consideravam-se uma elite, o primeiro grupo unido de combatentes. Ouzoulias, que com Fabien foi o autor dos primeiros ataques a soldados alemães, diria, com orgulho, que estimava que a vida ativa de um de seus jovens combatentes era não mais do que seis meses.

O namorado de Simone Sampaix, André Biver — conhecido como Dédé —, se mudara para um quarto pequeno na rua Rafaelli. Quando teve pleurisia e foi para o campo para se recuperar, Simone passava a maior parte de seu tempo com os amigos, os Grünenberger, na rua de la Goutte d'Or, onde a madrasta de Isidore lhe dava aulas de francês e alemão. Grünenberger, um membro ativo dos batalhões, era um jovem sério e tímido que trabalhou com Lucien Sampaix no *L'Humanité*. Como a mãe de Simone se preocupava quando ela voltava tarde para casa, às vezes ela passava a noite na rua de la Goutte d'Or. Duas ou três vezes por semana, ia a reuniões com outro Isidore, Isidore Grindberg — "Robert" —, o terceiro membro, com Biver, em sua célula da Resistência. Dessas e para essas reuniões ela transportava informativos, munições e, às vezes, revólveres. Grindberg a chamava de *petite soeur* [irmãzinha]. Sob toda a bravata, havia algo curiosamente inocente, quase infantil, em todos eles.

No dia 10 de maio, Simone recebeu a notícia de que encontraria os outros no lugar de sempre, entre os ciprestes do cemitério do Père

Lachaise. Esperou, mas ninguém apareceu. Obediente às ordens, voltou mais duas vezes ao local, no mesmo horário. Ninguém apareceu. No dia 13, decidiu ir até a casa dos Grünenberger. A porta da casa tinha sido aberta por inspetores das Brigadas Especiais. Simone disse a eles que era filha de Lucien Sampaix, que ainda estava na escola e tinha vindo à rua de la Goutte d'Or para suas aulas habituais de francês e alemão. Teve que acompanhar a polícia à casa da mãe, para que pudesse ser revistada. A polícia não encontrou nada, mas disse a Simone que a levariam à delegacia para interrogatório. Ela sussurrou para a mãe que logo estaria de volta, "porque eles não têm nada contra mim".

Mais tarde, Simone foi levada para o depósito e interrogada durante quase toda a noite; foi ameaçada, mas não torturada. Uma canção revolucionária que estava aprendendo foi encontrada em sua mochila, e os policiais, aos gritos, perguntavam a Simone quem havia fornecido a ela a canção. No fim, ela disse o nome de sua avó, que estava morta havia muitos anos. Mostraram-lhe uma série de fotografias de jovens, todos membros dos Batalhões; ela disse que nunca tinha visto nenhum deles antes, a não ser André Biver, que fora seu vizinho e de quem dizia estar noiva. Outra menina, chamada Simone Eiffes, uma costureira que tinha um bebê de seis meses, também tinha aparecido na rua de la Goutte d'Or e foi trazida sob custódia. Eiffes era uma jovem indiscreta, facilmente irritável e não tinha a confiança do grupo. Apareceu trazendo uma enorme torta de morango, para congraçar-se com seus companheiros disciplinados.

O que Simone Sampaix não sabia era que um dos jovens do grupo, Georges Tondelier, capturado no dia 25 de abril, havia, sob tortura, entregado às Brigadas Especiais informações suficientes para levá-los à rua de la Goutte d'Or. Lá, numa noite em que a família saiu, os inspetores encontraram listas de nomes e endereços, cadernos, mapas e manuais sobre armas. Grünenberger tentou fugir, mas foi capturado na linha de demarcação, onde foi ferido por tiros no pé e no ombro. Entregou-se aos alemães e tentou assumir toda a responsabilidade pelos diversos atos de sabotagem. Simone também não sabia que André Biver tinha sido pego em uma armadilha anterior na rua de la Goutte d'Or.

Até aquele momento, dez jovens, meninos e meninas, dos Batalhões haviam sido presos. Dois dos meninos eram Moijase Feld e Mordka Feferman, amigos inseparáveis desde a infância, tendo Feferman estudado com Politzer e Decour. Eles foram pegos em uma troca de tiros com a polícia, durante a qual Feferman, apesar de ferido, tentou fugir em uma bicicleta, foi encurralado contra uma parede, atirou no próprio rosto e engoliu uma pílula de cianureto. Ele já estava morto. Feld estava sob custódia da polícia. Fabien, o membro das Brigadas Internacionais que treinou os jovens nas florestas ao redor de Paris, foi avisado a tempo e fugiu. Os dias de inocência acabaram.

Conforme era levada ao grande salão do depósito, Simone percebeu pessoas deitadas no chão em um canto. Tratava-se dos jovens que foram torturados. Ela reconheceu André Biver entre eles e durante boa parte da noite escutou seus gemidos. Implorou por autorização para ir até ele, mas os carcereiros recusaram.

Na manhã seguinte, sua mãe conseguiu entregar algumas roupas e comida, que Simone dividiu com as outras mulheres. Dois dias depois, ela viu André sair da cela em frente a sua, algemado e se apoiando inteiramente no braço de outro homem. Seu rosto estava branco e inchado, e ela mal pôde reconhecê-lo; mas ele a viu e, no dia seguinte, conseguiram passar alguns minutos juntos.

A comida no depósito era horrível e muito escassa. Apesar dos esforços das mulheres mais velhas, que faziam o que podiam para cuidar das estudantes que estavam entre elas, Simone emagreceu, ficou mais deprimida e cada vez mais fraca. Era assombrada pelo medo do que poderia acontecer com André, a quem não foi permitido que visse novamente. Finalmente, um médico a transferiu para a prisão em Fresnes, nos arredores de Paris, compartilhada entre os franceses e os alemães. As condições não eram muito melhores, mas Fresnes tinha uma enfermaria; as freiras deram-lhe uma cama decente, lençóis e comida e cuidaram que lentamente voltasse a ter saúde.

Simone ainda estava em Fresnes quando soube que André fora morto. Moijase Feld também; Isidore Grindberg, a quem os franceses se referiam como "criminoso perigoso", foi guilhotinado. Antes de ser levado ao pátio, ele disse que a única coisa de que se arrependia era de não ter matado mais alemães. Um pouco antes de morrer, Feld escreveu a sua irmã, pedindo a ela que desse a notícia a seus pais com cuidado. Ele tinha dezessete anos.

O mês de maio de 1942 foi *le mai noir*, o maio negro, nas palavras de Aragon, que logo se tornaram parte do vocabulário da Resistência Francesa. Marie-Claude mais tarde diria que foi um tempo de quase pureza e heroísmo espirituais, quando os prisioneiros, sob custódia alemã, tentaram se comportar com dignidade e orgulho perfeitos. Muitas das mulheres estavam no confinamento havia muitas semanas. Uma delas era Yvonne Emorine, que deixara a filha de quatro anos de idade com a mãe para organizar a Resistência em Charente. O marido de Yvonne, Antoine, um sindicalista das minas, foi preso antes dela e também era mantido em La Santé. Acreditava-se que Antoine havia entregado os outros e implorado "aos senhores da Gestapo" que poupassem sua vida; mas agora estava morto. Os alemães afirmaram que ele cometeu suicídio, mas um prisioneiro que o viu carregado de volta do interrogatório, desacordado e seriamente espancado, disse que ele não estava em condições de se enforcar.

Às mulheres Pican-Politzer-Dallidet juntaram-se às duas irmãs Alizon de Rennes. Trazidas separadamente de outras prisões, Marie e Poupette foram mantidas no isolamento e não sabiam nem mesmo da presença uma da outra, até que foram alertadas pelos outros prisioneiros através da ventilação. Poupette, que tinha dezessete anos e estava extremamente solitária, implorava aos guardas por permissão para ver sua irmã, mas os homens ficavam imóveis. Reunia todo o conforto que conseguia do fato de saber que Marie não estava muito longe dela, mas se passariam muitos meses até que as garotas pudessem se encontrar. Quando Marie fez 21 anos, em 9 de maio, tudo o que Poupette pôde fazer foi enviar a ela uma mensagem. Havia também uma professora de Indre-et-Loire chamada Germaine Renaud, que ajudou Raymonde Sergent e o abade Lacour a fazer a travessia de pessoas pela linha de demarcação e apanhou tanto que chegou a La Santé coberta de sangue. E em outra cela, sozinha, estava uma jovem chamada Marie-Jeanne Dupont, presa logo após seu aniversário de vinte anos, que tentou se matar quebrando uma lâmpada e engolindo os cacos de vidro. "Somos tolerantes com as mulheres", um capitão alemão disse a uma das detidas; "Muito tolerantes."

Mas o pior ainda estava por vir. Desde a primavera, quando Oberg assumiu o comando, a SS cada vez mais escolhia ignorar todos os tribunais e tomar suas próprias decisões administrativas quanto ao destino dos membros da Resistência presos. Agora que Otto von Stülpnagel não estava mais lá, Oberg achava que as execuções em massa deveriam ser retomadas, com o objetivo de injetar o terror nas pessoas aparentemente dispostas a se rebelarem. À SS foram dadas as tarefas de selecionar os reféns e estabelecer data, lugar e hora das execuções. No dia 12 de abril, a polícia francesa entregou o *caso Pican* para a Gestapo. No dia 22 de maio, as mulheres da prisão de La Santé descobriram que vários de seus homens seriam executados no dia seguinte em represália a uma série de ataques que levaram à morte de dois alemães em uma troca de tiros. Aquelas cujos maridos seriam mortos receberam a notícia de que poderiam vê-los uma vez para se despedirem.

Entre os primeiros a serem executados estava André Pican, marido de Germaine; Georges Politzer, marido de Maï; Jacques Solomon, marido de Hélène; e o marido de Charlotte, Georges Dudach. Alguns dias antes, Politzer sussurrara pela ventilação que finalmente terminara um novo livro de filosofia em sua cabeça e que poderia escrevê-lo de uma vez, se pelo menos pudesse ter um pouco de papel. Depois de vê-lo pela última vez, Maï escreveu aos pais dele que Politzer fora "sublime… parecia especialmente feliz em morrer em solo francês". Politzer, o refugiado húngaro, sempre admirara a França. Quando Germaine Pican foi levada para ver André, viu que seu rosto e muito de seu corpo estavam cobertos de machucados devido às torturas. André havia desenhado um carro na parede de sua cela. Estava cheio de malas. "Olha", disse a ela, "isso é para nossas férias na Itália". Pican tinha 41 anos e era o mais velho dos quatro a morrer.

Jacques Solomon, físico quântico, teve alguns minutos com Hélène; ela viu que seu cotovelo estava quebrado e que ele tinha um corte profundo na cabeça.

Logo antes do amanhecer, um soldado chegou à cela de Charlotte. "Vista-se, se quiser ver seu marido mais uma vez", disse. Ela o seguiu até a cela de Dudach. Quando chegou o momento da despedida, agarrou-se à sua mão. O soldado a levou de volta para a cela e lá ela escreveu mais tarde, "minhas companheiras deitaram-me em minha cama. Não fizeram perguntas e eu não lhes disse nada, nada do que havia lhe dito, que estava prestes a morrer".

Germaine, Maï, Hélène e Charlotte agora eram viúvas. Charlotte tinha 28 anos — a mesma idade de Dudach — e Maï e Hélène estavam nos trinta. Germaine tinha 41. Tanto o filho de Maï, Michel, quanto as duas filhas de Germaine haviam perdido o pai. O pior que poderia ter acontecido chegou com uma rapidez extrema. As outras prisioneiras de La Santé, que tinham maridos e amantes sob custódia, começaram a viver em estado de pavor.

A imagem popular do *fusillade*, o fuzilamento de reféns e resistentes, era a de um homem em pé, amarrado a um poste, reto e resoluto. A realidade não era nem tão limpa nem tão clara. A maior parte das execuções em Paris era realizada em um quartel abandonado em um monte verde a oeste da cidade, Mont-Valérien, onde os adversários de Napoleão III foram mantidos nos anos 1850 e que serviu posteriormente como escola para a telegrafia militar. Os homens prestes a serem executados eram mantidos na antiga capela, vigiados pela SS, até que fossem levados ao topo do morro para o local da execução. Alguns encontravam tempo para escrever mensagens de última hora nas paredes. Mas o caminho era muito íngreme e, em épocas de chuva ou neve, extremamente escorregadio. Os que haviam sido severamente torturados achavam a subida difícil. Os que não conseguiam ficar em pé no poste eram atingidos deitados. Certa vez, ouviu-se um soldado alemão dizer que aquelas ocasiões eram *fêtes sportives* [eventos esportivos].

Um padre alemão modesto, de fala suave, francófilo e fundamentalmente decente, abade Stock, fora nomeado capelão militar para as prisões de Paris e era ele quem acompanhava os homens em sua última caminhada. Os corpos eram colocados em caixões e levados a diversos cemitérios espalhados por Paris, onde eram enterrados em sepulturas sem identificação, para que o local não se tornasse um santuário. Quando o número de executados em qualquer dia era especialmente alto, alguns dos corpos eram levados ao Père Lachaise, onde eram cremados e suas cinzas colocadas em urnas também sem identificação. Em particular, depois de cada execução, o abade Stock anotava em um caderno todos os detalhes, para que depois as famílias pudessem encontrar seus mortos. Mais tarde, ele chegou a escrever que a maioria dos cerca de 2 mil homens que acompanhou em suas caminhadas ia para a morte com coragem excepcional, recusando-se a ter os olhos vendados, silenciosos, "desdenhosos e fortes".

Muitos anos depois, o corpo de Georges Dudach foi exumado e reenterrado próximo a seu amigo guilhotinado, André Woog, na seção do Père Lachaise reservada para membros do PCF.

O grupo a morrer em seguida, uma semana depois, incluiu Arthur Dallidet. Seu rosto estava tão machucado e inchado que ele não conseguia mais abrir os olhos; um de seus braços estava paralisado. Dallidet se tornara um herói para os outros resistentes: não entregou ninguém, mesmo com semanas de tortura terrível. Não tinha esposa ou namorada, mas antes de ser levado do Mont-Valérien, Marie-Claude teve permissão de vê-lo. "Agora, minha velha amiga", Dallidet disse a ela, "está tudo acabado para mim. Mas todos vocês, que eu amo, devem continuar...". Ele tinha 36 anos.

Com Dallidet foi Félix Cadras, que, proibido de escrever uma carta de adeus à família, conseguiu rabiscar algumas palavras em um lenço, que mais tarde encontraram enfiado no forro de seu casaco, quando suas roupas foram devolvidas à família. Aquele dia também foi marcado pela morte de Decour, o acadêmico alto e esportista amante de Maï, que em sua última carta aos pais pediu a eles que devolvessem aos pais dela: uma cópia das *Fábulas* de La Fontaine, gravações da ópera *Tristão e Isolda*, de Wagner, as *Quatro estações* de Strauss, duas aquarelas que estavam em seu apartamento. Ele queria que sua caneta-tinteiro, sua lapiseira, sua carteira e seu relógio ficassem com o filho de Maï, Michel. Sua própria morte, escreveu Decour, não deveria ser vista como uma catástrofe. Ele não tinha fé religiosa, mas via a si mesmo um "pouco como uma folha, que cai de uma árvore e se decompõe". Dentro de um pouco mais de uma semana, Maï perdeu o marido e o amante.

Raymond Losserand, amigo e mentor de Cécile, foi executado no campo de tiro em Issy-les-Moulineaux; ele também havia sofrido tortura severa.

Ao todo, 46 homens pegos nos casos Politzer-Pican-Dallidet foram executados. Apenas alguns deles fizeram mais que imprimir e distribuir material antialemão e falar com anseio do dia em que não haveria mais alemães em solo francês. Suas mortes não ajudaram em nada a silenciar a resistência intelectual: seus lugares foram imediatamente assumidos por outros. *L'Université Libre* continuou a aparecer, *Le Silence de la mer*, segurado por pouco tempo, foi publicado e logo vendeu 10 mil cópias e o *Lettres Françaises* logo inspirava outros a resistir. "E eu sei que existem aqueles que dizem: 'eles morreram por muito pouco'", escreveu Jean Paulhan, um dos que assumiram a edição do jornal depois de Politzer e Decour. "Para essas pessoas, há que se responder: 'É que estavam do lado da vida.'"

Quando, ao amanhecer ou ao anoitecer — Pétain, temendo protestos, pediu aos alemães que fossem discretos — os homens eram tirados de suas celas para serem levados ao Mont-Valérien, os prisioneiros de La Santé começavam a cantar. Cantavam a *Marselhesa*, que se tornara um hino da Resistência, cantavam em um momento de desespero e medo, e o som de suas vozes subia claramente pela prisão silenciosa. De uma das celas era possível ouvir as orações pelos mortos, entoadas por uma voz feminina alta e fervorosa. Depois, as mulheres faziam o que podiam para confortar as novas viúvas; para Germaine Pican, sozinha em sua cela, ou Louisette Losserand, que viu como seu marido, Raymond, fora espancado pela tortura, existia muito pouco conforto que compartilhar.

Um dia, as mulheres de La Sainté descobriram que quatro homens, presos por protestar contra as restrições de alimentos impostas pelos alemães, seriam guilhotinados no pátio na manhã seguinte. Ao amanhecer, ouviram as botas dos soldados encarregados de buscá-los. Quatro vozes masculinas ergueram-se no silêncio e na luz pálida, cantando a *Marselhesa*; então três; então duas; a última voz solitária caiu silenciosa em meio a uma palavra. Em seguida, por toda a prisão, as pessoas continuaram o verso e começaram a cantar.

Charlotte, Maï, Hélène e Germaine ainda estavam todas na La Santé no dia 14 de julho, Dia da Bastilha. Às três da tarde a prisão ficou silenciosa, em memória dos homens que foram executados; depois disso a *Marselhesa* e as duas canções mais conhecidas da Revolução Francesa, "La Carmagnole" e "Le Chant du Départ", foram entoadas. Os guardas estavam nervosos, e as mulheres especularam que poderia ter havido algum grande avanço dos Aliados. Todas concordavam que não era provável que estivessem em mãos alemãs em um ano. "Mesmo as mais frágeis", observou Marie-Claude, sempre inclinada ao otimismo, "sentiam-se cada vez mais fortes".

7

Reconhecendo o impensável

No início de fevereiro de 1942, os alemães começaram a se preparar para uma deportação em grande escala de judeus da França. Pétain expressou algum desconforto de início, principalmente no que dizia respeito aos judeus franceses; ficou menos preocupado com o destino dos 140 mil que não eram cidadãos franceses. Mesmo assim, o recolhimento dos judeus deu a René Bousquet, secretário-geral da polícia de Vichy, a chance de demonstrar sua eficiência e seu comprometimento. O número de judeus a serem deportados foi rapidamente consentido. As deportações de fato foram suspensas por algum tempo porque a ofensiva primaveril da frente russa tomou todos os veículos disponíveis. O primeiro comboio de judeus deixou a França em direção aos campos de exterminação no dia 27 de março.

Era fácil identificar os judeus na França, tanto cidadãos quanto estrangeiros, uma vez que todos os judeus acima dos seis anos de idade eram obrigados a usar estrelas, adesivos de material amarelo, mais ou menos do tamanho de um punho cerrado, em que a palavra *Juif* ou *Juive* era escrita em preto. Vichy resistiu por um breve período às estrelas, que vinham sendo usadas por judeus na Polônia desde o fim de 1939 e na Alemanha desde o verão de 1941. Mas, tal como aconteceu com as deportações, Pétain logo se rendeu. "Liberem suas regiões de judeus estrangeiros." Bousquet encorajou seus prefeitos, e a maioria deles obedeceu bem rápido. A estrela amarela tornou-se obrigatória na zona ocupada em maio. Então, havia mais ou menos duzentos campos de internamento e centros de retenção para judeus que esperavam a deportação, um pouco mais na zona livre do que na ocupada. A capa do catálogo da exposição *Os judeus e a França*, montada no Palácio Berlitz, mostrava um homem judeu, em roupas rasgadas e muito sujas, com a cabeça coberta por um xale de oração, segurando um globo entre duas garras. Cerca de 200 mil pessoas visitaram a exibição.

Durante toda a primavera e o início do verão de 1942, a França como um todo permaneceu imóvel diante do destino de seus 350 mil habitantes judeus. O país que havia abraçado com tanto fervor *Os direitos do homem* parecia curiosamente disposto a ficar sentado enquanto um decreto atrás do outro era promulgado contra os judeus, assistindo enquanto eles eram impedidos de exercer suas profissões, proibidos de frequentar lugares de entretenimento, relegados aos últimos carros do metrô e conduzidos em vagões de gado com destino à Polônia. Os alemães não pediram pelos vagões de gado; essa iniciativa veio da Société Nationale des Chemins de Fer Français (SNCF), a companhia ferroviária francesa. Era em trens franceses, conduzidos por maquinistas franceses, que os deportados eram levados até a fronteira.

Nem todos, no entanto, ficaram sentados sem protestar. Quando as deportações entraram em curso e os trens começaram a sair com regularidade, muitas vezes três vezes por semana, do campo central para judeus em Drancy, nos arredores de Paris, a sensação geral de hostilidade contra os alemães, que já vinha aumentando, começou a crescer mais ainda. O uso obrigatório da estrela amarela por judeus viu o surgimento de outros símbolos amarelos, usados por não judeus, adesivos de materiais com o formato de rosas ou rosetas presos às roupas. Em Paris, os *zazous*, a juventude, admiradores ostensivos de jazz, com suas roupas extravagantes e seus óculos escuros, começaram a colocar uma estrela amarela em suas roupas. Com o tempo, um grupo de cardeais e arcebispos da zona ocupada escreveu uma carta aberta a Pétain, em nome da "humanidade e dos princípios cristãos", protestando contra o recolhimento de judeus. Hélène Beer, uma estudante judia, andando sem graça com sua nova estrela amarela pelas ruas de Paris, escreveu em seu diário que estranhos sorriam calorosamente para ela com frequência, como nunca haviam feito antes. Mas as deportações continuaram.

Em julho, os alemães concordaram com Vichy que haveria um novo recolhimento de 30 mil judeus. Destes, 20 mil seriam recolhidos de Paris; o restante da zona livre. Até o momento, a polícia vinha recolhendo apenas homens. Foi Pierre Laval, mais uma vez primeiro-ministro do governo de Vichy e constantemente negociando acordos com os alemães, quem propôs adicionar mulheres e crianças, principalmente porque quando os comboios deixavam as crianças para trás, as cenas convulsas de seus pais desesperados incomodavam a polícia. Nos dias 16 e 17, uma grande batida policial aconteceu em Paris. Foi conduzida pelas polícias francesa e alemã trabalhando juntas e aprisionou 3.031 homens, 5.802 mulheres e 4.051 crianças, menos do que a quantidade desejada, mas o suficiente para encher muitos trens.

Cerca de 7 mil foram levados para o Velódromo de Inverno, um estádio de ciclismo no 15° *arrondissement*, onde, em setembro de 1936, 30 mil pessoas se reuniram para ouvir Dolores Ibárruri, La Pasionaria, chamar para uma luta internacional contra o fascismo. Ali, em desconforto agudo e apreensão extrema, esperaram pelos acontecimentos. Alguns deles, ao menos, agora sabiam o que esperar. Desde a primavera, a Rádio Londres vinha fazendo transmissões sobre os campos de extermínio na Polônia e, em 1° de julho houve a divulgação do massacre de 700 mil judeus poloneses desde a invasão da Polônia pelos alemães. Informativos que descreviam a morte de crianças e idosos em câmaras de gás haviam sido distribuídos em Paris.

Uma das pessoas capturadas na *chasse aux juifs* [caça aos judeus] foi uma médica cabeça-dura e franca da Alsácia. A dra. Adelaïde Hautval não era judia, mas uma dos sete filhos de um pastor protestante. Em abril de 1942, Adelaïde estava atravessando a linha de demarcação para visitar a avó doente na zona livre quando viu um grupo de soldados alemães maltratando uma família de judeus na estação Bourges. Havia passado muitos anos trabalhando em hospitais neuropsiquiátricos na Alsácia alemã e falava bem o alemão. Adelaïde abordou os soldados e disse a eles que deixassem a família judia em paz. "Você não está vendo que são judeus?", um dos soldados perguntou a ela. "E daí?", respondeu Adelaïde. "São seres humanos como você e eu." Ela foi presa e levada para a prisão de Bourges. Algumas semanas depois, perguntaram-lhe se estava disposta a retirar o que havia dito. Ela escolheu não fazê-lo. "Nesse caso", disse o oficial encarregado, "compartilhará o destino deles". Só agora ela descobria exatamente no que consistia esse destino.

Estava no campo de internamento de Pithiviers, no Loiret, por menos de 24 horas quando testemunhou a partida de um comboio de caminhões cheios de judeus com destino a Drancy. Era organizado pela polícia francesa, ajudada pelos guardas de fronteira franceses.

Naquela noite no campo estavam apenas alguns outros, como ela, cujos "casos não eram claros". Os alemães colocaram uma estrela amarela em seu peito com as palavras "amiga dos judeus".

Em Pithiviers, havia dois barracões para mulheres, e, antes de ir embora, algumas delas conseguiram contar sua história a Adelaïde. Uma delas, idosa e cega, não conseguia compreender bem o que estava acontecendo. Outra, uma jovem quase demente devido à ansiedade, disse que quando a polícia veio pegá-la, ela teve que abandonar seu bebê de seis meses em uma casa vazia e que não havia ninguém que soubesse que ele estava sozinho para ir lá buscá-lo. Muitas dessas mulheres estavam em gravidez avançada. "É difícil para a mente humana normal reconhecer o impensável", Adelaïde escreveu.

Durante os dias que se seguiram, 5 mil outros homens, mulheres e crianças judias chegaram a Pithiviers. O campo se transformou em lama; havia pouquíssima água e não muita comida. Adelaïde teve a permissão de assumir um hangar enorme do lado de fora dos portões e transformá-lo em enfermaria, onde, com a ajuda de uma garota lituana de dezenove anos, fazia o melhor que podia para cuidar dos doentes. Alguns pareciam ter perdido a noção das coisas. Conforme seus nomes eram chamados, as pessoas jogavam pequenos pacotes de dinheiro e joias nas mãos de Adelaïde, implorando que ela encontrasse um jeito de entregá-los a seus parentes que ainda estavam em casa. Do lado de fora do campo, os guardas franceses raspavam a cabeça dos homens, e logo a lama ao redor estava cheia de cabelos. A Gestapo, carregando baldes, passava apreendendo qualquer coisa que fosse de valor. Malas eram saqueadas, edredons eram rasgados. Penas de pato e ganso flutuavam pelo ar.

A partida mais revoltante testemunhada por Adelaïde aconteceu no dia 2 de agosto. Uma decisão havia sido tomada de que naquele comboio apenas crianças com mais de quinze anos acompanhariam seus pais até Drancy, e então até a Polônia. Adelaïde assistiu enquanto bebês eram arrancados dos braços de suas mães. Quando o comboio de caminhões se afastou, filas de crianças pequenas seguiam a cerca do lado de dentro do campo, olhando ou chorando; nas roupas dos menores foram costuradas faixas com seus nomes e idades, e Adelaïde se perguntou como seriam encontrados pelos pais se as faixas caíssem. Durante os dias que se seguiram, quatro crianças ficaram completamente mudas. Só quando um guarda, chegando de Drancy, anunciou que todas as faixas, incluindo as dos bebês, seriam removidas, Adelaïde entendeu completamente o que seria deles. Quando o campo de Pithiviers foi fechado, 12 mil judeus haviam sido deportados para o leste, 1.800 deles eram crianças.[11]

Ao longo das semanas seguintes, tendo sido transferida para o campo de Beaune-la-Rolande, a 18km de distância, Adelaïde cuidou dos detentos que tinham disenteria, passando as noites esvaziando os baldes transbordantes com um frasco de geleia. Escreveu a sua irmã que estava coberta de pulgas, que estava com difteria, mas que estava tentando cuidar de um menino de três anos de idade que fora trazido sozinho. O menino foi encontrado andando pelas ruas por amigos que cuidaram dele depois que seus pais foram presos e levados para longe. Entretanto, a polícia o seguiu e o trouxe a Beaune. Alguns dias depois, ele pegou difteria e morreu. Adelaïde foi transferida para uma prisão em Orléans, depois que foi emitida uma ordem dizendo que não deveria mais haver arianos em campos para judeus. Houve um momento em que poderia ter escapado, se passando por funcionária da Cruz Vermelha, mas um soldado alemão apareceu de repente e o momento se perdeu. Ela era prisioneira, e não houve mais ofertas de liberdade.

Adelaïde não estava sozinha ao achar o comportamento dos franceses em relação aos judeus repugnante. Depois de testemunhar cenas comoventes durante as buscas por judeus em Paris, um jovem motorista de caminhão chamado Pierrot, cujo pai administrava um café na rua

[11] Ao todo, entre 1942 e 1944, 75.721 judeus foram deportados da França; 2.500 voltaram. 13,5% dos judeus franceses foram deportados; 42% deles não cidadãos franceses.

des Amandiers perto do cemitério Père Lachaise, decidiu organizar sua própria rota de fuga. Sua noiva, Madeleine Morin, administrava um salão de beleza com a mãe viúva na mesma rua, e o salão provou ser o disfarce perfeito para montar e administrar a rede.

No início, Pierrot escondia famílias de judeus em caixas em seu caminhão e as levava para a linha de demarcação. Mais tarde, percebendo que não estava conseguindo libertar um número suficiente de pessoas, juntou forças com amigos e, unidos, passaram a imprimir documentos de identidade e bilhetes de trem falsos e estabeleceram uma cadeia que levava de Paris à zona livre. O salão de Madeleine se tornou o lugar onde os documentos eram reunidos e distribuídos. Contudo, em uma manhã, um grupo de viajantes clandestinos foi parado por policiais. Quando descobriram que seus documentos não batiam com os registrados na polícia, eles foram presos. Seguindo a cadeia até sua fonte, a Gestapo chegou ao salão de Madeleine na rua des Amandiers. Ela e a mãe foram presas, levadas para a rua des Saussaies, onde apanharam muito. Libertadas inesperadamente, insistiram em voltar ao salão, apesar dos avisos, e foram presas novamente, desta vez para sempre. A elas juntou-se Olga Melin, outra mulher na cadeia, cujo marido era prisioneiro de guerra e cujo filho de treze anos encontrava-se acometido pela poliomielite. Olga e o marido estavam a ponto de se divorciarem quando a guerra eclodiu.

Durante 1941, Jacques Solomon e Georges Politzer perguntaram a Marie-Elisa Nordmann, uma amiga cientista judia, se ela os ajudaria a distribuir material antialemão pela Sorbonne. Por ser uma química importante, Marie-Elisa tinha contato próximo tanto com estudantes quanto com funcionários. Juntou-se aos editores do *L'Université Libre*, onde escrevia e preparava artigos, e à noite, ajudada pela mãe viúva, colocava informativos em envelopes e os passava por debaixo da porta das pessoas. Também continuou a fornecer ingredientes químicos para os explosivos à amiga France Bloch, que os estava preparando para o recém-unido Francs-Tireurs et Partisans em seu laboratório secreto na rua du Danube.

No entanto, no fim da primavera de 1942, as Brigadas Especiais prenderam três jovens que trabalhavam para a Resistência armada, e, depois de realizar o que seus relatórios chamaram de "um enérgico interrogatório", ouviram que uma jovem química conhecida como "Claudia" estava produzindo pólvora, remédios e vacinas para a Resistência. Logo extraíram informação suficiente para levá-los à rua du Danube, onde viram uma jovem, "1,58m, rosto belo, cabelos castanhos crespos, de 'aparência boêmia', óculos" e um jeito peculiar de andar, com os pés virados para fora. "Claudia" foi observada entregando uma garrafa para um homem na rua. "Claudia" era France Bloch. Ela foi colocada sob observação.

Em meados de maio de 1942, a clandestinidade descobriu que Frédo Sérazin, marido de France, internado em um campo em Voves por atividades comunistas, estava prestes a ser executado. Planos, nos quais France e Marie-Elisa estavam incluídas, foram feitos para libertá-lo. France foi para casa pegar algumas roupas e encontrou a polícia esperando por ela.

Presa, France dizia apenas que tinha um filho de dois anos, que era filha do historiador Jean-Richard Bloch, que estava na Rússia, e que tinha, sim, dado uma garrafa de ácido sulfúrico a um homem na rua, mas quem ele era e para que usaria o ácido ela não tinha ideia. Do laboratório de France, a polícia recolheu munições, baterias, cordite, tubos de metal, identidades falsas e produtos químicos de todo tipo.

Não demorou muito para os inspetores de David rastrearem Marie-Elisa Nordmann, depois que a identificaram como uma das amigas mais íntimas de France. Marie-Elisa foi levada para o depósito da prefeitura a fim de ser interrogada, primeiro pela polícia francesa, depois pelos alemães, antes de se juntar a France em La Santé. O que as Brigadas Especiais não sabiam era que as duas mulheres eram judias. Depois de Marie-Elisa, muitos outros da mesma rede foram pegos, homens e mulheres que, depois de mais "enérgicos interrogatórios", admitiram usar documentos de identidade falsos, dar abrigo a outros resistentes e ajudar a planejar e realizar atos de sabotagem contra os alemães. Sob interrogatório, Marie-Elisa concordou que conhecia France havia oito anos, mas manteve que nunca conversavam sobre política. O que só descobriu mais tarde — quando uma amiga contrabandeou para ela um bilhete escondido em um maço de cigarros — foi que sua mãe viúva, que tinha mais de sessenta anos e ajudava a cuidar do filho de Marie-Elisa, Francis, também havia sido presa e, depois de apanhar, admitiu que era judia. Preocupada com a mãe e sem saber onde Francis poderia estar, Marie-Elisa não podia esperar. No dia 24 de junho, chegaram notícias de que o marido de France, Frédo, tinha sido executado. Como judias, Marie-Elisa e France ainda tinham o pavor de serem enviadas a qualquer momento para Drancy a fim de serem deportadas para o leste; como resistentes, nem as duas nem quaisquer das outras mulheres faziam ideia do que poderia acontecer com elas.

Aquilo a que as Brigadas Especiais se referiam como o *caso Sérazin* trouxe para a prisão mais cinco mulheres.

Havia mais duas redes antigas na Resistência nas quais mulheres desempenhavam papel crucial. Sua queda foi mais uma vez uma mistura de trabalho exaustivo por parte da polícia francesa e má sorte. Como aconteceu com o *caso Pican*, a bola de lã, quando começou a se desenrolar, levou-os muito longe.

Com seu interrogatório repetido e brutal dos prisioneiros Pican, Dallidet e Cadras, o comissário David descobriu que, juntamente com a rede de editores, jornalistas e editoras, havia uma segunda rede, uma equipe técnica de militantes, formada por um time de impressores e tipógrafos que produziam os jornais clandestinos, e também documentos de identidade e passes militares falsos. Os alemães continuaram a considerar a imprensa clandestina extremamente ameaçadora, e embora as primeiras prisões tivessem resultado em quedas momentâneas das publicações, os números voltavam a subir, conforme novos editores e jornalistas assumiam as tarefas de seus colegas presos. Mas foi só no final de março de 1942 que os inspetores de David começaram a fazer anotações sobre um jovem que era visto frequentemente na rua Saint-Ambroise, no 11° *arrondissement*, trocando pacotes e cestas com uma série de companheiros. Apelidaram-no de *Ambroise 1* e começaram a segui-lo.

Descobriu-se que *Ambroise 1* era um instalador de máquinas chamado Arthur Tintelin, que era membro ativo da Juventude Comunista antes da guerra. Tintelin era visto em visitas a várias gráficas, carregando uma sacola. Às vezes, andava de metrô, às vezes a pé, apressando-se pela rua, olhando constantemente por sobre os ombros. No dia 7 de abril foi visto conversando com uma jovem de roupas coloridas que a faziam se destacar em meio ao cinza monótono que tomara a cidade com o segundo ano da ocupação. Tratava-se de Jacqueline Quatremaire, taquígrafa míope que havia perdido o emprego no mercado de câmbio e se tornado oficial de ligação dos impressores.

Femme Saint-Maur — os homens de David continuaram a usar apelidos inspirados nos nomes das ruas e estações de metrô parisienses —, com quem Tintelin se encontrou em seguida, era a protegida de 21 anos de idade de Danielle, Madô, com quem, para afastar a solidão, Jacqueline às vezes passava a noite. Uma terceira jovem com quem Tintelin estava certamente em contato próximo era Lulu, que com sua irmã Carmen estava ocupada transportando estoques de papel em um carrinho de uma máquina impressora a outra.

Todos os contatos de Tintelin, relataram os inspetores, pareciam muito nervosos. Na noite de 17 de junho, David decidiu que chegara a hora de atacar. Madô foi uma das primeiras a cair. Enquanto a rendiam na casa de seus pais em Ivry, seu pai disse à polícia: "Tirei uma foto de vocês. Se machucarem minha filha, vou encontrá-los."

No mesmo dia, Lulu tinha visitado o filho pequeno, Paul, que morava no interior com os sogros dela. Voltando a Paris, foi direto até a casa de um amigo, levando um litro de leite para sua esposa doente. A porta foi aberta por inspetores das Brigadas Especiais. Vendo os homens, Lulu se virou e correu pela rua, quebrou a garrafa de leite e, com um pedaço de vidro na mão, golpeava contra os policiais que a seguiam. Foi encurralada, rendida, algemada e arrastada pela rua até uma van que a esperava. Enquanto lutava contra a prisão, gritava para as pessoas que passavam: "Estão me prendendo porque sou uma patriota francesa! Não voltarei viva. Digam a todos que prenderam Lucienne Serre, uma mãe que jamais verá seu filho novamente." Em seu relatório, os inspetores a chamaram de "a tigresa". Embora a multidão tivesse assistido em silêncio, notícias de sua prisão foram dadas ao zelador de seu prédio, que, por sua vez, por meio da clandestinidade, passou-a a sua mãe em Marselha. Sua irmã Carmen, presa na mesma leva, deu um nome falso. Seria registrada como Renée Lymber e durante muito tempo ninguém descobriria que ela e Lulu eram irmãs. Sentindo que seria melhor assim, fingiram não conhecer uma à outra.

No porão da prefeitura, as duas jovens tramavam sua fuga. Descobriram uma janela pouco vigiada e persuadiram algumas das outras mulheres que estavam presas com elas a encobrir sua partida. Mas quando a escuridão caiu, e Lulu e Carmen se preparavam para desparafusar a janela, um caminhão da polícia apareceu repentinamente cheio de prostitutas, que tinham sido presas, e todo o lugar foi inundado de luz. As duas irmãs não tiveram uma segunda chance.

Durante as 24 horas seguintes, David prendeu 37 impressores, tipógrafos, distribuidores e seus oficiais de ligação, descobriu duas grandes gráficas ilegais, seis depósitos de material clandestino e dois estúdios fotográficos secretos. Como em suas primeiras investigações, a partir da estratégia de seguir e se espreitar para capturar os suspeitos, cada detento preenchia mais uma peça do quebra-cabeça, cada nome, cada endereço levando a mais prisões. Antes mesmo de chegar ao fim, o *caso Tintelin* trouxe cem suspeitos. Uma das prisões mais importantes de David foi a de Henri Daubeuf, um impressor meio truculento que alegava ter sido coagido e chantageado a trabalhar para a clandestinidade. Sua esposa, Viva, filha do líder socialista italiano Nenni, poderia ter escapado. Todos os seus amigos imploraram a ela que fugisse. Em vez disso, ela escolheu visitar o marido todos os dias na prisão, trazer-lhe roupas, comida e cigarros; logo a polícia decidiu prendê-la também. Enquanto se preparava para deixar a prisão depois de uma visita, informaram-lhe que não estava mais livre para ir embora.

E, como em todas as outras varreduras policiais, houve pessoas que caíram na rede por acidente. Madeleine Dechavassine era uma engenheira química que já havia passado um tempo na prisão por distribuir cópias clandestinas do *L'Humanité*. Tendo escapado uma vez, conseguiu evitar ser presa por suas atividades como preparadora química de explosivos para o FTP quando o restante de seu grupo foi pego. Foi presa por estar com Jacqueline, a quem conhecia desde antes da guerra, quando os homens de David vieram a sua casa. A polícia ficou radiante ao ver sua prisioneira adicional.

Cécile Charua era crucial para a rede de impressores. Conhecida pela polícia apenas por *"Cygne d'Enghien"*, Cécile fora vista no dia 1º de junho em um café na rua d'Amsterdam, conversando com "Nancy", um homem chamado Grancoign a quem a polícia seguia havia algum tempo. No dia 8 de junho um inspetor a viu novamente com Grancoign em frente a uma tabacaria na rua Lafayette; passearam por um tempo juntos pelas avenidas e se sentaram em um banco sob a luz do sol. Ao todo, foi vista e seguida em oito ocasiões. Mas Cécile conseguiu evitar a batida de 17 de junho.

Viajando em um ônibus a caminho de uma reunião com um impressor, percebeu que o homem que estava sentado a sua frente usava uma jaqueta com uma lapela muito brilhosa; e lapelas brilhosas eram um sinal certo da presença policial, pois eram gastas ao serem agitadas para revelar o distintivo da polícia. Quando desceu do ônibus, deu um jeito de sussurrar pelo canto da boca para o membro da Resistência que esperava por ela na parada do ônibus que estava sendo seguida; abortou sua visita ao impressor, e quando ela não apareceu, ele escondeu qualquer prova de seu trabalho clandestino.

Ao saber da prisão de seus colegas, Cécile mudou de casa e cessou as atividades por um tempo, então juntou-se a uma nova rede. Um dia, retornando ao seu pequeno apartamento, onde escondia dois judeus lituanos, foi avisada pelo simpático zelador de que dois policiais tinham ido a sua casa enquanto todos estavam fora e deixado uma mensagem muito clara e insistente dizendo que ela e seus dois amigos judeus deveriam "certamente estar em casa" naquela tarde. Como Cécile diria mais tarde, a polícia francesa às vezes se comportava com decência. Ela compreendeu a mensagem, e eles se mudaram para outro lugar.

Sua sorte, no entanto, não durou. No dia 5 de agosto, fazendo compras na praça Monge, no 5º *arrondissement*, foi vista por um policial que uma vez a seguira até uma reunião com Tintelin. Ele e seus colegas a prenderam, descobriram que ela levava documentos e cartões de racionamento falsos escondidos dentro das páginas de um jornal e uma chave, e a levaram para a prefeitura para interrogatório. Cécile disse à polícia que era uma peleira desempregada, que tinha um filho, criado por uma família adotiva, e que de fato havia trabalhado como oficial de ligação para o Partido Comunista Francês, recebendo um pequeno salário. No entanto, no que dizia respeito à identidade dos homens com quem havia sido vista, não fazia ideia do que se tratava. Também se recusou a dizer que porta a chave abria. Na verdade, alegou não saber como a chave tinha ido parar em sua bolsa.

Rastreando um tal Goliardo Consani, quem a polícia estabeleceu se tratar do amante de Cécile, descobriram em seu apartamento cadernos dela, com páginas de nomes codificados e montantes de dinheiro a serem pagos. Cécile, entretanto, se recusou a dizer a quem os códigos se referiam e de que se tratava tudo aquilo. Consani disse à polícia que conhecera Cécile em um restaurante, que ela era sua amante havia um ano, mas que não sabia nada sobre suas atividades. Nunca conversavam sobre política. Confrontada mais tarde sobre os líderes do grupo de Tintelin, os homens que lhe deram os montantes de dinheiro a serem repassados para os impressores, Cécile declarou que não os conhecia. Os homens disseram que nunca a haviam visto antes. Para seu alívio imenso, embora a polícia se recusasse a liberá-la, foi interrogada apenas brevemente: eles acreditavam que ela seria a pessoa desaparecida número 101 na lista de Tintelin e não perceberam que desde então vinha trabalhando com outro grupo. Cécile foi levada para se juntar às outras mulheres que estavam sob custódia, entre as quais encontrou suas amigas Lulu e Carmen.

Dezessete integrantes da equipe técnica presa pelos homens de David eram mulheres. Dez delas tinham pouco mais de vinte anos, e muitas tinham filhos pequenos. Paul, filho de Lulu, ainda não tinha dois anos.

Os homens do grupo de Tintelin, terrivelmente torturados pelos inspetores de David, foram entregues, quase mortos, à Gestapo. Na manhã de 11 de agosto, antes que houvesse luz, as mulheres acordaram ao som da *Marselhesa*. Foi só então que descobriram que seus maridos já estavam a caminho do Mont-Valérien, para serem mortos como parte de um grupo de cem reféns, executados em represália à granada jogada em membros da Luftwaffe que treinavam em um estádio em Paris e pela morte de vários outros na semana anterior. Dos cem, apenas quatro foram condenados à morte por um tribunal alemão, embora vários tivessem sido "especialmente marcados para execução" como terroristas perigosos; o restante eram reféns. Viva não foi autorizada a ver seu marido para se despedir.

8

"Temos outros planos para eles"

Bordeaux e seus arredores eram cruciais para a Resistência; as longas praias entre La Rochelle e Bordeaux eram perfeitas para rotas de fuga. Charente, Charente-Maritime, Gironda, Landes e Baixos Pirineus, tradicionalmente fortes no sindicalismo e no comunismo, desde o início da guerra vinham construindo suas próprias redes de Resistência. Conseguiam sobreviver com a ajuda daqueles homens que, no final dos anos 1930, cruzaram a fronteira da Espanha para servir com as Brigadas Internacionais e voltarem mais militantes e mais bem-treinados, e dos espanhóis que vieram para o sudoeste da França como refugiados de Franco.

Mas a longa extensão de costa de areia que corria para o norte dos Pirineus até Brittany não era menos crucial para os alemães. Do porto de Bordeaux, um porto seguro natural para caça-minas, barcos torpedeiros e submarinos, barcos de carga partiam para a Indonésia e o Japão a fim de buscar borracha e metais raros para a indústria da guerra. Perto dali ficava o aeroporto de Mérignac, logo transformado em uma importante base militar alemã. O prefeito de Bordeaux, que dera as boas-vindas ao exército de ocupação do general Kleinst quando os alemães entraram na cidade, no final de junho de 1940, era um dentista chamado Adrien Marquet, conhecido por sua administração sob o período de Mussolini; Marquet era um amigo próximo do embaixador alemão Otto Abetz. Havia também o prefeito da Gironda, Pierre Alype, um pétainista devotado, e Georges Reige, um funcionário público idoso, pró-Alemanha apaixonado e zeloso que trabalhava no escritório de Alype. Esses três homens cumpriam com entusiasmo as ordens da Alemanha.

Na esteira das tropas de ocupação chegou o novo comandante de *Gross-Bordeaux*, o general Moritz von Faber du Faur, um homem cujas educação e aparência distinta escondiam um coração frio. Em algumas horas, a suástica já estava tremulando no topo de qualquer prédio público, colégios foram convertidos em escritórios alemães, um tribunal militar alemão foi estabelecido e o campo militar em Souge, 25km ao sudoeste de Bordeaux, foi transformado em quartel. No centro, uma clareira foi deixada para execuções. Como em Paris, as tropas alemãs foram ordenadas a se comportarem corretamente; como na capital, o povo de Bordeaux foi cortejado por bandas militares que tocavam Beethoven. E, durante algum tempo, como os parisienses, os habitantes de Bordeaux permaneceram calmos e vigilantes, apesar de reclamarem amargamente da falta de peixes, que sumiram da costa devido à artilharia ou requisitados para alimentar os ocupantes.

Muito antes de Hans Gottfried Reimers, da Wehrmacht, ter sido morto pela ala armada da Resistência de Paris na esquina do bulevar George V com dois tiros na coluna em outubro de 1941, os alemães já levavam a Resistência em Bordeaux e nas redondezas a sério. Todas as infrações — folhetos, pôsteres, mensagens rabiscadas em muros — haviam sido oprimidas com rapidez e severidade. No outono de 1941, a área já era rigorosamente patrulhada por membros da Feldgendarmerie, da Geheime Feldpolizei,[12] da Abwehr e por várias dúzias de agentes da Gestapo, sob o comando do coronel antissemita da SS chamado Herbert Hagen, que levava todos os suspeitos de atividades da Resistência para o antigo Fort du Hâ medieval ou para o quartel da rua de Persac. Por um tempo, Hagen, um colega de Eichmann, viveu no iate que pertencia ao rei da Bélgica, que havia sido abandonado no início da guerra no porto de Bordeaux.

Não foram só os alemães, nem mesmo principalmente os alemães, no entanto, que embarcaram em uma *chasse aux résistants* determinada, mas também a própria polícia francesa, sob o comando de Pierre Napoleon Poinsot, um comissário gordinho, de rosto macio e cabelos pretos. No que dizia respeito à brutalidade, Poinsot era inventivo e meticuloso.

Nascido em 1907, Poinsot era um ex-seminarista, que havia se juntado à Força Aérea francesa em Casablanca antes de entrar para a

12 Polícia militar secreta alemã.

força policial. Lá, graças a sua imensa ambição e inteligência acima da média, ascendeu rapidamente na hierarquia, apesar de tentativas atrapalhadas de contornar seus superiores. Em 1936, já era conhecido por seu ódio à Frente Popular e aos comunistas. Com a chegada dos alemães em 1940, a carreira de Poinsot deu um salto promissor quando tanto o prefeito quanto seu assistente logo perceberam como um fanático anticomunista poderia lhes ser útil. Em janeiro de 1941, em um relatório policial, Alype deu a Poinsot uma nota 20/20 por "qualidades profissionais".

O que Poinsot compreendeu instintivamente foi que precisava de um time leal de apoio, homens que obedeceriam às suas ordens sem questionar porque também eram ambiciosos e brutais. Dois inspetores, Laffargue e Langlade, juntaram-se a ele, seguidos por dois irmãos de Poinsot, Jean e Henri. Realizando buscas generalizadas de casa em casa, seguindo toda e qualquer pista, ameaçando e intimidando qualquer um que parassem, Poinsot e seus homens logo construíram um dossiê de suspeitos, recrutaram um grupo amplo de informantes e começaram a entregar resistentes que estavam sob custódia.

O tiroteio de Reimers em outubro de 1941 revelou-se muito útil para Poinsot, que foi um dos oficiais franceses a se certificar de que o número requisitado de reféns seria entregue aos alemães para serem executados em Souge.[13] Sua colaboração solícita nesse caso permitiu-lhe posicionar-se ainda mais perto da Gestapo em Bordeaux, agora sob a liderança de Hans Luther, um disciplinador alto e meticuloso de olhos azuis, mas, como Poinsot logo descobriu, o poder real pertencia a Friedrich Dohse, filho de 29 anos de um professor de francês em Hamburgo, um protegido de Knochen em Paris. Dohse e Poinsot fizeram uma parceria formidável.

Em seu escritório na prefeitura da polícia, Poinsot conduzia seus interrogatórios apelando para a tortura. Os homens eram pendurados pelos dedões, queimados com cigarros e tinham a cabeça mergulhada em baldes de água; as mulheres eram despidas, obrigadas a se ajoelharem e forçadas a ouvir os gritos de seus maridos, que eram torturados na sala ao lado. Aqueles que se recusavam a falar, dar no-

[13] Poisont mais tarde diria que dos 47 homens executados, doze nem deveriam estar na lista, pois não representavam nenhum tipo de perigo.

mes e trair colegas eram mantidos e torturados até que o fizessem; ou morriam. O time de Poinsot logo ficou conhecido como a *brigade des tueurs* [brigada dos assassinos], e seus interrogatórios prolongados se tornaram uma experiência conhecida e temida pela clandestinidade. Poinsot, disse um policial de Bordeaux, "massacrava" suspeitos.

A Gestapo — que deu a ele seu próprio número, 192, em sua linha de soldados — começou a ameaçar prisioneiros rebeldes: se não cooperassem, seriam entregues a Poinsot e seus homens. Juntamente com a tortura, os inspetores franceses começaram a cometer saques e extorsões. Bordeaux, depois de Paris, foi o local em que a repressão se tornou a mais brutal em toda a França, e a própria cidade, como Ozoulias, dos Batalhões da Juventude, diria mais tarde, se transformaria em "um cemitério dos melhores combatentes".

No final do verão de 1941, um amigo de Danielle Casanova, Charles Tillon, chegou a Bordeux para coordenar as atividades da Resistência no sudoeste. Tillon era um dos fundadores da ala armada da Frente Nacional. Assumindo o nome Covelet e se passando por artista amador da Gironda em férias, visitou velhos amigos e contatos, estabeleceu uma estrutura de células de três pessoas para a Resistência, incutiu em todos a necessidade da cautela e foi ao encontro de recrutas. Muitos deles eram jovens moças, que logo se mostrariam tão habilidosas e destemidas quanto Betty e Cécile.

Com a ajuda de Tillon, e uma cooperação cada vez mais próxima entre os vários grupos e redes, a batalha no sudoeste entre ocupantes e ocupados, alemães e resistentes, estava prestar a entrar em uma fase nova, mais letal.

Tillon tinha um amigo chamado André Souques, que administrava uma lavanderia e escondia jornais da Resistência sob pilhas de roupas sujas coletadas nos hotéis de Bordeaux; juntos, montaram uma gráfica em Bastide. Duas irmãs, Gilberte e Andrée Tamisé, ofereceram-se para recrutar estudantes e jovens de Bordeaux nos albergues da juventude, e Gilberte, que era dez anos mais velha, concordou em agir como oficial de ligação entre Tillon e Bordeaux, Baiona e Tarbes. Era uma jovem muito competente de quase trinta anos, que vinha cuidando do pai e da casa desde a morte da mãe, quando Andrée tinha apenas sete meses de idade. Gilberte protegia muito a irmã mais nova, que tinha acabado de fazer dezoito anos.

Bègles, nos arredores, que há muito tempo vinha sendo um baluarte de atividades sindicalistas, logo estava fornecendo a Tillon novos voluntários. Os amigos de Souque incluíam Bonnafon, que administrava uma loja de móveis na rua des Anguillons, e os dois homens trocavam informações às segundas-feiras, quando Souques buscava a roupa suja dos hotéis, ocasião em que sua esposa, Jeanne, escondia os documentos falsos e uma impressora sob os lençóis sujos. A filha de Bonnafon, Germaine, provou ser naturalmente talentosa para a vida clandestina. Um dia, pediu corajosamente a um chaveiro que abrisse um apartamento onde cogitava-se existir um estojo de armas. Disse que o apartamento era seu e que perdera a chave. Sem suspeitar de nada, o chaveiro abriu a fechadura, e Germaine saiu de lá com uma reserva valiosa de armas.

Armas, no final do outono de 1941, se tornaram mais importantes que folhetos. Tillon e seus contatos decidiram que um grupo especial em Charente e na Gironda seria responsável por adquirir e esconder armas. Havia uma antiga pedreira chamada Heurtebise, em Jonzac, uma série de cavernas subterrâneas anteriormente usadas para cultivar cogumelos, e lá os alemães haviam montado um depósito de armas — o segundo maior da França — para abastecer a frente da Normandia e a costa do Atlântico. O depósito foi infiltrado com sucesso pela Resistência local, que tinha cerca de duzentos jovens trabalhando com os alemães, e um suprimento constante de armas e munição era contrabandeado em Jonzac toda semana. A questão era onde escondê-las.

Aminthe e Prosper Guillon mantinham uma pequena fazenda na aldeia de Sainte-Sévère, que ficava perto de Cognac, a mais ou menos 40km de Jonzac. Era conhecida como "As Viole"tas" por sua localização tranquila e arborizada; o campo em volta dela era pouco habitado, plano e frequentemente inundava no inverno, e a fazenda ficava escondida da estrada por campos e sebes. Aminthe herdara o local de seu pai. Ela e Prosper tinham apenas um cavalo e algumas vinhas e cinco hectares de terra, que serviam de pasto e onde cultivavam trigo. Em troca de farinha, o padeiro local lhes dava pão.

Seu filho mais novo, Pierre, era prisioneiro de guerra, mas o mais velho, Jean, e sua nova esposa, Yvette, filha de um vizinho, tinham assumido um dos anexos e as duas famílias cultivavam a terra juntas. Eram pobres, mas não desprovidos. Antes da guerra, Prosper havia apoiado o Partido Comunista. A família tinha o apreço dos locais, embora os vizinhos se preocupassem com a língua solta de Aminthe e com o fato de que ela contava a qualquer um que quisesse ouvir o quanto detestava e desprezava Pétain e os ocupantes alemães. Aminthe era uma mulher forte, não facilmente intimidada; tinha 56 anos e já havia passado por uma guerra com os alemães.

Para a modesta fazenda dos Guillon muitas vezes iam seus amigos Marguerite e Lucien Valina: Lucien era um espanhol que havia ido para a França com quinze anos, voltado para servir como piloto para os republicanos na Guerra Civil Espanhola e retornado para a área a fim de trabalhar como motorista de caminhão. Marguerite dava abrigo a resistentes, procurava casas seguras para sabotadores e transmitia instruções. Os Valina tinham um casal de filhos adolescentes e um filho de seis anos de idade.

Foi Lucien Valina quem sugeriu aos outros que ajudassem a reunir armas para a Resistência pegando as que foram roubadas de Jonzac e pedindo aos vizinhos por quaisquer rifles de caça e munições que não tivessem sido entregues aos alemães. Os Guillon, por sua vez, concordaram em esconder as armas sob o feno em suas dependências abandonadas, de onde seriam coletadas pelos homens de Tillon. Em toda Jonzac outros fazendeiros concordaram em fazer o mesmo e havia um tráfico constante de armas ao longo das ruas e cruzando os campos de Charente e de Charente-Maritime, frequentemente transportadas à noite em charretes puxadas por cavalos ou em alforjes de bicicletas. Não era incomum que algum dos fazendeiros fizesse a jornada de 40km até Jonzac a pé, carregando as armas em uma mochila.

Os fazendeiros e a Resistência dessa vasta área precisavam de pontos de contato e, acima de tudo, de oficiais de ligação, e uma delas era Hélène Bolleau, de dezesseis anos de idade, cujo pai administrava o correio local. Mesmo antes da chegada dos alemães, Roger Bolleau vinha armazenando armas, enquanto seu informativo clandestino, *La Voix des Charentes*, impresso em um mimeógrafo com a ajuda de sua esposa, Emma, era distribuído furtivamente por baixo do balcão do correio. Emma estabelecia um braço local da União das Mulheres Francesas de Danielle Casanova e levou Hélène com ela quando foi ajudar em um campo de crianças espanholas refugiadas perto dali. Em casa, as conversas eram todas sobre política, injustiça e a consequente derrota dos alemães. Uma das memórias mais vivas de Hélène era ter assistido a um filme sobre a Ku Klux Klan em um cinema itinerante que foi à sua cidade, Royan.

Hélène era filha única, rápida, arrojada e aparentemente destemida. Estudava almejando um certificado comercial na escola quando os alemães alcançaram a área no verão de 1940. Logo assumiu a datilografia de textos para a Resistência, em uma máquina escondida na casa de sua avó; quando isso foi considerado muito arriscado, saltava de esconderijo em esconderijo. Um de seus primeiros trabalhos foi esconder-se em um palheiro em uma fazenda perto de Bordeaux, observando e anotando os movimentos alemães em um campo próximo.

Quando o roubo das armas de Jonzac teve início, a Resistência precisou de mensageiros. Um grupo de transporte foi montado e Hélène, como diria mais tarde, "foi levada" para ele. Transportando ordens e informações pelo interior em sua bicicleta, também coletava tinta e papel. "Aconteceu", explicou. "Fizemos porque tínhamos que fazer." Em casa, os Bolleau acolhiam resistentes que fugiam dos alemães e judeus que tentavam chegar ao sul.

No início da primavera de 1942, a polícia foi alertada por informantes, e Hélène e seu pai foram presos. Para sua grande surpresa, Hélène foi liberada cinco dias depois, mas Roger foi levado para a prisão em Royan e apanhou tanto que sua garganta foi esmagada. Passaram-se muitos dias antes que conseguisse comer novamente. Quando Emma foi buscar as roupas do marido, encontrou-as endurecidas de sangue. Como Aminthe Guillon, Emma não foi silenciada: andava denunciando em voz alta a brutalidade dos alemães e a colaboração dos franceses.

Hélène não tinha a intenção de desistir de suas atividades na Resistência — na verdade, a prisão e o tratamento que deram a seu pai deixaram-na ainda mais determinada —, mas não era fácil. Royan era patrulhada noite e dia pela polícia montada e, depois que um guarda alemão foi morto, um toque de recolher foi estabelecido para as dezessete horas. Mas ela continuou a fazer a ligação para os fazendeiros que escondiam armas, manteve contato com os Valina e, quando os alemães a paravam ao andar de bicicleta pelo campo, dizia que estava procurando comida para seus coelhos. Parecia muito nova e inocente para ser capaz de subterfúgios. Às vezes, as estradas estavam simplesmente muito perigosas; então ela empurrava a bicicleta pelos campos. Também tomou o trenzinho ao longo da costa até Saintes para encontrar seu contato, com quem trocou metade de uma foto de uma estátua e a senha: "Você conhece a praça Louis XVI?". Para a qual a resposta correta era: "Você quer dizer a praça Louis XIV?"

Perto dali, em seu café em La Rochelle, aberto depois que os alemães cortaram os movimentos dos arrastões franceses e seu marido pescador perdeu o emprego, Annette Epaud era outro ponto de contato para a Resistência. Annette era uma velha amiga dos Valina, uma mulher vigorosa e enérgica que vinha de uma família grande de metalúrgicos e pescadores. Tinha um filho, Claude, que tinha doze anos e de quem era muito próxima. Annette chamou seu café de L'Ancre Coloniale [Âncora Colonial] e servia soldados alemães nas salas da frente enquanto escondia resistentes nos fundos, juntamente com armas. No porão, mantinha uma impressora e um mimeógrafo. Annette era o tipo de mulher que nunca conseguiria dizer não a alguém; precisava ajudar as pessoas. Todos a amavam, até mesmo os alemães que vinham beber no L'Ancre Coloniale. Uma das memórias mais antigas de Claude era ficar no porão com sua mãe, que o ensinou a usar o mimeógrafo. Depois que seu marido foi capturado e levado a um campo em Mérignac, Annette também fazia contato com impressores clandestinos, coletando e distribuindo folhetos por toda La Rochelle.

O grande êxodo do norte à época do avanço alemão trouxe outros jovens resistentes para o sul, para Charente e a Gironda. Eram famílias que, nos anos 1930, haviam apoiado Léon Blum e a Frente Popular, e que agora carregavam suas próprias sementes de Resistência para o exílio forçado. Proibidas de retornarem a suas casas, agora ocupadas pelos alemães, começaram a planejar seus próprios atos de resistência no sul e no sudoeste.

Entre esses jovens estava uma moça determinada com excepcionais olhos azuis, chamada Germaine Renaudin. Germaine era católica praticante. Evacuada de sua casa, assim como toda a vizinhança, na Linha Maginot, e reassentada em L'Espar, perto de Bordeaux, ficou indignada com a forma com a qual os evacuados eram tratados. Foi falar com o prefeito e exigir condições melhores. Então direcionou sua atenção para o trabalho da Resistência, acolhendo pessoas que precisavam de uma casa segura. Temendo pela segurança de seus três filhos, enviou as duas filhas para morar com uma amiga de infância perto de Libourne; Tony, seu único filho, Germaine manteve com ela, e ele se lembraria durante toda sua vida do dia em que a polícia apareceu para revistar a casa, procurando por armas. As armas estavam escondidas na lareira e não foram encontradas. Mas Germaine tinha os bolsos do avental cheios de folhetos da Resistência. Tirando calmamente o avental, entregou-o a uma vizinha, dizendo: "Sinto muito, esqueci de devolver-lhe seu avental." Desta vez, Germaine foi deixada em paz; mas no relatório que arquivaram no escritório, os policiais escreveram que ela deveria ser vigiada pois não havia nenhuma dúvida de que madame Renaudin era uma "militante e propagandista convicta do Partido Comunista".

E havia outra refugiada do norte, Madeleine Zani, uma das primeiras a ser evacuada de casa, perto de Metz, quando os alemães se aproximaram, já que era mãe de um recém-nascido, Pierrot. Seu marido, como o de Germaine, era prisioneiro de guerra na Alemanha. A casa que abandonaram foi saqueada e limpa pelos soldados. Madeleine e Pierrot ficaram um tempo em Libourne, mas depois foram para Bordeaux, onde logo ela estava escondendo membros da Resistência, para a fúria de suas irmãs, que haviam sido evacuadas para o sul com ela e tinham medo de que tal ato colocasse todas na prisão. Madeleine não tinha interesse especial pela política, mas era corajosa e odiava os alemães. Sempre desdenhara convenções. Quando era noiva, para imensa reprovação dos vizinhos, Madeleine frequentemente ia nadar no rio que havia perto de sua casa, em um tempo em que poucas jovens faziam esse tipo de coisa.

Duas de suas amigas de Moselle, Yolande e Aurore Pica, foram enviadas para o sul mais ou menos na mesma época, e em seu exílio em Bordeaux as três jovens continuaram a se encontrar. Yolande tinha um bebê um pouco mais novo que Pierrot. Assim como Madeleine, as irmãs Pica tinham avós imigrantes italianos. Aos dezenove anos, Aurore parecia uma madona de Fra Angelico. Juntou-se à Resistência e deu um jeito de ser empregada como cozinheira pelos alemães; assim conseguia abastecer os partidários não só de comida, mas também com informações sobre esconderijos de armas e movimentos das tropas, e, mais tarde, conseguindo ser transferida para um escritório, passou a fornecer também passes carimbados para que resistentes pudessem atravesar sem desafios as linhas de demarcação da França.

Algum tempo depois de sua chegada a Bordeux, Madeleine fez amizade com um jovem que se chamava Armand. Pouco mais que um menino, Armand era oficial de ligação entre o Partido Comunista em Paris e algumas cidades no sudoeste. O que nem Madeleine e suas amigas nem o próprio Armand sabiam era que ele já fora visto conversando com comunistas conhecidos na área e marcado para vigilância. Poinsot e seus homens, reunindo um álbum com fotografias de pessoas suspeitas, circularam uma descrição detalhada da aparência desse jovem de vinte anos "com um rosto longo e cabelo castanho-claro, repartido para o lado e mal-cortado". Ele deveria ser vigiado; não apreendido. Se os Valina e os Guillon, Germaine Renaudin e as jovens de Moselle tivessem noção da sofisticação e tenacidade da operação policial que se formava em e nos arredores de Bordeaux, de fato ficariam extremamente ansiosos.

Em abril de 1942, Pierre Laval decidiu expurgar os integrantes das prefeituras e subprefeituras que considerava muito negligentes com os comunistas e a Resistência. Bordeaux e a Gironda estavam entre os primeiros lugares a serem limpos. Os funcionários públicos que viriam, os "hábeis e dedicados" Maurice Papon, secretário-geral da prefeitura de Bordeaux e encarregado dos assuntos judaicos, e Maurice Sabatier, prefeito de Aquitânia, concordavam que medidas fortes deveriam ser tomadas para "desmantelar o terrorismo" na área. Embora Hagen, promovido a major, tivesse se juntado a Oberg em Paris, um dos doze novos serviços de segurança regionais, encarregados da proteção dos funcionários alemães e da repressão de atos antialemães, foi montado em Bordeaux. O brutal e ambicioso Poinsot, agora à frente da Section des Affaires Politiques [Divisão de Assuntos Políticos] — SAP —, estava ansioso por demonstrar seus próprios zelos e habilidades em revelar resistentes.

Poinsot era meticuloso e obstinado. Realizando buscas minuciosas de casa em casa, valendo-se de um conjunto inestimável de dossiês pré-guerra de comunistas, anarquistas e membros das Brigadas Internacionais conhecidos, e coagindo e intimidando todos que interrogava, logo foi capaz de montar um mapa das atividades da Resistência no sudoeste da França. Os Bordelais ajudaram. Vizinhos entregavam uns aos outros, confidencialmente. Pessoas eram denunciadas por sentimentos antialemães e por ouvir transmissões de noticiários estrangeiros. No entanto, até o final da primavera de 1942, o mapa permaneceu frustrantemente indistinto. Foi somente com a ajuda de dois ex-membros da Resistência convertidos, um professor chamado Pierre-Louis Giret, cujo codinome era Albert, e Ferdinand Vincent, conhecido como Georges, que a questão começou a se desenrolar. A história do colapso das primeiras redes na Gironda, no Landes e em Charente é uma história de traição.

Ferdinand Vincent, ex-encarregado de um estaleiro, tinha estudado obras públicas na Vendeia. Era inestimável para Poinsot porque, tendo servido na Espanha com as Brigadas Internacionais, era conhecido e tinha a confiança da Resistência de Bordeaux. No início da guerra, Vincent foi amigável com os comunistas, embora relutante a fazer parte de qualquer uma das redes. Mas depois que seu cunhado foi preso pelos alemães, Vincent deixou seu emprego e foi recrutado pela Resistência. Sua primeira missão foi fazer a ligação com vários antigos camaradas das Brigadas Internacionais para preparar uma entrega de armas usando paraquedas. Logo depois disso, caiu em uma armadilha preparada por Poinsot. Desta vez escapou, tentou chamar pouca atenção e deixou crescer um grosso bigode. No entanto, logo foi rastreado por Poinsot e preso, embora a Resistência não tenha ficado ciente disso. Poinsot ofereceu-lhe um trato: ele colaboraria, trairia membros da Resistência, ou seria deportado, assim como sua esposa e seus filhos. Se tentasse fugir, a família inteira seria executada. Vincent aceitou o trato.

Giret foi recrutado logo depois. Preso por "atitudes comunistas" enquanto trabalhava em um acampamento de jovens, seu nome encontrado com um prisioniero, tanto ele quanto a esposa estavam no topo do *ranking* da Resistência no sudoeste. Em sua casa foram descobertos duas máquinas de escrever e um revólver. Giret foi torturado; concordou em trabalhar para Poinsot. Alguns dias depois, uma mulher que um dia havia fornecido ao casal uma casa segura foi presa. Logo depois, André Souques, o dono da lavanderia e um dos organizadores da Gironda, foi preso e terrivelmente torturado; nomes encontrados com ele levaram a um homem conhecido como "Raoul". Uma armadilha foi preparada. Um dos primeiros a cair nela foi Germaine Renaudin, a católica, mãe comunista de três filhos que foram reassentados no sudoeste depois da queda da França e que havia, apesar dos avisos, se recusado, com teimosia, a desistir das atividades da Resistência.

O filho de Germaine, Tony, estava trabalhando na floresta quando a polícia apareceu para prender sua mãe. Encontrando a casa vazia naquela noite, descobriu que ela havia sido levada para o notório Fort du Hâ em Bordeaux, um forte medieval que pouco mudara desde os dias em que abrigava os inimigos do Antigo Regime. Quando chegou lá, um policial no portão disse a ele: "Caia fora, rapaz. Ou prenderemos você também." Tony tinha quinze anos. Seu pai estava em um campo para prisioneiros de guerra, suas irmãs morando com amigos. Foi colocado, por um tio insensível às atividades de sua irmã com a Resistência, em uma fazenda no Marne.

Ninguém sabia que Giret havia sido convertido. Ele disse a seus camaradas que tinha escapado das Brigadas Especiais e estava foragido. Com sua esposa feita refém, Giret começou a infiltrar-se nas redes do sudoeste, fazendo-se passar por membro foragido da Resistência ou por vendedor de seguros; enviava relatórios diários a Poinsot e à KDS. Vendo excelência em suas informações, a KDS nomeou-o agente 155 e deu a ele 5 mil francos mensais, mais despesas de viagem. Poinsot emitiu instruções cuidadosas à polícia de toda a região, dizendo que, se Giret fosse visto, não deveria ser parado de maneira alguma.

Vincent, enquanto isso, fazia a ronda dos resistentes, passando-se por alguém que procurava uma casa segura. Dos Landes ao Charente e a Charente-Maritime, as pessoas ficavam felizes em acolhê-lo. Quando ficou com Annette Epaud em seu café em La Rochelle, passava horas brincando com o filho dela, Claude. E foi Vincent quem levou Poinsot e os alemães aos fazendeiros em e nos arredores de Cognac, que vinham escondendo armas roubadas do depósito alemão em Jonzac.

No final da tarde do dia 24 de julho de 1942, dois homens, dizendo que eram açougueiros em busca de animais para comprar, chegaram a Sainte-Sévère, pedindo informações para chegarem a Les Violettes [As violetas], a fazenda que pertencia à família Guillon. Quando localizaram a propriedade, os dois homens, a quem se juntaram alguns outros, esconderam-se atrás de uma sebe alta a 200m da casa de fazenda, e vigiaram. Pouco depois das quatro horas da manhã seguinte, um fazendeiro, levantando cedo para tirar leite das vacas, viu um comboio de caminhões andando pela aldeia antes de pegar a estrada que levava à fazenda. Não teve tempo de avisar os Guillon.

A fazenda foi cercada. Dentro, a polícia encontrou não apenas Prosper e Aminthe, bem como seu filho Jean e sua esposa, Yvette, mas também Albert e Elisabeth Dupeyron, que chegaram na noite anterior para buscar um lote de armas. Dupeyron era uma figura importante da Resistência local. Todos seis foram colocados em caminhões; os homens foram levados diretamente para o Fort du Hâ, as mulheres para uma pequena prisão em Cognac. Logo juntaram-se a elas os vizinhos e amigos dos Guillon, os Valina e seus três filhos, Jean, Lucienne e Serge, que tinha apenas sete anos.

No caminhão que os levava para a prisão, madame Valina abraçou Lucienne, de treze anos, trazendo-a para perto de si, como para confortá-la. Ao mesmo tempo, sussurrou em seu ouvido que não deveria contar absolutamente nada à polícia, principalmente os nomes das pessoas que visitavam a família. Quando chegaram a Cognac, a polícia levou Lucienne para longe a fim de questioná-la. A garota se recusava a responder. Depois de um tempo, um dos policiais perdeu a paciência e começou a ameaçá-la: "Sua mãe já nos contou tudo. Você quer que a matemos?" Ainda assim Lucienne não disse nada. Mais tarde, ela e Serge foram liberadas e autorizadas a ir à casa de seus avós. Jean, de dezesseis anos, foi mantido sob custódia, para que assistisse enquanto os homens de Poinsot queimavam os pés de seu pai com uma vela. A polícia estava muito bem-informada quanto a nomes, mas não tinham muitos endereços.

No dia seguinte à prisão dos Guillon, Pierre, seu filho mais novo, chegou à vizinhança, tendo escapado de um campo de prisioneiros de guerra no Sudetenland. Vizinhos avisaram que a casa ainda era vigiada pelos alemães; ele deixou a área e foi se esconder em Provença. Ninguém ousava chegar perto de "As Viole"tas". Finalmente o prefeito de Sainte-Sévère convenceu um agricultor da região a cuidar dos animais. Do Fort du Hâ, Jean escreveu para sua irmã casada, que morava perto dali, pedindo que cuidasse da fazenda até que sua mãe e sua esposa fossem liberadas; eles tinham certeza de que não demoraria.

Mas a prisão dos fazendeiros de Cognac foi apenas o início. Com informações fornecidas por Giret e Vincent, Poinsot conseguiu prender, nas poucas semanas seguintes, 138 pessoas, de toda a Gironda, dos Landes e de Charente. Alguns eram fazendeiros, mas também havia operários, carteiros, maquinistas e vendedores; um deles era professor de piano. Em suas casas foram encontrados folhetos antialemães, munições, explosivos, pequenas impressoras e revólveres. Nas casas de algumas pessoas, nada foi encontrado, mas elas foram presas mesmo assim.

Uma dessas pessoas era Annette Epaud, em cujo café, L'Ancre Coloniale, Vincent ficava com frequência. Seu filho, Claude, estava na casa da irmã de madame Valina à época, e como Tony Renaudin, voltou e encontrou a casa vazia, sem a mãe, e o cachorro latindo do lado de fora. Alguns dias antes, tinha visto a mãe jogar um revólver no rio. Sem saber o que fazer, Claude foi procurá-la no Fort du Hâ. Lá, os guardas mandaram-no embora. Visitando o pai no campo de internamento em Mérignac, encontrou-o extremamente deprimido porque um amigo, que era judeu, acabara de cometer suicídio, depois de ter sido avisado de que seria deportado para a Polônia. A família de Claude era grande e amorosa; ele foi levado para morar com umas tias, que cuidaram dele como se fosse um filho.

Na varredura caíram Madeleine Zani, a jovem efervescente e nada convencional de Moselle que teve tempo apenas de entregar o filho, Pierrot, que ainda não tinha três anos, a seus pais; suas duas amigas Aurore e Yolande Pica; e as duas irmãs Tamisé, Gilberte e Andrée, que tinham sido alertadas e deveriam ter fugido, mas se preocupavam com o fato de que não haveria ninguém que levasse comida e roupas limpas a seu pai, que estava em um campo de internamento.

Uma das últimas mulheres a ser presa — quase que por acidente, pois havia voltado para sua casa em Royan apenas para buscar algumas roupas — foi Hélène Bolleau, de dezoito anos, a jovem oficial de ligação que assumiu algumas das responsabilidades do pai após sua prisão em março.

Às seis horas da manhã do dia 7 de agosto, as Brigadas Especiais foram a sua casa, depois de encontrar seu nome nas listas de Giret e Vincent. Hélène foi levada ao antigo asilo de loucos em La Rochelle; transformado em prisão da cidade, estava imundo e cheio de moscas. Sempre que podia, sua mãe, Emma, ia visitá-la. Mas um dia outro prisioneiro, sob interrogatório, entregou o nome de Emma como de alguém que trabalhava para a Resistência, e, no dia 15 de setembro, Emma foi presa assim que chegou à prisão. Para alívio e prazer de mãe e filha, colocaram-nas na mesma cela. Transferidas alguns dias depois para a prisão de Angoulême, acompanhadas por guardas alemães, as duas mulheres foram ridicularizadas, acusadas de serem prostitutas, além de colaboradoras, e tiveram que levantar as mãos acima da cabeça para mostrar as algemas. Na prisão de Angoulême, ouviram um soldado alemão perguntar a um superior: "Eles executam mulheres? Por que há duas aqui que gostaríamos de executar." "Não", respondeu o oficial, "temos outros planos para elas".

No final de outubro, Poisont e as Brigadas Especiais em Bordeaux puderam relatar, com satisfação considerável, que os grupos "terroristas" do sudoeste da França estavam completamente "desorganizados" e que era improvável que se recuperassem. Na esteira de seu sucesso, o museu anexo ao Mairie de Bordeaux montou uma exposição que já havia sido bem-sucedida em Lille e Paris. Chamada "bolchevismo contra a Europa" e mostrando cenas da destruição dos soviéticos, a exposição foi, observou o editor do *La Petite Gironde* local, extremamente oportuna, pois era essencial que a "praga" do comunismo fosse conhecida e entendida por todos, para melhor combaterem-na. Tantos visitantes apareceram que a data de encerramento da exposição teve que ser adiada diversas vezes.

Foram feitos esforços para libertar Elisabeth Dupeyron, cujos filhos tinham oito e quatro anos de idade; mas falharam. Durante o verão de 1942, em grupos ou sozinhas, a maioria das mulheres presas por Poinsot foi transferida de prisões locais para o quartel de Boudet, em Bordeaux, ou se juntou aos homens no Fort du Hâ. Seria de lá que, em outubro, elas seriam enviadas para o forte militar de Romainville, na periferia norte de Paris, para que se juntassem às outras mulheres que eram levadas de toda a França ocupada para possível deportação para o leste.

9

FRONTSTALAG 122

O FORTE EM ROMAINVILLE ERA UMA CONSTRUÇÃO de pedras cinza e pesadas originalmente erigida como parte de um anel de fortificações encomendado por Adolphe Thiers nos anos 1830 para proteger Paris. Suas paredes externas tinham 10m de altura, seus pilares, 17m de largura. Construído no formato de uma estrela gigante, com um pátio no meio, seus muros o faziam parecer um pouco com os fortes construídos para a Legião Estrangeira nos postos avançados da França do século XIX.

Romainville foi ocupada pela primeira vez pela Wehrmacht em junho de 1940, mas logo se tornou lugar de detenção para os "inimigos do Reich"; no verão de 1942, já era o depósito principal de reféns da área de Paris. Então, a palavra *Sühnepersonen* [vítimas expiatórias] havia substituído em grande parte a palavra *Geisel* [refém] no vocabulário da repressão, e as *Sühnepersonen* eram consideradas coletivamente responsáveis pelos atos cometidos contra o exército ocupante. "Inimigos mortais" e "judeus-bolcheviques" mantidos nas celas de Romainville poderiam ser executados a qualquer momento, sempre que um ataque contra soldados alemães exigisse represálias. Os alemães não executavam mulheres, ou pelo menos não como reféns. Assim, Romainville também se tornou uma prisão para mulheres da Resistência, sendo que a severidade de seus crimes fazia com que punições rígidas fossem necessárias; mas quais seriam essas punições não estava completamente claro. Em quatro anos de ocupação, quase 4 mil mulheres passariam por Romainville. O comandante, *Sonderführer* Trappe, conduzia um regime de crueldade e medo. Romainville ficou conhecida como Frontstalag 122.

A primeira das 230 mulheres da Resistência que acabariam sendo enviadas para a Polônia ocupada pelos alemães chegou a Romainville no dia 1° de agosto de 1942. Era uma enfermeira espanhola de 32 anos chamada Maria Alonso, conhecida pelos amigos como Josée, que havia cuidado de membros feridos e doentes da Resistência e ajudado uma médica em um hospital a realizar pequenas cirurgias em segredo. Presa por fornecer a uma rede de trabalhadores dos Correios um mimeógrafo que pertencia a seu irmão e dedurada por outro membro da Resistência que sofrera tortura severa, Josée foi absolvida em um julgamento enquanto os homens de seu grupo foram condenados à morte. Ela poderia ter fugido, mas não era de sua natureza, e de mais a mais tinha dois filhos pequenos que viviam com ela desde que se separara do marido. Era uma mulher alegre e de bom coração, e logo fez a cabeça da seção feminina do forte, que era separada da seção masculina por uma cerca de arame farpado que passava no meio do pátio. Josée tinha grande dignidade natural e dizia-se que quando fazia suas rondas, distribuindo pacotes e cartas, e transmitindo ordens de Trappe, o soldado alemão que a acompanhava parecia estar sob seu comando.

No dia 10 de agosto juntou-se a Josée o grupo de dezessete impressoras e técnicos do *caso Tintelin*; isso trouxe a Romainville a jovem Madô, sua amiga Jacqueline, Lulu e sua irmã Carmen, e Viva Nenni. Viva ainda poderia ter fugido. Chamada ao escritório de Trappe, disseram-lhe que se estivesse preparada para renunciar a sua cidadania francesa, adquirida quando se casou com seu marido francês, Henri, seria enviada à Itália para servir na guerra, como seu pai, em uma cadeia italiana. Ela não hesitou. Assim como certa vez convenceu Henri a imprimir para a Resistência, dizendo que era o que seu pai faria, recusou a oferta alemã, dizendo que aquilo não era algo que seu pai aceitaria. Viva foi mandada de volta para se juntar às outras.

Logo depois veio Cécile, a *"Cygne d'Enghien"*. Então, no dia 24 de agosto, 37 membros do *caso Politzer-Pican-Dallidet* chegaram ao forte, com Madeleine Dissoubray, Marie-Claude, Danielle Casanova, Charlotte Delbo e Betty, *"Ongles Rouges"*. Rosa Floch, a estudante de dezesseis anos de idade que havia escrito *Vive les Anglais!* [Vivam os ingleses!] nas paredes de sua escola chegou um pouco mais tarde. Foi colocada na cela de Josée e mostraram-lhe as janelas gradeadas no final do pátio, de onde os homens eram levados para serem executados. Uma vez esvaziadas para uma execução em massa, as celas seriam ocupadas por prisioneiros trazidos de outras prisões próximas a Paris para aguardar uma convocação de novos reféns. Rosa parecia uma menininha. À noite, acordava soluçando, chamando pela mãe, e em pesadelos via o pai perseguido pelos alemães. Josée usou sua influência para que ela fosse transferida para uma cela com Simone Sampaix, que era apenas nove meses mais velha que ela. As duas meninas se agarraram uma à outra, ambas sentindo falta da mãe. Simone ainda estava quase sem fala devido ao terror e à tristeza da morte de seu namorado, André, e de seus outros jovens companheiros.

As mulheres estabeleceram uma rotina. Após meses vivendo em celas pequenas e escuras em La Santé, com pouquíssimos exercícios e nada para fazer, a luz e o companheirismo de Romainville pareciam a algumas delas quase a liberdade. Para as que passaram muitos meses no confinamento, o sentimento de alívio era impressionante. As mulheres foram divididas em dormitórios de oito ou 24 beliches no segundo andar do prédio principal; os homens foram colocados no primeiro andar. As fortificações usadas para os homens mantidos como reféns também serviam como celas de punição. Os exercícios eram feitos no grande pátio central, e embora a maior parte do tempo as mulheres ficassem confinadas em seus dormitórios, conseguiam encontrar as amigas e trocar novidades nos corredores e nas escadas. Cada cela tinha uma mesa central comprida, com bancos e um fogão. As *non-isolées*, as que não estavam em confinamento, o que incluía a maioria das recém-chegadas, poderiam usar e lavar suas próprias roupas e receber pacotes deixados pelas famílias no forte às segundas e quintas-feiras.

Não eram permitidas visitas, mas amigos e familiares descobriram que de um monte próximo ao forte era possível dar uma olhadinha nos prisioneiros pelas janelas. Muitas famílias subiam o monte e acenavam, esperando por um sinal em resposta. Um dia, os pais de uma mulher que dera à luz em outra prisão pouco tempo antes, e fora transferida para Romainville sem o bebê, trouxeram o menino e o levantaram para que sua mãe pudesse vê-lo.

Marie-Elisa Nordmann, chegando no final de agosto com os outros do *caso Pican*, descobriu que sua mãe esteve em Romainville pouco tempo antes, mas desde então havia sido transferida, como judia, para Drancy. Desistiu de encontrá-la em algumas semanas. Era impossível descobrir onde ela estaria agora. Marie-Elisa também não conseguia descobrir o que a Gestapo havia feito com France Bloch, sua grande amiga, companheira e fabricante de explosivos. Os alemães não descobriram que ela era judia e suas amigas cuidaram para que não descobrissem.

A comida em Romainville era melhor e um pouco mais abundante do que em La Santé. Mas mesmo assim as mulheres passavam fome. Havia apenas uma refeição por dia, que consistia de uma cuba grande de sopa coletada na hora do almoço com os cozinheiros de Breton nas cozinhas e trazida para ser compartilhada nos dormitórios. Conforme os dias passavam, e mais mulheres chegavam ao forte, a quantidade de carne na sopa diminuía. Mais de uma vez, um rato foi encontrado flutuando na superfície. As famílias enviavam o que conseguiam guardar e a Cruz Vermelha americana fazia entregas ocasionais de alimentos, embora a maior parte fosse apreendida pelos guardas. As mulheres logo decidiram que todos os pacotes de comida seriam reunidos para fazer mais uma sopa pela manhã, cozida nos fogões dos dormitórios em panelas grandes. Dividir logo se tornou central em suas vidas.

Em grande parte, era um sistema generoso e justo, com cada mulher ficando com uma parcela um pouco maior de sua própria contribuição e uma quantidade extra servida nas tigelas das recém-chegadas de La Santé, que muitas vezes estavam tão fracas que mal conseguiam descer de seus beliches. Cécile, cuja mãe era muito pobre, quase nunca podia fornecer mais que algumas cenouras ou batatas, mas Viva, cuja irmã bem-relacionada continuava fazendo esforços loucos para que fosse libertada, muitas vezes recebia frangos inteiros. Muitos anos depois, Cécile se lembraria de como Viva era mesquinha com seus frangos, cutucando minuciosamente cada último vestígio de carne boa, antes de entregar os ossos para a panela.

Independentemente de quanto era entregue — e havia semanas em que nada era entregue pelas famílias das mulheres —, a comida se tornou, e se manteve, uma obsessão. Algumas mulheres tinham cólicas estomacais de fome e poucas tinham bastante energia. Um dia, Marie-Claude desmaiou de fome. Betty começou a falar de uma "comunidade de cadáveres". A fome era tanta que Danielle, que mais uma vez se tornava a líder das mulheres, conseguiu que todos os prisioneiros cujas janelas davam para a rua abrissem-nas ao mesmo tempo e gritassem juntos: "Estou com fome! Estou com fome! Estou com fome!" Do lado de fora do forte, transeuntes paravam e ouviam. Depois disso, apesar de Danielle e Germaine Pican, consideradas as duas cabeças do grupo, terem passado vários dias sem comida em uma das celas de punição escuras e úmidas, Trappe concordou em se servir de uma concha do mingau aguado e experimentá-lo. Como resultado, a sopa ficou um pouco mais rica. "Isso nos ensinou uma lição importante", Germaine diria mais tarde. "Fez com que entendêssemos que não éramos completamente impotentes."

Para sua família, Marie-Claude escreveu — a carta, contrabandeada para fora de Romainville pelos cozinheiros de Breton em troca de dinheiro, se resumia a pedaços de papel, com uma letra tão pequena que mal podia ser lida sem uma lupa — que os dentes das mulheres estavam apodrecendo com a falta de cálcio. "Há entre nós amigas que estão visivelmente encolhendo", acrescentou, dizendo que temia o pensamento de passar o inverno que se aproximava com uma tigela de sopa por dia. "Sonho com feijões, lentilhas, macarrão, batatas e pudim."

Danielle, que mantinha todo o desânimo longe com o seu bom humor e sua determinação constantes, disse a sua mãe, em outra carta contrabandeada, que nunca esteve mais elegante, pois havia perdido um pouco mais dos quilos extras pré-guerra. Suas velhas amigas, escreveu, jamais a reconheceriam agora, de tão fina que estava. Cécile diria mais tarde que não era tão difícil para ela quanto era para as outras mulheres, porque havia passado fome diversas vezes durante a infância. Quando um fotógrafo foi a Romainville, seguindo ordens da Gestapo de tirar fotografias das mulheres, Simone, de dezessete anos, era a única que parecia saudável e bem-alimentada, embora em algumas das fotos as mulheres pudessem ser vistas sorrindo, pois suas amigas faziam caretas e gargalhavam quando as fotos eram tiradas.

Quando descobriu um jeito de mandar uma carta para fora do forte, Annette Epaud, proprietária do L'Ancre Coloniale, em La Rochelle, escreveu para sua família que estava sofrendo de crises de depressão terríveis. "É muito difícil ficar longe daqueles que se ama. Espero que isso acabe logo... Sinto tanta falta de meu Claude." Acrescentou que as mulheres que não tinham qualquer notícia de suas famílias se sentiam muito tristes e isoladas, principalmente as que, como Maï e Lulu, deixaram filhos pequenos para trás. Annette sugeriu que sua irmã fizesse um bolo e o mandasse para ela com uma carta escondida no meio e, se possível, também um par de sapatos. Para Claude, escreveu: "Pequeno Claude, seja sempre bom e educado. E sempre ame sua mãe."

Sob a mão firme das mulheres mais velhas, a seção feminina logo estava muito ocupada. Maï, que havia sido parteira, organizava os exercícios e o banho frio todas as manhãs, dizendo que as mulheres precisavam estar em boa forma para encarar o que quer que as aguardasse. Pediram às famílias que enviassem lã, materiais de costura e roupas, que as mulheres descosturavam e transformavam em blusas e bolsas.

Como em La Santé, um informativo — as informações recolhidas ao ouvir os guardas, os cozinheiros de Breton e quaisquer novidades trazidas pelas recém-chegadas — foi montado no dormitório ocupado por Danielle, Charlotte e várias das outras mulheres que um dia haviam feito parte da resistência intelectual. Marie-Claude falava bem alemão, o que ajudava. Escrito em azul de metileno, roubado da enfermaria em papel de embrulho das entregas da Cruz Vermelha, o *Patriote de Romainville* era copiado e distribuído pelos dormitórios e deveria ser destruído ao final de cada dia quando tivesse sido lido por todas. Seu tom era otimista. As notícias eram boas: os alemães estavam sob ataque no leste e os Aliados avançando no norte da África. Havia muitos motivos para esperar que a guerra logo acabaria. O *Patriote* também listava reclamações sobre a quantidade insuficiente de sopa, a falta de gordura e açúcar, a proibição de cartas. Era uma medida da vontade feroz de Danielle, e das habilidades de organização de Josée e Marie-Claude, que a ninguém fosse permitido afundar em um estado de depressão e apatia. As duas mulheres instilavam nas outras um sentimento de orgulho, a resolução de não serem derrotadas, o que se espalhava pelos dormitórios e as mantinha unidas.

Dia após dia, as amizades entre as mulheres ficavam mais profundas. Cécile chegou a Romainville muito cautelosa com aquelas que, como Danielle e Marie-Claude, pareciam tão seguras e certas. Segundo seu ponto de vista, suas credenciais comunistas não eram piores que as delas, mas a educação e a classe daquelas mulheres pareciam impossivelmente superiores às dela. Sentia-se nervosa, pouco à vontade. Encontrando Charlotte nas escadas todos os dias, enrolada em uma capa luminosa e com um chapéu de pele que Louis Jouvet dera a ela, e mantendo-se alta e ereta, com o rosto maquiado, pois havia trazido consigo pó e batom, Cécile a considerava arrogante e insensível. Toda manhã, com ironia pesada, fazia uma pequena reverência e dizia: *"Bonjour, madame."* Charlotte não respondia. Mas então chegou o dia em que as duas mulheres começaram a rir; e daquele dia em diante se tornaram inseparáveis. A risada de Charlotte, diziam seus amigos, era especialmente atraente.

Por toda a seção das mulheres, nos dormitórios, nas escadas, no pátio, outras amizades nasciam e cresciam, mulheres separadas pela idade, pela educação, pela classe e pela profissão eram atraídas para padrões de carinho e compreensão devido às histórias que compartilharam e às perdas que tinham em comum. De luto por seus maridos executados, sentindo saudades dos filhos, temendo por suas famílias, conversavam, pois não havia muito mais o que fazer; e, conforme conversavam, sentiam-se mais fortes e mais capazes de lidar com a dor. Já tinham a consciência de que a natureza da amizade próxima entre mulheres seria um escudo durante as semanas que viriam, e de que os homens, no outro lado do forte, muitas vezes não eram ligados por laços como esses. "Não precisávamos 'ficar amigas'", Madeleine dizia, "já estávamos completamente juntas". "Éramos", Betty dizia, "um time".

As mulheres que tinham maridos e amantes na Resistência que ainda estavam livres temiam que eles pudessem ser pegos; aquelas cujos homens já estavam nas mãos da Gestapo, alguns deles nas celas de reféns do outro lado do pátio de Romainville, viviam um estado de angústia constante: em quanto tempo eles seriam levados e executados como reféns por um ataque contra os alemães? Madeleine Normand, a mulher do fazendeiro que vendera seus animais para arrecadar dinheiro para a vida clandestina, um dia viu o marido no pátio: ele mal conseguiu vê-la, porque estava quase cego pela tortura.

Laços de medo e tristeza mútuos ligavam as mulheres, de dormitório em dormitório. As duas irmãs, Lulu e Jeanne, que conheciam Cécile da Resistência, agora ficavam cada vez mais próximas dela; Charlotte aproximou-se de Viva; Germaine afeiçoou-se a Danielle. Pouco a pouco, o carinho expressou-se em ajuda mútua, na comemoração de aniversários, na antecipação de necessidades no combate à desolação com calor humano. Muitas das mulheres eram espirituosas e faziam as outras rirem. Uma espanhola, Luz Martos, que viera para a França depois da derrota dos republicanos, divertia as outras pulando na mesa para demonstrar danças espanholas. À noite, quando estava muito frio, as mulheres ficavam próximas umas das outras, dividindo cobertores. Aniversários de todo tipo eram marcados e celebrados em dezenas de pequenas maneiras. No dia 11 de novembro, ao meio-dia, todas as mulheres pararam o que estavam fazendo e cantaram a *Marselhesa* em memória do armistício da Primeira Guerra Mundial.

No início, houve também uma hierarquia política não muito confortável. Mais ou menos metade das mulheres era comunista, e os comunistas sentiam que eram eles que levavam a vida mais efetivamente clandestina. Como oficiais de ligação, como Cécile e Betty, ou escritoras e editoras, como Maï e Hélène Solomon., ou organizadoras, como Danielle, permaneciam muito conscientes da causa pela qual tinham lutado. "Não esquecemos, mesmo na prisão, que somos comunistas", escreveu Betty, um pouco cerimoniosa, em uma carta contrabandeada logo que chegou a Romainville. "Veja que", escreveu Danielle, "eles podem nos matar, mas enquanto vivermos jamais apagarão a chama que aquece nossos corações... Não demorará muito para que nosso país seja livre novamente, e a URSS seja vitoriosa". A Resistência, do seu ponto de vista, foi administrada praticamente por elas, e tinham um sentimento não somente de direito pessoal, mas de certa cautela com aquelas que eram atraídas ou por lealdade a alguém ou simplesmente por desgosto pelos ocupantes. Tais mulheres, pensavam elas, não tinham convicção.

Um resultado dessa consciência política foi que nos primeiros dias de Romainville uma leve brisa de pureza política flutuou pela seção das mulheres, intimidando aquelas que não pertenciam ao grupo, que sabiam que eram discretamente examinadas antes de serem levadas para ele. Recém-chegadas, sem o mesmo comprometimento político e frequentemente mais complacentes e menos educadas, consideravam assustadora a determinação incansável e inventiva das comunistas.

Mas isso foi nos primeiros dias. Conforme as semanas se passaram, e o forte ficou mais gelado, as mulheres juntaram seus beliches e dormiram umas aos pés das outras, dividindo seus cobertores, suas diferenças políticas esquecidas. Os debates confrontantes suavizaram e um sentimento real de solidariedade se formou entre elas. Foi forjado, ao menos em parte, pelo fato de que a maioria das mulheres sabia e reconhecia os riscos que corriam na Resistência, e de que o conhecimento compartilhado, com todos os infortúnios que o acompanhavam, proporcionava um laço que se provou mais forte do que lealdades políticas. "Não éramos vítimas", Madeleine Dissoubray diria mais tarde. "Não era como com os judeus ou os ciganos. Vimos os cartazes alemães, lemos a respeito das punições, sabíamos sobre a tortura. Sabíamos o que estávamos fazendo. Era escolha nossa, e isso nos proporcionava uma ligação emocional forte." Quando a dra. Adelaïde Hautval juntou-se às outras mulheres, algumas semanas mais tarde, encontrou uma "comunidade generosa e fraterna". Sem convicções políticas fortes, não se sentiu deslocada.

Também não se sentia assim a mais aristocrática de todas as mulheres do grupo, Francine Rondeaux de Montbray, embora quanto a experiência, educação e dinheiro ela não pudesse ser mais diferente. Francine era uma mulher alta, sincera e confiante de quarenta e poucos anos, cujo primo de primeiro grau era André Gide. Crescera, rodeada de babás e tutores, em um chatô na Normandia. Era divorciada, tinha uma filha jovem e era uma das pouquíssimas católicas praticantes entre as mulheres. Depois da derrota do Exército francês e da chegada dos ocupantes alemães, Francine transformou o primeiro andar de sua casa em Paris em um hospital secreto para os aviadores Aliados feridos, a quem, uma vez recuperados, ela ajudava a fugir atravessando a linha de demarcação, juntamente com famílias judaicas. O desprezo patrício pelos ocupantes foi sua ruína. Ia regularmente à Normandia para buscar comida para seus pacientes, e um dia bateu o carro em um veículo da Wehrmacht. Presa e levada para uma delegacia, poderia ser solta facilmente, se não tivesse dado um tapa em um sargento que havia lhe dado uma cotovelada.

No entanto, havia em Romainville três mulheres que se sentiam, sim, deslocadas, e com alguma razão. Eram as *délatrices*, informantes, que as outras suspeitavam terem causado a prisão de um número considerável de resistentes. Relatou-se que Antoine Bibault entregara pessoas à Gestapo em troca de uma recompensa; em vez de pagar, os alemães a prenderam. Jeanne Hervé era uma mulher descontente, de língua afiada, que denunciara não apenas judeus, mas seus vizinhos, e que teria também denunciado uma das mulheres em sua cela em Romainville não fosse pela interferência de Josée. As mulheres de Bordeaux diziam que Lucienne Ferre, de vinte anos de idade, estivera em conluio com os homens de Poinsot. Todas três eram tratadas com frieza pelas outras.

Talvez o fator mais importante para a coesão das mulheres, o desejo de aprender, e de ensinar espalhou-se pelos dormitórios. Para encher os dias longos, para afastar memórias do que havia acontecido e os temores pelo futuro das crianças, deu-se início a uma série informal de aulas, cada mulher contribuindo com suas experiências e habilidades. Viva Nenni dava aulas de italiano, Marie-Claude, de história política; Maï, lembrando-se das longas conversas com Georges, discutia aspectos da filosofia. Danielle fazia pequenos comentários sobre as notícias do dia; Charlotte, que tinha uma memória excelente e longos anos de convivência com Louis Jouvet, que lhe encheram a mente com cenas inteiras, tanto de peças quanto das rubricas meticulosas e obsessivas do diretor, recriava noites no teatro.

Poupette Alizon, de dezessete anos, cuja própria educação pelas freiras tinha sido limitada e também truncada pela guerra, chegou a Romainville depois de quase oito meses de confinamento solitário em La Santé e Fresnes, em uma cela de cinco passos de largura e oito de comprimento, para descobrir um mundo novo de aprendizado e amizade. Era, pensava, como ir à universidade; cada dia aprendia algo novo, cada dia abria mundos com os quais nunca havia sonhado. Como diria mais tarde: "Geralmente as pessoas aprendem sobre a vida com suas experiências pessoais; eu aprendi por meio das histórias dos outros." Em seus meses longos e solitários em La Santé, Poupette viu Marie apenas uma vez, de longe. Agora estava incrivelmente aliviada e feliz por estar reunida com sua irmã, e elas passavam horas conversando. Mais uma vez, Marie exerceu o papel de irmã mais velha, protegendo Poupette. Em Romainville havia então um grupo de garotas muito jovens; algumas que nunca estiveram longe de casa e eram pouco mais que crianças. Sentiam falta de suas mães, e as mulheres mais velhas faziam o melhor que podiam para cuidar delas.

Algumas das mulheres conseguiram trazer livros — Simone tinha um livro de geografia que seu pai estava lendo antes de ser executado —, e esses livros eram compartilhados por todas. Outros, elas emprestavam de uma pequena biblioteca montada por um dos prisioneiros, Julien Caen, ex-administrador da Biblioteca Nacional, preso em 1941 com os resistentes do Museu do Homem. Caen tinha um carrinho e empurrava seus livros pelos corredores.

Charlotte nunca dirigira uma peça, mas tendo sentado nas coxias assistindo Jouvet, sabia exatamente o que fazer. Logo descobriu, entre elas, algumas com talento para atuar, outras que cantavam, outras, ainda, que podiam fazer figurinos. Jacqueline tinha uma voz especialmente doce. Juntas, as mulheres começaram a montar peças. Charlotte, que conseguiu aprender com as muitas horas passadas com Jouvet, memorizando e gravando suas anotações e rubricas, lembrava de muitas falas dos clássicos, enquanto as outras improvisavam as cenas que faltavam. Cécile, uma costureira habilidosa devido a seus dias costurando peles, fazia os figurinos. Para *Le Malade imaginaire*, fez com que sua mãe trouxesse um velho cobertor enorme, que cortou e transformou em um figurino de inválido. O que chamavam de *"les après-midis artistiques"* [as tardes teatrais] aconteciam aos domingos após o almoço, no pátio, e eram frequentadas não apenas por prisioneiros, mas por guardas alemães. Por um tempo, sendo avisadas de que os homens prisioneiros não poderiam assistir às peças, as mulheres anunciaram que suspenderiam suas apresentações; mas então Trappe cedeu e toda a prisão passou a frequentar as tardes teatrais.

No domingo, dia 13 de setembro, uma série de *tableaux vivants* de incidentes históricos ao longo dos séculos foi encenada; o século XX veio em cadeias. "Não devem sentir pena de mim, em absoluto", escreveu Raymonde Sergent para sua filha Gisèle. Embora não existisse trabalho a ser feito, havia boa quantidade de "cultura, atividades físicas, dança, teatro, canto... Não há horas suficientes no dia para todas as coisas que queremos fazer".

Segundo ordens de Trappe, nenhum contato de qualquer natureza era permitido entre os homens e as mulheres mantidos prisioneiros em Romainville. Mas foram encontradas maneiras de esconder bilhetes nas rachaduras da alvenaria do pátio de exercícios, e de passar cartas por intermédio de um padre, que tinha autorização de visitar o forte de tempos em tempos, ou por um prisioneiro que atuava como médico na enfermaria. Oferecendo-se para lavar a roupa dos homens, era possível, muito de vez em quando, que as mulheres trocassem breves palavras ou um bilhete de estímulo, escondido entre as roupas limpas. Às vezes as mulheres conseguiam assistir aos exercícios dos homens; nesses dias e nas tardes teatrais de domingo, viam seus rostos e reparavam em como estavam. Quatorze das mulheres tinham homens no grupo de reféns e viviam em estado de pavor. Uma delas era Betty, cujo companheiro, Lucien Dorland, foi descrito no relatório das Brigadas Especiais como um "comunista fanático" extremamente perigoso, de quem havia sido impossível, com interrogatório, extrair qualquer informação que fosse. Para a mãe, Betty escreveu que seu maior "consolo e alegria era vê-lo às vezes da janela". Lucien, como os outros homens, tinha sido torturado.

Na noite de 20 de setembro, foi dito a Betty e a várias outras mulheres que poderiam ter alguns minutos com seus homens. Não ficaram muito preocupadas, pois não havia notícias de ataques armados realizados pela Resistência contra os alemães. Betty foi levada à cela de Lucien carregando consigo um par de meias de lã que tricotara para ele. Quando o guarda alemão que a acompanhava observou, "Para onde ele está indo, não precisará delas", ela e Lucien concordaram que o que ele provavelmente quis dizer foi que os 46 homens em

Romainville que receberam ordens de se prepararem para a partida seriam deportados para uma fábrica em algum lugar da Alemanha, onde receberiam todas as roupas de que precisassem. "*Au revoir*, minha pequena amada esposa", Lucien escreveu a Betty depois que ela foi levada de volta a seu dormitório. "Acho que será Compiègne e então deportação... Não devemos perder a esperança... eventos estão ocorrendo a passos gigantes."

Nenhuma das mulheres sabia que na noite de 17 de setembro, um pouco antes das 22h, duas bombas explodiram no centro de Paris, perto do cinema Rex, requisitado em 1940 pela Wehrmacht. Dez alemães foram mortos e dezenove feridos. Oberg imediatamente emitiu ordens de que 116 reféns deveriam ser executados. Todos viriam de Romainville, mas o forte tinha poucos reféns, pois fornecera 88 para uma execução em massa em agosto, após a qual as vagas não foram preenchidas. Aos 46 disponíveis, seriam adicionados setenta do Fort du Hâ, em Bordeaux. Na prática, isso significava que seriam executados homens que não só estavam aprisionados a 600km de distância na hora do ataque, como também não sabiam nada sobre ele. Aqueles escolhidos em Bordeaux incluíam os fazendeiros das redondezas de Cognac que foram presos em julho pelos homens de Poinsot. O marido e o filho de Aminthe Guillon, Prosper e Jean, estavam entre eles, assim como o marido de Elisabeth Dupeyron, preso com os Guillon na fazenda "As Viole"tas", e o marido de Marguerite Valina, Lucien, com quem havia abrigado resistentes dos homens de Poinsot. O irmão mais novo de Lulu e Carmen, de dezenove anos, preso pouco antes e trazido a Romainville, deveria estar entre os homens, mas estava na enfermaria com impetigo.

Na segunda-feira, dia 21 de setembro, às sete da manhã, as mulheres de Romainville ouviram o som de botas marchando e de vozes masculinas cantando a *Marselhesa*. Caminhões com janelas escurecidas passaram na rua em frente ao forte. Ainda querendo acreditar que os homens estavam a caminho da estação de Compiègne, prontos para serem deportados para a Alemanha, as mulheres não sentiram muito medo. A 600km dali, os mesmos gestos eram encenados no Fort du Hâ.

Durante vários dias, Romainville ficou cheia de rumores. A bagagem dos homens foi vista ainda empilhada do lado de fora dos quartos, mas as mulheres continuavam a dizer a si mesmas que provavelmente estavam esperando para serem enviadas, separadamente, em outro trem. Mas então um dos amigos de Lucien mudou-se para a cela onde os 46 homens passaram a noite do dia 20 e lá, nas paredes, encontrou, rabiscada a lápis, uma única frase: "Somos 46 homens esperando a morte, sem arrependimentos, com orgulho e coragem." Ao perguntar a um guarda para onde aqueles homens foram, foi-lhe dito: "Você não quer saber... Tenho certeza de que me entende."

Foi só então que as mulheres descobriram que os 46 homens tinham sido levados em grupos de cinco para a encosta íngreme do campo de tiro do Mont-Valérien. Nenhum quis ter os olhos vendados. Depois que acabou, doze garrafas de conhaque foram distribuídas entre os membros do pelotão de fuzilamento. Os corpos foram cremados no cemitério Père Lachaise, com ordens de que as famílias não fossem informadas. Foi por meio de um bilhete escondido em um tubo de aspirinas e contrabandeado para dentro do forte que as mulheres descobriram onde estavam as cinzas. "Eram tão extraordinários, os que caíram", escreveu Marie-Claude em uma carta contrabandeada para fora do forte, "que se tem a impressão de que uma vida inteira não seria suficiente para ser digna deles ou vingar suas mortes". Apenas um dos 116 homens executados em Paris e Bordeaux foi realmente julgado e condenado por um tribunal alemão por ter participado de um ataque contra soldados alemães. "Há dias", escreveu Danielle, "em que acho que atingi os limites do horror".

Por sua vez, Betty, geralmente tão resistente e robusta, foi silenciada pela dor e pelo horror. Descobriu com os amigos de Lucien que outra mensagem estava escrita por ele na parede do quarto e dirigida a ela. "Coragem", dizia, "querida amiga, este é um momento de dor que você terá que atravessar". Para seus pais, ela escreveu bilhetes curtos e desesperados. "Ele era tão bom; meu coração está partido. Eu o amava tanto... Somos todas viúvas agora... Esses carrascos devem odiar muito os jovens franceses, e principalmente os intelectuais. São bárbaros." O que mais importava para ela era o fato de que Lucien não tivera um filho. Ela conseguia seguir em frente pensando no momento em que a guerra acabaria e retornaria para a casa em que moravam em Paris e sentaria à mesa em que tantas vezes trabalharam juntos. "Era tão bom viver com ele, com seu temperamento boêmio e todos os nossos livros... Penso somente em uma coisa, sair daqui para vingar sua morte."

Agora havia quatorze viúvas em Romainville. Suas amigas faziam tudo o que podiam. Não havia muito o que dizer, mas elas as abraçavam forte, esperando que o calor e o contato físico pudessem diminuir a dor. "Há apenas viúvas aqui", Betty escreveu triste para os pais. Muitos anos depois, uma das mulheres descreveu seus últimos momentos com o marido. "Quando fui chamada naquela manhã, algo em mim parou, e nada seria capaz de fazê-lo funcionar novamente. É como o relógio que para quando o dono deixa de viver." Embora quisesse morrer, escolheu viver, para desafiar os alemães, e não ceder a ninguém. "Tive que me agarrar ao fim, e morrer de tanto viver."

No dia 14 de outubro, um novo grupo de viúvas chegou para juntar-se a elas. Entre as trinta mulheres enviadas a Paris de Bordeaux estavam Marguerite Valina, Elisabeth Dupeyron e Yvette e Aminthe Guillon, cujos maridos foram executados juntos no quartel de Souge no dia 21 de setembro. Com elas, vieram Madeleine Zani, as duas irmãs, Yolande e Aurore, e Annette Epaud, mãe de Claude. Nenhuma das mulheres teve permissão para ver os filhos antes de partir.

Algumas horas antes de serem levados para serem executados, Prosper e Jean Guillon receberam papel e lápis para escrever bilhetes de despedida a suas mulheres. Os lápis estavam sem ponta e as mensagens foram rabiscadas de maneira irregular nas folhas grossas de papel. "Você, minha querida esposa, deve tentar esquecer e refazer sua vida", Jean escreveu a Yvette. "Desculpe-me se algum dia causei-lhe dor... Adeus para sempre. Morrerei com coragem e pela causa pela qual lutei." A carta de Prosper foi mais curta. "Morrerei com coragem", escreveu para Aminthe, "apesar de tudo. Tente terminar seus dias da melhor maneira que puder. Meus últimos pensamento são seus". O que nenhum dos homens sabia era que suas esposas não estavam seguras na fazenda, mas na prisão; e um também não sabia que o outro morreria na mesma hora.

Oberg contava com o fato de que a selvageria das represálias impediria novos ataques. Logo provou-se que estava errado. Dentro de duas semanas, mais 64 alemães foram mortos e prefeitos relatavam de toda a França que "sentimentos antialemães estão ficando maiores e mais violentos". Ordens foram emitidas para outra execução em massa. Mas a "política de reféns" claramente não estava funcionando e as execuções foram adiadas enquanto uma nova política, a da deportação para *Nacht und Nebel*, era discutida.

Betty estava no mesmo dormitório que Madeleine Dissoubray, e enquanto faziam os exercícios pela manhã, discutiam planos para fugir do forte. Explorando o pátio durante seus períodos de exercício, decidiram que a única maneira possível seria seguir os canos até os esgotos, esperando sair muito além dos muros externos do forte. A primeira parte do plano foi bem: fugiram sem serem percebidas. Mas logo se depararam com uma grade de ferro que impedia sua saída, e nenhuma quantidade de força era capaz de movê-la. Muito abatidas, foram forçadas a rastejar de volta ao ponto de partida. Ninguém havia notado as ausências. Manter vivo o espírito da Resistência, mesmo diante de chances impossíveis, parecia-lhes o essencial. No aniversário da Revolução de Outubro, ajudaram alguns dos homens prisioneiros no pátio a fazer um martelo e uma foice, compostos de caixas e papel e pedras; consideraram que a punição de trinta dias nas celas escuras e úmidas, sem colchão ou cobertor, valeu a pena.

O Natal estava se aproximando. Charlotte e as mulheres envolvidas nas tardes teatrais, considerando importante distrair e envolver aquelas que estavam de luto pela morte de seus maridos, redobraram suas atividades. Fizeram planos de montar um esquete sobre Joana D'Arc, com Danielle no papel de Joana e Marie-Claude no papel de sentinela alemão. Cécile começou a arrecadar material para os figurinos; ela nunca atuava, diria mais tarde, porque sempre, em algum momento, começava a rir. Poupette estava estudando suas falas; não estava infeliz, ouvindo as mulheres mais velhas conversando sobre literatura e política. Quando as comunistas mais velhas perceberam que nem ela nem a irmã, Marie, tinham muito interesse em política, apesar de seu trabalho na rede gaullista Johnny, fizeram um estardalhaço. Diferenças políticas não mais dividiam as mulheres, para quem amizade e solidariedade se tornaram uma maneira de evitar o medo e a fome. Havia conversas a respeito de partilhar alimentos para um almoço especial de Natal e conseguir nozes, maçãs e pão de gengibre para celebrar o Ano-Novo. As mulheres estavam ocupadas tricotando e fazendo pequenos presentes umas para as outras. Mas estava esfriando, e o clima em Romainville era sombrio.

Não era muito mais leve na França como um todo. Às sete da manhã do dia 11 de novembro, apesar das tentativas diplomáticas desenfreadas de Laval de impedi-los, os alemães cruzaram a linha de demarcação e ocuparam toda a França. Os homens de Oberg e Knochen seguiram-nos de perto e logo a Gestapo estava trabalhando no país inteiro. Vichy perdeu sua zona de independência, seu exército, sua frota e seu império, embora Pétain permanecesse chefe de Estado. Um apelo antigo por voluntários para trabalhar em fábricas alemãs — com a promessa de que para cada voluntário, três prisioneiros de guerra seriam libertados — tivera tão pouco sucesso que um esquema de trabalho compulsório estava sendo criado. Qualquer francês com idade entre dezoito e cinquenta anos que não realizasse um trabalho essencial ao Estado estaria sujeito a ser chamado. Em toda a França, resistentes começaram a colocar cartazes: "Não vá para a Alemanha!" Entre as jovens que ficaram sem raízes durante os anos da ocupação, e a quem a visão de Vichy quanto à colaboração e ao antissemitismo parecia atraente, uma milícia, no entanto, estava se formando. Logo provaria ser eficiente na captura e tortura de resistentes.

A única nota de esperança podia ser encontrada em uma onda de jovens, atraídos para a clandestinidade pela perspectiva de trabalho compulsório na Alemanha, que começou a seguir para as florestas e os montes da França rural, para juntar-se aos maquis, cujo nome vinha da palavra corsa para vegetação de capoeira. Por todas as áreas da França, então completamente ocupada, muitas das redes pequenas e dos movimentos grandes da Resistência estavam unindo forças pela vitimização política compartilhada, pela perseguição aos judeus e por figuras como Jean Moulin, que trazia mantimentos, armas e dinheiro dos Aliados.

Embora algumas dessas redes desconfiassem tanto dos comunistas quanto dos gaullistas, e os movimentos da Resistência tivessem períodos em que eram divididos por animosidades e rivalidades, a maioria concordava com a ideia de uma assembleia vasta de resistentes da qual nenhuma facção deveria ser excluída, e a maioria professava, pelo menos, certa confiança na liderança do general de Gaulle. Outro pequeno ato de progresso foi uma nova lei, aprovada por Vichy em setembro, anulando a "incapacidade" das mulheres — que um dia elas compartilharam com as minorias, os loucos e os condenados —, uma medida necessária pelo fato de que havia então 800 mil mulheres na França, a maioria delas esposas de prisioneiros de guerra, administrando seus próprios lares.

Agora, talvez mais do que nunca antes, era impossível ignorar o significado completo da ocupação: 42.500 judeus já deportados para os campos da morte (e nenhum dos trens que os levavam descarrilado pela Resistência), o país inteiro nas mãos de militares alemães, o povo faminto e miserável, encarando o terceiro inverno sem combustível e muitos milhares de resistentes ou mortos, ou na prisão, ou a caminho de fábricas na Alemanha. Em seu relatório mensal, o prefeito de Eure-et-Loire observou que as pessoas em sua área estavam apáticas e infelizes: "O espírito de Verdun desapareceu, e um clima de egotismo aterrorizante tomou conta." Paris, nas garras de mais um frio inverno, estava sombria.

Não muito antes do Natal de 1942, um último grupo de mulheres destinadas a juntar-se as outras em exílio chegou a Romainville. Eram polonesas, e nem todas falavam francês. Atraídas para a França durante os anos 1920 e 1930 pela quantidade de empregos no norte, planejavam ir embora quando as circunstâncias permitissem. Eram uma comunidade unida, extremamente nacionalista, que fazia refeições polonesas com salsichas e repolho-roxo; e, em noites quentes de verão, os homens tocavam polca em suas gaitas. Mas a guerra e a perseguição nazista em casa prenderam os poloneses na França e, com o armistício, veio um movimento de resistência polonês chamado Pown, sob o comando do ex-cônsul-geral polonês Aleksander Kawalkowski, cujo codinome era Justyn. No verão de 1942, o nome Angelika, mais tarde mudado para Monika, foi dado a um plano para ajudar a paralisar os movimentos das tropas alemãs em uma aterrissagem dos Aliados; enquanto isso, alguns membros auxiliavam com sabotagem, coleta de informações e ajudando judeus a saírem clandestinamente da França.

Na rede de David e suas Brigadas Especiais, durante o início do outono de 1942, algumas mulheres que trabalhavam para a Monika foram capturadas. Algumas eram professoras, vindas para ensinar polonês nas comunidades mineradoras; outras trabalhavam em lojas em Paris, ajudando a consertar transmissores de rádio para a Resistência ou usando suas casas para abrigar judeus. E algumas eram francesas, que por serem casadas com judeus poloneses foram pegas nas operações policiais contra judeus parisienses.

Toda a família Brabander — François, Sophie, sua esposa, sua filha, Hélène, e seu filho mais novo, Romuald — chegou a Romainville junta. François combateu ao lado dos franceses na Primeira Guerra Mundial e, depois do armistício, juntou-se à campanha para libertar a Polônia antes de terminar os estudos de medicina e abrir uma clínica para as famílias de mineradores alemães que vivessem na França. Depois da queda da França, tentou chegar à Inglaterra com sua esposa e seus filhos passando pela Espanha, mas não conseguiu passar pela fronteira espanhola. Resignado a permanecer na França, ele e Sophie se juntaram à rede Monika, até que foram pegos pela Gestapo. Durante 24 horas, Hélène, de dezenove anos, que estava estudando com uma amiga, evitou ser capturada; mas também acabou presa. Em Romainville, François e Romuald passaram um dia terrível na cela onde os reféns prestes a serem executados eram mantidos, e então foram transferidos para o campo de Compiègne. Sophie e Hélène dividiram um dormitório com as resistentes de Pican e Tintelin.

Havia também Anne-Marie Ostrowska, que, apesar de não ser judia, era casada com um judeu polonês chamado Solomon, com quem montou uma pequena oficina de couro na rua Oberkampf, em Paris. Como as leis raciais ficaram ainda mais restritivas, Solomon e seu filho de dezenove anos, Alfred, tentaram atravessar a linha de demarcação para a segurança do sul, mas foram presos e internados. Anne-Marie só conseguia pensar em tentar encontrar e salvar seu marido e seu filho. Como uma "não judia", teoricamente podia movimentar-se livremente, mas ela e sua filha de dezessete anos foram presas em

Vierzon pela Gestapo. Como Anne-Marie não era judia, foi enviada a Romainville; para seu pavor e tristeza, sua filha, considerada meio-judia, foi levada ao campo em Pithiviers e estava esperando ser transferida para Drancy.

Um pouco antes do Natal, duas jovens polonesas chegaram ao forte. Seus nomes eram Karolina Konefal e Anna Nizinska e estavam vestidas como camponesas, com xales enormes e muito coloridos. Sua única posse era um despertador. Não falavam francês. Pareciam não saber exatamente por que estavam na França, para além do fato de que haviam recebido de alguém o nome de um homem que trabalhava com a rede Monika.

Alice Viterbo, uma cantora italiana de quase cinquenta anos, nascida em Alexandria, no Egito, e que cantara na Ópera de Paris, chegou a Romainville no dia 15 de dezembro. Um pouco antes da guerra, Alice perdeu uma perna em um acidente de carro. Ninguém conseguia descobrir o que exatamente ela havia feito na Resistência, mas acreditava-se que tinha ajudado uma rede gaullista. Era uma presença leve, sem queixas quanto à sua perna de pau, e frequentemente era ouvida cantando em seu dormitório. A Alice seguiu Charlotte Decock, de 31 anos, uma metalúrgica de Nogent, mantida refém no lugar de seu marido resistente, fugiu da prisão. Charlotte havia sido liberada para participar de um batismo e usaria a ocasião para fugir, mas voltou voluntariamente para a prisão. Seu marido foi convencido pela família a não se entregar. Ninguém acreditava que a Gestapo realmente manteria como refém uma mulher inocente, mãe de um menino de dez anos e de uma menina de sete, por muito tempo. Charlotte ficou popular imediatamente; como Alice, tinha a certeza de que nada de mau aconteceria com elas e de que logo estariam a caminho de casa. Em seguida chegou Mitzy Ferry, uma garçonete de 24 anos que ajudava judeus a atravessar a linha de demarcação. Mitzy passou três meses em confinamento, algemada à parede e torturada repetidas vezes. As outras mulheres aproximaram-se dela e fizeram o que podiam para confortá-la. Uma das últimas a se juntar a elas foi Georgette Rostaing, que um dia andou tão alegremente por Ivry em seus saltos. Mais tarde, Pierrette lembraria de ter se agarrado à sua mão e chorado.

Mesmo com os enormes esforços de manter seus espíritos leves, muitas das mulheres reunidas em Romainville estavam de luto, ou pelos maridos perdidos ou pelos filhos, espalhados pelas casas de avós e parentes e a quem não viam havia muitos meses. Annette Epaud conseguiu contrabandear para o forte uma fotografia de seu filho Claude, em que ele usava uma boina. Um dos homens prisioneiros que encontrou no pátio era artista e se ofereceu para fazer um desenho com a fotografia. Ficou muito parecido, e ela ficou muito feliz por agora ter duas imagens do filho para as quais olhar. As que haviam deixado bebês para trás, no entanto, como Lulu e Madeleine Zani, tinham a dolorosa consciência de que estavam perdendo todos os estágios de suas infâncias, enquanto aprendiam a falar e andar, e de que seus filhos não mais as reconheceriam. Era um castigo amargo que nenhuma delas havia imaginado.

O dia 9 de janeiro de 1943 foi o aniversário de 34 anos de Danielle. As mulheres em seu dormitório conseguiram um ramo de flores contrabandeadas para o forte; o dia inteiro, enquanto andava pelos corredores e no pátio de exercícios, as mulheres que a encontravam presenteavam-na com pequenos agrados, costurados com pedaços do que tinham à mão ou cartões desenhados e decorados com papel que guardaram das embalagens da Cruz Vermelha. "Vocês não imaginam quanto gostamos umas das outras", Danielle escreveu para seus pais, "nem quanto somos importantes umas para as outras". Amigos lhe enviaram, de presente, uma panela com carne de vitela e cenouras.

Em meados de janeiro, Trappe, de repente, anunciou que as mulheres em Romainville não poderiam mais receber e enviar cartas. "Um vento de partida está soprando", observou Marie-Claude, embora ela, como as outras, acreditasse que ainda demoraria alguns meses até que fossem libertadas de fato. "Mas tenho em mim uma abundância de paciência, tamanha a certeza de que o fim está chegando." Havia rumores de que os Aliados estavam prestes a tomar Trípoli e de que os alemães estavam sendo derrotados em Stalingrado. Poupette e Marie tinham acabado de descobrir que sua mãe morrera de câncer no estômago. Quando ouviu a notícia, Marie desmaiou.

Até julho de 1942, o primeiro contingente de 1.170 prisioneiros da *Nacht und Nebel* saiu do campo de Compiègne, nas redondezas, para um "destino desconhecido". Eram todos homens. A bordo estavam matalúrgicos, encanadores, eletricistas, ferroviários, estivadores, alfaiates, carteiros e fazendeiros. 90% eram comunistas e todos estavam presos por atividades ligadas à Resistência. Um deles era o tio de Betty, Charles Passot. Em Compiègne mantinham seus estudos políticos, faziam exercícios e compartilhavam a comida. Para onde haviam ido, ninguém fazia ideia. Com a constatação de que as execuções em massa falharam na tentativa de deter os resistentes, e de que a deportação, principalmente se feita em sigilo, seria mais eficaz se os alemães enviassem um segundo trem rumo ao desconhecido, descartando, assim, as mulheres encrenqueiras de Romainville.

Na noite de 22 de janeiro, quando estavam indo para a cama em seus dormitórios, as mulheres foram reunidas e os nomes de 222 delas lidos em voz alta. Instruídas a fazer uma mala pequena, que poderiam elas mesmas carregar, com roupas quentes, se indagavam: "Que destino nos espera?", Danielle escreveu rapidamente a seus pais. "Mas nunca fiquem tristes ao pensar em mim... Sinto meu sangue jovem e cheio de energia correndo em minhas veias." Suas companheiras, disse, estavam "prontas para qualquer coisa". Acabara de ser informada de que seu irmão, que era próximo do governador do Marrocos, havia conseguido que fosse transferida para uma prisão no sul; mas recusou-se a ir, dizendo que precisava ficar com as outras. Sua determinação era uma medida de quanto percebia a si mesma como líder e do fato de que nenhuma delas percebera o perigo em que estavam.

Para a mãe, Marie-Claude escreveu que levava consigo um pequeno volume dos poemas de Rimbaud e estava em muito boa forma física, excetuando-se o fato de que parecia estar passando por uma menopausa precoce, "mas já que isso é mais prático para viajar, não estou reclamando". A carta de Betty a seus pais era igualmente alegre. Observando que já havia passado cinco meses em La Santé e cinco em Romainville, disse acreditar que estaria em casa antes que se passassem mais cinco meses.

Rumores enchiam o forte. Betty lembrou-se de que, durante seus muitos interrogatórios, foi-lhe dito que era pouco provável sua execução, mas que o que estava guardado para ela provavelmente seria pior que a morte. Hélène Bolleau lembrou as companheiras da observação que havia escutado na prisão de Angoulême, quando um oficial disse a um dos outros guardas que os alemães tinham "outros planos" para as mulheres. Mas em sua maioria, as mulheres estavam animadas; nem mesmo o trabalho em uma fábrica alemã poderia ser pior que a ociosidade imposta, a incerteza e a pouquíssima comida nas mãos da Gestapo. Marie-Elisa Nordmann pediu a Simone Sampaix, que acolhera sob suas asas, que se agasalhasse o máximo que pudesse para a jornada, usando a blusa e a jaqueta de lã que a mãe havia feito para ela, bem como um sobretudo quase novo que ganhou de uma das prisioneiras, e que colocasse dois pares de meias de lã. As mulheres concordaram que deveriam vestir quantas camadas fosse possível, para o caso de estarem indo a algum lugar frio. Poupette e Marie Alizon decidiram levar as echarpes de pele que trouxeram de Rennes e às quais se agarraram durante todos os meses de cativeiro.

Ninguém dormiu muito. Bilhetes de última hora eram escritos às famílias, malas eram feitas e desfeitas. Guardas vieram fazer a ronda trazendo uma fatia de pão e um pedaço de 10cm de salsicha para cada uma das mulheres, dizendo que deveriam fazê-los durar, pois a jornada poderia levar muitos dias. No dia 23, as mulheres foram levadas para o campo em Compiègne, perto da estação de trem, onde outras oito mulheres, presas recentemente ou trazidas de outras prisões, chegaram para se juntarem a elas. Passaram a noite em beliches, em um salão enorme.

Uma dessas oito novas mulheres era Georgette, a organizadora de Danielle em Ivry. Fora pega pela Gestapo no dia 3 de janeiro, depois de uma pista dada à polícia pelo zelador do prédio em que ela morava. De Compiègne, Georgette conseguiu contrabandear uma carta para sua família. Estava, disse, "*sans linge, vivres et argent*", ou seja, sem roupas de baixo limpas, comida ou dinheiro, tudo havia sido tirado dela. "Deixo a você meu cuidado, meu Pépée... meu pequeno Pierrette... E te beijo com todo meu coração, nossa disposição é muito grande... Estarei de volta em breve."

A manhã do dia 24 de janeiro de 1943 estava úmida e muito fria, caracterizada por amontoados de nevoeiro e nuvens baixas. Era domingo. Quando estava começando a amanhecer, as 230 mulheres foram levadas para a estação em caminhões, escoltadas por soldados alemães e policiais franceses e transportadas para um desvio conhecido como a "plataforma dos deportados"; foram colocadas em quatro vagões de gado vazios. A caminho da estação, gritaram para as poucas pessoas que já estavam nas ruas; mas essas desviaram o olhar e passaram apressadas. Os primeiros vagões do trem, já fechados, continham 1.446 homens, colocados a bordo na noite anterior; entre eles estava Georges Grünenberger, amigo de Simone dos Batalhões da Juventude. Entre sessenta e setenta mulheres foram direcionadas para cada um dos três primeiros vagões de gado; isso deixou 27 mulheres para o quarto, no qual Charlotte, Danielle, Marie-Claude, Betty, Simone e Cécile subiram. Cada um continha meio fardo de palha, o que lembrou a Charlotte um celeiro que precisava ser varrido. Havia um barril para servir de lavatório. O que Madeleine Normand não sabia — e jamais descobriria — era que exatamente quando estavam saindo de Compiègne, sua mãe, doente de ansiedade por causa da filha, estava morrendo.

As portas foram fechadas e parafusadas. Nos vagões mais cheios era impossível que todas as mulheres ficassem deitadas ao mesmo tempo, então um sistema de rotatividade foi estabelecido: enquanto metade delas ficava deitada, a outra metade ficava sentada, a todo momento. Malas foram empilhadas ao redor dos barris, para que não tombassem quando o trem começasse a se mover. No vagão de Charlotte, Jakoba van der Lee, uma holandesa de cinquenta e poucos anos, que havia sido casada com um xeique árabe, colocou o chapéu preto sobre a mala, desdobrou o cobertor e enrolou o sobretudo de lontra magnífico nas pernas. De todas as mulheres no trem, a razão por sua presença era talvez a mais absurda: escrevera uma carta para o irmão na Holanda, prevendo melancolicamente a derrota de Hitler. A carta foi interceptada pelos alemães.

Antes de sair, motivadas por Marie-Elisa, que considerava importante gravar e lembrar-se da identidade de toda e qualquer mulher no trem, as mulheres fizeram esforços para compartilhar nomes, idades, número de filhos e quaisquer pequenos fatos importantes de suas histórias.

Das 230, 119 eram comunistas. Nove não eram francesas. A maioria vinha de toda parte e região da França, de Paris, Bordeaux, Brittany, Normandia, Aquitânia e ao longo das margens do Loire. Haviam abrigado resistentes, escrito e copiado panfletos antialemães, escondido armas em sacolas de compras, ajudado a realizar atos de sabotagem. Doze, das quais uma era Raymonde Sergent, haviam sido *passeurs*, guiando as pessoas na travessia da linha de demarcação. 37 vinham do *caso Pican-Dallidet-Politzer*, dezessete dos impressores e técnicos de Tintelin; quarenta haviam sido ativas em Charente, Charente-Maritime, na Gironda e nas redondezas. Mais ou menos duas dúzias das mulheres a bordo — como madame van der Lee — não tinham quase nada a ver com a Resistência, nada além de fazer observações hostis a respeito dos ocupantes ou ter alguma ligação com resistentes. Havia as três *délatrices*, informantes cuja presença a bordo era ainda mais peculiar pelo fato de apoiarem, e não se oporem, aos ocupantes.

Havia uma médica no trem, Adelaïde Hautval, uma dentista, Danielle, uma parteira, Maï, e quatro químicas, das quais uma era Marie-Elisa. Havia fazendeiras, comerciantes, mulheres que trabalharam em fábricas e no correio, professoras e secretárias; 21 delas eram costureiras; havia um punhado de estudantes; uma era cantora; 42 descreviam-se como donas de casa; um pouco mais da metade eram casadas e 51 perderam o marido ou amante executado pelos alemães. As 99 mães tinham, juntas, 167 filhos, sendo que o mais novo era um bebê de alguns meses. Marguerite Richier, uma viúva de sessenta e poucos anos, tinha sete filhos; duas de suas filhas, Odette e Armande, estavam no trem com ela.

De grande importância, para o que estava para acontecer com as mulheres, era o fato de que havia 54 que tinham 44 anos ou mais, embora a maioria tivesse quase ou um pouco mais de trinta anos. A mais jovem no trem era Rosa Floch, que acabara de comemorar seus dezessete anos. A mais velha era uma viúva de 67 anos de Chalôns-sur-Seine, Marie Chaux, denunciada por manter o revólver do filho, uma lembrança da Primeira Guerra Mundial, na gaveta da cozinha, embora mais tarde tenham descoberto que ela também fornecia uma casa segura para resistentes.

Foto 1

Foto 2: Cécile Charua,
"le Cygne d'Enghien".

Foto 3:
Betty Langlois,
"Ongles Rouges", e seu
companheiro Lucien
Dorland.

Foto 4: Maï Politzer,
"Femme Vincennes".

Foto 25: Pierrot Zani com seus avós, imediatamente após a prisão de sua mãe.

Foto 26: Simone Sampaix

Foto 21: Emma, mãe de Hélène, que assumiu o trabalho do marido na Resistência depois de sua prisão.

Foto 22: Annette Epaud, proprietária de um café em La Rochelle que abrigava resistentes.

Foto 23: Germaine Renaudin, com seus três filhos.

Foto 24: Madeleine Zani, com seu filho Pierrot.

Foto 17: Marie-Elisa Nordmann e sua amiga France Bloch, fabricantes de explosivos, com Francis.

Foto 18: Aminthe Guillon, a sincera esposa de um agricultor de Sainte-Sévère.

Foto 19: Yvette, recém-casada com o filho de Aminthe, Jean.

Foto 20: Hélène Bolleau, a estudante de Royan.

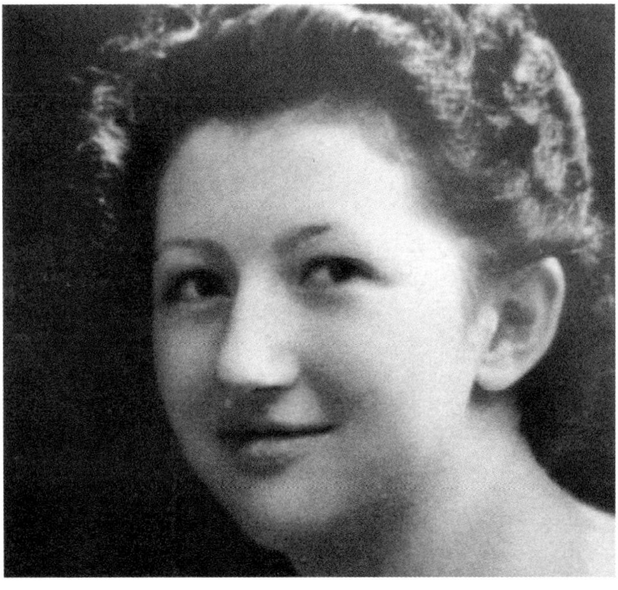

Foto 13: André Pican, professor e membro fundador da Frente Nacional da Resistência.

Foto 15: Raymonde Sergent, uma *passeur* do outro lado da linha de demarcação, e sua filha, Gisele.

Foto 14: Germaine Pican, esposa de André, professora e também ativa na Resistência.

Foto 16: Marie e Poupette Alizon, a última foto que tiraram juntas.

Foto 9: Georgette Rostaing, que amava cantar.

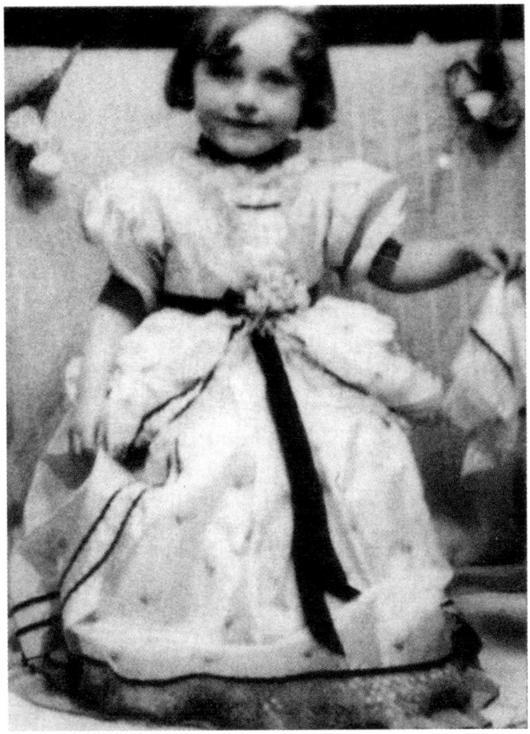

Foto 10: Pierrette, filha de Georgette.

Foto 11: Danielle Casanova

Foto 12: Simone Sampaix, em um acampamento antes da guerra com os irmãos.

Foto 5: Charlotte Delbo, assistente de Louis Jouvet e membro da Juventude Comunista.

Foto 6: Marie-Claude Vaillant-Couturier, *"Femme Tricanet"*.

Foto 7: Reunião da União das Jovens Filhas da França, pouco antes da guerra.

Foto 8: Um protesto estudantil em Paris nos anos 1930. Danielle Casanova é a quarta da esquerda para a direita.

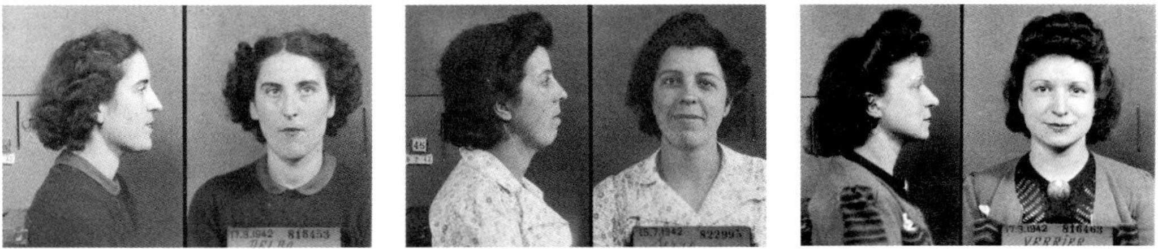

Foto 27: Fotografias de Charlotte, Betty e Lulu, tiradas em Romainville.

Foto 28a: Suzanne Maillard, Maï Politzer e Marie-Elisa Nordmann.

Foto 28b: Olga Melin, Yvonne Noutari e Annette Epaud.

Foto 28c: Yvette Guillon, Pauline Pomies e Raymonde Georges.

Foto 29: A última carta de Marie-Claude Vaillant-Couturier de Romainville, escrita no dia 21 de janeiro de 1943.

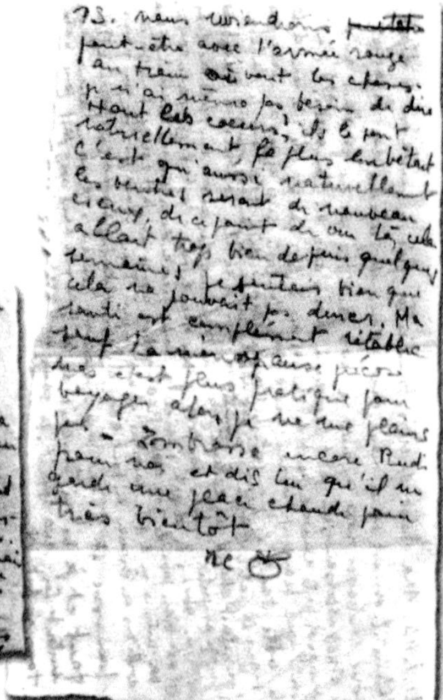

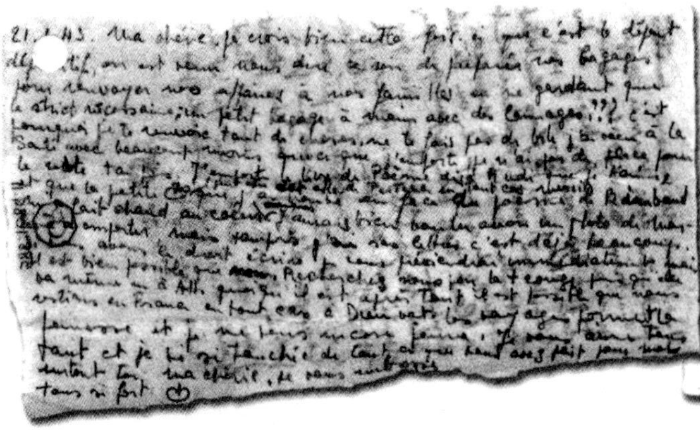

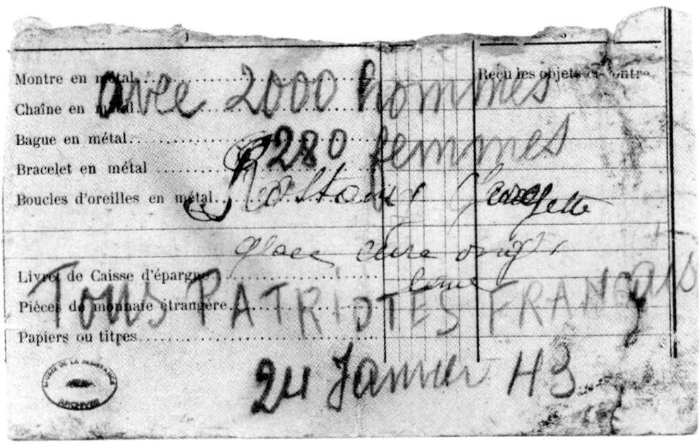

Foto 30: Um dos bilhetes deixados nos trilhos quando o trem cruzou a França.

Foto 31: Annette Epaud com seu marido e seu filho, Claude.

Foto 32 : O desenho de Claude feito em Romainville que
Annette levava sempre consigo.

Foto 33: Os barracões em Birkenau.

Foto 34: Interior de um dos barracões de mulheres.

Foto 35: Mulheres prisioneiras em Birkenau, logo após sua chegada.

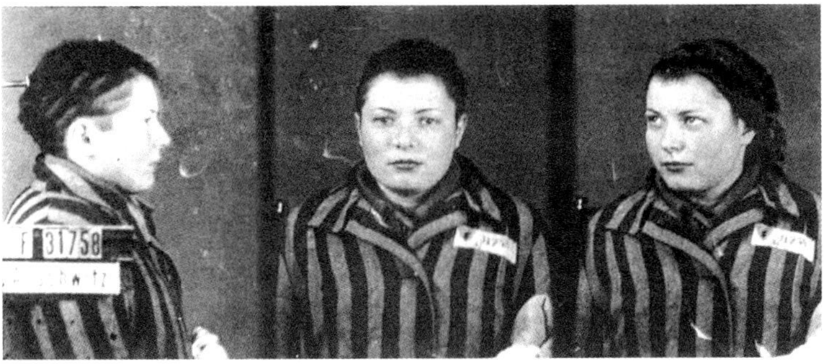

Foto 36a: Simone

Foto 36b: Charlotte

Foto 36c: Betty

Foto 36d: Emma

*Fotos tiradas logo que chegaram à Birkenau.

Foto 37

Foto 38

Foto 39: Os guardas em Auschwitz.

Foto 40

Foto 41

Desenhos feitos por Jeannette L'Herrminier em Ravensbrück.

Foto 42: Marie-Claude Vaillant-Couturier testemunhando em Nuremberg.

Foto 43: Reunião de algumas das sobreviventes em 1945: entre elas Gilberte, Madô, Betty, Cécile, Lulu e Carmen.

A bordo estavam também várias famílias. Lulu e Carmen, Yolande e Aurore eram apenas dois de vários pares de irmãs; lá havia seis mães e filhas, entre elas Emma e Hélène Bulleau, que tentaram desesperadamente, mas não conseguiram que fosse permitido viajarem no mesmo vagão de gado. A família Brabander inteira estava no trem: os homens nos vagões dianteiros, Hélène e Sophie nos traseiros. No dia anterior, o dr. Brabander, tendo visto a esposa e a filha em Compiègne, implorou por uma chance de falar com elas. A permissão foi recusada. E havia também Aimée Doridat e sua cunhada Olga Godefroy, membros de uma família grande de comunistas de Nancy. Aimée era mais uma das mulheres que poderiam ter fugido, já que fora avisada por um ferroviário, que usou o filho dela, de oito anos, como mensageiro, que faria bem em se esconder; mas ela não quis deixar os seis irmãos; todos seis também foram detidos.

Mas o mais importante de tudo era o fato de que as mulheres, apesar das diferenças de idade, criação, educação e riqueza, eram amigas. Passaram os meses em Romainville muito próximas umas das outras e aquele era um trem cheio de amigas, que sabiam das forças e fragilidades umas das outras, que faziam companhia umas para as outras em momentos de angústia terrível, e que criaram um padrão de cuidarem umas das outras, agora que iam em direção ao desconhecido. Adelaïde, acreditando que seu destino era uma fábrica alemã, imaginou como se arranjariam trabalhando juntas, preocupadas umas com as outras.

Quando o trem saiu de Compiègne, as mulheres tiraram lápis e pedaços de papel de suas bolsas e começaram a escrever bilhetes. Viva terminou o seu com "Voltarei", sublinhando a palavra. De um lado, davam os nomes e endereços de suas famílias e escreviam que estavam em um trem, com destino a algum lugar distante, que suspeitavam ser a Alemanha. Usando lixas de unha para arrancar nós da madeira das paredes dos vagões, esperavam que o trem parasse antes de empurrar os bilhetes para fora, com um pouco de dinheiro e um pedido a qualquer pessoa que os encontrasse que os enviasse a suas famílias. "Cuide de Claude", escreveu Annette Epaud para sua família. E para o filho: *"Maman t'embrasse, mon cher fil"* [Mamãe te manda um beijo, meu querido filho]. Havia guardado com as poucas coisas que tinha uma fotografia de Claude e o pequeno retrato feito em Romainville. Houve conversas sobre tentar fugir do trem, mas as portas estavam parafusadas pelo lado de fora.

Conforme o primeiro dia passava, as mulheres se revezaram para vigiar os buracos, tentando entender os nomes dos lugares pelos quais passavam. Em Chalôns-sur-Marne, onde o trem parou, um ferroviário andava ao lado dos vagões, sussurrando: "Eles estão sendo derrotados. Estão perdendo Stalingrado. Vocês voltarão logo. Sejam fortes, garotas!" Em Metz, o maquinista francês foi substituído por um alemão; era a Gestapo que estava no comando agora. Quando algumas mulheres eram liberadas para sair e pegar água para as outras, um guarda dizia a elas: "Aproveitem. Estão indo para o campo do qual nunca mais voltarão." Suas palavras ameaçadoras não significavam nada para elas. As mulheres cantavam canções que lembravam da infância, para manterem-se alegres.

Ficou mais frio, e na penumbra dos vagões de gado sem janelas as mulheres se amontoavam, esfregando as costas umas das outras. Uma das mulheres envolveu Simone, cujos dentes batiam, em seus braços. Os baldes logo estavam cheios até a borda de urina, que espirrava para fora, mas então congelava, o que melhorava a situação. Apesar de o pão e a salsicha logo terem sido comidos, a sede era mais torturante que a fome e sempre que o trem parava em uma estação as mulheres imploravam por água; Marie-Claude gritava o mais alto que podia: "Dê-nos algo para beber, estamos com sede." Nada era dado a elas. Logo, ficavam em silêncio, tentando conservar a saliva. Na segunda noite, o trem parou em Halle para que os vagões onde estavam os homens fossem desengatados; seu destino, no fim das contas, era o campo de concentração de Sachsenhausen, embora no momento ninguém soubesse. A família Brabander, apesar de descobrirem só mais tarde, fora então dividida.

Na manhã de terça-feira, 26 de janeiro de 1943, o trem parou em Breslávia, onde as mulheres receberam água morna para beber. Estava muito mais frio e os poucos pedaços de pão que restavam estavam congelados. Elas ouviam vozes polonesas. Quando o trem saiu novamente, as mulheres, pelos buracos nas paredes dos vagões, olharam para uma vasta paisagem de neve branca, deserta, plana e congelada do lado de fora. Naquela noite, o trem parou e não voltou a se mover.

Parte 2

10

O "COMBOIO DOS 31.000"

NÃO FOI FRIO O QUE AS MULHERES SENTIRAM quando as portas do vagão de gado foram abertas à luz pálida de uma aurora silesiana: elas já estavam com frio, com tanto frio que quase todos os sentidos haviam deixado seus corpos. Foi o barulho. Os primeiros sons foram gritos, ordens dadas, com ferocidade e rapidez, as palavras alemãs incompreensíveis, mas seu significado — rápido, mexam-se, desçam, entrem na fila, deixem as malas mais pesadas — era claro. Mais assustadores eram os sons emitidos pelos cachorros, rosnando e latindo enquanto puxavam suas coleiras para atacar as mulheres.

Uma a uma, ajudando-se, oferecendo uma mão firme, segurando os ombros umas das outras, tentando não cair ou não entrar em pânico, as 230 mulheres desceram ao chão duro, com medo e confusas. Sentiam-se fracas com a falta de comida e suas bocas estavam secas de sede. À sua volta se estendia uma planície congelada, com árvores a distância. Uma neve profunda, que parecia tão cinza quanto o imenso céu cinza acima, se estendia para além de onde os olhos conseguiam ver. Tensas e em choque, encolhendo-se em um amontoado apertado, organizaram-se em filas irregulares de cinco mulheres, uma atrás da outra, conforme ordenado pelos soldados aos berros. Entre os homens da SS com armas, estavam algumas mulheres, todas usando capas pretas compridas, com o capuz por cima das boinas militares, e botas pretas de couro de cano longo. Lembraram corvos a Poupette. A SS tinha cassetetes e chicotes. A plataforma, com sua única linha, destacava-se sozinha no campo — não havia construções, não havia estação.

A ordem de marchar foi dada. Marie-Claude, que falava bem o alemão, traduzia, e suas palavras eram repetidas ao longo das filas. Conforme seguiam atravessando o chão irregular, escorregadio e congelado em sapatos gastos, viram se aproximar à meia-luz um grupo de mulheres que parecia pertencer a outro mundo, magras, tropeçando, cabeças raspadas e usando uma variedade grotesca de roupas mal-ajustadas, a maioria delas rasgada. O cheiro que as mulheres exalavam era repugnante, impossível de identificar. "Como estão sujas", Lulu disse às que estavam próximas. "Podiam pelo menos tomar banho." Simone notou que os rostos das mulheres estavam quase roxos de frio. Longe, viam luzes, penduradas com distâncias irregulares entre si por uma vasta área.

Um pouco mais à frente encontraram um grupo de homens magros e esfarrapados usando as mesmas roupas listradas. Nenhum respondeu a seus chamados. Conforme andavam, Jacqueline, a jovem secretária com uma voz doce, começou a cantar a *Marselhesa* e logo foi acompanhada pela filha de 23 anos de um chaveiro chamada Raymonde Salez, que havia participado do ataque à livraria alemã em Paris, e então uma a uma pelas outras. Todas alinharam os ombros e tentaram ficar eretas. Foi assim, cantando alto, que as 230 mulheres chegaram às fileiras duplas de arame farpado e às guaritas, passaram embaixo da placa que dizia *Arbeit Macht Frei* e entraram no campo, onde outras mulheres, espantadas ao ouvir tais sons, abriram as janelas de seus barracões para ouvir. As francesas não tinham ideia de onde estavam, embora Marie-Claude tivesse traduzido uma placa pregada em um poste que viram no caminho: *Vernichtungslager*. "*Nichts*", disse, "nada, inexistência, em direção ao nada". Se tivessem ouvido as palavras Auschwitz ou Birkenau, não significariam nada para elas.

No verão de 1941, Heinrich Himmler, chefe supremo da SS e chefe da polícia alemã, nomeou um ex-sargento do Exército alemão, um homem chamado Rudolf Hoess, condenado a dez anos de prisão pelo assassinato de uma professora suspeita de traição, comandante do novo campo de Auschwitz, na Silésia. Esse campo, disse a ele, seria diferente das outras centenas de campos de concentração, escravidão e de prisioneiros de guerra já espalhados pela Alemanha e pela Europa ocupada. Seria um campo de extermínio, "o maior de todos os tempos", e Hoess devia pensar em maneiras de fazer com que esse campo funcionasse com maior eficácia.

Hoess não era sadista como Eichmann, mas tinha obsessão pela ordem, pelo dever, pela obediência e pela eficiência. Tinha um modelo de como um campo de concentração deveria ser administrado, baseado no campo de Theodor Eicke em Dachau, aberto em 1933 para abrigar os "inimigos perigosos do Estado": oponentes políticos, clérigos, judeus, Testemunhas de Jeová, mendigos, doentes mentais. Lá a SS tinha sido treinada para humilhar e torturar seus prisioneiros, e também estava sujeita a punições coletivas que tinham a intenção de destruir qualquer senso de autoestima e de jogar uns contra os outros. Os campos, como Eicke os criou, eram mundos fechados, onde a desumanidade era a rotina, a barbárie a norma e os presos eram reduzidos a animais imundos e doentes, em que mortes por fome, doença e brutalidade eram parte do sistema. Mas o que Hoess deveria criar agora era uma máquina de matar, um meio de se livrar de pessoas com eficiência e rapidez, principalmente em vista da Solução Final que estava em discussão: o extermínio dos judeus da Europa, e, com eles, outros que o Reich pudesse desejar descartar e eliminar. Como diria mais tarde, quando a guerra estava chegando ao fim, ele era o comandante da maior instalação de assassinato em massa da história da humanidade.

O primeiro campo, o próprio Auschwitz, foi aberto à beira de uma pequena cidade polonesa chamada Oświęcim, a 30km de Katowice, o coração industrial da Silésia, que foi anexada pelo Reich em 1939. Para lá foram enviados trezentos judeus de Oświęcim com o propósito de destruir um antigo quartel de cavalaria polonês e expulsar 1.200 pessoas que viviam em barracões e cabanas próximos. Logo foram seguidos por prisioneiros de guerra soviéticos, que continuaram nivelando o terreno e trabalhando no novo campo, mas morreram às dezenas de milhares com a falta de alimentos e água, doenças e a selvageria dos guardas que os vigiavam. Os pântanos em torno da confluência dos rios Vístula e Sola eram extremamente insalubres, e no inverno um vento congelante soprava do leste; na primavera, a neve que derretia deixava uma lama grossa e grudenta, quase nada crescia.

Parte desse vale de pântanos úmido e nebuloso era Birkenau, cujo nome em alemão significa bosque de bétulas. Quando Himmler visitou a área em março de 1941, discutiam-se planos para construir ali um segundo campo para 100 mil prisioneiros de guerra e para trabalhadores escravizados de uma nova indústria da IG Farben, cuja química sintética era crucial para os esforços de guerra alemães. O local, cercado por minas, pedreiras e poços de cal, com muita água, também era bem-abastecido de ligações ferroviárias. Logo que o trabalho começou em Birkenau, Himmler informou Hoess de que a Solução Final seria implementada e que o extermínio dos judeus da Europa agora era a política oficial, com Birkenau como centro principal de extermínio. A questão era: como matar grandes números de pessoas sem um banho de sangue, o que incomodaria os carrascos? E como descartar seus corpos? Metralhamentos em massa e injeções tóxicas de fenol no coração causariam tumulto e não eram confiáveis. Era necessário algo asséptico e impessoal.

Intoxicações por gás coletivas usando motores já tinham sido testadas, mas provaram ser muito limitadas. O vice de Hoess, Karl Fritsch, sugeriu experimentar o Zyklon B, um veneno usado em ratos e baratas e produzido por uma subsidiária da IG Farben, Degesch. Vinha em forma de pastilhas do tamanho de grãos de feijão, que, embebidas em ácido cianídrico, viravam um gás em lugares fechados e lotados. O Zyklon B deixava as pessoas inconscientes em apenas alguns minutos. Uma primeira tentativa foi feita com seiscentos prisioneiros de guerra soviéticos e duzentos homens doentes. Hoess ficou encantado com o resultado: não houve sangue nem estresse para os carrascos. A primeira câmara de gás construída, em uma casa de fazenda isolada, estava pronta para o uso em janeiro de 1942, um ano antes de as mulheres francesas chegarem a Birkenau; a segunda, em outra casa de fazenda, começou a funcionar em junho. Juntas, podiam matar 2 mil pessoas intoxicadas por dia. Os corpos, de início, eram enterrados em covas grandes, mas depois, para maior eficiência, eram encharcados com óleo e álcool de madeira e queimados.

Mas os campos de Auschwitz e Birkenau tinham ainda outro objetivo, que no fim de 1942 estava se tornando essencial para os alemães. Com cada vez mais soldados presos à frente do leste e uma escassez cada vez maior de suprimentos e armamentos para o Exército, os campos se tornaram centros importantes de trabalho escravo: os fortes e os que estavam em forma eram escolhidos e enviados para um dos muitos empreendimentos industriais que surgiam em torno dos campos, os fracos e enfermos eram "selecionados" na chegada e enviados diretamente para as câmaras de gás. A destruição por meio do trabalho duro e árduo e as punições serviriam ao objetivo final de extermínio com tanta eficácia quanto uma morte instantânea, com a vantagem de contribuir com os esforços de guerra alemães no meio-tempo. Como ouviu-se um oficial da SS dizer: "Vocês estão todos condenados à morte, mas a execução da sentença demorará um pouco."

No início de 1943, a presença da IG Farben, assim como a de outras grandes indústrias, já estava contribuindo para a expansão do campo e sua evolução para maior centro de extermínio industrializado nazista. Sob pressão para aumentar o fornecimento de combustível sintético, os homens da IG Farben provavam ser tão brutais quanto os guardas da SS, indo até os trens que chegavam para selecionar soldadores, químicos e eletricistas. Não havia misericórdia para os frágeis. As pedreiras, minas, fábricas e pântanos já eram armadilhas mortais para os homens e mulheres magros, doentes e mal-alimentados, sem roupas que os protegessem, acossados pelos cães, permanentemente aterrorizados.

Quando as francesas chegaram a Birkenau, as atividades duplas do campo estavam alcançando seu potencial pleno. Cada novo trem, em sua maioria lotados de judeus vindos dos guetos da Holanda, da França, da Bélgica, da Grécia, da Iugoslávia, da Tchecoslováquia e da Polônia, trazia um número pequeno — talvez de 10% a 15% de seu total — de pessoas consideradas fortes o suficiente para trabalhar até a morte. O restante — os idosos, os doentes, as crianças e as mulheres com bebês ou que estavam grávidas — eram enviados diretamente dos trilhos para as câmaras de gás.

Quatro novos crematórios, construídos pela Topf e Filhos, estavam quase prontos, assim como salas de despir subterrâneas, que não só aumentariam em muito a velocidade do processo de extermínio — teoricamente, 4.416 pessoas seriam "processadas" todos os dias —, mas também removeriam o cheiro de carne queimada que pairava na paisagem circundante. Sob o novo sistema simplificado, grupos de prisioneiros *Sonderkommando*[14] enchiam os fornos, tendo extraído

[14] Nome dado a grupos de prisioneiros do sexo masculino, mantidos separados e vivos para trabalhar nos crematórios, antes que eles mesmos fossem mortos e incinerados.

dentes de ouro para enviar de volta para o Reichsbank em lingotes e cortado os cabelos para usar como feltro e linha, tiravam as cinzas das grades e levavam os resíduos de caminhão até o rio Vístula. O 44º trem de judeus franceses de Drancy chegou a Birkenau pouco antes da chegada das mulheres francesas. Quase todas as pessoas a bordo foram para as câmaras de gás. Agora avançavam planos de receber populações ciganas da Europa ocupada.

Juntamente com sua função de campo de trabalho e extermínio, Birkenau vinha sendo, desde o final da primavera de 1942, o principal campo de mulheres no complexo de Auschwitz. Lá, em janeiro de 1943, viviam mais ou menos 15 mil mulheres de todos os cantos da Europa, em condições piores que as dos que estavam nas outras partes do campo. Além da terrível superlotação, havia falta de água crônica e latrinas que não eram mais que esgotos abertos de concreto afundados em lama e excrementos. Além de tifo, disenteria, tuberculose, escabiose e impetigo endêmicos, as mulheres sofriam de abscessos que pareciam nunca cicatrizar. Já com malnutrição severa, estavam morrendo a uma taxa de mais ou menos ⅕ de seu número todos os meses. Debilitadas, cobertas de feridas e com os membros inchados, habitavam um mundo no qual todos os padrões normais de comportamento desapareceram, em que homens e mulheres da SS, livres de restrições, exerciam um reino de violência, corrupção e despersonalização, em que não roubar e não mentir muito provavelmente resultariam em morte, e em que os piores traços a serem encontrados nos seres humanos, não os melhores, eram recompensados. E sobre elas presidia uma hierarquia de mulheres *kapos*, supervisoras das presas, e *Blockältesten*, "anciãs dos barracões", em sua maioria criminosas alemãs que colaboravam efetivamente com a SS, cuja própria sobrevivência dependia de sua brutalidade e cujas crueldade e sede de vingança eram famosas por serem piores que as de seus correspondentes masculinos.[15] Mais tarde, Primo Levi escreveria sobre as mulheres de Birkenau que "andavam pelo campo como

---

[15] A SS escolhia os prisioneiros mais dispostos a cumprir suas ordens, dava-lhes alguns privilégios e braçadeiras especiais e os colocava, com poderes quase ilimitados, acima dos outros: *kapos* para supervisionar grupos de trabalho, *Blockältesten* para manter a ordem, *Lagerältesten* que faziam relatórios diretos ao comandante do campo.

fantasmas, sem nenhuma vontade própria... Esses corpos errantes eram uma visão terrível".

Era nessa versão do inferno que as 230 francesas, algumas delas com quase ou pouco mais de sessenta anos, outras ainda estudantes, acostumadas a ter o suficiente para comer, camas quentes para dormir, roupas limpas e a civilidade e a decência de estranhos, agora se encontravam.

Marchando irregularmente nas fileiras de cinco mulheres, mantendo o passo o melhor que podiam, agarrando-se a seus poucos pertences, Charlotte ao chapéu de pele que ganhou de Louis Jouvet e madame van der Lee a seu casaco de lontra, as mulheres foram direcionadas para uma construção logo na entrada do perímetro do campo. O que viram, estendendo-se em filas ordenadas sobre uma área imensa coberta por neve branca, foram barracões, estruturas de um andar feitas de madeira ou pedra, quase como estábulos com pequenas janelas. Havia um corpo caído no caminho. Muito chocadas para absorver tudo aquilo, acotovelaram-se e passaram por cima dele.

Não havia calefação nos barracões para os quais foram levadas, mas depois da caminhada vacilante em um frio de agonizar, ficaram satisfeitas em se sentar, embora tudo o que encontraram para se sentarem foram beiradas de pedra e madeira de beliches que subiam em camadas de encontro ao teto. Ao meio-dia, duas prisioneiras usando roupas listradas chegaram com um caldeirão de um líquido quente, uma sopa rala, quase como mingau, feita de gramíneas, e tigelas vermelhas esmaltadas foram distribuídas. Nem todas tomaram a sopa, dizendo que as tigelas tinham um cheiro fétido e nauseante, e que preferiam esperar pelo pão. Não havia pão, disseram-lhes, e era melhor que comessem o que viesse para elas. Só mais tarde descobriram que o cheiro das tigelas vinha do fato de que as mulheres nos barracões, sofrendo de disenteria, nem sempre conseguiam chegar até as latrinas à noite, e então usavam as tigelas. Quando as francesas hesitaram, as alemãs e as polonesas, que já estavam no barracão quando elas chegaram, avançaram, lutando umas contra as outras para chegar à sopa.

Depois disso, as portas do barracão se abriram e um grupo de homens da SS entrou. Um deles deu um passo à frente e perguntou se havia uma dentista entre as francesas, pois o dentista do campo morrera recentemente. Danielle levantou a mão e foi levada para fora.

Agora começaria o processo de introdução à vida de Birkenau. Os nomes das mulheres foram chamados, com Marie-Claude agindo como intérprete. Foi ordenado que se despissem, colocassem as roupas e todos os pertences, incluindo quaisquer fotografias de suas famílias, em suas malas e escrevessem seus nomes nelas. Com alguma destreza, Charlotte conseguiu ficar com seu relógio. Forçada a entregar a fotografia de Claude, Annette Epaud encontrou uma maneira de esconder o desenho que tinha dele.

Foram levadas para um cômodo onde outras prisioneiras estavam esperando com tesouras para cortar seus cabelos, chegando o mais perto que podiam do couro cabeludo. Seus pelos pubianos também foram cortados enquanto outra mulher limpava as partes raspadas e carecas com um pano embebido em gasolina como desinfetante. "Vejam", disse Josée Alonso, que foi a primeira e cujo bom humor havia animado tanto as mulheres em Romainville, "vocês todas poderão ficar tão elegantes quanto eu". Quando chegou a vez de Hélène Brabander, de dezoito anos, cujos pai, François, que era médico, e irmão, Romuald, desceram do trem em Sachsenhausen, sua mãe, Sophie, pegou a tesoura e cortou ela mesma o cabelo da filha. Janine Herschel, uma das pouquíssimas judias no trem — embora, tendo usado uma certidão de batismo falsa, ninguém soubesse que era judia —, ofereceu a um guarda da SS um relógio de ouro, cravejado de diamantes, em troca de poupar seu cabelo loiro. O homem da SS pegou o relógio e o cabelo de Janine foi cortado mesmo assim.

Não havia água suficiente para um banho, então deitaram-nas nuas em um cômodo cheio de vapor. Algumas das mulheres nunca haviam tirado a roupa na frente de estranhos antes. Encolheram-se quando guardas da SS, homens e mulheres, vieram e riram de seus corpos nus. Simone, olhando desesperadamente em volta procurando por um rosto que reconhecesse entre as cabeças carecas, ouviu Cécile gritar: "Venha aqui, venha e sente-se conosco."

Depois disso veio a tatuagem, uma série de alfinetadas, o número de cada mulher correspondendo ao transporte em que havia chegado ao campo — o delas era o transporte dos 31.000 —, traçado no lado de dentro do antebraço esquerdo por um prisioneiro francês judeu, que garantiu que não doeria. Sentiram que estavam sendo marcadas, como gado. Charlotte tornou-se a número 31.661, Cécile, 31.650, Betty, 31.668. As 230 mulheres, para sempre, seriam conhecidas como o "comboio dos 31.000".

Em seguida, ainda nuas, foram levadas para mais um cômodo, este cheio do que pareciam trapos empilhados no chão, onde outras prisioneiras estavam esperando para entregar a cada mulher um colete sem mangas, calçolas cinza que iam até os joelhos, um lenço, um vestido, uma jaqueta e meias cinza grossas e sem elástico. As peças de vestuário eram todas feitas com o mesmo tecido listrado. Pegaram o que lhes foi dado, independentemente de tamanho, as mulheres altas comprimidas em vestidos pequenos, as baixas envoltas em jaquetas que pareciam sacos. O que era pior: as roupas estavam imundas, com manchas de sangue, pus e fezes, e úmidas devido a tentativas rudimentares de desinfecção. Quando chegou a vez de Simone pegar os sapatos, havia apenas tamancos, com uma faixa de tecido mal pregada em cima, o que significava que seus dedos e calcanhares ficariam nus. Era difícil caminhar com aqueles tamancos. Madô pegou chinelos de feltro rasgado.

Sua última tarefa foi costurar em cada jaqueta e vestido seu número, assim como um F, de francês, e um triângulo vermelho. Quando perguntaram o que o triângulo significava, disseram-lhes que correspondia ao *status* de prisioneiras políticas, presas por "atividades antialemãs", e que seria bom aprenderem o significado dos outros símbolos: verde para prisioneiros criminais, roxo para Testemunhas de Jeová, preto para "associais", rosa para homossexuais e uma estrela de Davi de seis pontas para os judeus. Alguns prisioneiros usavam uma combinação de símbolos — como judeus, "profanadores da raça", reincidentes e criminosos.

As mulheres descobriram que eram consideradas "perigosas" e que os outros prisioneiros receberam ordens de virar as costas para elas quando passassem. Uma holandesa na sala de costura perguntou:

"Quantas vocês são?" Ao ser informada de que eram 230, disse: "Em um mês haverá apenas trinta de vocês." Ela mesma, completou, era uma de mil mulheres que chegaram em um trem vindo da Holanda em outubro: agora era a única que ainda estava viva. Se as outras foram executadas? "Não", respondeu, "morreram depois das chamadas, horas e horas em pé na neve e no gelo". Era mais fácil, mais confortável, não acreditar nela. Quando as francesas voltaram para os barracões, o frio congelante fez com que suas roupas úmidas ficassem duras, congeladas.

O Bloco 14 foi o local para onde as mulheres foram levadas todas juntas, para seu imenso alívio. Era um bloco de quarentena; seria ali que passariam as primeiras quarenta noites em Birkenau, embora em uma manhã tenham sido levadas para o campo dos homens a fim de serem fotografadas e medidas. Poupadas dos trabalhos que mais tarde as levariam para as fábricas, as olarias e os pântanos, não foram dispensadas das chamadas — muito em breve entenderiam o aviso da holandesa. Às 3h30 da manhã, muito antes de a luz aparecer, todas as mulheres do campo eram tiradas de seus beliches e barracões por *kapos* com chicotes, para ficar na lama pegajosa e na neve esperando a chegada da SS, que viria contá-las.

Desde o início as francesas ficaram juntas, em grupos, cada uma colocando as mãos sob os braços da mulher à frente, as filas mudando constantemente para que ninguém ficasse muito tempo do lado de fora. "Nos agarramos umas às outras", Madeleine Dissoubray diria mais tarde. "Se alguém estivesse com muito frio, deixávamos que ficasse no meio." Usando o relógio de Charlotte, decidiram que trocariam de lugar a cada quinze minutos. Para lidar com o frio extremo, Charlotte tentava fingir que estava em outro lugar, recitava poemas para si mesma a fim de "continuar eu mesma", mas a realidade do frio e da exaustão era muito poderosa. Uma das mulheres não estava conseguindo ficar em pé, e um guarda bateu nela. Adelaïde foi ajudá-la e também apanhou. As francesas estavam aterrorizadas e confusas.

Com o amanhecer, a contagem começava. Quando os números não batiam, a contagem começava novamente. As filas tinham que ser organizadas, os quadrados de mulheres, perfeitamente formados. Os guardas gritavam, empurravam, proferiam golpes; os cães rosnavam e atacavam. As chamadas podiam durar muitas horas, e eram repetidas ao final de cada dia. Era impossível limpar a lama e os excrementos que grudavam nos pés das mulheres, e a sujeira assombrava seus sonhos. Lulu ficava pensando na lama e nas trincheiras da Primeira Guerra Mundial, e em seu pai em Verdun. Cair durante as chamadas poderia significar a morte, pois não havia como se limpar ou trocar de roupa, e as roupas enlameadas e úmidas congelavam nas costas. Perder sapatos também poderia trazer a morte, já que não havia outros. Mulheres vistas descalças muitas vezes eram enviadas diretamente para as câmaras de gás, já que era mais fácil substituir mulheres do que sapatos. A cada amanhecer, Charlotte se perguntava se sobreviveria mais um dia. Em uma manhã, desmaiou, mas Viva a segurou e deu-lhe um tapa para que acordasse.

Quando as francesas chegaram a Birkenau, ficou claro que nem todas escolheriam, ou conseguiriam escolher, sobreviver. Um olhar de morte ficou impresso no rosto de algumas. Havia algo degradante demais, assustador demais, para algumas delas suportarem. Usar as latrinas significava caminhar em meio a excrementos e agachar-se sobre um esgoto aberto, tentando não cair lá dentro. Acostumadas à ordem e à previsibilidade, não tinham a força ou o desejo de se ajustar a um mundo cujas regras pareciam tão arbitrárias e bárbaras.

As primeiras a morrer foram as mais velhas, mas do que exatamente morreram era difícil dizer, para além do choque. Marie Gabb, que tinha 53 anos e pertencera às redes da Resistência nos arredores de Tours, morreu no primeiro dia em Birkenau, antes mesmo da chamada. Logo depois, na segunda chamada, Léona Bouillard foi ao chão. Quando suas vizinhas tentaram levantá-la, descobriram que estava morta. Léona tinha 57 anos, vinha das Ardenas e era popular entre as mais jovens por sua gentileza; consideravam-na sua avó e a chamavam de Nanna Bouillard. Quatro mulheres carregaram seu corpo de volta ao barracão.

Depois dela veio Léa Lambert, de cinquenta anos, que havia abrigado prisioneiros que fugiam da Alemanha. E então Suzanne Costentin, uma professora amiga de Madeleine e Germaine, presa por escrever um tratado sobre os homens executados como reféns, que apanhou tanto de um guarda que seu corpo ficou inteiramente machucado. Suzanne morreu quando seus dedos das mãos e dos pés ficaram tão congelados, com ulceração e gangrena, que não conseguia mais subir em seu beliche. Yvonne Cavé, cujos pais administravam uma fazenda de cogumelos e cujo único crime parece ter sido o de amaldiçoar um jovem francês enfeitado com seu novo uniforme de voluntário da Alemanha, morreu porque seus sapatos foram roubados durante a noite. De manhã, forçada a ir descalça para a chamada, que foi especialmente longa aquele dia, teve ulceração nos pés. Com o passar do dia suas pernas ficaram cada vez mais inchadas; morreu quando a noite caía.

Nem Antoine Bibault, nem Jeanne Hervé, nem Lucienne Ferre — as três *délatrices* suspeitas de terem informado os alemães a respeito da Resistência — sobreviveram por muito tempo. Marginalizadas pelo grupo, logo ficaram indefesas. Muitos anos mais tarde, ao ser indagada quanto ao porquê de aquelas mulheres terem morrido tão rápido, Cécile disse apenas: "Elas morreram. Isso é tudo." Sabendo que não sobreviveria por muito tempo, Lucienne disse a Hélène Bolleau: "Bem, só estou recebendo o que mereço." Ela tinha 21 anos.

Quando fazia mais ou menos uma semana desde que as mulheres estavam em Birkenau, a chamada da manhã tomou uma forma um pouco diferente. Um médico da SS perguntou, com voz surpreendentemente suave, se havia alguma mulher entre elas que se sentia muito frágil para essas longas chamadas e preferia não participar delas. Magda, a *kapo* tcheca do Bloco 14, uma mulher de quem as outras começavam a gostar, cutucou Marie-Claude, que, sem parar em sua tradução, adicionou as palavras: "mas é melhor que não admitam." Muitas das mulheres, cujas mãos já estavam levantadas, abaixaram-nas, mas não Marie Chaux, a viúva de Chalon-sur-Saône, que um dia abrigou resistentes em sua pensão. Madame Chaux era uma mulher muito baixa e estava em pé no fundo das filas. Subindo nas pontas dos pés, gritou: "Eu. Eu tenho 67 anos." E então Marie Dubois, cujo café em Saint-Denis fora ponto de encontro e entrega de cartas para a Resistência, também levantou a mão, apesar de Marie-Elisa Nordmann, que estava ao lado dela, ter implorado que não o fizesse. "Fique conosco. Você não sabe para onde vão levá-la." Mas madame Dubois manteve a mão levantada assim mesmo. "*Komm*", disse o médico da SS, e levou as duas mulheres, mas para onde foram levadas ninguém sabia. Quando Cécile perguntou a uma judia no barracão o que havia acontecido a seus pais, e ela lhe contou que eles "viraram fumaça", ela ainda não entendeu o que isso significava.

O que ficou claro para as mulheres mais jovens e mais fortes, principalmente para aquelas que, como Cécile, estavam acostumadas a vidas difíceis e à disciplina do Partido Comunista, foi que para sobreviver as mulheres teriam que assumir algum tipo de controle sobre o que estava acontecendo com elas. Não podiam, diziam umas às outras, tornarem-se vítimas, vulneráveis a qualquer desvio do acaso. Precisavam se organizar, tentar entender o que havia a sua volta, para que pudessem navegar pelos perigos e responder rápido o bastante às ordens gritadas no jargão do campo, com sua mistura de polonês, iídiche, silesiano e alemão.

Na terceira manhã, ao voltarem da chamada duras, com frio e com fome, Maï, Viva e Charlotte sugeriram que todas as mulheres se exercitassem juntas. Isso as tornaria fortes, diziam, daria a elas energia e esperança. Forçando as companheiras a saírem, a pularem e a se alongarem, foram vistas por outro grupo de mulheres, a caminho do trabalho forçado. "Vocês devem estar loucas", uma delas gritou. "Não gastem energia. Vocês precisarão dela." Maï tentou dar uns passos de danças folclóricas. As mulheres sabiam que pareciam loucas, como Adelaïde escreveu mais tarde, movendo-se desajeitadas em suas roupas listradas sem caimento, "mas aquilo nos proporcionava um sentimento de sermos nós mesmas". O terror completo de Birkenau ainda estava por atingi-las.

Não demorou muito a chegar. No dia 10 de fevereiro, completadas quarenta noites no acampamento, todo o contingente de 15 mil mulheres foi acordado às três da manhã para a chamada. Mas dessa vez não chegou a elas nenhuma ordem para que voltassem a seus barracões. A aurora veio e se foi. Um vento amargo soprava vindo dos Cárpatos e a respiração das mulheres parecia congelar dentro de suas cabeças. Era um dia azul, claro e brilhante e o sol na neve era rigoroso e ofuscante. Ficaram em pé, inertes, sentindo um frio glacial. Os guardas da SS, em suas capas pesadas e seus sobretudos, circulavam com cães, também envoltos em casacos quentes. Um oficial da SS a cavalo veio olhar, e então foi embora. "Fiquem firmes", gritou Marie-Claude, "fiquem calmas". Charlotte percebeu que não havia pássaros além de corvos na planície vasta que as rodeava.

Aqui e ali, uma a uma ou duas a duas, quebrando o padrão organizado das filas, mulheres começaram a cair e a permanecer imóveis na neve. As horas passavam. As vivas tentavam esfregar as costas umas das outras, conversar umas com as outras. Quando batiam os pés, não fazia barulho na neve. Madeleine disse a Simone, que estava a seu lado: "Mexa os pés dentro das meias." "Não posso", Simone respondeu, "não tenho meias, perdi as minhas". Suas vizinhas então se aproximavam ainda mais em volta dela e a forçavam a mexer os pés.

No fim da manhã, o som dos caminhões foi ouvido. Virando a cabeça para olhar, as mulheres viram que estavam cheios de corpos, cadáveres nus empilhados uns em cima dos outros, braços e pernas se destacando em diferentes ângulos. Um sussurro passou pelas filas: "Estão esvaziando o Bloco 25." O Bloco 25, como agora sabiam, era a antecâmara da morte, o barracão para o qual os frágeis e doentes eram levados para morrer. O que era tão aterrorizante era que nem todos os corpos estavam imóveis, e, conforme os caminhões passavam, entre as cabeças raspadas e estreitas, como de meninos, podiam ser vistos rostos gritando por ajuda. Em um caminhão, em pé, com uma postura que transmitia tanto dignidade quanto ódio, estava uma mulher muito jovem, com a cabeça recém-raspada. "Quanto a nós", Charlotte escreveria mais tarde, "estávamos muradas, no gelo, na luz, no silêncio".

Estava escurecendo quando finalmente foi dada a ordem para que andassem. A paisagem estava nebulosa no crepúsculo e as bordas das árvores estavam embaçadas. Ainda assim, o calvário não tinha terminado. Tropeçando, dando o que Charlotte descreveu como passos "encolhidos", apoiando-se umas nas outras, andando roboticamente sobre pernas tão frias que não tinham qualquer tipo de sensação, as mulheres foram quieta e silenciosamente para os barracões. À volta estavam os corpos daquelas que caíram durante o dia. A neve, até onde os olhos podiam ver, estava manchada de diarreia. Os pés descalços de Simone se recusaram a se mover, e Madeleine a segurou e a empurrou para a frente. Mais tarde, Simone se lembraria de que, incapaz de falar, com o corpo paralisado, repetia para si mesma: "Eu vou superar isso. Eu vou."

Quando se aproximaram dos portões, Josée, que estava andando à frente, mandou uma mensagem urgente para o fim das filas: "Quando chegarem perto, corram." Foi então que as mulheres perceberam que duas fileiras de guardas da SS, homens e mulheres, e *kapos* também, haviam entrado em formação, cada um segurando um cassetete, chicote ou cinto, deixando um corredor pelo qual as mulheres tinham que passar e gritando "*Schnell! Schnell!*" [Rápido! Rápido!]. Arrastando-se, dando encontrões, mantendo os braços congelados acima da cabeça para repelir os golpes, as mulheres começaram a correr. Hélène Bolleau, perto da mãe, Emma, pegou em seu braço para ajudá-la. Enquanto corriam, retardatárias eram tiradas da fila pelos guardas e jogadas para o lado. Hélène Solomon. ajudou Alice Viterbo, cuja perna de pau fazia com que fosse quase impossível correr na neve. Pediu que se agarrasse com força a seu casaco. Mas então Alice caiu, e Hélène se viu sozinha. Olhando para trás, viu Alice ser agarrada e puxada para fora da fila. Continuou correndo.

Nos barracões, houve uma contagem desesperada. "Quem está de volta? Onde está Viva? Charlotte está aqui?" Contavam várias vezes: quatorze não estavam ali. As outras mulheres, em silêncio, esperavam; ninguém mais voltou.

A *kapo* Magda apareceu e pediu por voluntárias para coletar os corpos daquelas que caíram. Queria levar Simone, mas ela, em choque e congelada, não conseguia se mover. Cécile se ofereceu para ir em seu lugar. Ela queria, disse, ver o que tinha acontecido com todas. Quando voltou, estava chorando. Coletando os corpos, em uma longa fila de mulheres com macas carregando para longe as mortas, encontrou uma mulher ainda viva que agarrou desesperadamente seu tornozelo, implorando para ser salva. Então, um guarda a viu e partiu sua cabeça com um cassetete. Enquanto Cécile falava, os dentes batendo e lágrimas correndo em seu rosto, as outras mulheres se juntaram em torno dela, esfregando suas costas, para confortá-la e aquecê-la.

Naquele dia, 10 de fevereiro de 1943, mil mulheres morreram em Birkenau. Mais tarde afirmou-se que a *course*, a corrida, fora um ato de vingança por parte da SS. No dia 2 de fevereiro, Stalingrado finalmente caía diante dos russos; 100 mil soldados alemães e 25 generais foram levados como prisioneiros.

Entre as quatorze francesas que morreram, estavam madame van der Lee, cujo casaco de lontra há muito tinha sido levado para aquecer os guardas e quem as mulheres próximas a ela diziam ter enlouquecido, em pé durante todas aquelas horas no frio, Sophie Brabander, cuja filha, Hélène, não pôde fazer nada para ajudá-la, e Yvonne B., cujo sobrenome nunca foi dito para proteger sua identidade, mulher de um fazendeiro de Indre-et-Loire; ela tinha apenas 24 anos e estava grávida. Se Yvonne tivesse dito aos guardas de Romainville que estava grávida, em vez de ter ficado com tanta vergonha de assumir, talvez nem fosse enviada para Birkenau; mas o marido de Yvonne era prisioneiro de guerra na Alemanha desde 1940, e ela sentia vergonha.

Sophie Gigand, de 45 anos, também morreu, mas o quanto ela se importava em viver ninguém sabia ao certo, pois sua filha Andrée, que tinha 21 anos, morrera ao chegar ao campo, quase despercebida na multidão de mulheres atordoadas. Aminthe Guillon estava morta, embora Yvette, sua nora, tivesse conseguido voltar em segurança. As causas dessas mortes, inscritas no registro do campo, foram marcadas aleatoriamente; em alguns dias, todas as mortes eram anotadas como consequências de uma pneumonia, ou de um ataque cardíaco. Foi dito que Aminthe morreu devido a uma válvula cardíaca bloqueada. As mortes enchiam as sobreviventes de pavor. Se todas aquelas mulheres podiam morrer tão de repente, tão arbitrariamente, como elas poderiam esperar sobreviver? Mais tarde, olhando para todos os corpos empilhados do lado de fora do Bloco 25, tentando encontrar suas amigas, as mulheres viram ratos, do tamanho de gatos, cavando entre os corpos congelados. Durante um tempo, Alice Viterbo, levada para o Bloco 25 depois de cair na neve com sua perna de pau, continuou viva. De seu barracão, as outras mulheres conseguiam vê-la na janela. Alice gritava, implorando que deixassem que Danielle lhe trouxesse veneno. Então, uma manhã, Simone viu algo jogado na neve. Quando foi até lá, descobriu que era a perna de pau de Alice.

Chamou as outras, e elas foram olhar. Durante muitas semanas a perna ficou ali. Um dia, sumiu.

Das francesas, 27 estavam mortas. Morreram ainda sem saber onde estavam. Dois dias depois, as sobreviventes foram transferidas do Bloco 14 para o Bloco 26. Agora, Poupette escreveria mais tarde, é que descobririam o real significado de inferno.

Por mais terríveis que fossem as chamadas, ficar em quarentena permitia às francesas passar as horas entre uma chamada e outra em relativos abrigo e segurança. Transferidas para o Bloco 26, viram-se compartilhando o espaço com algumas mulheres polonesas, oito para cada beliche, em algo que parecia mais uma gaiola de coelhos aberta. A cama de baixo era no chão, permanentemente úmida de neve derretida e urina. Deitaram umas com a cabeça aos pés das outras, 24 em cada gaiolinha, oito em cada beliche, compartilhando seus cobertores finos de algodão. Na manhã seguinte, a distribuição das tarefas começou. Fazia dezessete dias que as mulheres haviam tomado banho e trocado de roupa, e muitos mais que haviam feito uma refeição decente. Estavam fracas, famintas e exaustas. Depois de uma tigela de café aguado e a chamada interminável da manhã, marcharam para fora do campo, através de rajadas de vento e de neve que mais pareciam uma parede sólida.

Na primavera de 1943, o trabalho continuava na expansão de Birkenau: ainda havia prédios a serem derrubados e limpos e os pântanos eram drenados para projetos agrícolas ou para serem transformados em tanques de peixes. Na primeira manhã, as mulheres caminharam, por quase duas horas, em filas de cinco, com os guardas gritando *"Links! Zwei! Drei!"* [Esquerda! Dois! Três!], segurando os braços umas das outras para não escorregar no gelo com seus sapatos inadequados. Para manter os ânimos, cantavam. Havia tanta neblina que Charlotte Delbo não conseguia afastar a preocupação de que se separariam. Eram sustentadas pelas outras aquelas cujas pernas inchadas tornavam difícil o simples ato de caminhar. Quando chegaram a um campo pantanoso, receberam pás, baldes e carrinhos de mão sem rodas, que tinham de ser carregados com lama e pedras e levados a uma vala para serem esvaziados. O dia todo, exceto por uma pausa no final da manhã, quando uma sopa morna e rala de nabo e repolho chegou, escavaram o gelo, levantando a pá e abaixando, cambaleando e caindo com o peso. Com a temperatura muito abaixo de zero, o metal ficava grudado em suas mãos.

Quando um sol pálido subiu e o gelo começou a derreter, seus pés afundavam ainda mais na lama, e logo estavam em pé com os tornozelos afundados em lama e água congelantes. Mulheres desacostumadas ao trabalho físico, cujas vidas foram passadas em escritórios e salas de aula, consideravam o trabalho muito doloroso. Suas costas, seus braços e suas pernas doíam. Os guardas da SS, bem-alimentados e vestindo roupas quentes, acendiam um fogo, em volta do qual se agachavam, e se as mulheres parassem o trabalho, mandavam oscães rosnarem em seus calcanhares, ou vinham eles mesmos proferir golpes. De todo o pântano nebuloso era possível ouvir gritos e choros de dor. Charlotte, vendo as filas de mulheres trabalhando, pensou que deviam parecer formigas, "um friso de sombras contra a luz". Viva e Lulu, fortes e de temperamento animado, faziam o melhor que podiam para manter o ânimo das outras. As pás ficavam cada vez mais pesadas. As mulheres sentiam-se febris. Ao anoitecer, quando o apito soou para que parassem o trabalho, descobriram que todas as francesas haviam sobrevivido ao dia. Nem todas as polonesas sobreviveram, e elas tiveram de esperar que os corpos das mortas fossem coletados. Então vieram a caminhada de duas horas de volta ao campo e a chamada noturna. Estava escuro quando chegaram ao barracão.

Após três semanas em Birkenau, um transporte chegou de Paris, trazendo mais judeus de Drancy. Nele estava Gisèle Kotlerewsky, cuja mãe, Marguerite — que não era judia —, estava com as francesas no Bloco 26. Gisèle, que tinha dezenove anos, não foi selecionada com a maioria das outras na rampa, mas direcionada a juntar-se ao campo das trabalhadoras. Naquela noite, foi encontrar a mãe. Agarraram-se uma à outra e choraram. Então Gisèle largou a mãe e gritou: "Por que sou judia? Por que isso está acontecendo comigo? Viu só o que você fez! Olhe para mim!" Marguerite ficou envergonhada e arrasada. Logo depois, quando foi novamente encontrar a mãe, Gisèle apanhou de um dos guardas da SS, que quebrou seu nariz e feriu gravemente seu olho. Marguerite conseguiu arranjar um pouco de água e lavou o rosto da filha, mas alguns dias depois Gisèle morreu. Marguerite parou de comer, e também morreu. Hélène Bolleau viu seu corpo em uma pilha do lado de fora do Bloco 25.

Meio litro de café preto pela manhã, sopa aguada ao meio-dia, 300g de pão com — se tivessem sorte — um pouco de margarina, um pedacinho de salsicha, queijo ou geleia à noite não era o suficiente para fazer com que o corpo das mulheres parasse de se encolher e de se alimentar de si mesmo, a gordura desaparecendo primeiro, e em seguida os músculos. A comida nunca variava. Deixava as prisioneiras famintas, inchadas e com uma necessidade constante de urinar; o estômago estufado como se estivessem grávidas. Cécile continuava dizendo que não era ruim para ela, já que passara a maior parte da infância com fome, mas Marie Alizon, que havia chegado a Birkenau uma jovem saudável e ativa, era atormentada por desejos de comida.

Uma noite, Simone sonhou que um cavalo havia se deitado diante dela, e sua fome era tanta que pegou uma faca e cortou um pedaço de sua carne, mas então o cavalo começou a chorar e ela chorou também. Todas estavam ficando magras, esqueléticas, os ossos começando a se projetar. As cabeças raspadas, onde o cabelo crescia em tufos e amontoados, faziam Simone pensar em porcos-espinhos; seus rostos estavam magros e pálidos e pareciam mais longos e mais cheios de linhas. Seus seios desapareceram e caíam em pregas soltas. Infestadas de piolhos e pulgas, tão numerosos que ao sol pareciam formigas, as mulheres se coçavam sem parar. Muitas tinham feridas que inflamavam, supuravam e não saravam. Quando se dirigiam para os pântanos, tinham o andar de pessoas presas havia muito, com a cabeça e o pescoço projetados para a frente, como se puxassem o peso de seus corpos relutantes atrás de si, as pernas sem forma e inchadas, os lábios pretos do frio ou vermelhos devido ao sangramento das gengivas. Jacqueline, cuja voz musical dava às mulheres esperança, desenvolveu um abscesso no ombro, que se espalhou rapidamente. Deitada, à beira da morte, seu corpo estava coberto de piolhos.

Mas era a sede e não a fome que assombrava Charlotte, uma sede agonizante e incessante que fazia suas mandíbulas grudarem uma na outra e seus dentes parecerem colados às bochechas. O campo das mulheres tinha apenas uma torneira para 12 mil prisioneiras, e ela era ferozmente guardada pelos triângulos verdes, os prisioneiros criminais alemães. Charlotte estava ficando cada vez mais obcecada. Para horror e medo das outras, andando uma manhã em direção aos pântanos, deixou a fila e foi até um riacho lamber o gelo. Os guardas não a viram. Mais tarde, bebeu a água enlameada dos pântanos. À noite, de volta ao barracão, trocou sua pequena porção de pão por uma xícara de chá. Sonhava com laranjas, o suco fluindo por sua garganta.

Então chegou o dia em que, designada para um trabalho de plantação de árvores com Viva e Lulu, seu desespero foi tanto que ela temeu estar enlouquecendo. Naquela noite, as amigas trocaram todo seu pão por um balde cheio de água. Quando deram o balde a ela, Charlotte mergulhou a cabeça, como se fosse um cavalo, e bebeu até chegar ao fundo. Seu estômago inchou de forma alarmante. Mas como por algum tipo de milagre, ela estava curada. A obsessão desapareceu. Mais tarde, diria que se pensou em suicídio rejeitou a ideia. Em um lugar de mortes constantes, o objetivo imediato não era morrer, mas viver, conseguir o suficiente para comer e beber, a fim de manter-se aquecida. Isso era tudo em que ela pensava.

Agora as francesas não tinham mais qualquer ilusão a respeito da fumaça que subia das chaminés na extremidade distante do campo e enchia suas bocas, gargantas e pulmões com um gosto enjoativo, nauseante. Viam por si mesmas o modo como as chaminés expeliam chamas mais ou menos 45 minutos depois da chegada de um trem de judeus. O que assombrava Marie-Elisa Nordmann era o pensamento de que sua mãe poderia estar em um dos trens. Quando, então, viam os caminhões carregando os mortos e moribundos do Bloco 25, sabiam que aqueles que ainda estavam vivos também seriam jogados diretamente nas chamas, juntamente com os mortos. "Era uma batalha incessante", diria Madeleine, "com nós mesmas, para não desistir".

Voltando de dias longos nos pântanos, Cécile sentia-se culpada por, ao sentir o cheiro da fumaça amarga, ficar aliviada, pois sabia que não faltava muito ainda a caminhar. À noite, sonhava com o cheiro, o que fazia com que pensasse em carcaças fervidas de animais. Olhando em volta para suas companheiras magras e doentes, sabendo que a maioria logo estaria morta, frequentemente via a si mesma no monte de cadáveres. "Eu não sei se alguma delas sentia esperança", disse mais tarde. "Mas eu nunca senti." Raramente chorava, diria, porque estava em tal estado permanente de horror que as lágrimas não vinham. Mas quando Josée, que revidava quando as *kapos* batiam nela, apanhou com tamanha brutalidade que morreu, Cécile chorou. Se Josée, tão forte, tão corajosa, não havia sobrevivido, como ela sobreviveria?

Um domingo, o apito para a chamada soou mais cedo que o normal. Como ainda estava fraca devido ao dia da *course*, Simone demorou mais do que o normal para pegar seus sapatos, e, assim, viu-se separada das outras. Estava em pé em uma fila de polonesas quando um caminhão com homens da SS parou perto delas. Um deles se inclinou para fora e indicou um grupo de mulheres que deveriam sair da fila. Uma delas era mãe e estava com duas meninas gêmeas de oito ou nove anos. Agarrou-se às filhas, mas foi arrancada de seus braços e empurrada para o caminhão, que em seguida foi embora. As meninas, deixadas sozinhas, ficaram chorando. Simone tomou uma em cada mão e, quando o apito soou para voltarem aos barracões, levou-as consigo, cantando para elas. Entretanto, duas mulheres da SS apareceram, soltaram seus cães e deram uma ordem em alemão. Os cães pularam sobre as meninas e agarraram-nas pela garganta. Simone ficou paralisada. Quando os cães foram ordenados a soltar, as meninas estavam mortas, seus rostos, irreconhecíveis. Simone continuou segurando as mãos delas, os corpos pendurados, frouxos, a seu lado. Cécile e Charlotte, vendo o que tinha acontecido, correram até lá, arrastaram Simone para longe e então carregaram-na de volta para o barracão. Durante vários dias ela não disse uma palavra.

Cenas como essa passaram a ser constantes. Berthe Lapeyrade, presa pelos homens de Poinsot nas batidas em Bordeaux, desabou um dia nos pântanos e se recusou a se levantar. Um guarda da SS pegou uma pá e a espancou. Naquela noite, Lulu, Viva, Charlotte e Cécile carregaram seu corpo de volta para o campo, porque nenhuma delas poderia ser deixada nos pântanos — ou os números não bateriam na chamada. Tiveram de parar a toda hora a fim de dobrar as mãos de Berthe sobre seu peito, impedindo que caíssem na lama. À medida que cambaleavam, sentiam-se divididas entre alívio por ela, por agora estar livre daquele sofrimento, e desespero por ter que carregar seu corpo pesado de volta ao campo. Pouco depois disso, Alice Varailhon encontrou o corpo de uma garotinha jogado perto de um poço com uma boneca nos braços. Pegando a boneca e bradando furiosamente na direção dos guardas da SS, Alice gritou: "Assassinos!" Um dos homens sacou calmamente seu revólver e atirou nela. Naquela noite, Hélène Bolleau e as outras ajudaram-na a voltar ao campo; ela morreu logo depois da chamada.

Um dia, na volta dos pântanos, as mulheres passaram por um grupo de homens especialmente magros, tão reduzidos pela inanição que mal pareciam humanos. Tendo ainda um pouco de pão, jogaram-no na direção dos homens. Em um instante eles estavam brigando, despedaçando o pão ao tirá-lo das mãos uns dos outros. Seus olhos fizeram Charlotte pensar em lobos. Os guardas da SS soltaram os cães neles.

Eram poucos os dias, agora, em que as mulheres não testemunhavam assassinatos e mortes, mulheres enlouquecidas pela fome e pela miséria, atacadas por cães e espancadas por guardas. No dia 20 de fevereiro, Annette Epaud, cujo café em La Rochelle havia abrigado tantos resistentes, e cujo filho de quinze anos, Claude, a havia visto jogar revólveres no rio, levou um pouco de água para uma mulher que estava chorando copiosamente por uma bebida havia muitas horas. "*Wasser, Wasser, Wasser.*" Annette levou a água até ela em um copo e passou-o pelas grades. Mas foi vista por uma guarda da SS chamada Hasse, que estava passando por ali com seu cão alsaciano. Hasse correu até ela, agarrou-a pelo pescoço e jogou-a no Bloco 25. Annette foi capaz apenas de entregar o desenho de Claude, que havia conseguido manter com ela durante todo esse tempo por milagre, a Félicienne Bierge, que prometeu cuidar dele.

Alguns dias depois, enquanto estavam na chamada, as amigas viram Annette, em pé no caminhão que levava os doentes e mortos para o crematório. Vendo-as, ela gritou: "Danielle, cuide do meu filho!" O medo consumia a todas agora, medo de sentir mais frio, de levar uma mordida dos cães, de levar uma surra das *kapos*, de cair e, tão ruim quanto qualquer outra coisa, de serem separadas de suas amigas.

Conforme os dias passavam, as mulheres aprendiam de quais guardas deveriam ter mais medo. Todos, tanto os homens quanto as mulheres, haviam sido treinados segundo um programa prussiano rigoroso, em que lhes disseram que se mostrassem sinais de "suavidade" seriam afastados de suas posições e humilhados diante de seus colegas. Havia a brutal matrona Margot Drechsler, uma mulher de trinta e poucos anos que havia chegado a Birkenau em outubro de 1942 e costumava soltar seu cão alsaciano na direção das mulheres a qualquer pequena infração das regras, e estava presente em muitas das seleções. Drechsler tinha dentes grandes e projetados como os de um cavalo e era conhecida pelas mulheres como *Kostucha*, a ceifadeira. Quando os caminhões saíam do Bloco 25, levando os mortos e os moribundos, Drechsler sorria e acenava. Todos tinham medo dela. Muitas vezes ela ficava à porta dos barracões com seu cajado, puxando as pessoas para fora para irem para a câmara de gás. Em um pedaço de terra, com vista plena para os barracões, Drechsler e os outros treinavam seus cães usando bonecos vestidos com roupas listradas, incitando-os a morder e arrancar pedaços. Uma de suas ajudantes era uma polonesa muito bonita, Stenia, que fora designada a anciã do barracão. Sentia prazer em chutar os baldes com água assim que as mulheres os traziam para os barracões e em gritar obscenidades para elas quando caíam.

Havia também o *Rapportführer* Adolf Taube, um homem grande e pesado que lembrava um touro às mulheres — Taube sentia um grande prazer em caçar as mulheres mais jovens. Durante as chamadas, gostava de fazer as mulheres judias se ajoelharem, com as mãos sobre a cabeça, na lama gelada. Como Marie-Elisa diria mais tarde, se era terrível para as francesas, era muito pior para as judias, sobre quem os guardas despejavam seu sadismo e que pareciam especialmente indefesas contra a degradação sem fim, a nudez pública e o abuso verbal. Taube era "seu pior torturador". Quando Suzanne Roze, uma mulher forte, musculosa e robusta devido a ter, por muitos anos, transportado máquinas de escrever e mimeógrafos para a Resistência, ficou doente e foi escondida pelas demais mulheres atrás dos beliches, foi descoberta por Taube e espancada até a morte. Havia ajudado Madeleine Dissoubray a administrar as redes em Ruão. E não eram apenas a SS e as *kapos* que eram tão letais. Algumas das prisioneiras não eram menos cruéis. Léa Kerisit era uma enfermeira de Tours, onde havia pertencido à rede de *passeurs*. Enviada para trabalhar em uma enfermaria para prisioneiras criminais alemãs — porque se tratava de mulheres alemãs, as condições eram melhores —, apanhou repetidamente por rejeitar cantadas lésbicas. Quando adoeceu de tifo, seus algozes espancaram-na até a morte.

Fevereiro e março trouxeram trens cheios de judias de Salonica, trem após trem com mulheres gregas de aparência saudável — algumas vestiam uniformes de paraquedistas soviéticos, tomados pelos alemães na frente russa, outras usando vestidos de cores vivas e xales. Traziam azeitonas, que Simone nunca havia experimentado antes. Poupette pensou que as mulheres pareciam lindas, e que suas roupas eram maravilhosas perto do cinza monótono de Birkenau. Mas acreditava-se que as gregas eram portadoras de tifo, e em poucos dias quase todas foram mandadas para as câmaras de gás.

O início da primavera também trouxe ciganos, trens e mais trens de famílias roma e sinti, com muitas crianças, de toda a Europa ocupada. Foram colocadas em um campo especial para famílias ciganas, onde não havia água e eletricidade e as rações eram menores do que as do restante de Birkenau. Durante os meses seguintes, 363 bebês nasceram de mães ciganas. Muitos foram mortos imediatamente. Em toda sua vida, Lulu seria assombrada pela lembrança dos guardas da SS assassinando bebês ciganos batendo-lhes a cabeça contra uma parede. Os outros morreram lentamente de inanição. Em uma manhã, durante a chamada, Charlotte viu uma mãe cigana embalando um bebê que claramente estava morto: o rosto estava preto-azulado e a cabeça pendia para um lado. Mais tarde, ela o viu em um monte de lixo perto das cozinhas e ouviu que a mãe lutara desesperadamente e fora espancada até a morte para impedir que a SS o tirasse dela. "Como você sabe que se trata de um cigano", escreveu mais tarde, "quando tudo o que resta é um esqueleto?" Andando de volta para o barracão em meio a uma rajada repentina de neve, ela passou por uma casa isolada e viu uma única tulipa rosa em um vaso na janela.

O que todas as mulheres mais temiam era a *Revier*, a pretensa enfermaria. Quando chegaram ordens de Berlim no início de 1943 para que Auschwitz fosse mais produtivo para o esforço de guerra, foram feitos pequenos esforços para manter vivos os prisioneiros mais fortes. Um desses esforços foi apontar dentre os prisioneiros um número de médicos e enfermeiros para cuidar dos doentes em barracões especiais de enfermaria, onde, em teoria, seriam tratados para voltar a ter saúde. Na prática, no entanto, essas enfermarias eram, como o Bloco 25, antecâmaras da morte. Quase não havia remédios e curativos, apenas pedaços de papel. Apertados, os que tinham tuberculose dividiam o beliche com os que tinham disenteria, os pacientes exalavam um fedor terrível; ratos atacavam tanto vivos quanto mortos.

Para as mulheres enviadas devido a doença para a *Revier*, os poucos dias longe dos pântanos poderiam ser interrompidos a qualquer momento por uma seleção, quando um médico da SS, acompanhado por Taube, Drechsler ou qualquer um dos outros guardas, aparecia de repente, ordenava que todos os pacientes ficassem em pé, nus, perto dos beliches, para inspeção, e então despachava os que provavelmente não se recuperariam para o Bloco 25. Alguns eram assassinados diretamente com injeções letais. O espectro que pairava sobre todos eles era o de que poderiam se tornar *musulmans*, mortos-vivos, seres tão exaustos e apáticos que traziam para suas cabeças punições incontáveis e se queimavam no fogão porque não sentiam mais dor.[16]

Como as janelas do Bloco 26 davam diretamente para o pátio do Bloco 25, o espetáculo das mulheres mortas e moribundas estava sempre presente diante das francesas. Sentadas em seus beliches, com suas tigelas de estanho de mingau, elas viam, deitados no pátio no lado de fora, os corpos nus que esperavam a coleta, a cabeça raspada, os pelos pubianos em tufos espessos, os corpos branco-azulados congelados em posições grotescas, as unhas dos pés marrons. Elas lembravam a Charlotte manequins de alfaiate, que tinha visto uma vez em uma loja quando era criança, ocasião em que ficou envergonhada com a nudez. Pensava nelas como "companheiras de ontem", mulheres que, como ela mesma, comeram, se coçaram, engoliram à força mingau escuro, sentiram fome e apanharam, e cujas vidas haviam

[16] Ninguém sabia com certeza de onde a palavra vinha. Alguns diziam que era derivada da imagem dos árabes rezando, outros, de uma canção popular alemã em que um *musulman* é um turco enfraquecido e empalidecido por beber muito café.

alcançado um fim repentino porque não correram rápido o bastante ou porque seu rosto pareceu pálido durante uma seleção. Vendo que ela encarava os corpos com horror, tendo avistado um que ainda se movia, Cécile disse: "Coma sua sopa. Essas mulheres não precisam de mais nada."

11

O SIGNIFICADO DA AMIZADE

AS FRANCESAS NÃO ESTAVAM, NO ENTANTO, completamente sem recursos. Ao entrarem marchando em Birkenau, cantando a *Marselhesa*, foram ouvidas pelos membros sobreviventes do comboio de homens franceses da Resistência, o "comboio dos 45.000", que chegara antes delas a Birkenau, em julho de 1942. Marie-Claude, já que falava bem o alemão, foi designada para trabalhar como secretária em uma das enfermarias alemãs e conseguiu fazer contato com os homens franceses, que contaram a ela a respeito dos 1.175 que saíram da França oito meses antes. Desses, apenas um pouco mais de cem ainda estavam vivos. Mas o fato de simplesmente encontrar amigos e saber as novidades trouxe às mulheres um tipo de esperança. Os franceses, que haviam conseguido, com a ajuda de seus camaradas comunistas, colocar alguns homens nos trabalhos de garagem e jardinagem, tinham encontrado maneiras de contrabandear informações dentro de garrafas vazias de acetileno.

Mais importante, Danielle Casanova, trabalhando e dormindo com relativa facilidade como dentista para os guardas da SS e os prisioneiros privilegiados, conseguiu peças extras de roupas e até mesmo remédios do "Canadá", nome dado aos barracões repletos das posses dos judeus, tiradas deles quando os trens chegavam. O "Canadá" era assim chamado devido à imagem que o país tinha de terra de fartura inimaginável. Os homens também encontraram maneiras de conseguir roupas quentes e até mesmo remédios no "Canadá" , e quando Hélène Bolleau desenvolveu um abscesso que não sarava, trouxeram pomada para ela. Tendo colocado as mãos em itens preciosos — uma toalha e uma escova de dentes —, o problema angustiante era como não perdê-los. "Mãos estrangeiras arranhavam nosso rosto à noite", Adelaïde escreveu mais tarde, "tentando roubar qualquer coisa que tivéssemos".

À noite, depois da chamada, Danielle ia se encontrar com as outras mulheres e, como em Romainville, levava ânimo e consolo extras. Porque estava em contato constante com a SS e por estar aterrorizada com as epidemias no campo, ela foi autorizada a se manter limpa e a usar roupas decentes. Sua presença ativa, animada e determinada, e sua aparência saudável tornaram-se uma fonte de força para as francesas, que diziam umas às outras que, o que quer que acontecesse com o restante delas, Danielle conseguiria sobreviver e seria testemunha do que estava acontecendo com elas.

Além de conseguir encontrar um lugar na enfermaria para Maï Politzer, que, como parteira, tinha habilidades médicas, Danielle também arranjou posições para muitas outras em um comando de costura. Também conseguiu colocar Betty na enfermaria, onde seu trabalho era manter os ratos longe dos vivos e carregar os mortos para fora. Quando Hélène Solomon. teve uma ferida aberta no pé, que ficou infeccionada e preta, Danielle inventou um trabalho de enfermeira para ela também e, devido a uma excelente limpeza do barracão da enfermaria, a infecção foi curada. Às vezes, quando Danielle ia visitar as outras mulheres à noite, seu rosto estava molhado de lágrimas — tantas de suas amigas estavam morrendo e ela se sentia responsável por não conseguir mantê-las vivas. Elas estavam tão certas de que Danielle sobreviveria para ver o fim da guerra que, quando se achavam à beira da morte, davam a ela suas alianças de casamento para que devolvesse a seus maridos. Para a maioria das mulheres, essas alianças eram a única posse que conseguiam manter com elas.

A amizade entre as francesas ficou, se possível, mais forte. Tinham orgulho de sua intimidade e do fato de que, diferentemente das polonesas e das alemãs com quem dividiam o barracão, eram tão gentis, atenciosas e educadas umas com as outras quanto seriam se estivessem em casa. Durante a noite, sentadas em seus beliches escuros e úmidos, Georgette Rostaing cantava para elas, sua voz forte tomando o barracão silencioso, e por um tempo elas se esqueciam de tudo e se sentiam melhores. Nos dias em que trabalhavam nos pântanos, Marie-Jeanne Pennec, uma camponesa com um conhecimento apurado do que poderia ser comido, voltava com caracóis, dentes-de-leão e gramíneas para a panela coletiva.

Cada uma delas, como Madeleine Dissoubray diria mais tarde, considerava sua própria sobrevivência não mais nem menos importante que a sobrevivência de qualquer uma das outras. As mulheres guardavam rações de seu próprio pão para aquelas, entre elas, que pareciam especialmente fracas, protegiam-nas durante as chamadas e cuidavam delas quando Taube e Drechsler estavam por perto. Sabendo que o destino de cada uma dependia das outras, Poupette afirmava que todo o egoísmo desapareceu e que, estando de volta ao limite da sobrevivência, cada uma delas assumiu um comportamento de que poucos acreditariam que fossem capazes. "Não parávamos para nos perguntar de quem gostávamos ou não gostávamos", Cécile diria mais tarde. "Não era tanto amizade quanto era solidariedade. Apenas nos certificávamos de que não estávamos deixando ninguém sozinha."

Quando Charlotte teve tifo e ficou quase cega durante alguns dias, as outras ajudaram-na o tempo todo, levando-a para o trabalho, colocando a pá em sua mão e dizendo a ela quando e onde cavar na hora em que os homens da SS estavam por perto. Poucas das outras prisioneiras de Birkenau tinham a mesma intimidade. Marie-Elisa sentia muita pena das judias, que, separadas de seus amigos e de suas famílias, em luto por aqueles que foram direto para as câmaras de gás, lutavam sozinhas, isoladas em uma névoa de horror, exaustão e dor. "Nós as víamos, sabíamos como era terrível para elas", Marie-Elisa dizia, "mas não podíamos ajudá-las".

Nos temíveis domingos, quando o campo era desinfetado repentinamente e todos os prisioneiros eram levados nus ao relento, enquanto os barracões eram limpos, as francesas olhavam umas para as outras com preocupação e afeto, percebendo as contusões e feridas, provocando umas às outras devido a seus tufos de cabelo espetados. Mesmo naquela situação, conseguiam rir e a vaidade não morrera completamente. Era em tempos como esses, quando as mulheres não vestiam nenhuma peça de roupa, que a SS, em busca de criadas, vinha escolher aquelas cuja aparência lhes fosse mais agradável.

As duas irmãs, Lulu e Carmen, com Charlotte, Viva, Maï e Cécile eram um grupo especialmente dedicado e faziam tudo o que podiam para cuidar de Poupette e das outras meninas mais novas. Durante as pausas em seus trabalhos nos pântanos, as mulheres conversavam sobre ir para casa, sobre literatura e política, sobre como seriam amigas para sempre e sobre o que fariam quando a guerra terminasse. Mas tinham o cuidado de nunca falar muito sobre os filhos que deixaram para trás, porque o assunto era doloroso demais. Poupette, mais tarde, diria que, como uma esponja, tentava absorver tudo o que elas diziam.

Poupette era então uma das poucas que ainda tinham irmã viva. Marie, no entanto, sofria mais do que as outras o impacto de Birkenau. Era uma jovem feliz e otimista, mas agora seus olhos pareciam permanentemente encobertos pelo desgosto e pela descrença. Assombrada com a morte da mãe, em choque com o tratamento que seu noivo recebeu nas mãos da Gestapo, continuava imaginando e se preocupando com quem entregara seus nomes. Mas ela e Poupette sentiam como se fossem uma, indissociavelmente ligadas, cuidando uma da outra.

A mãe de Hélène, Emma, que tinha apenas 42 anos, considerava o horror de Auschwitz duplamente difícil de suportar. Temia e sofria por si mesma, mas isso não era nada perto do que sofria pela filha, temendo a todo momento que Hélène ficasse doente e se sentindo desolada por não poder fazer nada para proteger ou alimentar sua única filha. Cada vez mais, se via como um fardo para Hélène. Então, em fevereiro, contraiu disenteria. Ao contrário de muitas das mulheres, no entanto, sobreviveu por um tempo, mas foi ficando cada vez mais magra e fraca. Uma manhã, nos campos, Hélène viu a mãe rastejar até as pegadas deixadas pelos cascos dos cavalos e beber a água barrenta que se acumulara nelas. No 52º dia, tão desidratada que nem conseguia mais beber, Emma morreu. Tornara-se um esqueleto. Hélène agora agarrava-se a Poupette e Simone para sobreviver.

Nenhuma das mulheres acreditava que sobreviveria sozinha. Apenas quando estavam juntas, Charlotte pensava, era possível afastar o desespero. Durante toda a sua vida, personagens de peças e novelas viveram com ela dentro de sua cabeça. Desde que chegara a Birkenau, silenciaram. "Onde seres humanos estão sofrendo e morrendo", escreveria mais tarde, "lá personagens do teatro não podem viver".

Não havia, dizia, espaço para o teatro sem a sociedade, e em Auschwitz pessoas tão "diminuídas, tão humilhadas, tão fora de si mesmas, não compunham uma sociedade".

Havia momentos ocasionais de camaradagem com outros grupos. Um dia, voltando ao barracão, Simone cruzou o caminho de um prisioneiro que, fingindo cambalear, deixou cair algo em seus pés. Era um par de meias de lã, mas ela nunca descobriu quem era o homem. E Charlotte ficou amiga, misteriosamente, de uma bielo-russa chamada Esther, que trabalhava como anciã de bloco em um barracão de mulheres alemãs e era limpa e decentemente vestida. Todos os dias, durante algumas semanas, Esther levava para ela um presentinho, uma escova de dentes um dia, uma blusa no outro. Então, um dia ela desapareceu.

Mais notável talvez, era a história de como Aimée Doridat, que ajudava o irmão comunista a esconder panfletos no início da ocupação alemã, foi salva.

Trabalhando como faxineira da *Revier*, Aimée caiu de uma escada e quebrou a perna. Desenvolveu uma gangrena. Então Erna, a tcheca que comandava a *Revier*, conseguiu que ela fosse transferida para o campo dos homens, onde um cirurgião polonês disse a ela que teria de ser amputada. Aimée disse que preferia morrer. "Mas você não tem filhos pequenos?", o cirurgião perguntou. "Eles precisarão de você." A operação continuou. Enquanto Aimée estava se recuperando, um médico da SS, um dos poucos homens humanos entre eles, disse a ela que admirava tanto sua coragem que ela poderia pedir qualquer coisa que quisesse. "Uma amiga francesa com quem possa conversar", Aimée respondeu. Betty foi levada por Danielle para cuidar dela. Um par de muletas foi arranjado do "Canadá" , e ela se juntou novamente às outras, que agora não a deixavam sozinha nem por um momento, para assegurar que não ficaria indefesa. Marie-Claude, trabalhando nos escritórios administrativos, conseguia informações de seleções especiais para as câmaras de gás com antecedência, e nesses dias Aimée ficava escondida. As mulheres se tornaram tão unidas, tão em sintonia quanto às fragilidades umas das outras, tão atentas e protetoras, que planejar como manter o grupo vivo se tornara um modo de vida.

Março trouxe chuva. A neve derreteu e os pântanos se tornaram um mar de lama. Os responsáveis por recolher os caldeirões de sopa afundavam na lama até as coxas. 67 dias depois de chegar a Birkenau, as mulheres tiraram suas meias pela primeira vez, e tiveram permissão para lavar os pés na água que então fluía nas valas. Descobriram que, tirando as unhas dos dedões, todas as outras haviam caído. Olhar para as amigas sentadas na lama lembrou a Charlotte um "enxame miserável que fazia com que se pensasse em moscas em um monte de esterco". Sonhava em tomar três banhos, um atrás do outro, em água quente, suave e cheia de sabão. Durante as chamadas intermináveis, as mulheres começaram a jogar um jogo. Uma perguntava à outra: "Se você pudesse escolher entre uma tigela enorme de chocolate quente espumoso ou um banho com sabonete de lavanda ou uma cama aconchegante, o que escolheria?" Quase sempre a resposta era a mesma: o banho quente ou a cama aconchegante.

Mas o número de sobreviventes estava diminuindo. A disenteria se instalava e as mulheres envelheciam visivelmente. O tifo, trazido a Auschwitz em abril de 1941 por prisioneiros transferidos de uma prisão em Lublin, devastava o campo. Uma a uma, as francesas, que sobreviviam à fome, ao trabalho árduo e exaustivo, ao frio intenso e às infecções de pele intermináveis, começaram a ficar doentes. Nas chamadas, beliscavam as bochechas cinzentas para parecerem mais saudáveis. Toda noite, o chocalho da morte era ouvido saindo dos beliches. Mulheres acordavam e descobriam que seu rosto havia inchado durante a noite e que estavam muito doentes para se mexer. Estavam morrendo no mesmo ritmo que as judias, tratadas com muito mais brutalidade pelos guardas. Em uma única noite, nove das francesas restantes morreram. André Montagne, um sobrevivente de dezenove anos do "comboio dos 45.000", enviado para trabalhar em Birkenau um dia, olhou sem querer para dentro do barracão das francesas. Jamais se esqueceria do horror do que tinha visto, a sujeira terrível, a superlotação e os gemidos das doentes.

Em março, Raymonde Sergent, que prometera à filha, Gisèle, que logo estaria em casa, começou a ficar doente. Raymonde estava muito forte nas primeiras semanas, fazendo planos com todas as mulheres da região de Tours para que, quando libertadas, fossem a seu café em Saint-Martin-le-Beau para dividirem algumas boas garrafas de vinho que ela escondera para o fim da guerra. Mas conforme os dias se passavam, parecia perder a esperança. Um dia, uma das outras mulheres perguntou-lhe se realmente pensava que elas voltariam para beber o vinho. Raymonde respondeu: "Não, nem você nem eu jamais o beberemos." Entrou na *Revier* com as pernas inchadas e um edema de sangue, e morreu por lá. Para Hélène Fournier, que era a última das dezessete mulheres de Tours que ainda estava viva, disse: "Diga a meu marido e a Gisèle que eu nunca os esqueci e que tentei sobreviver."

Então, uma manhã, Maï, que como enfermeira, trabalhando com Danielle, estava vivendo no conforto relativo de uma *Revier*, acordou com um furúnculo no lábio superior, que cresceu e se espalhou: ela foi diagnosticada com tifo. Sua temperatura subiu e ela ficou inconsciente. Alguns dias depois, estava morta. Rosa, a mais jovem do grupo, que havia chorado tão amargamente pela mãe em Romainville, também contraiu tifo. Doente e fraca, parecia uma criança novamente, e ficava implorando pela mãe. Pouco tempo depois, também morreu. Essas mortes eram terríveis para as sobreviventes. Maï era uma presença constante e animadora; Rosa, uma criança. Elas acreditavam que se salvariam.

O que estava ficando claro para todas elas era que as mais jovens não pareciam possuir a resistência das mulheres mais velhas. Mesmo fisicamente fortes e capazes, pareciam ser mentalmente mais frágeis e, assim, mais vulneráveis. Andrée Tamisé, de vinte anos, já estava fraca devido à disenteria quando pegou uma infecção no peito. Desesperada por temer ser separada de sua irmã, Gilberte, arrastava-se, com a ajuda dela, para os pântanos. Todos os dias, respirar ficava um pouco mais difícil. Finalmente, uma manhã, disse a Gilberte: "Não consigo mais seguir você." Quando as outras saíram para o trabalho, ela tentou se juntar à fila de mulheres do lado de fora da *Revier*, mas um guarda a empurrou para longe. Andrée rastejou de volta para seu beliche e se escondeu. Mas uma *kapo* a viu, arrastou-a para fora e a agrediu. Naquela noite, Gilberte voltou e encontrou a irmã coberta de lama, machucada e quase inconsciente. Durante a noite, Andrée morreu. Ao se levantar, antes do amanhecer no dia seguinte, Gilberte carregou o corpo da irmã para fora e deitou-o carinhosamente perto de um muro.

Uma das próximas a ir foi Claudine Guérin, jovem amiga de Germaine Pican, de Ruão. Em Birkenau, Claudine conseguia se manter animada e sem reclamar, tentando fazer as outras rirem. Um dia chegou-se para perto de Germaine, de quem era muito próxima, tão pálida que a amiga quase não a reconheceu. Estava usando, sob a jaqueta listrada, um vestido de crepe da China que alguém tinha conseguido para ela do "Canadá" . Disse a Germaine: "Me abrace." Era domingo, e Germaine implorou que ela fosse se sentar do lado de fora, ao ar fresco e à luz do sol. Alguns dias depois, Claudine achou um sapo nos campos e insistiu em dividi-lo com a amiga.

Então veio o dia da desinfecção, e as mulheres foram levadas para fora dos barracões, e ficaram em pé, nuas, enquanto os colchões eram batidos. Claudine foi separada das outras quando voltaram para dentro. Ouviram-na dizer baixinho, repetidamente, "*Maman, maman*". Ela morreu alguns dias antes de seu aniversário de dezoito anos.

Mas talvez o golpe mais desmoralizante e triste para o grupo como um todo tenha sido quando Danielle Casanova contraiu tifo. A SS, gostando de sua utilidade como dentista, a vacinou e deu a ela chá de limão para beber. Mas era tarde demais, e Danielle morreu. Quando Charlotte foi vê-la, descobriu que uma das trabalhadoras do jardim colocara um punhado de lilases em um vidro ao lado de sua cama e alguns ramos, com folhas, entre suas mãos. Diziam que seu corpo era o único corpo saudável que viram em muito tempo, e belo na morte. Lamentaram a perda com amargura. As alianças de casamento, de que ela tinha cuidado com tanta atenção, desapareceram. Marie-Claude, de quem havia sido tão próxima, foi tomada pela tristeza.

Dois meses e meio depois de chegar a Birkenau, as francesas caíram para oitenta. 150 delas haviam morrido, de tifo, pneumonia, disenteria, de mordidas de cachorro, espancamentos e ulcerações gangrenosas, por não conseguir comer ou dormir, ou porque foram levadas para a câmara de gás. Na imundície, no frio e no perigo de Birkenau, quase qualquer coisa era fatal. As que ainda estavam vivas eram as mulheres mais fortes, aquelas que não eram nem muito velhas nem muito jovens, sustentadas pela crença em uma nova ordem mundial, ou, muito simplesmente, porque tiveram sorte. Sem a ajuda das outras, sabiam que muitas delas já estariam mortas. Um domingo, quando o céu estava azul e foi permitido às mulheres que descansassem, Charlotte lembrou-se de outros domingos de primavera, em que andava à beira do Sena sob as castanheiras. "Nenhuma de nós", pensava, "nenhuma de nós vai voltar".

12

MANTENDO-ME VIVA, PERMANECENDO EU

NO FINAL DA PRIMAVERA DE 1943, quando a neve começou a derreter e os prados para além da cerca de arame farpado ficaram verdes com botões-de-ouro amarelos, e o abrunheiro estava coberto de penas brancas, Auschwitz estava em sua fase de atividade máxima. Havia trens chegando quase diariamente dos guetos de Pruzana, Theresienstadt e Zamość, da Holanda, da Alemanha e da França. Mais ou menos um a cada três recém-chegados era escolhido para trabalhar enquanto os outros "eram abrigados separadamente", ou seja, iam para as câmaras de gás. Todas as 1.750 crianças da Polônia, todas com menos de dez anos, que chegaram durante um período de dois dias anteriores ao derretimento da neve, foram direto para as câmaras de gás. Os novos crematórios funcionavam dia e noite, e era possível ver as chamas subindo claramente contra o céu. Um grupo de oficiais de alto escalão da SS de Berlim e inspetores da J.A. Topf e Filhos foi a Birkenau, em uma visita oficial, e decretaram que os fornos eram eficientes.

Trinta barracões, vastos galpões vazios, foram enchidos de pertences dos judeus da Europa, encorajados a levar com eles tudo de que precisariam para suas novas vidas no leste, não só ouro e joias, mas equipamentos profissionais, remédios, casacos de pele, roupas extras, vitaminas e carrinhos de bebê. Os trens que levavam as pessoas a Auschwitz retornavam à Alemanha repletos de saques, que eram canalizados em redes elaboradas que permeavam todo o Terceiro Reich.

Auschwitz mesmo, o então maior campo de concentração e extermínio do Reich, se tornava um vasto complexo de escritórios, armazéns, oficinas, cantinas e casas para aproximadamente 3 mil oficiais da SS, presentes o tempo inteiro, enquanto mais ou menos 39 campos-satélite esvaziavam barracões para tanques, caminhões, aviões, armas antiaéreas, assim como borracha sintética, munição, cimento e uniformes. Para cada trabalhador alugado pela IGB Farben ou pela Siemens, a SS cobrava três marcos por dia; por um especialista, um eletricista habilidoso ou soldador, cinco marcos. Os que não conseguiam ser produtivos com as 1.200 calorias ou menos que lhes eram fornecidas, eram enviados para as câmaras de gás de Birkenau. Funcionários às vezes reclamavam por receber esqueletos e não homens e mulheres.

O que agora estava completamente claro para as oitenta francesas sobreviventes, muitas das quais extremamente frágeis, era que sua sobrevivência dependeria de grande sorte e de sua capacidade persistente de se adaptarem e se organizarem. Cuidaram de aprender alemão o suficiente e a língua ilegítima do campo para evitar golpes ao reagir com muita lentidão a ordens. Aprenderam a se segurar, quando os caldeirões de sopa chegaram, para pegar as camadas do fundo, onde pedaços de carne ou vegetais se acumulavam. Sabiam como cultivar amigos no "Canadá" , que, em troca de porções extras de pão, talvez corressem o risco de roubar um par de meias de lã ou sapatos decentes. Descobriram como era importante ficarem juntas, não se separarem, para que cada uma pudesse cuidar das outras.

Suas habilidades especiais femininas, cuidar umas das outras e ter praticidade, faziam com que fossem, diziam a si mesmas, menos vulneráveis que os homens às condições duras e ao desespero. A adaptabilidade era crucial, a resignação, fatal. A incapacidade de desfazer uma visão da vida como ela deveria ser e encará-la como era levava, conforme haviam observado, à apatia e à condição de *musulmans*, os que estavam mais mortos que vivos. Faziam o que podiam para se manterem limpas, lavando o rosto na neve ou em riachos congelados, pois acreditavam que isso faria com que ficassem saudáveis e se sentissem mais dignas. E queriam, com paixão, viver, sobreviver à guerra e descrever ao mundo exatamente o que passaram e testemunharam.

Quando Germaine Pican encontrou um corvo morto nos pântanos, mesmo a pequena quantidade que dividiu com as outras deu a elas uma sensação de realização. Charlotte, por sua vez, lutou contra o frio e a exaustão fingindo que estava em outro lugar, recitando para si mesma poemas e peças. Seu refrão era "manter-me viva, continuar eu mesma". Isso não anulava o que estava acontecendo ao seu redor, mas fazia com que sentisse um tipo de "vitória sobre o terror".

Mesmo assim, a essa altura a maioria das mulheres já tinha deixado de crer, em seus corações, que viveriam para ver o fim da guerra. As condições das mulheres no campo de Birkenau, pior que em alguns setores de Auschwitz, com mais superlotação e menos água, estavam ficando mais duras, e poucas se sentiam confiantes de que poderiam escapar ainda por muito tempo da brutalidade repentina e arbitrária dos oficiais da SS e das *kapos*. Seus corpos estavam cobertos de piolhos moles e brancos. Elas estavam exaustas. Voltando ao fim de um dia longo nos pântanos, Cécile, forte e positiva por natureza, só conseguia pensar em como estava perto do fim, como estava privada de qualquer tipo de esperança.

Mas então algo completamente inesperado aconteceu. Sua sorte, o árbitro derradeiro da vida e da morte em Auschwitz, mudou.

Na Ucrânia e na Bielo-Rússia os alemães viram campos de *kok-saghyz*, um dente-de-leão da Ásia central cujos raiz e suco continham látex, e com que os russos faziam borracha. Como também precisavam desesperadamente de borracha, os alemães pensaram que podiam cultivar *kok-saghyz* nas planícies alagadas de Auschwitz e, sob a proteção da IG Farben, nomeou um *Obersturmbannführer* da SS PhD em ciências agrárias, Joachim Caesar, para administrar o laboratório.

Os primeiros recrutas escolhidos para trabalhar para ele foram mulheres polonesas de Birkenau, mas em março Marie-Claude, cuja posição na administração do campo significava que era informada de quaisquer novos acontecimentos, ficou sabendo que Caesar estava procurando por biólogos. Marie-Elisa Nordmann e Madeleine Dechavassine, ambas químicas antes da guerra, se inscreveram. Marie-Elisa, na verdade, estava na enfermaria com pneumonia e febre tão alta que não conseguia ficar em pé, mas uma enfermeira mostrou a ela como diminuir a febre usando um remédio imediato com álcool 90º e um pouco de café, o que fez com que ela melhorasse antes da inspeção médica. Na esteira de Marie-Elisa e Madeleine, alegando conhecimentos científicos de que poucos sabiam, quinze outras francesas partiram para a estação experimental em Raisko. Entre elas estavam Cécile, Charlotte, Germaine Pican, Lulu e sua irmã, Carmen. Lulu diria mais tarde que, até aquele momento, mal conseguia distinguir uma batata de uma cenoura.

Hélène Solomon., que estava se recuperando do tifo, teve permissão de se juntar ao grupo depois que um médico prisioneiro jurou que ela vinha sofrendo apenas de gripe. Viva deveria ter ido com elas, mas teve tifo e estava na *Revier*, onde parecia estar dando conta de cuidar de si mesma.

Raisko, que consistia de uma escola velha rodeada de campos e estufas, ficava a mais ou menos 3km de Birkenau. Era cercado de arame farpado, mas não eletrificado, e nem guaritas com guardas da SS e armas. Caesar, que tinha medo de contágio, como todos os outros oficiais da SS, e cuja própria esposa havia morrido de tifo há pouco tempo, insistia que as mulheres que trabalhavam com ele fossem limpas e saudáveis. Depois de quase três meses de imundície, as francesas mal conseguiram acreditar quando foi permitido que tomassem banho e recebessem blusas novas e apropriados sapatos de couro; apesar de a comida ser igual, a sopa era mais grossa e havia possibilidades sem fim de "arranjar" — a palavra em Auschwitz para roubar — vegetais dos campos vizinhos, onde outros prisioneiros cultivavam alimentos para a SS.

Até que um novo barracão fosse feito para elas, as mulheres voltavam para Birkenau todas as noites. O campo ainda estava sob uma camada de gelo, e quando a lua brilhava o arame farpado se destacava em meio ao gelo. Cambaleavam por um mundo silencioso e calmo, agarrando-se umas às outras para não escorregar. Mas então mudaram-se para Raisko, onde havia dormitórios e cada mulher tinha sua própria cama, com colchão de palha. Havia chuveiros quentes. A chamada, durante a qual tantas de suas amigas morreram, foi reduzida a não mais que poucos minutos pela manhã e à noite. Havia bem menos piolhos. Caesar estava mais interessado em ter resultados — o que impedia que fosse transferido para a frente do leste — do que em perseguir seus funcionários. Às vezes, tratava os cientistas entre eles como colegas. Suas doenças eram até mesmo anotadas no livro do hospital de Raisko, onde era permitido que ficassem quando estivessem doentes. Quando ficou mais quente, um dos guardas da SS, que disse às mulheres que se não fosse transferido para longe de Auschwitz cometeria suicídio, deixou que tomassem banho em um lago e lavassem suas roupas, enquanto olhava escrupulosamente para o lado.

O trabalho não era árduo. As mais habilidosas entre elas, como Marie-Elisa e Madeleine, foram designadas para uma jovem química alemã chamada Ruth Weimann, no laboratório onde dividiam o tempo entre ajudá-la com a química de sua dissertação e assegurar que os resultados de seus experimentos parecessem positivos, para prolongar a existência de Raisko. As outras trabalhavam nos campos de *kok-saghyz*, separando plantas e servindo de assistentes. Às vezes, era ordenado que fizessem coroas para os funerais de guardas da SS que morressem de tifo.

Ao chegar, Marie-Elisa descobriu uma amiga e colega de antes da guerra, Claudette Bloch, que disse a ela que vários dos homens franceses do "comboio dos 45.000" estavam trabalhando em Raisko como jardineiros. Como em Birkenau, os homens encontraram maneiras de descobrir as notícias e até mesmo de conseguir jornais, que deixavam escondidos em lugares seguros para as mulheres. Usando um atlas encontrado no "Canadá" , escondido em um sótão acima do laboratório, Marie-Elisa, Charlotte e as outras mulheres conseguiam acompanhar as derrotas nazistas na frente oriental.

Quando Caesar casou-se com Ruth Weimann, as mulheres receberam ordens de fazer um edredom para o casal com as penas dos gansos e patos criados para a SS perto dali. Tiveram prazer em usar as penas mais finas. Pois com a comida e o calor veio um novo gosto pela vida. Mulheres cujos horizontes haviam encolhido para uma preocupação constante com a sobrevivência viam-se novamente querendo distração. Começaram a trocar comida, prática ensinada pelas polonesas, que tinham desenvolvido a habilidade de negociar repolhos, batatas e feijões com os prisioneiros jardineiros russos. Descobriram que o pão extra, guardado de suas rações, podia ser trocado por um torrão de açúcar, um pacote de macarrão ou mesmo agulhas, linha e canetas. Ver as amigas voltando lentamente à vida, parecendo menos assombradas e esqueléticas, começando a sorrir novamente, era um prazer para todas elas. Quando um dia a SS confiscou tudo de seus barracões, as mulheres se reuniram e cantaram a *Marselhesa*, muito suavemente, sob a respiração. No dia seguinte, puseram-se a substituir tudo o que haviam perdido.

Sob o pretexto de que o Instituto de Higiene próximo, onde alguns dos homens franceses estavam trabalhando, tinha equipamentos mais sofisticados e de que precisavam centrifugar as amostras de látex, Marie-Elisa e Hélène escondiam tomates em suas volumosas calcinhas e os trocavam por geleia e até um pouco de sangue de porco, com o qual depois faziam chouriço. Era muito arriscado, pois quaisquer transações eram estritamente proibidas, mas dava a elas a sensação de que não estavam completamente impotentes. Também as inspirava a realizar pequenos atos de sabotagem, selecionando as raízes mais fracas para a propagação, misturando os números dos lotes e tratando as plantas com produtos químicos para tolher seu crescimento.

As mulheres desenvolveram a habilidade de roubar. Charlotte Decock, que foi enviada para se juntar às outras em Raisko como cozinheira para a SS, roubava tudo aquilo em que conseguia colocar as mãos — vinho, farinha, ovos, um pote de vidro de carne de porco, embora livrar-se do pote depois provou ser quase impossível. Durante todos os meses em que ficou em Birkenau, Charlotte Decock foi uma das mulheres que se mantiveram mais otimistas — as demais a amavam e consideravam sua presença animadora.

Durante a noite, sentadas em suas camas, as amigas costuravam, desenhavam e até bordavam, discutindo sobre como poderiam encontrar maneiras de fazer sopa e como seria delicioso se conseguissem colocar as mãos em um pouco de nata. Talvez tivessem se tornado ainda mais ousadas em sua "limpa" se Germaine Pican não tivesse sido descoberta tentando roubar cebolas para as amigas de Birkenau e mandada de volta para lá como punição. Embora encorajasse as mulheres a fazer o que pudessem para melhorar as coisas a sua volta e uma vez até tenha conseguido óculos de sol para aquelas que trabalhavam nos campos, Caesar não intervinha nas punições. Também não salvou uma jovem chamada Lilly, que tinha um noivo entre os jardineiros e foi morta quando um bilhete enviado por ele foi interceptado. "Somos como plantas cheias de vida e de seiva, como plantas que querem crescer e viver", o menino havia escrito, "e não consigo não pensar que essas plantas não estão destinadas a crescer".

Mesmo em Raisko, no entanto, a presença da SS era constante e ameaçadora. Quando o cabelo das mulheres cresceu e a cabeça não foi raspada imediatamente, o cabelo de Marie-Elisa cresceu bem enroladinho. Um dos guardas da SS olhava para ela desconfiado, dizendo que ela lhe parecia ser judia. Ninguém a entregou.

Um de seus algozes era Irma Grese, a filha de um fazendeiro que havia se juntado à SS aos dezoito anos e chegado a Auschwitz aos dezenove. Grese andava pelo campo com um chicote na mão, exalando um cheiro forte de perfume caro. Era uma jovem muito bonita, com grandes e inocentes olhos muito azuis e um rosto angelical, que tinha planos de se tornar uma estrela de cinema.

O destino das mulheres deixadas para trás em Birkenau também estava para mudar repentinamente para melhor.

Um dia, durante a primavera, Marie-Claude, que estava na enfermaria se recuperando do tifo, ouviu uma conversa entre um médico polonês e um guarda da SS. As francesas, disse o guarda, não estavam aguentando o clima polonês; na verdade, pareciam estar "caindo como moscas". Parece, continuou, que "serão transferidas para Ravensbrück". Embora nada desse tipo estivesse próximo, ficou claro que as autoridades do campo estavam preocupadas com seus prisioneiros franceses não judeus.

Ao fim de abril, Emmanuel Fleury, um ex-vereador comunista em Paris, que agora vivia na clandestinidade na França, recebeu um telegrama enviado a ele por outros membros da Resistência. Originalmente endereçado a seus pais, anunciava a morte de sua esposa, Marie-Thérèse, devido a problemas cardíacos, no "hospital de Auschwitz". Os "avisos de morte" eram parte de uma burocracia grotesca de Auschwitz. Teoricamente, pelo menos, uma secretária era nomeada para cada uma das *Reviers* com a incumbência de registrar o número tatuado de todos os corpos e a causa da morte para avisar às famílias. Na prática, ratos frequentemente comiam a carne onde os números haviam sido tatuados, e muitas mortas nem chegavam a ser registradas.

Marie-Thérèse fora assistente da secretaria federal da Federação Postal Unida da França antes de ser presa e enviada a Romainville. Até o momento em que o telegrama chegou, ninguém na França tinha ficado sabendo do destino das 230 mulheres que deixaram Compiègne juntas no dia 24 de janeiro de 1943. Houve rumores sobre campos de trabalho no leste, principalmente depois que os bilhetes jogados pelas rachaduras dos vagões de gado chegaram a suas famílias, enviados por trabalhadores ferroviários que os encontraram jogados nos trilhos. Mas o decreto *Nacht und Nebel* assegurou que um silêncio aterrador quanto a seu destino tomasse a França.

O telegrama sobre Marie-Thérèse — enviado por engano pelas autoridades alemãs — seguiu seu caminho até a Resistência Francesa em Londres, onde foi lido na transmissão do quadro francês da BBC. Perguntas então começavam a ser feitas. Para onde tinham ido de fato todas as mulheres? Muitas delas estariam mortas? E o que madame Fleury estava fazendo no hospital de Auschwitz? O que, exatamente, era Auschwitz?

Na primavera de 1943, muito já havia sido dito e escrito sobre os campos de concentração na Polônia ocupada. Desde a Conferência de Wannsee, com quinze altos oficiais nazistas, em janeiro de 1942, circulavam histórias acerca dos planos nazistas de uma Solução Final para os judeus da Europa e sobre centros de execução em massa. Relatórios, baseados em informações fornecidas por prisioneiros que haviam fugido, industriais, viajantes, trabalhadores, eclesiásticos e organizações judaicas, chegaram até os governos Aliados, o Vaticano e o Comitê Internacional da Cruz Vermelha (CICV) em Genebra. Embora, em outubro de 1942, o CICV tivesse votado contra a ideia de emitir um comunicado público — dizendo que "seria sem propósito" e que comprometeria seu trabalho com prisioneiros de guerra —, questões foram levantadas em dezembro daquele ano e declarações foram dadas, tanto em Londres quanto em Washington. Mesmo assim, nenhuma ação militar foi realizada; a justificativa era de que todos os recursos deviam ser direcionados para acabar com a guerra. Bombardeiros, lançando explosivos em fábricas perto de Auschwitz, não foram desviados para bombardear as linhas de trem ou o campo a que elas levavam.

Em sua maioria, as mensagens de medo e alarme que chegaram aos líderes Aliados falavam de Sobibor, Belzec e Treblinka como centros de extermínio onde as pessoas estavam sendo enviadas para câmaras de gás, mas não de Auschwitz, embora relatos sobre câmaras de gás em Birkenau tivessem sido enviados para os Aliados. Até mesmo o tamanho e a natureza do campo, com seu vasto complexo industrial e suas fábricas-satélite, podem ter ocultado sua intenção letal. Auschwitz, dizia-se, era realmente um lugar de trabalho escravo, mas não de extermínio em massa. Os judeus deportados nos trens de Drancy continuavam a ser descritos como tendo "um destino desconhecido, em algum lugar da Polônia".

O que acontecia então era que famílias francesas, cujas 229 mães, esposas, irmãs e filhas tinham estado no "comboio dos 31.000" com Marie-Thérèse Fleury, começavam a contatar igrejas locais, a Cruz Vermelha e o governo de Vichy para pedir notícias. Alguns desses pedidos chegaram aos escritórios da Gestapo. Uma carta da família de Poupette e Marie Alizon falava da morte de madame Alizon, "esmagada pelo desespero", sem saber o que havia acontecido com suas duas filhas. Pouco a pouco, outros "avisos de morte" alcançaram a França vindos de Auschwitz. Respondendo à notícia da morte de dezenove mulheres de Bordeaux e da Gironda, o prefeito anunciou que elas faleceram "devido a más condições de higiene e nutrição". A verdade era um pouco diferente: Aminthe Guillon foi capturada durante a "corrida" assassina de 10 de fevereiro, Elisabeth Dupeyron e Annette Epaud foram mandadas para a câmara de gás, Aurore Pica, de vinte anos, havia morrido de sede e Andrée Tamisé, de 21, morrera espancada até a morte. Juntas, deixaram cinco filhos, o mais novo deles era a filha de cinco anos de Elisabeth.

Na França, a Frente Nacional de Resistência coletou todos os fatos disponíveis e montou um boletim, que dizia que Danielle Casanova, Marie-Elisa Nordmann e algumas outras haviam estado no trem e naquele momento estavam desaparecidas. Outros relatórios circulavam com a descrição dos extermínios em massa nas câmaras de gás. A história foi contada por um correspondente francês em Londres chamado Fernand Grenier, que no dia 17 de agosto fez uma transmissão longa a respeito do "assassinato dessas jovens francesas", 26 delas viúvas de combatentes da Resistência, e insistiu no fato de que Pétain e o governo de Vichy teriam de assumir a responsabilidade por suas mortes.

Falou de Maï Politzer, Hélène Solomon e Marie-Claude, e passou uma imagem quase precisa das condições em Auschwitz, mas, incapaz de acreditar que seus números estavam certos, mudou o número de mulheres para cada torneira-d'água de 5 mil para quinhentas. "Este silêncio", concluiu, "deve ser quebrado". Seções de outras línguas da BBC também contaram a história de Grenier, que depois também apareceu em jornais na Inglaterra e nos Estados Unidos. Ouvindo que Danielle estava entre as mortas, um grupo de mulheres parisienses escreveu uma carta aberta a Pétain. "Desejamos informá-lo de que o consideramos responsável pela morte dessas mulheres verdadeiramente francesas."

Nenhum documento jamais foi encontrado em quaisquer arquivos franceses, poloneses ou alemães, ou entre os papéis de Auschwitz, que explicasse o que aconteceu depois. Será que tal fato se deve ao anúncio por parte do Estados Unidos, da União Soviética e da Inglaterra de que todos aqueles culpados de crimes de guerra um dia estariam sujeitos a "punições terríveis"? Ou porque Himmler não podia mais ignorar o fato de que em caso de derrota certamente seria acusado de crimes de guerra? Ou porque, agora que o lugar onde as mulheres eram mantidas não era mais segredo e os terrores da *Nacht und Nebel* não mais se aplicavam, vieram ordens de Berlim para que não se permitisse mais a morte de nenhum dos resistentes franceses?

Qualquer que tenha sido o motivo, Marie-Claude, para seu horror, foi chamada de repente para o escritório da Gestapo no campo. Lá, acreditando que seria punida por algum delito, foi informada por um homem da SS chamado Schutz, que era famoso por gostar de comparecer em pessoa às câmaras de gás, de que o Comitê Internacional da Cruz Vermelha vinha fazendo perguntas sobre ela, e que ela seria autorizada a escrever uma carta para a família. Não deveria ter mais do que quinze linhas, teria de ser escrita em alemão e não deveria conter críticas sobre as condições em que ela era mantida. Na verdade, todas as sobreviventes francesas e todos os sobreviventes do "comboio dos 45.000" também seriam autorizados a escrever cartas para suas famílias, desde que alguém as traduzisse para o alemão. Além disso, também seriam autorizados a receber encomendas.

Melhor que isso, as mulheres seriam transferidas do Bloco 25 e ficariam em quarentena em um barracão nos arredores do perímetro do campo. Não haveria mais trabalho nas fábricas e nos pântanos nem chamadas que durassem horas ao amanhecer e ao anoitecer.

As sobreviventes francesas do *comboio* em Birkenau, depois da partida do grupo para Raisko, agora eram apenas 37 — a maioria sabia que estava muito próxima da morte. As poucas garotas que ainda estavam vivas pareciam devastadas e indistinguíveis. Hélène Bolleau pesava apenas 32kg; sofrendo de diarreia constante, arrastava-se pelo campo enrolada em um cobertor imundo. Simone estava lutando para se livrar de uma série prolongada de doenças, tendo escapado milagrosamente das câmaras de gás quando a *Revier* onde estava se recuperando foi esvaziada por caminhões que passaram coletando os doentes: escapou mordendo a mão de um guarda alemão e se escondendo entre o grupo de mulheres que cavavam uma vala perto dali. No dia de seu aniversário de vinte anos, dois dos homens franceses prisioneiros deram a ela uma pequena sacola com um pedaço de sabonete e um frasco pequeno de perfume.

A transferência para o bloco da quarentena, no entanto, chegou muito tarde para Marie Alizon.

Durante todo o início do verão, Marie, que nunca superou a fome terrível e o desejo por comida, foi ficando cada vez mais fraca, exausta devido à disenteria, com as pernas tão inchadas que mal conseguia andar. Disse com tristeza a Poupette: "Talvez não tenhamos rezado o suficiente." Logo não conseguiu mais comer, e sua voz ficou parecida com a de uma garotinha. Agarrou-se a Poupette. Quando sofreu uma infecção no ouvido, foi transferida para a *Revier*. Na última vez em que Poupette viu a irmã, ela estava nua sob um lençol imundo e seus lábios estavam pretos. Estava em coma e seus ouvidos estavam cheios de pus — um rato a mordera. Marie morreu alguns dias depois de seu aniversário de 22 anos. Poupette ficou arrasada. Não conseguia aceitar que a irmã, que sempre cuidou dela, que era tão boa com todo mundo, não estava mais lá. Charlotte a pegou nos braços e a abraçou forte. Marie-Claude conseguiu que ela fosse transferida para Raisko, a fim de se juntar ao time de biólogas.

A mudança na sorte das mulheres também veio tarde demais para Viva Nenni. Para alívio de suas amigas, e principalmente de Charlotte, que ficara muito ligada a ela, Viva parecia estar recuperada de um ataque especialmente violento de tifo. Entretanto, logo ficou doente novamente. Quando Charlotte foi vê-la na *Revier*, ela parecia estranhamente bem, embora estivesse muito magra e seus ossos proeminentes sob os ombros; seus grossos cachos pretos estavam crescendo novamente e elas conversaram sobre como o pai de Viva, Pietro Nenni, deveria estar feliz com a notícia de que os Aliados haviam desembarcado em Nettuno. Charlotte estava aliviada. Mas, de repente, Viva avisou-a de que estava prestes a ser mandada de volta à França, onde sua irmã a esperava. O delírio do tifo havia chegado. Logo ela estava inconsciente. Alguns dias depois, morreu. Essas mortes de amigas de quem se sentiam indissociavelmente próximas, com quem haviam suportado tanto, eram quase insuportáveis.

E também chegou muito tarde para a alta e aristocrata France Rondeaux, que se distraía recitando receitas quando não estava rezando. France morreu de tifo, a pele folgada sobre o corpo magro. Pelo menos foi poupada de saber que sua jovem filha, quase ao mesmo tempo, morria em um acidente trágico na França.

Infinitamente aliviadas pela virada da sorte, as mulheres restantes reuniram suas poucas posses e andaram os 200m de volta a sua nova casa, do lado de fora da cerca de arame farpado. Tempos depois, todas elas diriam que se não tivessem feito isso provavelmente nenhuma delas sobreviveria. Hélène Fournier estava tão magra que tinha a sensação de que os ossos de suas coxas, com pouquíssima carne, estavam quase se tocando.

Passaram então a escrever cartas, elaborando códigos e usando referências históricas para tentar transmitir a suas famílias, na França, o que havia acontecido com elas. Marie-Claude mandou notícias imediatamente confirmando a morte de Danielle e Maï, usando apelidos. "Estou muito triste por Hortense (Danielle) ter ido a seu pai (ele havia morrido em 1937). Também penso muito no pobrezinho do Mimi (o apelido do filho de Maï, que agora era órfão)." Escreveu sobre o Hades e o Inferno de Dante, e disse que era mais ou menos como "se Eurídice tivesse recebido uma carta". Disse não apenas que tinha perdido dois dentes, mas que, também, aos 31 anos, tinha cinquenta fios de cabelos brancos.

Betty escreveu para a tia dizendo que era muito triste que Rosette (Blanc, fundadora de um dos braços da Jovens Filhas da França) também tivesse ido com Hortense, mas que estava feliz por avisar que Pomme (Marie-Claude) encontrava-se com saúde. Completou dizendo que ficou contente em saber que Monique (um de seus próprios apelidos) estava mudando de escola.

Yvonne Noutari escreveu para perguntar à irmã se havia alguma notícia de seu marido, Robert, preso pouco antes dela. Sua irmã, em uma das primeiras respostas a chegar ao campo, respondeu que "era impossível enviar notícias". O que não foi capaz de escrever foi que Robert fora executado pela Gestapo. Quando Yvonne escreveu para a mãe, dizendo que "dias felizes floresceräo novamente" — sugerindo que o pesadelo com os nazistas não poderia durar para sempre —, foi punida com um mês de trabalho disciplinar, o que significava sair para o trabalho às quatro da manhã e retornar às dez da noite. Suas amigas guardavam pão extra de suas rações para dar a ela.

Aprendendo pelo exemplo, as outras mulheres mantiveram suas cartas bastante brandas. Todas as cartas que Lulu conseguiu escrever eram sobre seu filho, Paul, mandando a ele seu amor, pedindo por fotografias e notícias. "Beijo você e o pequeno Paul com todo o meu coração", escreveu. "É difícil pensar que ele não é mais um bebê. Sempre lamentarei esses dias em que não pude viver com ele..." Quanto ele tinha crescido? Sobre o que falava? Com o que brincava? Sobre Auschwitz, não disse nada.

Na França, as cartas foram recebidas e muitas das referências entendidas. Quando a tia de Hélène Bolleau recebeu uma carta que dizia: "De agora em diante, você será minha mamãezinha", entendeu que Emma estava morta. Algumas das alusões, no entanto, permaneceram enigmáticas. Por que mulheres pediam cebolas e alhos? (Para evitar o escorbuto.) O que Cécile quis dizer quando escreveu "não mande *oseilles* (azedeiras)", que era uma gíria francesa para dinheiro, mas foi traduzida para a família por um amigo, na França, como "alface"? E o que poderiam estar querendo dizer quando descreviam um monte de *pommes au four* (maçãs no forno)?

Reclamações continuavam sendo enviadas pelas famílias às autoridades, e Aragon escreveu um poema com o verso: "E te saúdo, Maria da França dos cem rostos." Encomendas foram rapidamente postadas para Auschwitz, algumas com alimentos que, embora não fossem toda a comida desesperadamente necessária, chegaram às mulheres no bloco de quarentena e foram divididas em porções rigorosamente iguais. A tia de Hélène Bolleau mandou um pacote contendo óleo, chocolate, biscoitos, ameixas secas, açúcar, geleia, atum, *cassoulet*, mostarda e cebolas. O gosto de tantas coisas diferentes, depois de tanto tempo, era extraordinário. Quando Betty recebeu sua primeira encomenda dos pais, chorou.

Um dia, enquanto ainda estava em Raisko, Marie-Elisa recebeu um pote de mel. As mulheres concordaram que, ao repartir o conteúdo de seus pacotes, a mulher para quem o pacote foi enviado poderia lamber qualquer coisa que permanecesse do fundo de um pote. Lambendo o pote, Marie-Elisa encontrou um pedaço de papel preso ao fundo. Embaixo do papel estava a fotografia de seu filho. Foi, diria mais tarde, um momento incrível, e naquele instante ela soube que sobreviveria e iria para casa, porque precisava ver o filho novamente. Apesar do risco de ser descoberta e punida, pois fotografias ainda eram proibidas, encontrou um jeito de mantê-la consigo o tempo todo. As outras mulheres compartilharam seu intenso prazer.

Algumas das notícias de casa, no entanto, eram perturbadoras. Poupette descobriu que o pai, depois da morte da mãe, se apaixonara por uma mulher muito mais jovem e estava pensando em se casar novamente. O simples fato de voltarem a entrar em contato com o mundo exterior, depois de tanto tempo isoladas e em uma existência infinitamente distante de qualquer coisa que já haviam conhecido e entendido, mas que tinham aprendido a se adaptar, já era inquietante. A comunicação com o lar, disse Marie-Claude, serviu para lembrá-las de "que havia também outro mundo lá fora, um mundo de amor e gentileza", e isso não foi ruim, pois era importante não se permitir enrijecer. Mas, completou, também fez com que percebessem como estavam distantes. Era um mundo diferente. E elas tinham se tornado pessoas diferentes.

Todas se depararam com algo assim no dia em que Olga Melin viu o marido de repente trabalhando em uma ferrovia em Birkenau. Ela deixou cair o tonel de sopa que estava carregando e correu até lá para falar com ele. Quando voltou, por grande sorte não tendo sido vista pela SS, disse às mulheres que ele estava em Auschwitz porque tentara escapar de um campo de prisioneiros de guerra. E quanto a seu divórcio? As outras perguntaram, sabendo que no início da guerra os dois decidiram se separar. "Estamos voltando", Olga disse a elas. O filho dos Melin, inválido devido à poliomielite, estava morando com a mãe dela. Os Melin haviam ajudado judeus a atravessar a linha de demarcação.

Havia, no entanto, uma mulher cujo destino em Birkenau tomou um rumo diferente. Foi a dra. Adelaïde Hautval, psiquiatra da Alsácia, que repreendeu os soldados alemães ao vê-los maltratando uma família de judeus. Adelaïde tinha um jeito meio severo e reservado que não lhe permitiu se aproximar das outras mulheres, mas a clareza de sua atitude moral não a abandonou em Auschwitz, onde era muito respeitada e admirada.

Pouco depois de chegar ao campo, foi enviada como médica ao bloco de enfermaria alemão, para onde as "associais", as prisioneiras criminais e prostitutas alemãs iam quando ficavam doentes. Embora mais bem provido que os outros blocos de enfermaria, ainda assim era ameaçado por ratos enormes, tão ousados que atacavam as pacientes. Todas as *Reviers* eram uma forma de inferno, sem sabonete nem lençóis limpos, com pouquíssima água e cheias de mulheres com feridas purulentas que não cicatrizavam.

Adelaïde fazia o melhor para ajudar as outras francesas, roubando remédios e comida, embora com frequência não tivesse nada além de algumas aspirinas para levar a elas. Quando Paulette Prunières, uma jovem colega de Danielle de antes da guerra, teve pleurisia, ela conseguiu um pouco de insulina, roubada para ela por um médico tcheco. Adelaïde era atormentada por frequentemente ter de decidir quem salvar e quem deixar morrer. "Uma ampola para umas duzentas pessoas", escreveria. "Como se pode usar isso? Quem deve recebê-la? Deve-se jogar uma moeda?" Um dia, um homem que trabalhava no "Canadá" entregou a ela uma caixa de remédios roubada das pilhas de posses trazidas recentemente por um novo trem cheio de judeus. Ela escondeu a caixa e usou os suprimentos em segredo. Mas seu esconderijo foi descoberto por um médico da SS, que confiscou os remédios. Adelaïde chorou de raiva.

Os pacientes da enfermaria alemã, talvez irritados com seu jeito rígido, viraram-se contra ela, e a teriam machucado se não fosse pela anciã do bloco, uma prostituta com um forte senso de justiça que a protegeu. Quando a própria Adelaïde teve tifo, foi essa mulher quem cuidou dela. Em seus pesadelos febris, sonhava com um homem parado diante de um forno tentando levantá-la e gritando: "Vou lhe mostrar como se morre!" Mais ou menos dois meses e meio depois de chegar a Auschwitz, Adelaïde foi informada de sua transferência para um bloco experimental, onde trabalharia como ginecologista. Mais tarde explicaria que concordou em ir porque queria ver por si mesma o que acontecia lá, e tinha esperança de sobreviver para poder descrevê-lo quando a guerra acabasse. Para os prisioneiros de Auschwitz, os blocos experimentais eram lugares de rumor e pesadelos; para os médicos prisioneiros, eram onde as questões de compromisso e cumplicidade alcançavam insignificância extrema.

Experimentos médicos nazistas eram o centro do longo processo de purificação eugênica por meio da medicina. Desde o verão de 1933, quando uma lei de esterilização identificou várias doenças hereditárias, entre elas a esquizofrenia, a epilepsia e o alcoolismo, programas de eutanásia vinham sendo criados com a intenção de purificar a raça alemã, prenunciando os campos de morte, para selecionar e exterminar os que apresentavam deformidades mentais ou físicas. Quando Auschwitz começou a funcionar, pareceu o lugar óbvio para que médicos ambiciosos estendessem seu trabalho experimental, não só no que se referia ao sangue, aos remédios e aos procedimentos cirúrgicos, mas também quanto a aspectos da eugenia. A carne humana era muito mais barata e bem mais disponível que a de animais, e cobaias humanas eram abundantes. O "material consumido" poderia ser substituído prontamente por "material fresco" tirado diretamente dos trens, que não paravam de chegar. Marie-Claude, observando uma longa fila de judeus gregos esperando para serem usados como material experimental, percebeu que eles não faziam a mínima ideia do que estava prestes a acontecer. "Mas", diria mais tarde, em uma frase breve e ríspida, "eu sabia".

O bloco experimental mais importante era o Bloco 10, no campo principal de Auschwitz. Suas janelas eram mantidas fechadas e barradas, e toda comunicação com o mundo exterior era proibida, o que contribuía para sua reputação sinistra, e davam diretamente para o pátio do Bloco 11 e para a parede contra a qual eram executados os prisioneiros que tentavam escapar. Adelaïde não conseguia não ver essas execuções, ou, mais tarde, partes dos corpos dos executados serem amputados para que os pesquisadores da SS os dissecassem. O Bloco 10 também era um bordel para a SS e para prisioneiros privilegiados do campo, e tinha um mascote, na forma de um menino de seis anos, loiro e de olhos azuis chamado Peter, que marchava ao longo das filas durante as chamadas, imitando a SS. Foi para lá que Adelaïde foi enviada.

O Bloco 10, com quatro salas de cirurgia experimental e um sofisticado equipamento de raios X, era o domínio de um general de brigada da SS da Alta Silésia chamado professor Clauberg, um homem muito baixo, careca e ambicioso, especialista em castração e esterilização que usava chapéu tirolês e botas enquanto operava. Himmler expressara um interesse especial por seu trabalho, dizendo a ele que queria saber "quanto tempo levaria para esterilizar mil judias". As cobaias de Clauberg eram todas mulheres judias que já tinham filhos e idade entre vinte e quarenta anos, selecionadas diretamente dos trens, quando recebiam a vaga promessa de que ao concordar seria permitido que sobrevivessem. Por mais que temessem as cirurgias, temiam ainda mais a possibilidade de serem transferidas para Birkenau e as câmaras de gás.

Os experimentos de Clauberg consistiam em injetar uma substância cáustica diretamente no colo do útero para obstruir as tubas uterinas. Esse procedimento era extremamente doloroso, causava febre alta e inflamação, e as que sobreviviam geralmente ficavam marcadas mental e fisicamente. Era comum que dois prisioneiros fossem ordenados a segurar as mulheres, cujos gritos podiam ser ouvidos a muitos blocos de distância. Chamada para avaliar se as mulheres estavam tão desorientadas que não eram "capazes de trabalhar", o que faria com que fossem levadas imediatamente para as câmaras de gás, Adelaïde insistia que se recuperariam, sem dúvida.

Já que as mulheres não eram operadas quando estavam menstruadas, sempre que podia Adelaïde garantia que elas estavam, embora as mulheres extremamente desnutridas de Birkenau não menstruassem havia muito tempo. Considerava as ambiguidades morais de seu trabalho quase insuportáveis. Para seu horror, também descobriu que quando bebês nasciam no campo eram afogados em um barril por uma das "triângulos verdes", uma alemã enviada a Auschwitz para realizar abortos. Disseram a Adelaïde que levava vinte minutos para que uma criança morresse. Mas quando a alemã morreu, não encontraram mais ninguém que fizesse o trabalho. Por esse motivo, os bebês viviam e logo morriam de fome e por negligência. Para salvar as mães, algumas de suas amigas tornaram-se assassinas de seus bebês.

Em maio de 1943, Josef Mengele chegou a Auschwitz para realizar seus próprios experimentos com olhos, hereditariedade e raça, usando gêmeos e anões, selecionados, como as mulheres, diretamente dos trens com a ajuda de Drechsler e Taube. A obsessão de Mengele em criar uma raça geneticamente superior levou-o a retirar órgãos de gêmeos e também a cegá-los ou infectá-los deliberadamente com doenças fatais para testar remédios. Ao ser avisada de que logo seria enviada para trabalhar com ele, Adelaïde protestou. "Esta ordem é definitiva?", perguntou. "Sim", disseram-lhe, "todas as ordens são definitivas".

No bloco experimental de Mengele, ela foi forçada a testemunhar as seleções particulares do médico, em que os prisioneiros eram forçados a andar, nus, de um lado para outro: ele enviava alguns de volta para o bloco, os outros a uma sala especial para esperar os caminhões que viriam buscá-los a fim de levá-los para as câmaras de gás. Enquanto isso acontecia, Adelaïde e os outros médicos prisioneiros eram trancados em uma sala, de onde podiam ouvir os gritos dos que eram carregados para os caminhões. Adelaïde chorava. Elly, uma das enfermeiras, disse a ela que, em sua opinião, não havia muita diferença entre assumir um papel ativo nessas seleções e sentar passivamente e não fazer nada. "Isso é verdade", Adelaïde escreveria. "Ela está completamente certa. Se tivéssemos mais coragem, protestaríamos mais." Mais tarde, agonizou na "zona cinza" habitada por ela e por outras como ela, apanhadas como cúmplices dessas atrocidades médias. O que teria acontecido se ela tivesse interferido? "Um gesto inútil? Talvez, mas isso não é certeza... um simples gesto pode encorajar os outros. Mas nenhum de nós deu o exemplo."

Havia outro médico trabalhando com teoria racial. Horst Schumann era um nazista alto, de ombros largos e uma brutalidade excessiva, cuja área de interesse eram as condições pré-cancerosas do útero, um interesse que compartilhava com o médico-chefe da SS, dr. Eduard Wirths, outro homem alto, com voz aguda e ameaçadora. O dr. Schumann também removia ovários para ver se os raios X eram eficazes na destruição do tecido, por vezes provocando queimaduras severas nas mulheres durante o processo. Ele organizava suas operações como uma linha de montagem, uma prisioneira atrás da outra em uma longa fila de mulheres feridas e chorando. Um dos médicos prisioneiros, um austríaco chamado dr. Dering, recusou-se a dar anestésicos a pacientes judias.

Também em maio, um pesquisador da SS chegou a Birkenau para verificar algumas teorias raciais suas. Ele fazia mulheres, de todas as idades, formarem uma fila, nuas, diante dele enquanto as media. Algumas eram direcionadas para o lado, dizendo que as transferiria de Birkenau para um campo melhor. Tempos depois, Adelaïde descobriu que essas mulheres foram executadas e seus esqueletos preservados e levados a um instituto em Estrasburgo para mais estudos. Cada vez mais assustada com seu trabalho, ela foi forçada a ficar por perto enquanto as mulheres que ele selecionava imploravam para serem poupadas. De acordo com ela, era como ficar olhando "animais presos".

Um dia, um ex-professor de ginecologia de Cologne chamado Maximilian Samuel, deportado para Auschwitz como judeu e colocado para trabalhar como assistente de Schumann, disse a Adelaïde que ela deveria assisti-lo em um experimento que faria no útero de uma mulher. Ela considerava seu zelo pelo trabalho repugnante e desprezava sua aparente incapacidade de encarar a realidade. Após ter ajudado a preparar uma grega de dezessete anos para uma cirurgia, jurou a si mesma que jamais faria aquilo novamente. Disse a ele para informar a Schumann que não trabalharia com ele. Samuel relatou o acontecido à SS.

Wirths, com quem foi convocada a trabalhar, não era, segundo os padrões de Auschwitz, um homem perverso. Na verdade, até tentou algumas vezes melhorar as péssimas condições em que os prisioneiros viviam. Perguntou a Adelaïde se ela não compreendera completamente que as mulheres judias eram muito diferentes dela. Sim, ela respondeu, havia, de fato, muitas pessoas que eram diferentes dela, começando pelo próprio dr. Wirths. Ela não seria mais assistente de nenhum experimento. Agora se preparava para o inevitável: dizer às outras que nunca esperou realmente sair viva de Auschwitz e que tudo o que lhe restava era "comportar-se, durante o curto tempo que lhe restava, como um ser humano". Tinha feito o gesto, encontrado a coragem. Mas, mesmo assim, o que a preocupava era o que isso significaria: outra pessoa teria de fazer o que ela se recusou e acharia aquilo tão difícil quanto ela, em troca de sua "consciência tranquila".

Naquela noite, Orli, uma assistente de medicina no campo das mulheres — uma mulher que era prisioneira havia muitos anos e com quem Adelaïde tinha feito amizade —, contou-lhe o que tinha ouvido: um esquadrão chegaria no dia seguinte para lidar com os "casos especiais", dos quais ela fazia parte. Mas Orli tinha um plano. Daria a Adelaïde um sonífero forte, a colocaria em uma das camas da enfermaria e diria que ela morrera durante a noite, colocando um cadáver em seu lugar depois. A artimanha funcionou. Adelaïde acordou e foi levada clandestinamente de volta a Birkenau. Mais tarde, diria a outra prisioneira, "tive sorte o bastante para ter valores mais elevados que a própria vida".

O outono não trouxe mais mortes às mulheres francesas. Em um período de pouco mais de seis meses, 177 estavam mortas. As que restaram eram mulheres determinadas e capazes, fortes tanto física quanto psicologicamente. Não era por acaso que a maioria das sobreviventes eram ativas politicamente, comprometidas com crenças compartilhadas em um futuro melhor e acostumadas à rigidez e à disciplina. A maioria tinha mais ou menos a mesma idade, com quase ou pouco mais de trinta anos. À exceção de Poupette e Simone, nenhuma das mais jovens estava viva; todas as mulheres mais velhas, sem exceção, estavam mortas. Das 47 mulheres apanhadas por Poinsot e seus homens na Gironda e em Charente, menos de dez continuavam vivas. A maioria da resistência intelectual de Paris, quase todos os impressores e muitos dos jovens que entregavam panfletos para a Jovens Filhas da França estavam mortos.

Houve algumas mudanças em Auschwitz. Depois de um escândalo que envolveu furtos excessivos no "Canadá" pela SS, Hoess foi substituído por um comandante um pouco menos feroz. Arthur Liebehenschel começou a frear a corrupção e a transferir de Auschwitz os guardas que considerava muito brutais. Quando os trabalhos nas fábricas e nos pântanos durante a noite foram retomados, traziam menos cadáveres de volta. Liebehenschel gostava muito de música e de ter uma orquestra de prisioneiras, muitas delas musicistas distintas antes do campo, tocando em todas as ocasiões possíveis, vestidas com saias pregueadas e camisas brancas. A orquestra era ordenada a tocar durante a ida e a volta aos locais dos trabalhos, de manhã e à noite, vagando em meio às filas de cinco prisioneiros ao som de Strauss e Offenbach.

Em Raisko, o retorno a alguma semelhança com a normalidade e a saúde física trouxe consigo uma necessidade de conversar e compartilhar histórias, sempre tomando cuidado para evitar memórias íntimas e dolorosas. "Nunca falávamos sobre amor.", Charlotte diria tempos depois. Elas falavam sobre o que fariam depois da guerra, sonhos alegres que as faziam acreditar que talvez ainda pudessem ir para casa. Melhor era qualquer coisa que tivesse a ver com literatura ou teatro, e quando Claudette Bloch, a química amiga de Marie-Elisa, revelou que sabia *O doente imaginário* de Molière de cor, as francesas começaram a recriar a peça, linha por linha, a memória voltando aos trancos e barrancos, com a direção de Charlotte e com Cécile, mais uma vez, como em Romainville, fazendo os figurinos. Cécile tinha a língua afiada, mas fazia as outras rirem. Carmen conseguiu adereços. Lulu, que amava atuar, assumiu o papel de Argan. Aventais foram transformados em jalecos de médico, emprestaram filó do laboratório para fazer babados e aparas de madeira foram transformadas em perucas. À noite, durante uma hora no fim do dia, as mulheres ensaiavam.

Então chegou o domingo da apresentação, com a presença de todo o bloco. "Foi magnífico", Charlotte escreveria, "porque, pelo espaço de duas horas, durante as quais as chaminés nunca pararam de soltar sua fumaça de carne humana, durante duas horas inteiras acreditamos no que estávamos fazendo". Depois de ficar em silêncio por tanto tempo, as personagens de peças e livros finalmente entravam novamente na cabeça de Charlotte, e ela entretinha os outros descrevendo-as. Mais tarde, diria que procurou em vão por Madame Bovary, Anna Karenina e Rastignac, mas que Proust voltou a ela.

Na véspera de Natal, as mulheres foram autorizadas a parar o trabalho por uma hora. Foram feitos planos para um jantar de comemoração: mulheres ainda vivas, apesar de todos os pesares, celebrando o simples fato de que não estavam mortas. Perceberam com alegria que seus cabelos cresceram um pouco e ajudaram umas às outras a lavar e a pentear os novos tufos e punhados que lhes cobriam a cabeça. Algumas das mulheres tinham conseguido meias do "Canadá" e camisetas foram "arranjadas" e cortadas para fazer um colarinho branco limpo para cada uma delas. Com lençóis como toalhas de mesa, as mesas do refeitório foram organizadas em formato de ferradura e decoradas. Com papéis, fizeram flores e as químicas fizeram *rouge* e batom com alguns pós no laboratório. A comida, guardada das encomendas vindas da França, e vegetais furtados dos jardins foram transformados em um banquete de feijão e repolho, batatas com molho de cebola e sementes de papoula. Elas comeram pouco, pois já tinham perdido o hábito da comida, mas ter tanto o que comer deixou-as felizes. Beberam cerveja escura doce, roubada das cozinhas da SS. Depois de comerem, apagaram as luzes, acenderam as velas e as polonesas cantaram hinos e baladas, dizendo umas às outras *Do domou* [de volta para casa]. Presentes foram trocados: uma barra de sabão, uma corda transformada em cinto, um ursinho de pelúcia encontrado perto das câmaras de gás e trocado por duas cebolas.

Cedo, no Ano-Novo, um guarda da SS apareceu em Raisko com uma lista de nomes. Nela estavam os nomes das francesas, que deveriam retornar imediatamente a Birkenau. Extremamente apreensivas, temendo que pudesse ser uma ordem para matar os prisioneiros franceses, arrumaram um pequeno saco de pano cada, com uma preciosa escova de dentes e um pouco de sabão. Quando deixaram o barracão, começaram a cantar a *Marselhesa*, que marcara cada passo de sua jornada. Colocadas em um carro, continuaram cantando, lideradas por Carmen, que tinha um repertório extenso de canções. Quando viram o arame farpado e as chaminés soltando fumaça, o coração delas pareceu parar.

Mas as notícias foram, na medida em que puderam entender, boas. Um primeiro grupo de francesas iria para o campo de Ravensbrück, no norte de Berlim. Charlotte, Cécile, Poupette, Madô, Lulu, Carmen, Gilberte e Marie-Jeanne Pennec receberam ordens de se despirem, enquanto roupas um pouco mais limpas eram entregues a elas. Então, para espanto de todas, suas malas originais, com pelo menos algumas de suas coisas ainda dentro, foram devolvidas e foi pedido que assinassem um formulário em que juravam não descrever o que testemunharam em Auschwitz. Mais surpreendente ainda, Taube, cuja brutalidade marcara tantos de seus dias, ajoelhou-se para arrumar o cadarço de Carmen. Como em um sonho, marcharam para a estação, usando seus vestidos listrados largos e sapatos mal-ajustados, e foram colocadas em um trem comum, onde olharam pelas janelas e viram pessoas comuns vivendo suas vidas como se Auschwitz nunca tivesse existido. Notaram, com prazer, o grau de destruição causado por bombardeios dos Aliados em cidades alemãs. O trem passou por uma fila de tanques, uma divisão que ia em direção à frente oriental. O que mais surpreendeu as mulheres foi o fato de se sentirem tão pouco surpresas com o luxo que as rodeava, como casacos deixados pendurados atrás de uma porta; haviam encontrado suas antigas personalidades, e foi como se nunca as tivessem perdido.

Quando trocaram de trem em Berlim, encontraram a cidade em ruínas e não sentiram "nada além de prazer". Os guardas permitiram que fossem ao banheiro feminino e, lá, pela primeira vez em mais de um ano, se olharam em um espelho. Encaravam com descrença seus rostos ossudos e extenuados e seus tufos dispersos de cabelo. Conversaram sobre tentar fugir, mas com suas roupas listradas distintas havia pouca chance de sucesso. E para onde iriam? Foram levadas para um segundo trem cheio de oficiais da Gestapo em casacos macios de couro. Charlotte ficou emocionada e impressionada quando uma jovem em seu vagão com uma garotinha insistiu que as francesas sentassem em seus lugares. Deu a elas uma sensação de que ainda havia um mundo onde a decência e a piedade existiam.

O restante das francesas ainda estava no bloco de quarentena do lado de fora da cerca de Birkenau quando Hoess foi renomeado comandante, a fim de agilizar o extermínio dos judeus húngaros, que chegavam às dezenas de milhares todos os dias desde maio. Havia um novo ramal ferroviário dentro de Birkenau, que levava diretamente às câmaras de gás. Isso significava que havia uma linha de montagem da morte, em escala e velocidade nunca vistas antes. Certa noite, Marie-Claude ouviu gritos terríveis; na manhã seguinte, descobriu que as crianças menores foram jogadas diretamente no fogo porque as câmaras de gás estavam sem pastilhas de Zyklon B. "Quando contarmos às pessoas", disse às outras mulheres, "quem acreditará em nós?"

Estavam lá quando o campo das famílias ciganas foi finalmente liquidado e as crianças que sobreviveram à fome, por milagre, foram levadas às câmaras de gás com seus pais. E ainda não tinham novidades sobre seu destino quando uma comissão internacional visitou Auschwitz e foi, efetivamente, enganada sobre seu verdadeiro propósito. Depois que os comissários foram embora, perguntaram às mulheres se elas queriam ir trabalhar na Alemanha, mas elas recusaram, sentindo que podia ser uma armadilha, e foram mandadas de volta a Birkenau, para um bloco de madeira ao lado da ferrovia, onde foram incumbidas de costurar cruzes em vestidos normais, pois Auschwitz não tinha mais roupas listradas para os recém-chegados. Costuravam as cruzes bem soltas, esperando que a pessoa que usasse o vestido tivesse chance de fugir. Do bloco podia se assistir às chegadas sem fim de judeus húngaros e às cenas comoventes quando filhos eram arrancados de suas mães.

Com o verão, o jardim da casa de Hoess, onde seus filhos jogavam bola no gramado, estava cheio de rosas, e em sua janela vasos ostentavam begônias. Entre a cerca de arame farpado e a fila de roseiras ficava o caminho que levava aos crematórios, e durante todo o dia elas viam a procissão interminável de macas que carregavam os mortos para os fornos.

Mas então chegou o dia em que foram colocadas em um trem com destino a Ravensbrück. Marie-Claude, Marie-Elisa, Adelaïde, Germaine Pican e Simone Sampaix estavam no primeiro grupo, seguidas alguns dias depois por Germaine Renaudin e Hélène Solomon.. Foram forçadas a deixar para trás um membro do comboio, Marie-Jeanne Bauer, que sobrevivera ao tifo e a inúmeros abscessos, mas estava com uma conjuntivite tão forte que a SS recusou-se a deixá-la ir — houve um momento em que Marie-Jeanne se viu dividindo um beliche com quatro cadáveres. A sensação de solidão e perda quando suas amigas partiram foi esmagadora.

Das mulheres que chegaram a Birkenau com uma irmã, uma mãe ou uma tia, quase não havia pares: Poupette perdera Marie, Hélène Bolleau perdera a mãe, Emma, e Yolande perdera a irmã, Aurore. Nenhuma do comboio morreu em Raisko, e apenas cinco delas durante os meses de primavera e verão anteriores passaram no bloco de quarentena. Uma delas foi Sylviane Coupet, de dezessete anos, que as outras encontraram coberta de piolhos na *Revier* e a quem Carmen beijou com tanta ternura quando morreu. Para Charlotte, que a acompanhou para ver Sylviane, Carmen disse: "Beije-a também." Olhando para o corpo esquelético, com a pele pálida e os lábios cobertos por uma saliva rosada, Charlotte recuou, horrorizada — o que a fez sempre sentir vergonha quando se lembrava do fato.

As francesas agora eram 52. O que era extraordinário não era que tantas tinham morrido, mas que tantas tivessem sobrevivido.

13

As descartáveis

O trem que levava Charlotte, Poupette, Cécile e as outras mulheres a Ravensbrück parou na estação de Fürstenberg. De lá, marcharam 7km pela paisagem rural plana e arborizada de Mecklenburg, passaram dunas de areia quase branca, até chegarem a uma fileira de lindas casas e um lago. "É menos assustador que cerca de arame farpado elétrica", Poupette disse às outras. Viram a distância uma parede de tijolos elevada, um prédio imponente de cerca alta. Entrando pelos portões, que eram guardados por homens da SS, perceberam filas ordenadas de barracões, muito parecidas com as de Birkenau, sobre um campo enorme de clínquer preto. Não havia ferrovias que levassem a um crematório, nem trens levando famílias aterrorizadas para câmaras de gás, nem sinal de "seleções". E havia água, uma torneira para cada barracão, o que significava que poderiam finalmente lavar suas roupas e beber quanta água quisessem. "Aqui podemos viver", observou Madô.

Não era, no entanto, tudo o que parecia ser, mesmo Ravensbrück sendo, pelo menos em teoria, um campo de trabalho e não de extermínio. Construído em terreno pantanoso em 1939 para ser um campo para mulheres que receberia membros da Resistência Alemã, crescera no decorrer de três anos de doze barracões para 32. E continuava crescendo, conforme os russos avançavam do leste, invadindo campos de concentração alemães e levando seus prisioneiros em longas marchas forçadas para o interior do Reich. A água, que parecia ser tão abundante, era contaminada pelo esgoto e por dejetos das fábricas que surgiram ao redor do campo. Cada barracão já excedia quatro vezes sua capacidade máxima; não havia mais cobertores; as pulgas, como em Auschwitz, eram endêmicas. Nenhuma delas jamais conseguiu superar o horror das pulgas. Não havia meias sobrando e os sapatos eram muito escassos, o que significava que muitas das mulheres ficaram descalças; sem colheres suficientes, latas velhas serviam de tigelas. Os barracões, poucos deles com vidros nas janelas, permaneciam com a temperatura bem abaixo de zero durante o longo inverno do norte — os locais chamavam a área de "Klein-Sibirien in Mecklenburg", a pequena Mecklenburg siberiana, devido ao frio glacial que chegava do Báltico.

Depois do cadastro vieram os banhos, então uma inspeção ginecológica humilhante e insalubre, em que a médica não se deu o trabalho de trocar as luvas de borracha de mulher para mulher. Ravensbrück não tinha vestidos listrados e as mulheres receberam as roupas tiradas das malas de recém-chegadas, com cruzes pintadas claramente na frente e atrás. Depois disso, viram-se novamente na segurança e na calma relativas de um barracão de quarentena. As mulheres estavam agora, conforme Lulu escreveu à sua família, "um pouco mais perto" de casa.

Quatro semanas depois, foram transferidas para um bloco que já estava ocupado por prisioneiras de guerra russas, que se recusaram a trabalhar em fábricas de munições alemãs e estavam sendo punidas ficando o dia todo do lado de fora do barracão, sem comida. Quando capturadas, essas mulheres foram descritas pelo órgão de propaganda alemã como "amazonas" e histéricas, prova do que o bolchevismo fazia às mulheres. Muitas chegaram a Ravensbrück quebradas devido às marchas forçadas.

As oito amigas logo descobriram outras francesas no campo, algumas conhecidas da Resistência Francesa, de quem aprenderam sobre a mentira de sua nova terra confusa. Para todo lugar que olhassem havia mulheres de diferentes raças, nacionalidades, religiões e classes sociais, falando dezenas de línguas e dialetos diferentes e vestindo, como em Birkenau, muitas combinações de etiquetas. A delas, como antes, era o triângulo vermelho dos presos políticos.

Ravensbrück, ouviram, era liderado por um comandante chamado Fritz Suhren, um homem que gostava de beber, não muito militar na aparência, mas um administrador hábil e carrasco, especialmente disposto, de prisioneiros soviéticos. Sob seu comando estavam cerca de quarenta oficiais da SS e centenas de guardas, a maioria mulheres, oficiais da SS ou auxiliares selecionadas como parte do esforço de guerra, tendo sido submetidas a uma mistura de ameaças e promessas. Mesmo mulheres gentis e agradáveis, dizia-se, levavam apenas alguns dias para se tornarem duras e vingativas. Ravensbrück era famoso por seu uso de cães selvagens. Os que patrulhavam o perímetro das cercas eram treinados, por ordem de Himmler, a deixar em pedaços qualquer um que fosse suspeito de tentar escapar.

No início de 1944, o campo abrigava mais ou menos 20 mil detentas. Havia alemãs que se opunham ao Nacional Socialismo, ou porque eram cristãs devotas, ou porque eram comunistas; Testemunhas de Jeová, a quem disseram que seriam soltas, desde que negassem suas crenças; mais ou menos 5 mil "associais", prostitutas, criminosas e abortistas; "reincidentes perigosas", na forma de judias, russas e ucranianas, para quem o Reich decretara "extermínio por meio do trabalho"; e mulheres que "poluíram" a raça alemã se casando com judeus. Eram italianas, iugoslavas, espanholas, norueguesas, albanesas e um punhado de egípcias, argentinas, chinesas, gregas, britânicas e duas americanas. E também as esposas e filhas dos comerciantes de diamantes de Roterdã, além de cientistas, professoras, jornalistas, atrizes e estudantes de toda a Europa ocupada.

O maior grupo eram as polonesas, do Exército polonês e de outras facções políticas, que, dados sua superioridade numérica e seu forte senso de disciplina e camaradagem, conseguiram assumir as posições mais importantes ao redor do campo — as cozinhas, os armazéns e as enfermarias. Estas se defendiam ferozmente. As mais odiadas, disseram às mulheres francesas, eram as russas, algumas delas camponesas idosas, outras, médicas e professoras; e as próprias francesas, que agora eram muitos milhares. Eram consideradas, pelas outras nacionalidades, indisciplinadas crônicas e muito afetadas pelo código de disciplina da SS.

As francesas disseram que as polonesas administravam o campo com "egoísmo extremo e uma falta criminosa de consciência social", apesar de um pequeno grupo de alemãs e austríacas bem-educadas ocuparem lugares assegurados nos escritórios administrativos no momento em que Charlotte e o primeiro grupo de sete amigas francesas chegaram a Ravensbrück. Elas eram, em sua maioria, comunistas, e cuidavam de suas iguais, o que seria muito útil ao grupo. Das oito, apenas Poupette e Marie-Jeanne Pennec, que ajudara várias pessoas a atravessar a linha de demarcação, uma fazendeira solitária e reservada que manteve muitas delas vivas em Birkenau procurando comida nos pântanos, não tinham crenças políticas fortes.

Também havia muitas ciganas, que, quando o tempo se tornou mais quente, podiam ser vistas vagando pelo campo após o anoitecer, tentando trocar coisas que encontraram ou roubaram por porções extras de pão. Logo que chegaram, ofereceram a Charlotte a edição Larousse de *O misantropo*, de Molière. Em seu barracão, lia em voz alta para as outras, que davam para ela um pouco de pão, e então, sempre com medo de que estivesse perdendo a memória, ela começou a decorá-lo, recitando as cenas para si mesma todos os dias. Com o passar dos meses, conseguiu trazer de volta à memória 57 poemas que leu e amou durante sua vida livre, e os recitava também para si mesma e para as outras.

Anexado ao campo principal em Ravensbrück havia um pequeno campo para homens, onde alguns alemães, austríacos e poloneses, alguns deles judeus, outros usando o triângulo rosa dos homossexuais, eram mantidos como força de trabalho para a construção constante que acontecia no campo e ao redor dele. Lá, a taxa de mortalidade era extremamente alta entre homens que trabalhavam durante horas terrivelmente longas, com ferramentas rudimentares, sem comida suficiente e constantemente punidos.

Quando Ravensbrück foi aberto, em 1939, o campo era considerado um lugar de reeducação para "poluidores da raça", prostitutas, reincidentes e homossexuais. No entanto, a reeducação rapidamente deu lugar ao trabalho escravo quando as necessidades da economia de guerra alemã cresceram, e em 1943 Ravensbrück já era o centro de 33 campos-fábrica satélites, produzindo tudo, desde pólvora até peças sobressalentes para a Messerschmitt. Sua posição, em uma área relativamente isolada de lagos e florestas, mas com boas conexões ferroviárias, era ideal. Como o oficial da SS *Gruppenführer* Pohl, chefe do Escritório de Economia da SS, explicou, o Reich precisava dessas mulheres por "seus braços e suas pernas e porque elas precisam contribuir com a grande vitória do povo alemão". Isso porque, com o extermínio dos judeus nas câmaras de gás, a matança de prisioneiros de guerra russos e as mortes causadas por doenças, pela fome e pela brutalidade entre os trabalhadores escravos, havia o medo constante de acabar ficando sem trabalhadores. Conforme a visão de Pohl, o trabalho deveria ser "completamente exaustivo", e ninguém parecia questionar a insensatez em fazer mulheres enfraquecidas pela fome executarem, até que entrassem em colapso, trabalhos que eram muito desgastantes para elas.

Dentro do campo, a Siemens tinha uma fábrica que produzia peças sobressalentes para telégrafos, rádios e ferramentas de precisão. Todas essas empresas, como em Birkenau, enviavam gerentes para inspecionar e selecionar as mulheres que queriam. Como Marie-Claude escreveria mais tarde, "era como um mercado de escravos. Eles sentiam os músculos das mulheres, checavam seu estado de saúde e então apontavam para aquelas de que haviam gostado". Depois disso, as mulheres eram inspecionadas novamente, dessa vez nuas, por um dos médicos do campo. As percebidas como "fracas" logo eram devolvidas, para serem trocadas por "espécimes" melhores.

Não demorou muito para que Charlotte e as outras entendessem por que as mulheres do campo descreviam Ravensbrück como *l'enfer des femmes* [o inferno das mulheres]. A superlotação transformou os barracões em uma visão do inferno conforme descrita pelos pintores da Renascença: pilhas e mais pilhas de caixas de madeira, cheias de mulheres esqueléticas seminuas, em que mesmo as mais calmas eram vítimas de ataques de raiva terríveis. Sobreviver significava lutar — por espaço, comida, água. As noites eram preenchidas com o barulho de mulheres gemendo, discutindo, roncando e gritando de dor, conforme seus corpos ossudos tocavam as ripas de madeira.

Logo que foram levadas a seu barracão, Charlotte, Cécile e as seis amigas francesas foram colocadas para costurar uniformes militares alemães, sentadas como se estivessem em uma esteira transportadora, fazendo turnos de doze horas em uma cabana sem ventilação e com pouquíssima luz. As mulheres que já estavam lá, elas notaram, eram corcundas e tinham a visão debilitada; também tossiam constantemente. A tarefa mais desagradável, que todas temiam, era descoser os uniformes sangrentos dos soldados que haviam morrido na frente oriental. Se as taxas diárias não fossem alcançadas, uma mulher da SS chamada Binder avançava sobre as mulheres, batendo em suas cabeças e seus braços, em um frenesi de fúria.

Uma tarde, foram dadas ordens para que todas as mulheres parassem o trabalho e formassem uma fila do lado de fora da cabana. Um médico da SS lhes pediu que tirassem os sapatos e as meias e levantassem as bainhas de seus vestidos. Rapidamente, Poupette e as outras mulheres mais jovens ficaram nas extremidades das filas, protegendo as mulheres mais velhas no meio. Receberam ordens de começar a andar em um grande círculo. Conforme passavam, um médico puxava aquelas com pernas inchadas ou pés deformados por edemas. A cada volta, as filas diminuíam. "Andamos", Charlotte diria mais tarde, "como os condenados dos tímpanos dos portais da catedral". Nenhuma das amigas foi tirada das filas; as que foram descobriram que iriam a um "campo de jejum" perto dali, mas apenas podiam imaginar o que aquilo queria dizer.

Embora não fosse oficialmente um campo de extermínio, o *éthos* de Ravensbrück era de privação — de comida, calor, sono e notícias. Todas estavam famintas, obcecadas por comida e com medo. Em um mundo em que o imprevisível e o inesperado reinavam, não havia cadarços para os sapatos, mas mulheres eram punidas quando seus sapatos caíam; não havia pentes ou lenços para segurar o cabelo, mas havia castigos se o cabelo não estivesse preso para trás. Depois que a sirene soava, às três e meia da manhã, as mulheres tinham alguns minutos para ficarem prontas para o trabalho, mas não havia toalha nem sabonete e eram dez lavatórios para mil mulheres. Como em Auschwitz, as chamadas eram momentos de frio intenso e cães rosnando.

Pouco tempo depois de sua chegada, duas jovens francesas de outro barracão tentaram fugir. Uma delas, Odette Fabius, foi capturada e torturada. Naquele dia, todas as francesas do campo receberam ordens de passar o dia inteiro de joelhos no clínquer áspero, com as mãos para cima, sem se mexer. Muitas desmaiaram.

Devido à superlotação, ao tumulto e à chegada constante de novas prisioneiras, às vezes era possível escolher entre ser enviada para trabalhar em um dos campos-satélite de Ravensbrück e permanecer entre as *Verfügbaren*, ou seja, as descartáveis. Havia mulheres que, por estarem doentes, ou frágeis, ou porque eram *Nacht und Nebel*, ou idosas, permaneciam no campo, frequentemente sem ter o que fazer, mas disponíveis para trabalhos que eram desagradáveis e poderiam levar a batidas repentinas. O pior desses trabalhos era ser presa a um rolo de aço, como um escravo, e ter que arrastá-lo sobre a terra áspera para fazer novas estradas. Mas ficar no campo oferecia a possibilidade de encontrar um cogumelo ou alguns dentes-de-leão. As amigas estavam ficando habilidosas em evitar o trabalho de todo, tendo decidido que a melhor maneira de conservar sua força minguante era se esconder — atrás dos blocos, nas latrinas ou nas vigas. Às vezes se escondiam entre as *Schmuckstücke*,[17] as *musulmans* de Ravensbrück, mulheres que perderam qualquer esperança e energia e andavam apáticas pelo campo.

Tudo o que sabiam com certeza era que a coisa mais importante em suas vidas era permanecerem juntas e que sem se ajudarem nenhuma delas sobreviveria. Foi um golpe terrível para todas elas quando Marie-Jeanne Pennec de repente foi enviada para trabalhar em uma fábrica na Tchecoslováquia. Ela nunca fora muito próxima de nenhuma delas, permanecendo solitária e um pouco reservada, mas todas sentiram sua partida como um terrível presságio.

À noite, as sete que permaneceram — Charlotte, Poupette, Cécile, Carmen, Gilberte, Lulu e Madô — reuniam-se bem perto umas das outras, juntando suas rações, que estavam ficando cada vez menores. A sopa diária agora não passava de uma água verde-acinzentada, feita de beterrabas, cenouras brancas e gramíneas, e elas observavam cada concha como falcões, para ver qual poderia conter um pedacinho de carne. Vegetais secos desapareceram, e com eles gorduras de qualquer tipo. Cada mulher recebia uma colher de sopa de geleia e um pedacinho de queijo por semana. O bastante raro pedaço de salsicha tinha uma cara estranha e parecia brilhar no escuro. Elas estavam, literalmente, morrendo aos poucos de fome. Muitas vezes, conversavam sobre comida, falando de cardápios e receitas, sonhando com o

[17] Literalmente, "peças de joalheria". Como *musulman*, uma palavra nunca explicada apropriadamente .

que poderiam comer novamente algum dia. Mas também se tornaram criativas e inventivas, desenvolvendo a habilidade de usar pequenos pedaços de fio, pano ou borracha para fazer pentes e escovas de dentes. Nenhuma delas perdera a necessidade de se agarrar a algum vestígio de orgulho físico e dignidade, mas estava ficando cada vez mais difícil manter a disciplina de catar pulgas, a ponto de não trocarem as roupas de baixo havia três meses.

Em Ravensbrück, Charlotte descobriu outras que também desejavam manter a mente ativa. Entre mulheres reduzidas a esqueletos, andando pelo campo em trapos, um "jornal falado" se formara, com notícias do mundo externo, informações sobre o campo e até poemas, repetidos e passados pelo campo de mulher para mulher. Foi assim que Charlotte ficou sabendo da chegada à Normandia, com a qual todo o campo se alegrou. Festas nacionais eram marcadas por pequenos atos de celebração. Professoras davam aulas de literatura e história. Matemáticas desenhavam problemas na areia. Grupos de discussão foram iniciados, sobre todos os assuntos, desde a criação de coelhos até questões esotéricas de filosofia. Apesar da falta de livros e papel, havia um apetite enorme pelo conhecimento, principalmente pelo aprendizado de línguas, embora pouquíssimas mulheres escolhessem aprender alemão.

Sempre que possível, elas cantavam. As russas, com seus lamentos, eram as mais populares, até que Suhren proibiu que se cantassem músicas patrióticas, então elas assoviavam, até que os assovios foram proibidos também. Ordenadas a cantar em alemão, cantavam *"Ja, Ja, Ja"* o mais alto que podiam. Mesmo atos de rebeldia pequenos como esse eram emocionantes. No dia 14 de julho, as francesas do Bloco 14 costuraram rosetas com as cores da bandeira francesa em seus vestidos e cantaram a *Marselhesa*, até que a SS caiu sobre elas com pedaços de pau. Para sobreviver, sabiam, instintivamente, que teriam de permanecer humanas, e permanecer humano era lembrar-se de que havia outro mundo, de decência e cultura e abundância, por mais que as memórias fossem dolorosas.

Confinadas ao campo, as sete francesas restantes decidiram que seu trabalho seria informar todas as recém-chegadas em trens vindos da França, encontrando maneiras de subir até seus barracões para instruí-las quanto ao que fazer e ao que evitar. "Dizíamos a elas", Lulu explicaria mais tarde, "que jamais deveriam admitir que eram judias, que nunca deviam dizer que estavam cansadas ou doentes e que deveriam fazer o que fosse possível para parecer jovens e saudáveis. E falávamos a elas sobre a importância de cuidarem umas das outras, que era o único jeito de terem alguma chance de sobreviver".

No início de agosto, vindo de Auschwitz em dois grupos separados, chegaram todas exceto uma das sobreviventes do "comboio dos 31.000". Marie-Jeanne Bauer estava muito doente para ser transferida. Quando os vagões de gado saíram, Marie-Claude lembrou-se do dia em que entraram marchando, cantando, pelos portões de Birkenau, dezenove meses antes, e pensou em todas as amigas que haviam morrido. "Tínhamos", disse mais tarde, "a sensação de que estávamos saindo do inferno e, pela primeira vez, senti um lampejo de esperança de que viveria e veria o mundo novamente". Cinquenta e uma delas tinham sido transferidas para Ravensbrück. A reunião entre amigas pareceu uma celebração, pois nenhuma sabia se voltariam a se ver. Charlotte e as outras rapidamente treinaram as recém-chegadas na arte de sobreviver em seus arredores. Ravensbrück havia quase dobrado de tamanho desde janeiro, e mais mulheres chegavam todos os dias. Era um lugar confuso e caótico.

Para algumas, a chegada a Ravensbrück confirmou seus maiores medos. Para seu imenso prazer, Yolande encontrou sua mãe, Céleste Pica, no campo, mas teve que contar a ela que Aurore, de dezenove anos, estava morta; e Céleste deu a ela a notícia de que seu pai, Attilio, fora executado pelos alemães. O que nenhuma delas sabia era que o marido de Yolande, Armand, tinha sido morto pouco antes enquanto lutava com os maquis. E Germaine Pican teve de contar à amiga Lucie Guérin, que também havia chegado recentemente a Ravensbrück, que sua filha Claudine, de dezessete anos, estava morta.

Entre as prisioneiras *Nacht und Nebel* estavam Marie-Elisa, Marie-Claude e Adelaïde, embora seu paradeiro não fosse mais um segredo de fato. Depois do período obrigatório na quarentena, foram enviadas ao Bloco 32, para se juntarem às outras prisioneiras secretas da

Europa ocupada, muitas delas líderes comunistas, mulheres fortes e capazes que ficavam felizes em proteger aquelas que identificavam como possíveis futuras comunistas. Lá descobriram Geneviève de Gaulle, sobrinha do general, a etnógrafa Germaine Tillon e Annette Postel-Vinay, de vinte anos, jovens francesas estudadas e decididas levadas diretamente a Ravensbrück de Paris após serem capturadas por atividades ligadas à Resistência. A mãe de Germaine Tillon, presa pouco depois dela pela Gestapo, havia chegado recentemente a Ravensbrück — era uma mulher gentil e distinta de pouco mais de sessenta anos.

Essas mulheres estavam no campo havia alguns meses, e já eram habilidosas em escapar de suas armadilhas. Tinham notícias do progresso da guerra e da chegada do Exército russo, tendo convencido uma austríaca que limpava as cantinas da SS a passar qualquer jornal que encontrasse a uma amiga tcheca que, por sua vez, os passava às francesas. Annette, como Adelaïde, vinha da Alsácia e falava alemão. Em uma extremidade do bloco, havia um grupo de russas idosas, tão religiosas que faziam o sinal da cruz sempre que encontravam um pedaço de nabo-sueco na sopa. Um dia, Annette encontrou um mapa de seda escondido no forro de um uniforme alemão que estava descosendo, com o qual elas conseguiram acompanhar o avanço das tropas Aliadas. Isso lhes deu uma sensação de que a vitória era possível.

No Bloco 32 também estavam sobreviventes dos experimentos médicos letais de Ravensbrück, as *Kaninchen* ou coelhinhas, garotas polonesas cujas pernas haviam sido "tratadas" pelo professor Gebhardt, presidente da Cruz Vermelha alemã, professor de cirurgia ortopédica na Universidade de Berlim e ex-cirurgião-chefe das Olimpíadas de 1936, cuja clínica particular ficava perto do campo. Gebhardt fora convocado para cuidar de Heydrich quando ele foi baleado, mas não conseguiu salvar sua vida quando a ferida ficou infeccionada com gangrena gasosa. Na frente oriental, centenas de soldados alemães morriam de gangrena gasosa, e havia a necessidade urgente de encontrar uma cura. Em Ravensbrück, criticado por não usar os novos remédios de sulfonamida em Heydrich e a fim de resgatar sua reputação provando que eles não teriam salvado sua vida, Gebhardt removeu os músculos e os ossos de 75 garotas polonesas. Então injetou nas feridas tétano, tecido gangrenoso e estreptococos, antes de testar diferentes remédios.

Quando, após sua primeira cirurgia dolorosa, as garotas resistiram a uma segunda, foram seguradas e operadas sem anestésicos, Gebhardt operando com seu uniforme militar e sem fazer nenhum esforço para manter qualquer limpeza. Embora inicialmente atraídas ao centro cirúrgico por promessas de que seriam liberadas depois, nenhuma das polonesas foi libertada. Cinco morreram, seis outras foram executadas, mas as sobreviventes eram vistas mancando pelo campo, sentindo dores consideráveis. No Bloco 32, as francesas cuidavam delas o melhor que podiam. A mais nova tinha apenas quatorze anos. Naquele bloco não havia roubo, e podia-se deixar um pedaço de pão sobre a cama e encontrá-lo lá mais tarde. As mulheres mantinham seu bloco limpo e livre de pulgas e compartilhavam suas rações com as que tinham o mínimo. Estava, no entanto, perfeitamente claro para todas elas que os alemães pretendiam que ninguém no bloco sobrevivesse para dar testemunho de suas experiências médicas.

As francesas recém-chegadas foram distribuídas em vários trabalhos no campo por Hans Pflaum, o oficial da SS encarregado dos trabalhos, um homem grande e bruto com pouco mais de vinte anos que era muito temido em todo o campo. Pflaum frequentemente estava bêbado. Algumas mulheres eram enviadas para transportar carvão de Fürstenberg para as caldeiras que aqueciam as casas dos guardas; outras iam trabalhar nos jardins, onde às vezes os filhos dos oficiais da SS cuspiam nelas; outras cortavam árvores, removiam a areia do lago ou juntavam-se a Charlotte e Poupette e às outras que costuravam uniformes alemães. De vez em quando uma delas era enviada para descarregar vagões de ferro ou madeira, que chegavam de saques a outros países.

Marie-Claude foi enviada primeiramente para a pedreira de areia e então transferida para a *Revier* para trabalhar como secretária, até que teve uma briga com uma *kapo*, sendo então colocada para varrer as estradas no campo, um trabalho de que gostava bem mais. Hélène Bolleau recebeu ordens de ajudar um grupo de austríacas distintas e importantes, levadas a Ravensbrück como reféns, que viviam no relativo conforto de um dos barracões privilegiados. Como tinham a permissão de receber encomendas de comida, rejeitavam a sopa do acampamento, e Hélène podia levar suas rações para as amigas todas as noites. Mais uma vez Betty estava trabalhando como enfermeira. O que impressionava a todas era que Ravensbrück, embora realmente fosse *l'enfer* [o inferno], era muito diferente de Birkenau. Lá, o principal objetivo era exterminar os detentos, sendo que a maioria ia para as câmaras de gás assim que chegava e os outros trabalhavam até a morte. Em Ravensbrück, logo entenderam que o propósito era administrar um exercício de comércio bem-sucedido, sendo a morte apenas um subproduto, não um fim.

Pela primeira vez desde que deixaram a França, havia dezenove meses, começaram a pensar que tinham uma chance real de sobreviver até o fim da guerra. Mas sabiam, também, que baixar a guarda seria fatal e que as velhas regras que as salvaram em Birkenau — limpeza, cautela, senso de humor e amizades — ainda se aplicavam. A amizade entre elas, mais forte que qualquer coisa que conheceram em suas vidas anteriores, se tornara um credo — ela as definia.

À noite, depois de compartilhar suas rações e comê-las sentadas em seus beliches, as amigas visitavam umas às outras em seus diferentes barracões, trocando notícias e estímulo. Continuavam nunca conversando sobre suas famílias, e principalmente sobre seus filhos, pois esse ainda era um assunto muito doloroso. Nem todas elas haviam recebido uma carta de casa, e as que não tinham recebido viviam em estado constante de medo quanto ao que poderia ter acontecido com suas famílias. Lulu, que vira Paul pela última vez quando ele tinha dezoito meses, pelo menos tinha notícias de que ele estava a salvo, mas tinha uma consciência dolorosa do quanto de sua infância ela tinha perdido. Na única carta que lhe foi permitido escrever, implorou por notícias dele. Embora as cartas fossem cuidadosamente brandas, eventuais gritos vindos do coração acabavam passando. "É difícil para mim entender", ela escreveu um dia, "que ele não é mais um bebê... sempre lamentarei os dias de seus primeiros anos em que não pude estar perto". Cécile e Germaine Pican tinham deixado garotinhas para trás e só podiam imaginar o que os meses de incerteza a respeito de suas mães haviam causado a elas.

O que as recém-chegadas descobriram foi que, entre as cerca de 5 mil francesas que já estavam em Ravensbrück, toda a França estava representada. Mais ou menos um quarto desse número era teoricamente de "criminosas": prostitutas que infectaram soldados alemães com doenças venéreas, mulheres do mercado negro e mulheres que eram voluntárias em trabalhos de guerra alemães e cometeram um crime. O restante era todo composto por "políticas", embora em alguns casos apenas porque eram irmãs ou pessoas que zelavam por um resistente procurado pela Gestapo ou que foram denunciadas por um vizinho invejoso. Descobriram que aquelas que vinham de grupos reconhecidos — as comunistas, as bretãs católicas, as burguesas intelectuais — sabiam jogar em equipe, e com elas era mais fácil se relacionar. As muito ricas, as *tout Paris*, eram as mais sujas e as mais hostis. Mas as francesas, como grupo nacional, eram mais coesas que as outras nacionalidades, mais propensas a cuidar de seus pares.

A vida das novas detentas francesas ficou muito melhor com a ajuda daquelas que falavam alemão, que conseguiram assegurar-lhes posições nos vários escritórios do campo. Uma delas, cujo trabalho era separar as várias pilhas de roupas que chegavam, como em Auschwitz, em cada trem, tornara-se hábil em esconder blusas sob suas roupas, indo trabalhar de manhã sem nada embaixo do vestido fino. Outra, que trabalhava na floresta, trazia galhos na volta, com os quais fazia carvão, o que ajudava um pouco em casos de disenteria. Cada uma das mulheres costurou uma pequena bolsa com restos de tecido, em que guardavam qualquer coisa que tivessem de preciosa, como uma escova de dentes, e da qual nunca tiravam os olhos.

Embora os experimentos com sulfonamida — que também foram realizados em prisioneiros do sexo masculino trazidos de Sachsenhausen — já tivessem acabado quando as mulheres chegaram a Ravensbrück, alguns testes de esterilização ainda eram conduzidos e planos eram feitos para continuar o trabalho do professor Clauberg em Auschwitz. Adelaïde logo foi convocada a trabalhar na *Revier*, onde seriam realizados os testes. Mais uma vez, com seu jeito glacial e sua aparência completamente sem emoção, como uma amiga a descreveu mais tarde, recusou-se a participar dos procedimentos. "Minha convicção agora é certa", escreveu. "Não seguirei mais ordens. Usarei como desculpa os abscessos em minhas pernas, que não saram, como defesa." E, mais uma vez, teve sorte. Enviada como médica para outra *Revier*, começou a salvar vidas.

Não era fácil. No verão de 1944, um médico militar da SS chamado Percival Treite estava encarregado dos serviços médicos de Ravensbrück. Era um cirurgião loiro, correto, frio, duro, mas não sádico, a quem logo se juntaria o dr. Adolf Winkelmann, que vinha de Auschwitz. Winkelmann, que caminhava pelo campo com um sobretudo de couro marrom, era muito temido e odiado — ele às vezes pilotava uma motocicleta e tinha uma metralhadora. A enfermeira sênior era uma mulher grande, dura e de cabelos brancos chamada Elisabeth Marschall. Juntos, mantinham uma busca constante pelas muito doentes, mulheres que claramente estavam morrendo, mas levando muito tempo para fazê-lo, e que poderiam ser "selecionadas" e mortas com uma injeção letal.

Com a população sempre crescente do campo e a inexorável propagação de doenças infecciosas, longas filas de mulheres severamente malnutridas, tossindo, se coçando, confusas e fedendo, com as pernas cobertas de feridas supuradas, se reuniam do lado de fora da *Revier* todas as manhãs. O que toda mulher mais temia era ser enviada para o Bloco 10, conhecido como cemitério, pois era onde as mulheres com tuberculose eram colocadas, centenas de mulheres de dezenas de nacionalidades diferentes amontoadas e sem tratamento, pois não se esperava que nenhuma delas sobrevivesse. O Bloco 10 era presidido por Carmen Mori, uma das *kapos* mais cruéis, que frequentemente batia nas mulheres até deixá-las inconscientes.

Diante de tantas mulheres doentes e determinada a protegê-las das seleções do dr. Winkelmann, Adelaïde buscava formas de esconder a seriedade de suas doenças, mudava suas temperaturas nos prontuários e descobriu como colocar um pouco de cor nas bochechas cinzentas das mulheres usando uma pasta com os lápis vermelhos usados nas *Reviers*. Quando Betty desenvolveu um fleimão embaixo do braço, que se espalhou e ficou infeccionado, Adelaïde e uma médica polonesa operaram-na — sem anestesia — e mostraram-lhe como segurar o braço durante as inspeções médicas da SS de maneira que a cicatriz longa não aparecesse. E houve um dia maravilhoso em que um médico prisioneiro, que estava trabalhando na descarga de vagões que traziam saques da Polônia, encontrou um baú enorme cheio de remédios. Ele o enterrou na areia e todos os dias as mulheres que passavam por ali voltavam com pequenos estoques de remédios escondidos nas dobras de suas meias. Durante um tempo, muitas vidas foram salvas. Mais uma vez, Adelaïde era assombrada pelas escolhas que tinha de fazer. "Estou integrada em um sistema que vem do diabo... Participaremos desse sistema de alguma forma e sempre sentirei vergonha."

Devido à premissa incutida em todos os guardas da SS de que as prisioneiras de Ravensbrück eram depravadas e inferiores, castigos por contravenções, por menores que fossem, eram ferozes. Por tentar escapar ou bater em um guarda, mulheres eram executadas, geralmente com um tiro na nuca. Por conversar, não ficar em filas ordenadas, andar muito devagar, parecer insolente ou não entender ordens, apanhavam dos guardas da SS, que usavam anéis prateados grandes com a insígnia da cabeça da morte, ideais para quebrar dentes e narizes. Ou eram condenadas a chibatadas — com cinquenta chibatadas a morte era provável, com 75, inevitável — dadas pelas *kapos*, que em troca por se voluntariarem para o trabalho recebiam rações extras de comida.

A punição mais temida era a *Strafblock*, uma prisão dentro do campo, uma balbúrdia de mulheres dementes, levadas além do limite do suportável pela selvageria dos guardas e de seus cães. Uma ex-ajudante de cozinha de 24 anos, Dorothea Binz, uma jovem loira e bonita cujo rosto foi distorcido pela crueldade e que havia subido rapidamente pelos postos da SS, controlava as 78 celas da *Strafblock*. Lá, com água pelos tornozelos, mulheres implicadas na trama de julho de 1944 para matar Hitler definhavam. Dizia-se que Binz era a amante do *Schutzhaftlager* Edmund Bräuning, um homem rude e enorme, responsável pela ordem no campo. Era Binz quem conduzia as mulheres à cela de punição, onde não conseguiam se deitar nem ficar em pé e onde eram deixadas nuas e sem comida. Binz usava tesouras com as quais proferia golpes. Não havia uma mulher no campo que não a temesse. Conforme ela andava lentamente pelas filas de mulheres reunidas para as chamadas intermináveis, as mulheres tremiam.

Aconteceu exatamente o que as francesas temiam havia muito tempo: elas foram separadas. As primeiras a ir foram Cécile, Poupette, Lulu e sua irmã, Carmen — para elas a separação não seria suportável —, e Gilberte Tamisé, cuja irmã, Andrée, fora espancada até a morte em Birkenau. Chamadas diante de Pflaum, foram informadas de que seriam enviadas para trabalhar em uma fábrica de V1 e V2 em Beendorf, na Baixa Saxônia. Para Cécile, significava ficar longe de Charlotte, de quem se sentia muito próxima.

Beendorf era uma antiga mina de sal que ficava a 600m abaixo do solo, e era lá, protegidos de ataques aéreos dos Aliados, que os alemães estavam construindo suas novas armas. Seiscentas das 2.500 trabalhadoras eram prisioneiras de campos de concentração, duzentas delas eram francesas ou belgas. Alojadas em um hangar a 3km de distância e chamadas de *Stücke* (peças), marchavam para as minas todos os dias depois da chamada, para descerem às profundezas da terra em gaiolas. A vasta caverna em que a fábrica havia sido construída era alcançada passando por caminhos escuros e perigosos, onde era difícil, usando tamancos que não serviam direito, não tropeçar nos trilhos que levavam o sal e onde o próprio sal agravava cada arranhão, machucado e ferida aberta. Na caverna imensa e cheia de ecos, o sal muito branco para os olhos, a fábrica parecia pequena.

As mulheres trabalhavam em turnos de doze horas, seis dias por semana, noite e dia; as do turno do dia nunca vendo a luz do sol. As amigas viram-se ligadas a diferentes grupos. Poupette foi colocada com Cécile, cuja língua afiada nunca a agradou. Fez amizade com uma garotinha húngara judia chamada Véronique, que chegou a Beendorf com a mãe, que estava morrendo na *Revier*. Véronique, que tinha nove anos, disse a Poupette que era filha única, morava em uma casa grande em Budapeste com seus pais e uma governanta e que seu pai fora levado pelos alemães.

Foi uma prova da resistência das mulheres, e da sensação que tinham de que a guerra estava chegando ao fim, o fato de que imediatamente começaram a praticar pequenos atos de sabotagem. Colocadas para trabalhar com filtros de óleo e componentes de montagem, tendo recebido instruções precisas, faziam o contrário. Quando recebiam ordens de parafusar algo com firmeza, parafusavam frouxo; ordenadas a usarem apenas uma camada fina de graxa, espalhavam-na generosamente. Muito tempo era tomado fazendo a mesma coisa repetidamente, estragando algum trabalho e então consertando-o. Cécile fazia os buracos para os parafusos um pouco maiores que o necessário, e os parafusos escorregavam, até que um guarda alemão recebeu ordens de vigiá-la constantemente. Lulu juntava alguns grãos de sal e os misturava à graxa. Todas as mulheres encontravam maneiras de derrubar o máximo de peças frágeis e de derramar suas latas de óleo. Em um mês, sete dos dez motores fabricados queimaram antes de deixar a fábrica.

Furiosos com o ritmo lento de progresso, os supervisores alemães tentavam subornar as mulheres para aumentar a produtividade. Traziam porções extras tentadoras de comida e tentavam forçá-las a aceitar, empilhando-as em seus braços. Mas as mulheres se recusavam e mantinham os braços firmemente ao lado do corpo, embora sempre estivessem com fome, pois suas rações diárias eram pouco mais que uma sopa aguada. Quando o turno seguinte começava, a decisão de recusar qualquer suborno era passada pela fila. "Assim, fazíamos o que podíamos", uma delas escreveu mais tarde, "para sermos inteligentemente burras e atrapalhadas".

E não era sem risco. As máquinas eram supervisionadas de perto e sabotadoras eram frequentemente enforcadas. Os guardas da SS que acompanhavam as mulheres de Ravensbrück eram tão brutais quanto haviam sido no campo. Quando Poupette lavou seu vestido e o deixou para secar, pedindo emprestado outro de uma amiga que estava doente, foi descoberta e espancada. Uma jovem alemã, pega conversando com um trabalhador civil, apanhou tanto que seu rosto ficou irreconhecível. Durante o outono, quatorze trabalhadoras alemãs foram executadas e seus corpos descartados em sacos de papel.

Pouco tempo após sua chegada, duas polonesas escaparam. Naquela noite, Cécile, Poupette e as outras foram obrigadas a correr os 3km de volta para seu barracão, onde foram espancadas e chutadas pela SS e forçadas a passar a noite do lado de fora, na chuva, sem comida. Na noite seguinte, sendo forçadas novamente a correr o caminho todo de volta, descobriram que as duas mulheres foram capturadas. A mais velha era uma mulher grande, de aparência gentil. A mais nova, sua nora, era muito bonita. Estavam aterrorizadas e tremiam. As outras mulheres foram obrigadas a ficar assistindo enquanto as duas cativas eram atacadas; quando tentavam se afastar eram arrastadas de volta pelos cabelos. Finalmente, ficaram imóveis. As outras prisioneiras então foram autorizadas a voltar para seus beliches, deixando os corpos ensanguentados no chão, cercados por tufos de seus cabelos castanhos e loiros, puxados pela raiz. Mais tarde, descobriram que nenhuma das duas mulheres tinha morrido, mas desapareceram, e para onde tinham ido ninguém conseguiu descobrir.

Mesmo assim as cinco amigas continuavam fortes. No dia 7 de novembro, aniversário da Revolução Russa, em um momento combinado, largaram as ferramentas e cantaram a *Marselhesa*. No dia 11 de novembro, roubaram fios coloridos do depósito e fizeram flores com o vermelho, o branco e o azul da bandeira francesa, e cantaram mais uma vez. Logo após a chegada a Beendorf, estabeleceram contato com colegas comunistas e socialistas, cantando canções revolucionárias, e alguns dos homens, trabalhadores civis recrutados para trabalhar na fábrica, conseguiam trazer comida extra clandestinamente. No dia do aniversário de vinte anos de Poupette, ela ganhou de presente de um dos homens um par de sandálias e, de outro, um coração de aço com seu nome gravado. Todas as suas amigas deram-lhe parte de suas rações. Um dia, uma delas conseguiu arranjar um pouco de tecido e teve a ideia de fazer sutiãs para todas elas. Mas então se olharam e perceberam que não precisavam de sutiãs, pois seus peitos estavam tão retos quanto peitos de meninos.

A fome, para as mulheres, assumia muitas formas. Algumas lembravam-se de receitas, repetidamente, saboreando cada ingrediente. Outras se imaginavam como sacos vazios que nada jamais seria capaz de preencher. A inanição devorava não só a gordura, mas os músculos de seus corpos. As mais novas, tendo perdido 10kg ou 20kg, pareciam esqueletos; as mais corpulentas viam que sua pele perdera toda a elasticidade e caía em dobras, seus seios afundando em suas barrigas, suas barrigas caindo sobre suas genitálias, a carne de seus braços e coxas cobrindo seus cotovelos e joelhos. Unhas e cabelos não cresciam mais.

O que assombrava cada sobrevivente do comboio era que em algum momento poderiam se descobrir sozinhas, separadas de todas as outras. Algum tempo depois que as cinco foram enviadas para Beendorf, Hélène Solomon, cujo marido, Jacques, editava o *L'Université Libre*, antes de ser executado juntamente com Georges Politzer, recebeu a notícia de que seria enviada como enfermeira para as fábricas da Bosch próximas a Berlim. Embora estivesse sendo transferida na companhia de vinte outras francesas de Ravensbrück, que se juntariam a outras 1.500 mulheres que fabricavam máscaras de gás, não conhecia nenhuma delas. "Foi", disse mais tarde, "a única vez em que chorei. Durante mais de dois anos, nunca fiquei sem minhas amigas, principalmente aquelas que, como Betty e Charlotte, tiveram os maridos executados". Ela perdera Maï e Danielle em Birkenau, mas as poucas sobreviventes do grupo parisiense de jornalistas, editoras e impressoras permaneciam juntas, certas de que apenas o calor e a proteção umas das outras poderiam salvá-las.

Agora, indo embora sozinha no trem que a levava a Berlim, Hélène sentia-se desolada. Sobreviver parecia improvável.

Em Ravensbrück, as condições estavam piorando. Com cada vez mais mulheres chegando conforme eram evacuados os campos de concentração que ficavam mais a leste e as áreas da Europa ocupada eram liberadas pelos Aliados, as rações eram cortadas. Não havia espaço, a água era escassa e a eletricidade apenas o suficiente para fazer as luzes piscarem. As encomendas de comida e cartas pararam. Todos os banheiros e as latrinas estavam cercados de uma mistura grudenta de lama e excrementos, e, como não havia lugar para corpos — um dos dois crematórios se incendiara devido ao uso excessivo —, não era incomum encontrar corpos empilhados aos montes perto das bacias. Uma manhã, uma das francesas, chegando para se lavar, ouviu uma prisioneira em uma das bacias, cercada por cadáveres, cantando para si mesma. O grotesco tornou-se corriqueiro.

Embora muitas das recém-chegadas fossem enviadas rapidamente para os campos-satélite, pedidos de trabalhadoras extras estavam diminuindo e cada vez mais prisioneiras eram vistas vagando pelo campo vestindo pouco mais que trapos. Isso diminuiu o risco de que Charlotte, Cécile e as outras fossem recrutadas para trabalhos. Mesmo assim, a SS estava constantemente à procura de trabalhadoras com boas condições físicas, e os esconderijos das mulheres geralmente eram descobertos. As que eram pegas simulando enfermidades eram punidas. Charlotte escapou por pouco quando a SS cercou repentinamente a parte do campo em que ela estava. Fugiu correndo para um barracão e se escondeu em uma fenda estreita entre os beliches. Todas temiam ser recrutadas para o grupo, que já continha muitas francesas, enviadas para abrir clareiras na floresta a fim de construir hangares que esconderiam aviões ou para aplainar um terreno para a construção de uma pista de pouso. A neve caiu cedo, e as mulheres trabalharam com lama congelante até os tornozelos. Houve muitas mortes.

Pouco tempo depois que suas cinco amigas partiram para a mina de sal em Beendorf, as outras mulheres viram uma tenda enorme subir em um declive pantanoso em uma extremidade distante do perímetro do campo. A tenda fora entregue pelo Exército e se estendia por cerca de 50m. Permanecia vazia, com a exceção de uma camada muito fina de palha espalhada sobre o clínquer áspero. Até que mulheres e crianças que sobreviveram à destruição do gueto de Varsóvia começaram a chegar, e também um grupo de húngaras exaustas, aterrorizadas e completamente silenciosas, vindas das deportações em massa de judeus húngaros para Auschwitz. Algumas não pesavam mais que 25kg ou 30kg, e seus braços e pernas eram como gravetos. Logo, não havia mais espaço para se deitar. Passando por ali, Charlotte e suas amigas perceberam que essas mulheres não tinham roupas quentes, cobertores ou colchões e que comida e água quase não eram entregues na tenda. Quando caldeirões de sopa eram carregados para lá, mulheres se esbarravam e lutavam por uma concha, e as que tinham filhos se desesperavam para conseguir mantê-los vivos.

Do inverno de 1941, ficara claro para as autoridades do campo que, para fazer com que Ravensbrück fosse realmente produtivo, as mulheres fracas, idosas e doentes teriam de ser eliminadas. O padrão era que uma "comissão" de médicos visitasse as enfermarias, inspecionasse as pacientes — a distância se as considerassem infecciosas — e então recomendassem a transferência para alguma "casa de repouso" em Bernburg an der Saale — que, na verdade, era uma câmara de gás. Para aquelas que preferiam não saber, os eufemismos eram reconfortantes. Assim, a maioria das prisioneiras referia-se a essas partidas como *transports noirs*, transportes negros, sendo difícil permanecer na ignorância quando os óculos, as roupas, as escovas de dentes e até mesmo as dentaduras das mulheres eram devolvidos para Ravensbrück.

Em outubro de 1944, Suhren recebeu ordens de Himmler para aumentar o número de mortes para 2 mil mulheres por mês. Pflaum tornou-se um homem possuído, caçando mulheres que tentavam escapar, pegando-as pelas roupas e puxando-as pela nuca. Na *Revier*, Adelaïde e as outras médicas prisioneiras redobravam os esforços para pelo menos parecer que suas pacientes iriam se recuperar. Todo tipo de remédio antigo, lembrados das avós, era experimentado.

As prisioneiras de Ravensbrück, algumas das quais estavam no campo havia muitos anos, se tornaram extremamente engenhosas. Com a chegada dos trens da Hungria e de Varsóvia, vieram montanhas de roupas, peles, utensílios domésticos e até brinquedos, e as mulheres que os separavam, embora vigiadas de perto pela SS, eram hábeis em todas as formas de trapaça. Blusas eram as peças de roupa mais valiosas, e, como os vestidos listrados haviam acabado, novas prisioneiras recebiam uma blusa cada, com uma cruz vermelha enorme pintada na frente. Para assegurar que o maior número possível de mulheres estivesse aquecido, as responsáveis pela separação das roupas roubavam uma lata de tinta e colocavam cruzes em todas as peças que poderiam ser úteis.

Perto do Natal, um dos trens trouxe um piano para Ravensbrück. Vendo-o ser descarregado, uma garotinha russa exclamou: "Meu Deus! Se ao menos eu pudesse tocá-lo." A chefe da separação naquele dia, uma alemã chamada Sophie, pediu permissão ao guarda da SS encarregado. Ele achou absurda a ideia de uma jovem judia russa capaz de tocar piano. Mas o piano foi colocado no chão e a garota sentou-se. Ela era uma excelente pianista. Por todo o campo, até onde as notas alcançavam, as prisioneiras pararam o que estavam fazendo para ouvir.

Esse era o segundo Natal que o grupo de francesas passava em um campo alemão. Mais uma vez, trocaram pequenos presentes que elas mesmas fizeram, roubaram ou guardaram. As notícias da guerra, transmitidas pelas mulheres que trabalhavam nos escritórios da SS e traduzidas para uma dúzia de línguas, ficavam cada vez melhores e havia esperanças reais de que aquele poderia ser seu último Natal em cativeiro. Uma árvore de Natal foi trazida da floresta e as mulheres roubaram pedaços de arame e linha e material das fábricas para decorá-la. Agora, à noite, as amigas francesas conversavam sobre como reconstruiriam a França, depois da guerra, e como se certificariam de que os alemães nunca mais fossem fortes. Um grupo de mulheres no campo preparou um show de marionetes para as crianças que haviam chegado em um trem recente, e até os guardas da SS foram assistir. Famintas, com medo e com frio, as crianças assistiram, mas não sorriram.

Mais mulheres continuavam a chegar. A neve grossa cobria grande parte da Alemanha, e aquelas cujas jornadas tinham envolvido marchas forçadas, em tamancos que não serviam ou descalças, chegavam com ulcerações nos pés. Nenhuma das 51 amigas morreu durante os meses passados em Ravensbrück, mas Simone Loche ficou muito doente e era transferida constantemente de um lugar para outro do campo para ser protegida das seleções de Pflaum, Simone Sampaix nunca mais se recuperou depois de Birkenau e Julia Slusarczyk, a única polonesa sobrevivente, das seis que estavam no comboio, teve pleurisia e estava recebendo os cuidados de Adelaïde. O caos no campo superlotado estava se espalhando, enquanto a SS, encarando a probabilidade crescente da derrota alemã, ficava cada vez mais ansiosa e irritada. A questão era quantas do grupo sobreviveriam ao turbilhão que estava prestes a engoli-las.

14

Uma pausa antes da batalha

No inverno de 1943, Ravensbrück abrigava crianças de todas as idades, algumas delas órfãs, outras enviadas para o campo com suas mães. Charlotte e suas amigas às vezes viam pequenos grupos delas nos becos entre os barracões, em brincadeiras que espelhavam a vida em Ravensbrück: chamadas, punições, guardas da SS, *kapos*. As crianças, observou uma mulher, "desaprendiam a rir". Cécile e Yvonne Noutari, que tinham deixado suas crianças para trás, eram assombradas por essas crianças frágeis, imundas, famintas e desconfiadas, às vezes tão magras que era difícil dizer se eram meninos ou meninas.

As primeiras a chegar a Ravensbrück vinham com suas mães no outono de 1939. Eram ciganas *sinti* e *roma*. Durante os cinco anos seguintes, foram seguidas por crianças judias de toda a Europa ocupada, por crianças húngaras transferidas de Auschwitz e por crianças sobreviventes da insurreição de Varsóvia: cerca de 881 ao todo, seria dito mais tarde, de dezoito países. Tendo brinquedos negados, sem livros ou aulas, eram obrigadas a suportar o suplício das chamadas intermináveis, antes de passar os dias deitadas em seus beliches, esperando que suas mães voltassem do trabalho.

As crianças estavam sempre com fome. A chegada do caldeirão de sopa rala causava brigas entre as mais fortes. As mais novas constantemente tinham que implorar por comida. Uma menina de quatro anos, a quem disseram que receberia um pedaço de pão se dançasse, ficou dançando durante um ataque aéreo. As francesas, como muitas outras no campo, davam a elas um pouco de sua própria comida e faziam o que podiam para encontrar roupas quentes e mais comida para elas. Quando completavam doze anos, as crianças tinham que participar dos trabalhos e cumprir turnos de doze horas nas fábricas. Sua dieta era a mesma de suas mães, quase completamente escassa de vitaminas. Era alta a mortalidade entre as crianças. Yvonne fez amizade com o filho de um médico judeu, um menino esperto e bem-educado de sete anos cujos pais haviam desaparecido e que ela encontrou vagando, miserável, pelo campo. Ao contrário das outras francesas, ela sempre falava de seus dois filhos, ambos mais novos que o menino judeu, e de como seria tê-los em seus braços novamente. Ela fez Marie-Claude prometer que iria à sua casa comemorar o próximo aniversário do mais novo.

Inimigo antigo de Adelaïde, o dr. Schumann chegou de Auschwitz para dar continuidade a seus experimentos com esterilização. Escolheu 120 meninas ciganas, algumas de oito anos de idade. Mais uma vez usou raios X, que causavam terríveis queimaduras. As que não morriam logo desapareciam do campo.

Nos primeiros dias de Ravensbrück, quando o campo ainda era considerado um lugar de reeducação, era permitido que grávidas dessem à luz, e seus bebês eram entregues aos nazistas para adoção. Quando, em 1942, a natureza de Ravensbrück mudou, tornando-se um campo de trabalho, grávidas eram forçadas a passar por abortos, às vezes no oitavo mês de gravidez. Em 1943, quando o dr. Treite assumiu os serviços médicos, a política mudou mais uma vez. Passou a ser permitido que as mulheres dessem à luz, mas os recém-nascidos eram afogados ou estrangulados, frequentemente diante das mães.

Mais ou menos na época em que as oito primeiras amigas francesas chegaram a Ravensbrück, foi anunciado que seria permitido, dali em diante, que os bebês vivessem. Mas como não foram feitas provisões nem para as mães nem para as crianças, ambas geralmente morriam, de hemorragia, infecção e fome. Mães eram deixadas sem atendimento em cômodos sem calefação e os bebês, em sua maioria pelados, logo ficavam cobertos de pulgas. À noite, quando as mães voltavam das fábricas para alimentá-los — se tivessem leite —, viam-nos ficando pálidos e enrugados diante de seus olhos.

O destino dos bebês era uma fonte constante de angústia para muitas das mulheres em Ravensbrück. E quando, no outono de 1944, Treite concordou que uma área especial, a *Kinderzimmer* (sala das crianças), fosse separada no Bloco 11, foram feitos esforços para conseguir fraldas e leite para os recém-nascidos. Simone Loche, cujo próprio filho tinha quatro anos quando foi presa e deportada, fora salva do terrível Bloco 10 pelas amigas e levada clandestinamente para o Bloco 11. Ali, assistia a cenas comoventes. Os bebês cujas mães não tinham leite eram alimentados com uma mistura de leite de vaca e grãos amassados, mamando em bicos improvisados de dedos cortados de uma luva cirúrgica, enrolados em panos e colocados deitados, em uma fileira, em um beliche.

Os bebês eram tão fracos e desnutridos que se alimentavam muito lentamente, e como não havia luvas ou garrafas suficientes para todos, mães desesperadas tinham de esperar a vez, sabendo que poderiam ser convocadas a qualquer momento para as chamadas ou ir para as fábricas antes que seus bebês pudessem ser alimentados. Apesar dos esforços para roubar carvão, os barracões, quando a neve chegava, e as temperaturas caíam abaixo de zero em novembro, eram árticos. Como as mães sabiam que se largassem suas preciosas fraldas, elas seriam roubadas imediatamente, secavam-nas carregando-as pelo campo próximas à pele. Apenas as mais sujas eram trocadas. Ratos eram vistos com frequência no barracão.

Um após outro, os bebês morriam. Alguns viviam algumas horas, alguns dias, até um mês. Geneviève de Gaulle, que começara seus estudos de medicina antes de se juntar à Resistência, foi colocada para trabalhar no Bloco 11, e pôde descrever para Marie-Claude e as *Nacht und Nebel* francesas como tinha de despir os bebês mortos, envolvê-los em panos e então levá-los até o necrotério para juntá-los às pilhas de mulheres mortas e nuas que estavam lá. "É terrível", escreveu em cadernos que mantinha na época e que foram escondidos, "esses corpinhos macios e brancos, odeio tocá-los... Todos os dias, os lugares dos mortos são tomados por novas mortas... Tenho a sensação de que estou descendo, dia após dia, uma escada que parece nunca terminar". Em seu depoimento a um tribunal de crimes de guerra após o conflito mundial, estimou o número de bebês nascidos em Ravensbrück em mais ou menos 500, 550. Quase nenhum sobreviveu.

Havia então cerca de 45 mil mulheres em Ravensbrück, e conforme o campo desordenado, violento e imundo continuava enchendo, seus barracões tão lotados que não havia lugar para ninguém dormir, suas bacias e latrinas bloqueadas e transbordantes, mais os guardas se retiravam para seus alojamentos, deixando o poder efetivo nas mãos das *kapos*. Os ataques aéreos eram constantes. Algumas mulheres estavam tão fracas que não conseguiam levar as tigelas de sopa aguada até a boca. Outras continuavam brigando — por comida, por espaço, por roupas quentes. O campo fervilhava com os rumores. Cada uma das 39 amigas francesas restantes mantinha um controle constante do que estava acontecendo com as outras.

Perto do final de janeiro de 1945, o *Jugendlager* [Acampamento da Juventude] — um campo construído em 1941 para jovens delinquentes a 2km de Ravensbrück, parte do programa para limpar a Alemanha dos "degenerados" — foi esvaziado e preparado para novos ocupantes. Para lá foram enviadas as doentes e as idosas de Ravensbrück, atraídas pela promessa de que não haveria chamadas e de que as condições seriam melhores. Adelaïde recebeu ordens de elaborar listas de mulheres que poderiam se beneficiar com a mudança, o que fez com extremo cuidado, até descobrir para onde estavam indo. Depois disso, disse às pacientes que sentassem direito, arrumassem os cabelos, parecessem o mais jovem e fortes que conseguissem e que recusassem qualquer agrado em troca da transferência.

No início, as que se ofereceram para serem transferidas ficaram encantadas com o novo ambiente em uma clareira de pinheiros, muito agradável após a aparência ressequida de Ravensbrück, onde nem uma folha de grama crescia. Mas logo viram-se em outro tipo de inferno. Não havia cobertores no *Jugendlager* nem colchões, e nevava muito. Recebendo meias-rações, as 3.672 mulheres levadas para lá nas semanas seguintes eram deixadas ao relento durante cinco ou seis horas todos os dias. Aimée Doridat, cuja perna tinha sido amputada em Auschwitz depois que ela caiu de uma escada e sua fratura gangrenou, foi pega e enviada para o *Jugendlager*. Suas amigas estavam todas desesperadas por seu retorno, quando uma *kapo* compassiva trouxe-a de volta para Ravensbrück inesperadamente. Andar pelo campo com uma perna só era fazer um convite à morte, e as outras uniram forças para escondê-la.

Quando Suhren reclamou que as mulheres no *Jugendlager* ainda não estavam morrendo rápido o suficiente, suas roupas quentes foram tomadas, assim como seus sapatos, e elas ficaram descalças, com vestidos de algodão, na neve. Um dia, passando pelo local, Marie-Claude viu o que entendeu ser uma pilha enorme de estrume fumegante. Alguns minutos depois, percebeu que eram as mulheres no *Jugendlager*, para quem a caminhada de 50m pela lama até a latrina tornara-se mais do que podiam suportar. Todas as manhãs, caminhões chegavam para coletar os corpos nus de mais ou menos cinquenta mulheres que morriam durante a noite. O que era tão extraordinário era que não morria mais que isso.

Para acelerar a taxa de mortes ainda mais, uma pequena câmara de gás foi aberta em um depósito perto do crematório. Um programa sistemático de extermínio teve início. O dr. Winkelmann, auxiliado por Greta Bösel, uma mulher muito temida por seus ataques brutais repentinos, fazia a ronda nas várias enfermarias todos os dias: inspecionava registros de temperatura e prontuários médicos, ordenando às pacientes que levantassem o vestido para mostrar o estado de seus pés e tornozelos. Ao lado de alguns nomes, fazia uma marca. Mais tarde, caminhões chegavam e as mulheres assinaladas, as que tinham tuberculose ou feridas supuradas, ou que pareciam ter perdido o juízo, eram levadas para fora de pijama e colocadas nos caminhões de qualquer maneira.

As mulheres que ficavam para trás assistiam e ouviam em silêncio. A jornada levava mais ou menos seis minutos. Elas conseguiam ouvir o barulho dos motores sendo desligados ao chegarem à câmara de gás. Então os caminhões retornavam vazios. Na manhã seguinte, durante a chamada, o vento trazia ondas de fumaça grudenta e espessa. Todas as mulheres aprenderam a temer o sinistro caminho dos caminhões. Nos escritórios do campo, nos arquivos das mulheres que eram levadas, era registrado "partida para convalescença"; no destino era registrada a "casa de repouso" de Mittweida, um eufemismo logo conhecido por todas. Todos os dias, a lista das incineradas ficava mais longa. Como um absurdo ainda maior, Marie-Elisa viu-se trabalhando como química, analisando a urina das prisioneiras que estavam doentes, como se elas fossem ser tratadas, quando, na verdade, todas estavam destinadas a serem destruídas.

Os Aliados estavam avançando e a SS, de repente sem saber o que fazer com tantos esqueletos humanos arruinados, ficava cada vez mais nervosa. Passaram a matar ainda mais, ainda mais rápido. No Bloco 10, uma enfermeira da SS chamada Schwester Maria oferecia um pó para mulheres que não conseguiam dormir, e as que aceitavam raramente acordavam. Uma segunda câmara de gás, chamada pela SS de "lavanderia nova", estava sendo construída, mas no meio-tempo algumas das doentes eram levadas para trás do crematório e executadas com um tiro na nuca. Suhren, dizia-se, estava sempre presente nas execuções. Pflaum, conhecido pelas mulheres como "caçador de ratos" ou "comerciante de gado", era incansável em suas rondas, atirando-se, no que pareciam jogadas de rúgbi, aos pés das mulheres desesperadas que tentavam escapar. Pflaum, também, fazia suas próprias seleções no *Jugendlager*. Mas era Elisabeth Marschall, a enfermeira da SS, que supervisionava pessoalmente a desocupação dos barracões. As mulheres e as crianças eram enviadas para Belsen. Os 32 bebês restantes foram enviados para a câmara de gás de Ravensbrück.

Perto do fim de janeiro de 1945, as primeiras de cerca de 7 mil mulheres chegaram de Auschwitz, de onde partiram um pouco antes da chegada do Exército Vermelho libertador. Muitas delas estavam em um estado de colapso completo, pois andaram a maior parte do caminho na neve e no gelo, as mais fortes carregando as mais fracas entre elas, perseguidas incessantemente por guardas da SS com chicotes e sendo atacadas por seus cães. Centenas desses cadáveres ambulantes morreram pelo caminho e os corpos foram deixados nos acostamentos. O último comboio, com 3 mil mulheres a bordo, passou 24 horas estacionado do lado de fora antes de receber permissão para entrar no campo.

Marie-Jeanne Bauer foi deixada para trás. Suportara o outono solitário em Birkenau, sentindo falta de suas companheiras. Quando o Exército Vermelho chegou, foi tratada por médicos e enfermeiros soviéticos. Mas havia mais horror ainda por vir. Uma noite um soldado, que acabara de descobrir que sua família inteira havia sido morta pelos alemães, entrou na cozinha onde ela estava trabalhando. Estava bêbado. Sacou a pistola e, confundindo Marie-Jeanne com uma alemã, atirou nela. A bala passou perto da aorta e saiu por debaixo da omoplata. Ela sobreviveu, e conseguiu evitar que o soldado fosse executado. Embora ainda fosse levar muitos meses até que ela conseguisse partir para a França, uma das amigas francesas, finalmente, sobrevivera para contar sua história.

O que estava claro para Charlotte, Marie-Claude, Adelaïde e as outras que ainda estavam em Ravensbrück era que uma corrida estava acontecendo, com os alemães empenhados em destruir todas as provas possíveis de suas atrocidades, e as prisioneiras determinadas a sobreviver até sua libertação, que sentiam não estar muito longe. Nessa última batalha pela sobrevivência, os esforços para proteger e salvar umas às outras foram renovados. Nunca as francesas sentiram tanta vontade de sobreviver, de derrotar seus carcereiros: tudo aquilo dava a elas uma última explosão de força, um propósito a compartilhar. Germaine Tillon, a etnógrafa, não pôde fazer nada pela mãe, Emilie, que um dia foi levada para o *Jugendlager* e nunca foi vista novamente. Mas quando Hélène Bolleau, de vinte anos, quebrou a perna, escorregando no gelo perto das cozinhas sob o peso de um caldeirão de sopa, o grupo se reuniu para ajudá-la.

Adelaïde e outra médica prisioneira fizeram talas com pedaços de madeira e a amarraram no lugar com bandagens de papel. As amigas carregaram-na de volta para o barracão e a esconderam em uma fenda embaixo das vigas. Hélène era forte. Nos dias em que ajudava o pai e quando assumiu seu papel na Resistência depois de sua prisão, sempre foi forte. Agora concentrava-se em continuar viva, um dia de cada vez.

A solidariedade e a ajuda mútua agora estendiam-se para muito além do pequeno grupo de amigas. Quando as francesas eram punidas coletivamente por algum delito, ficando sem receber comida alguma por três domingos seguidos, recebiam tanto pão das outras mulheres no campo que nem conseguiam comer tudo — estar cheias, sem querer mais, era uma sensação da qual haviam esquecido completamente. Mulheres suspeitas de estarem em risco de seleção eram escondidas atrás dos caixotes de carvão, no portão sob a cozinha ou entre as que tinham tifo, onde a SS jamais se aventurava. Marie-Claude, ao descobrir que três de suas amigas austríacas seriam executadas, conseguiu trocar seus números no escritório onde trabalhava por números de mulheres que já estavam mortas. Como haviam chegado a Ravensbrück vindas de Auschwitz e tinham tatuagens nos braços, encontrou médicas prisioneiras que rasparam os números, para fazer com que parecessem abscessos infeccionados. Era, diria mais tarde, uma questão comovente de "triagem, tentar salvar aquelas que poderiam sobreviver". Mas não pôde fazer nada para salvar quatro jovens francesas — duas delas foram enviadas para a França de paraquedas pelos serviços secretos Aliados, as outras duas eram a operadora de rádio e a oficial de ligação que esperavam por elas. Foram levadas para a floresta durante a tarde e executadas.

O resgate das *Kaninchen* sobreviventes, as garotinhas polonesas mutiladas e marcadas para serem mortas, envolveu recursos não apenas das francesas do Bloco 32, mas de muitas outras espalhadas pelo campo. Quando descobriram que a hora das meninas chegara, as mulheres que trabalhavam nos escritórios administrativos deram um jeito de a eletricidade do campo ser desligada durante várias horas, atrasando, assim, a chamada. As outras usaram esse tempo para levar as garotas para esconderijos por todo o campo. Nenhuma delas jamais foi encontrada, mas ambas sobreviveram.

Com o avanço dos Aliados veio um desejo intenso de documentar o que mais tarde seria chamado de *univers concentrationnaire* (universo de concentração). Algumas informações já haviam sido registradas e contrabandeadas para fora do campo por polonesas engenhosas, escritas entre as linhas das cartas com urina, que ficava visível sob um ferro quente. Mas Germaine Tillon e Marie-Claude estavam determinadas a registrar fatos precisos, datas, nomes, mortes, doenças, a brutalidade dos guardas, a quantidade de dinheiro saqueado pela SS. Começaram a manter diários e anotações. Ambas eram impulsionadas pela raiva e pela pura determinação de contar ao mundo tudo aquilo que testemunharam. Germaine, de luto pela mãe, diria que embora tivesse perdido todo o "desejo visceral de viver", sua fúria e seu desejo de ver os alemães punidos faziam com que sobrevivesse.

Annette Postel-Vinay, que trabalhava em uma fábrica têxtil, conseguia roubar papel; uma amiga tcheca que trabalhava no escritório do mesmo prédio conseguia tinta. Assim, pequenos bilhetes eram escritos, tão pequenos que mal eram legíveis a olho nu, e então escondidos atrás de uma tábua solta em cima de seus beliches. Conforme os dias passavam, e o campo ficava cada vez mais caótico e numeroso, as duas mulheres se movimentavam pelos barracões, evitando Pflaum e seus homens, coletando dados com fervor. O que não conseguiam escrever, memorizavam.

Estava começando o que foi, em alguns aspectos, o período mais perigoso da longa odisseia das amigas francesas. Com os Aliados avançando de todas as direções e ordens conflitantes de Berlim chegando aos comandantes dos campos, um vento de incerteza soprava pelos campos de concentração. O que deveria ser feito com as centenas de milhares de prisioneiros, todos em vários estágios de desnutrição e doença? Como se desfazer de tantos testemunhos vivos das atrocidades cometidas? Em Auschwitz, antes de ir embora, a SS bombardeou as câmaras de gás e incendiou montanhas de documentos de cinco anos de extermínio em massa. Como a SS mantinha registros meticulosos, anotando minuciosamente cada detalhe dos campos e de seus prisioneiros, a questão passou a ser, com a iminente derrota alemã, como se livrar de tantas provas.

No início de março, as amigas francesas descobriram que seriam transferidas para o campo de Mauthausen, juntamente com as outras francesas *Nacht und Nebel* restantes, ao todo 585 mulheres de todas as nacionalidades. Trinta e três juntaram-se a um comboio de caminhões de gado que deixou Ravensbrück no dia 2 de março. Entre elas estavam Marie-Elisa, Germaine Pican e Madeleine Dissoubray. Mas muitas das amigas tiveram de ser deixadas para trás. Simone Loche estava tão doente que ninguém acreditava que ela sobreviveria até a libertação. Madô Doiret estava trabalhando na fábrica da Siemens. A perna quebrada de Hélène Bolleau fazia com que qualquer transporte fosse muito perigoso. Betty, Julia Slusarczyk e Simone Sampaix estavam todas na *Revier*, enquanto Aimée Doridat, cuja perna amputada tornava sua vida extremamente precária, estava escondida. Para cuidar delas, Adelaïde, Charlotte e Marie-Claude deram um jeito de ficar. A separação das outras foi extremamente dolorosa.

O campo de Mauthausen, perto de Linz, na Áustria, foi construído no verão de 1938, logo após o *Anschluss* [anexação], em uma ribanceira sobre o Danúbio. De longe parecia um castelo fortificado medieval, feito de blocos de granito, com bastiões e torres e cercado por uma floresta densa. Em alguns aspectos, o pior de todos os campos de concentração — em oposição aos campos de extermínio —, Mauthausen viu milhares de prisioneiros de guerra soviéticos, aviadores Aliados capturados, presos políticos, judeus, ciganos e padres trabalharem até a morte na pedreira próxima ao campo. Lá cortaram e arrastaram blocos enormes por uma "escada da morte" para os prédios públicos planejados por Hitler para Nuremberg e Berlim. Mesmo segundo os padrões nazistas, o regime era rígido — quando, em 1941, Himmler e Heydrich classificaram os campos de acordo com a severidade de tratamento e perigo aos prisioneiros, apenas Mauthausen ficou na terceira, e pior, categoria. Ninguém que fosse enviado a Mauthausen, assim era dito, sairia de lá vivo. Embora nunca classificado como campo de extermínio, como o campo em Ravensbrück, uma pequena câmara de gás foi construída para descarte daqueles que eram muito fracos ou desobedientes.

As 33 francesas alcançaram o limite do que poderiam suportar quando finalmente chegaram a Mauthausen no dia 7 de março. A jornada foi terrível, o trem parando constantemente durante bombardeios, e o último pedaço foi feito a pé, andando a noite inteira à luz da lua, atravessando vilarejos desertos e silenciosos; as que estavam muito fracas para caminhar foram arrancadas das formações e executadas, os corpos deixados no acostamento. Dezoito das 585 mulheres que começaram a caminhada morreram no caminho. Houve um momento agonizante em que uma jovem, segurando uma criança nos braços e puxando a outra pela mão, cambaleando e vacilando a cada passo, de repente foi puxada para fora da fila por um guarda da SS e executada. Silenciosamente, as outras mulheres pegaram as crianças e continuaram andando.

Ao chegar a Mauthausen, Marie-Elisa e as outras mulheres foram levadas aos barracões, onde viram um grupo de homens que conheciam na França durante seu tempo na Resistência. Ao dizer a eles que estavam famintas, que fazia cinco dias que não comiam quase nada, ficaram surpresas quando nenhum deles se ofereceu para encontrar algo que pudessem comer. Então foram levadas para uma sala de banho, tiveram as genitálias embebidas em desinfetante com um pincel e receberam roupas masculinas para vestir. As mulheres estavam tão magras e encolhidas que as calças e jaquetas caíam de seus corpos. No momento em que voltaram, seus companheiros do sexo masculino entregaram a elas pedaços de pão e pedaços de linha para costurarem suas roupas. "Por que não nos deram o pão antes?", perguntou Madeleine. "Porque pensamos que vocês seriam levadas direto para a câmara de gás", os homens responderam.

As condições no barracão eram pouco melhores que as da tenda em Ravensbrück: sem colchões, sem cobertores, apenas o chão onde dormir. Marie-Elisa foi enviada para trabalhar como enfermeira na *Revier*, onde havia muitos casos de tuberculose, mas remédios apenas para uma parte deles.

Então, no dia 21 de março, algo terrível aconteceu. A maioria das francesas foi levada para limpar os escombros da estação em Amstetten, parcialmente destruída durante um bombardeio americano. Enquanto estavam cavando através dos trilhos retorcidos e do cimento, os bombardeiros voltaram. Cem das mulheres foram mortas. Entre elas estavam três das amigas francesas: Charlotte Decock, a cozinheira muito amada de Raisko, que roubava comida das cozinhas da SS para suas companheiras; Olga Melin, que deixou um filho deficiente de quinze anos, e que vinha planejando voltar para o marido e retomar seu casamento; e Yvonne Noutari, a jovem mãe que falava tanto e com tanto carinho dos filhos pequenos. Yvonne não morreu na hora, mas ficou deitada sentindo muita dor a noite toda. Tendo chegado tão perto do momento em que talvez visse os filhos novamente, agarrou-se de maneira desesperada à vida. Mas no dia seguinte não conseguiu mais lutar.

Para as outras, essas mortes foram muito perturbadoras. Como diria Cécile, as mulheres sentiam-se tão próximas umas das outras que morrer não seria pior do que ver uma das outras morrer. Todos os dias, as sobreviventes imaginavam quem seria a próxima a morrer. Era impossível não sentir um medo constante, principalmente entre as prisioneiras *Nacht und Nebel*, porque haviam entendido claramente que o plano alemão era exterminar todas elas.

Mas a guerra para os que estavam em Mauthausen estava chegando ao fim. No dia 22 de abril, as trinta mulheres restantes foram chamadas aos escritórios, receberam ordens de ficar em filas de cinco e foram informadas de que tomariam banho. Para as sobreviventes de Auschwitz, banho significava apenas uma coisa. Mas perto dali estavam alguns dos homens que elas conheciam, e descobriram que alguns caminhões da Cruz Vermelha haviam chegado para evacuar os franceses. Consideraram aquilo inconcebível. Mais estranho ainda, quando a SS entregou pão bolorento para as mulheres levarem na viagem, os oficiais da Cruz Vermelha ordenaram que os alemães o substituíssem por seu próprio pão, melhor — e a SS obedeceu. Lentamente, incertas e apreensivas, as mulheres se aproximaram dos caminhões e embarcaram. Foi mais tarde que descobriram que suas vidas só foram salvas porque as linhas telefônicas não estavam funcionando, e a mensagem de Hitler, dizendo que as mulheres deveriam ser liquidadas, não chegou. Marie-Elisa, Madeleine, Simone, as duas Germaines e as outras mulheres estavam vivas e a caminho de casa, atravessando um país em ruínas e sob bombardeio. Mas o que encontrariam ao chegar lá, e como se sentiriam, nenhuma delas sabia.

O grupo de Mauthausen teve sorte: o fim da guerra chegou rápido. Para os outros foi mais difícil. Em Oranienburg, Hélène Solomon. estava trabalhando na fábrica da Bosch quando ela foi bombardeada. Os barracões pegaram fogo. Os prisioneiros receberam ordens de entrar em formação em filas, mantendo os grupos nacionais, e marchar, os homens na frente, as mulheres atrás. Os guardas da SS estabeleceram um percurso, com os russos a leste, os americanos a oeste. Os que eram muito fracos para acompanhar eram executados. Começou a nevar. Hélène trouxera um cobertor e se enrolou nele. Durante doze dias eles continuaram andando, na maior parte do tempo à noite, parando de vez em quando para descansar em celeiros, mas não havia quase nada o que comer e, durante o dia, mais mulheres morriam.

Uma manhã, perceberam que a SS havia desaparecido. Hélène e algumas das outras francesas seguiram em frente e encontraram um grupo de soldados franceses, que lhes deram um pouco de comida e as levaram em carros a um acampamento americano em um ex-centro de férias para a Juventude Hitlerista. Deram um copo de aguardente a Hélène. Era a primeira vez que bebia álcool em mais de três anos. Mais tarde, as francesas retornaram ao lugar onde os outros estavam esperando na floresta, e, enquanto caminhavam, cantavam a *Marselhesa*. Quando as tropas libertadoras consideraram seguro, as prisioneiras foram levadas de caminhão para Lille, onde a Cruz Vermelha e alguns oficiais franceses esperavam por elas. Hélène sobreviveu para ver a libertação. Estava pesando apenas 35kg.

Em Beendorf, Cécile, Poupette, Lulu, Carmen e Gilberte decidiram recusar-se a descer à mina de sal se chegassem notícias da chegada iminente dos Aliados — o que temiam era serem trancadas lá dentro e deixadas para morrer. No dia 10 de abril, foram dadas ordens repentinas para que entrassem em um trem com direção a Neuengamme, a 180km de distância. Havia 5 mil prisioneiros no trem, tão apertados que as mulheres se revezavam entre deitar, sentar e ficar em pé. Entre elas estavam algumas *kapos*. O pequeno grupo de amigas agarrou-se umas às outras. Mais uma vez não havia quase nada para comer e brigas começaram a surgir. As *kapos*, que, tendo sido mais bem-alimentadas em Ravensbrück, estavam consideravelmente mais fortes que as outras mulheres, enrolavam as mais fracas e mais doentes em cobertores e sentavam neles, sufocando-as, e então jogavam os corpos nos trilhos. Durante as paradas frequentes, as mulheres eram forçadas a enterrar os muitos cadáveres, e depois procuravam brotos de capim para comer.

Uma noite, quando o trem foi parado, todos os prisioneiros de guerra russos escaparam. A SS atormentou o trem com suas metralhadoras e, em seguida, selecionou trezentos homens e os executou. Depois de cinco dias, os homens que ainda restavam no trem foram descarregados e o trem seguiu viagem, aos trancos e barrancos. As mulheres ouviam os bombardeios chegando mais perto. De vez em quando eram forçadas para um desvio, a fim de deixar que um trem de soldados alemães passasse. As sandálias de Poupette foram roubadas enquanto ela dormia. Agora estava descalça.

Quando, depois de doze dias, o trem chegou ao campo de Neuengamme, descobriram que ele havia sido evacuado naquela manhã e que alguns dos últimos prisioneiros foram colocados em uma embarcação, o *Cap Arcona*, na baía de Lübeck. Sem saber que o navio continha sobreviventes de campos de concentração e acreditando que estava cheio de oficiais da SS tentando fugir, a Força Aérea Real o bombardeou. Muitos dos guardas da SS que estavam a bordo conseguiram escapar, mas os prisioneiros estavam trancados no porão, e apenas 350 dos 4.500 que estavam a bordo sobreviveram. Em Neuengamme, Madô Doiret juntou-se às amigas francesas. Ela ainda estava trabalhando na fábrica da Siemens quando foi libertada pela Cruz Vermelha. A reunião com as amigas foi entristecida pelas notícias amargas que a esperavam. Seu irmão, Roger, que se juntara aos maquis antes de ser capturado e deportado da França para um campo de concentração, foi um dos homens que morreram afogados no *Cap Arcona*. Seu primo, Serge, que também estava em Neuengamme, morreu alguns dias antes de sua chegada.

As deportadas, com as cinco amigas francesas entre elas, foram colocadas novamente em um trem, que seguiu viagem. Não comiam nada além de um pouco de açúcar, um pouco de macarrão cru e de gramíneas havia doze dias, e muitas morreram; mas o grupo de amigas, agora, com Madô, era de seis mulheres. Dois dias depois, chegaram a um campo perto de Hamburgo. A polícia militar que guardava o acampamento disse a Cécile e às outras: "Nada disso é nossa culpa, não nos responsabilizem." O barulho dos bombardeios estava muito próximo. Poupette, ainda descalça, foi forçada a cavar sepulturas e passava os dias carregando cadáveres. As mulheres, famintas, com sede, imundas, com as pernas cobertas de feridas, as roupas em farrapos, de repente foram informadas de que seriam entregues à Cruz Vermelha. De início, não sentiram nada. Então, Poupette diria mais tarde, houve uma "explosão de alegria. Cantamos. Gritamos as letras de músicas meio lembradas". Colocadas novamente em um trem, viajaram até as quatro horas da tarde seguinte, quando o trem parou no meio da zona rural. Viram ambulâncias da Cruz Vermelha esperando por elas. Silenciosamente, cautelosas, uma atrás da outra, desceram do trem e se aproximaram. Um oficial da Cruz Vermelha lhes deu cigarros.

Depois disso, subiram em mais um trem, com direção a Copenhague. Cada mulher recebeu uma pequena caixa com pão, manteiga, queijo, geleia e um pedaço de chocolate. Comeram devagar, em silêncio. A estação de Copenhague estava cheia de multidões amigáveis, olhando-as fixamente, que lhes deram mais comida. Suas roupas foram queimadas, seus corpos desinfetados, e receberam roupas novas. Então foram de balsa até Malmö e novamente de trem até Estocolmo. Na última noite, o trem parou e, sentadas no escuro, lembrando-se de tudo o que haviam passado, perceberam que finalmente estavam, de fato, livres.

Cantaram a *Marselhesa*, como haviam cantado tantas vezes antes para marcar os estágios de seu longo calvário, e pareceu certo cantar naquele momento, quando tudo estava acabado. Estavam vivas e voltavam para casa, magras, assombradas, em luto por suas companheiras mortas, mas vivas. "Era", Poupette diria, "uma sensação incrível. Então só ficamos sentadas em silêncio, esperando. Era como a pausa antes de uma batalha".

O fim para aquelas que ainda estavam em Ravensbrück — Charlotte, Marie-Claude, Adelaïde, Hélène, Betty, Julia e Simone — chegou de repente.

Já fazia algum tempo que havia discussões entre o conde Bernadotte da Cruz Vermelha sueca, Norbert Masur, representante sueco do Congresso Mundial Judaico, e Himmler, que, contra a vontade de Hitler, esperava negociar uma paz em separado. Um acordo anterior com Musy, ex-presidente da Confederação Suíça, de evacuar alguns judeus de Theresienstadt irritara Hitler, e as negociações estavam complicadas. No entanto, Bernadotte pressionou e, no início de abril, o primeiro grupo de mulheres doentes foi evacuado de Ravensbrück. No dia 7, um grupo de noruegueses e dinamarqueses também foi evacuado.

No momento, o campo havia alcançado o caos. Ordens eram emitidas e então revogadas. Grupos eram separados, prontos para partir em direção a outros campos, e então recebiam a notícia de que não partiriam. Trabalhadores não saíam mais para o trabalho nas fábricas.

Havia pouquíssima água e quase nenhuma comida. Marie-Claude escreveu em seu diário que os ratos estavam por toda parte, comendo os corpos dos mortos que ficavam ao redor do campo. A própria SS era instável, às vezes comportando-se com dureza, outras quase bajulando os prisioneiros, ansiosa a respeito do fim próximo da guerra. Um dia, antecipando uma visita do Comitê Internacional da Cruz Vermelha (CICV), Suhren ordenou que todas as *Schmuckstücke*, as mulheres que mais pareciam cadáveres do que seres humanos, fossem trancadas nas latrinas e mantidas fora de visão. Hélène Bolleau estava na *Revier* naquele dia e assistiu enquanto as enfermeiras escondiam todas as mulheres mais esqueléticas e miseráveis atrás das cortinas em um canto do barracão. Quando um oficial do CICV apareceu e conversou com ela, Hélène encorajou-o a examinar o lugar mais cuidadosamente. O médico da SS que o acompanhava apressou-o. "Não, não, você não deve entrar aí, há casos altamente contagiosos de tifo". O homem do CICV obedeceu.

Alguns pacotes da Cruz Vermelha canadense chegaram ao campo. Mais tarde, naquela noite, quando as outras mulheres estavam dormindo, Charlotte fez uma xícara de café do pacote de sua caixa. Não havia água quente, então ela fez o café com água fria, mexendo colher por colher do pó, querendo que a primeira xícara, depois de tanto tempo, fosse verdadeiramente deliciosa. Quando experimentou, achou amargo e decepcionante. Percebeu, escreveu mais tarde, que prazeres lembrados não são facilmente recapturados. "Eu teria que me acostumar aos prazeres novamente." Naquela noite seu coração bateu tão forte por causa da cafeína que ela achou que estava morrendo. Na manhã seguinte, ficaram sentadas mergulhando os dedos nas latas de manteiga, lambendo-os lentamente, e depois experimentaram a manteiga de amendoim, que muitas nunca tinham visto antes.

Simone Loche estava muito doente e ficando cada vez mais fraca; Betty, Julia e Simone Sampaix estavam frágeis; mas as outras redobravam os esforços para evitar que fossem detectadas pela SS. Tornaram-se muito habilidosas em encontrar esconderijos, e já que, durante as chamadas intermináveis que continuavam dia após dia, os guardas andavam para cima e para baixo nas filas, puxando as mulheres mais doentes, tiveram que dominar a técnica de parecerem fortes e saudáveis. As seleções para a câmara de gás continuavam, e Rudolf Hoess, que tinha deixado Auschwitz muito antes da chegada do Exército Vermelho, chegou um dia para inspecionar a construção da segunda câmara. Frequentemente, as seleções tomavam a forma de perseguições, as mulheres eram caçadas ao redor do campo enquanto tentavam loucamente se esconder.

Um dia, sete francesas foram tiradas da fila. Trancadas em um barracão para esperar o transporte que as levaria para a câmara de gás, conseguiram escapar. Quando a SS percebeu que elas tinham sumido, anunciaram que todas as francesas restantes seriam "selecionadas" se as sete não se entregassem. As sete voltaram. Suas amigas assistiram, horrorizadas, quando uma delas gritou: "Tenho 34 anos. Tenho três filhos para criar. Não quero morrer." Naquela noite, escutaram o barulho dos caminhões levando as mulheres para a câmara de gás e ouviram seus gritos quando os guardas da SS batiam nelas e elas imploravam por misericórdia.

Uma tarde, não muito tempo depois, enquanto Adelaïde estava na *Revier*, ouviu o barulho de caminhões se aproximando. Uma enfermeira apareceu e começou a chamar nomes. Adelaïde fugiu, sentindo que não suportaria mais ser testemunha de tantas mortes. Mas quando voltou mais tarde, esperando uma fileira de camas vazia, encontrou as mulheres ainda lá, pois a ordem de levá-las para a câmara de gás tinha sido cancelada. Entendeu que o caos era tanto que tudo agora era possível. "Percebi", disse tempos depois, "que havia chegado a hora de lutar".

No dia 23 de abril, ordenaram que todas as 488 francesas restantes, 231 belgas e 34 holandesas em Ravensbrück formassem uma fila. Eram quatro horas da manhã, e, com Simone, Betty, Julia e Marie-Claude, Charlotte viu guardas da SS com metralhadoras assumirem posições perto do portão. As mulheres foram revistadas. Germaine Tillon conseguiu esconder um rolo de fotografias das pequenas *Kaninchen* com as pernas mutiladas em uma lata vazia de leite em pó. Enquanto ficavam ali, um grupo de mulheres maltrapilhas, encolhidas e cambaleantes apareceu no escuro vindo da direção do *Jugendlager*: estavam indo em direção à câmara de gás.

As cinco amigas agarraram-se umas às outras — o momento chegara e elas sabiam que morreriam. Tendo temido a morte por tanto tempo, Charlotte sentia-se completamente calma. Os guardas gritaram para que as mulheres começassem a andar em direção ao portão. Apontaram as metralhadoras. Mas não atiraram. As filas de mulheres, em silêncio, saíram. Havia um homem com um uniforme cáqui esperando por elas, com uma faixa da Cruz Vermelha no braço. "Vocês são francesas?", perguntou. "Vou levá-las para a Suécia." Ninguém se mexeu.

Então, muito calmamente, entraram nos caminhões brancos que as esperavam na estrada — as que mal conseguiam andar foram gentilmente ajudadas. Ansiavam por esse momento, certas de que sentiriam uma sensação incrível de alegria. Em vez disso, murcharam. Antes de os caminhões saírem, uma das mulheres gritou que deveriam fazer um minuto de silêncio pelas amigas que morreram em Ravensbrück. Muitas das mulheres choraram. Charlotte lembrou-se de que 23 de abril era a data em que voltou para casa depois da aula com Georges Dudach pela primeira vez, e também foi o dia em que disse adeus a ele em La Santé.

Andaram, em um comboio lento, pelas estradas entupidas de pessoas fugindo, passando por casas arruinadas, por Kiev, onde até mesmo a terra parecia ter sido revolvida pelos bombardeios. Meninos alemães jogavam pedras nos caminhões. Entre as francesas estava Madeleine Aylmer, de vinte anos, que dera à luz uma menina um mês antes e que, de alguma forma, conseguiu evitar as buscas de Pflaum por mulheres grávidas, pelas que estivessem amamentando e por seus bebês. Na confusão do momento, conseguiu, com a ajuda das outras mulheres, esconder o bebê embaixo do vestido. A garotinha foi uma de um pequeno grupo de bebês que sobreviveram. Quando os caminhões cruzaram a fronteira da Dinamarca, as francesas começaram a cantar. Havia pôsteres dando-lhes as boas-vindas. Charlotte pensou em como tudo parecia incrivelmente belo.

Do grupo original de amigas francesas do comboio, restavam em Ravensbrück apenas Hélène Bolleau, com a perna quebrada, Simone

Loche, que estava cada vez mais fraca, e Adelaïde e Marie-Claude, que insistiram em ficar para trás a fim de ficar com elas. Durante a noite de 27 de abril, a maioria dos guardas da SS desapareceu, cortando os abastecimentos de água e energia e fazendo fogueiras com os registros do campo conforme iam embora. O comboio que levava Suhren e sua esposa em um carro, seu vice em outro, antes da chegada das tropas libertadoras Aliadas, passou por uma última marcha forçada de mulheres deixando o campo. Muitas das mulheres estavam tão fracas que mal conseguiam cambalear, mas levavam caixas que receberam da Cruz Vermelha com elas. A última ordem de Suhren foi que enterrassem os mortos, para que suas covas "parecessem agradáveis".

Havia rumores de que os alemães explodiriam Ravensbrück antes de ir embora, mas nada aconteceu. "O campo parece abandonado e imundo", Marie-Claude escreveu em seu diário. Algumas das *Schmuckstücke*, percebeu, se reuniram e estavam sentadas perto dos portões, comendo o conteúdo das latas de comida da Cruz Vermelha, como se estivessem fazendo um piquenique. Ela ouvia os bombardeios chegando cada vez mais perto, mas "os horrores deste campo são tantos que é difícil ter qualquer sentimento de alegria pelo fim disso tudo estar próximo". Esse sentimento só viria quando ela visse o primeiro soldado do Exército Vermelho.

Pouco a pouco, Adelaïde, Marie-Claude e algumas médicas que ficaram para trás começaram a cuidar das doentes. Levaram as mulheres que estavam morrendo para a enfermaria, quando Marie-Claude notou que elas pareciam restos de lixo. Fizeram listas de nomes para a próxima evacuação da Cruz Vermelha e direcionaram as mulheres mais fortes para cozinhar o pouco que ainda havia para comer e começar a limpeza do campo. As *Schmuckstücke* continuaram a vagar sem rumo, desafiando qualquer tentativa de serem organizadas. Marie-Claude avisou-as de que não seriam alimentadas se não ajudassem. Havia também 260 freiras alemãs idosas, que passaram mais de dez anos em vários campos de concentração por dizer que acreditavam que Hitler era o Anticristo. A muito odiada Dorothea Binz, um dos pouquíssimos oficiais da SS que ainda estavam no campo, apareceu pedindo por comida. Foi recusada.

Adelaïde e Marie-Claude foram visitar o campo dos homens perto dali, onde encontraram quatrocentos moribundos e mais ou menos quatrocentos outros, muitos franceses, que claramente não estavam longe da morte. Estavam há oito dias sem comida nem água. "É simplesmente brutal", Marie-Claude escreveu. "Nem parecem mais homens, mas fantasmas esqueléticos, enlouquecidos pela dor, pela fome e pela sede. Ninguém, ninguém jamais poderia descrever o que vejo — ninguém acreditaria em nós." Reuniram algumas das mulheres mais fortes, e entre elas carregaram os homens moribundos a um dos quartéis abandonados da SS.

Às onze e meia da manhã de 30 de abril, os primeiros soldados do Exército Vermelho foram vistos se aproximando por entre as árvores. Mais tarde, os libertadores diriam que sentiam o cheiro do campo a 3km de distância, e que quando viram a imundície, as pilhas de restos humanos e os esqueletos vivos, sentiram uma compaixão enorme, mas também repulsa. "Ao ver o primeiro motociclista", Marie-Claude escreveu, "meus olhos se encheram de lágrimas, lágrimas de alegria agora. Pensei nas lágrimas de raiva que havia derramado quando vi o primeiro motociclista alemão na praça da Ópera em junho de 1940". A eles seguiram-se soldados de uma brigada de infantaria e, em seguida, oficiais em carros. "O campo enlouqueceu... todas querem vê-los, conversar com eles", escreveu Marie-Claude, acrescentando friamente que na alegria pareciam ter esquecido que havia trabalho a ser feito.

O comandante do Exército Vermelho foi educado e fez perguntas precisas sobre as condições no campo; então conseguiu fornecimento de comida e remédios e deixou alguns médicos para que ajudassem a cuidar dos doentes. Um médico russo colocou a perna de Hélène Bolleau em um gesso, e então ela conseguia mancar pelo campo. Antes de ir embora, o comandante deu ordens para que os habitantes alemães dos vilarejos vizinhos fossem trazidos à força ao campo para ajudar. Adelaïde viu-se avaliando uma fila de civis alemães, procurando mulheres para assistir as enfermeiras, pensando em como os industriais alemães avaliavam as filas de prisioneiras, pouco tempo antes, selecionando mulheres para o trabalho em suas fábricas. Os russos eram bem-vindos e temidos. Tinham ouvido histórias de algumas das mulheres que foram enviadas com a SS para outros campos e escaparam no caminho, e então foram estupradas pelo Exército Vermelho, que avançava.

Indo procurar colchões nas casas abandonadas dos guardas da SS do lado de fora dos portões do campo, Marie-Claude encontrou um dos homens prisioneiros dormindo sob um edredom de seda rosa enorme. Percebeu, com algum prazer, que as casas da SS foram saqueadas. Experimentou um desejo arrasador de ir para casa. Olhando para o céu e para o lago, sentiu-se "bêbada de liberdade". "Acho", escreveu, "que quando for para casa vou querer passar algum tempo sozinha nas montanhas".

Certo dia, passando pela casa abandonada de Suhren com uma amiga, entrou e viu um piano. Sua companheira sentou-se para tocar. Marie-Claude sentiu crescer em si "uma nuvem de desejo há muito suprimido", uma onda de prazer em ouvir algo de que há muito era privada. Terminaram tocando músicas francesas antigas e a inevitável *Marselhesa*. Naquela noite ela não conseguiu dormir devido a um sentimento intenso de "plenitude".

Em 3 de maio, quando Adelaïde e Marie-Claude andaram pelo campo com um médico, um fotógrafo e um oficial russo para documentar o que tinha sido Ravensbrück, o lugar estava muito mudado. Havia água e eletricidade novamente, e os russos chegaram trazendo trinta vacas, cem galinhas e também alguns cavalos. Havia leite para o café da manhã, manteiga para comer com pão, carne e cebolas para o almoço. Alguns soldados franceses visitavam o campo, trazendo notícias da França, muitas delas deprimentes. Um general francês chamado Allard chegou um dia, tentando descobrir o que tinha acontecido com sua mulher, que fora deportada para Ravensbrück no início da guerra. Marie-Claude teve de contar a ele que ela havia sido morta na câmara de gás. Allard disse a ela que o comitê de libertação em Paris tinha sido um "escândalo", e que a esquerda e a direita discutiam ferozmente. O que mais lhe importava, Marie-Claude escreveu em seu diário, era o fato de que tantos dos melhores homens estavam mortos, tendo morrido por seu país, enquanto tantos dos piores, os colaboradores, estavam vivos e em posições de poder. Com os valores antigos perdidos, e sem valores novos para substituí-los, como uma crise moral poderia ser evitada? Houve dias em que temeu o pensamento das batalhas políticas que viriam.

Simone Loche estava claramente morrendo, e Adelaïde estava quase abandonando qualquer esperança de salvá-la quando um médico russo, dizendo que havia uma chance em cem de que funcionaria, propôs operá-la. Como não havia anestésicos gerais disponíveis, deu-lhe uma anestesia local, e então a operou. Após a operação, Marie-Claude doou sangue para uma transfusão. Acordada, mas sem sentir dor, Simone pensou que morreria, mas ficou feliz por pelo menos ter vivido para ver a libertação. Depois da operação, teve febre alta. Marie-Claude sentiu-se arrasada. "É terrível cuidar de alguém que nos é tão querida e vê-la desaparecer dia após dia." Mas Simone lutou. Chegou o dia em que foi evacuada pela Cruz Vermelha para Berlim, e de lá levaram-na de avião a Paris, onde passaria muitos meses em um hospital em Créteil.

Marie-Claude e Adelaïde ficaram em Ravensbrück até meados de junho, assistindo enquanto suas pacientes ficavam mais fortes e mais reconhecíveis enquanto seres humanos conforme seus cabelos cresciam e seus corpos engordavam. Recusando o convite do general Allard para voltar de avião com ele para Paris, Marie-Claude sentiu-se dominada por um desejo de que aquilo tudo acabasse, mas determinada a ficar o tempo que fosse preciso para ajudar a Comissão Russa a documentar o que havia acontecido em Ravensbrück. Escrevendo para o líder comunista, Maurice Thorez, e contando a ele o que havia acontecido com as 113 mulheres comunistas do comboio, desculpou-se por seu estilo artificial, dizendo que aquela era a primeira carta decente que escrevia em francês havia quase três anos.

Adelaïde tinha se mudado para um antigo quartel da SS onde havia um piano, e no dia 17 de maio Marie-Claude passou sua primeira noite do lado de fora do campo, em um quarto com vista para o lago, com uma cama de verdade, lençóis e um travesseiro. Tentou pensar o mínimo possível no que a esperava em casa, pois ainda não recebera notícias de sua família ou de Pierre Villon, seu companheiro. Quando o último dos caminhões da Cruz Vermelha veio buscar as doentes que ainda estavam lá, e havia algumas que claramente morreriam antes que chegassem em casa, pensou em como era triste morrer naquele momento, tendo sobrevivido a tanto.

Finalmente, com suas pacientes indo embora, Adelaïde foi para casa. "Esta passagem da escuridão para a luz", escreveu, "não pode ser expressa em palavras". Tempos depois, escreveria que quando "a vida não ia bem e era muitas vezes decepcionante, era bom lembrar-se do privilégio infinito de ter vivenciado um momento de tamanha alegria".

Apenas 49 das 230 francesas, 34 delas comunistas, que deixaram Paris 29 meses antes no "comboio dos 31.000", haviam sobrevivido para ver o fim da guerra. 181 de suas amigas e companheiras morreram, de tifo, brutalidade, fome, nas câmaras de gás, algumas foram espancadas até a morte e outras simplesmente desistiram. Nenhuma das que tinham mais de 44 anos e muito poucas das mais jovens ainda estavam vivas. Danielle, Maï, Aminthe e Yvette Guillon, Raymonde Sergent, Madeleine Zani e Viva Nenni estavam mortas, e havia dezenas de crianças que descobririam que estavam órfãs, tanto seus pais quanto suas mães assassinados pelos nazistas. Foi com a chegada das mulheres à França que muitas famílias finalmente descobririam que suas mães, filhas e esposas não voltariam para casa.

Algumas das sobreviventes do comboio chegaram à França sozinhas, depois de vagarem por países caóticos com refugiados e voltarem prisioneiras de guerra. Outras voltaram para casa em pequenos grupos. Dez das amigas se descobriram juntas na Suécia. A irmã de Madô, que trabalhava para um médico sueco, conseguiu que elas ficassem com um senador em uma casa no interior, onde receberam cuidados e voltaram lentamente à saúde. Lulu e sua irmã, Carmen, estavam lá — as duas únicas irmãs a sobreviver —, e também Cécile, Betty, Hélène Bolleau e Simone Sampaix. Simone, a jovem gorducha que sorrira tão calorosamente na fotografia tirada em Romainville, pesava apenas 23kg. Foram alimentadas com creme, peixe, queijo e vegetais frescos, mas levou um tempo até que suas bocas e seus dentes não doessem com a comida, a que não estavam acostumadas. No início, só comiam uma colher de chá por vez. "Foi", escreveu Hélène, "uma coisa boa atrás da outra". De vez em quando era pedido que respondessem a perguntas sobre Ravensbrück feitas por jornalistas ou pelo governo sueco. "Estamos em um pequeno paraíso", Betty escreveu para os pais. "Preciso disso depois de tempos tão horríveis." Reclamava de amnésia e ansiedade, mas seu braço, que os médicos temiam que ela pudesse perder como resultado do abscesso infeccionado, estava melhorando aos poucos.

Mais tarde, foram colocadas em um avião com destino a Paris. Charlotte só conseguia ter sentimentos de perda e incerteza. Tinha uma sensação avassaladora de que daquele momento em diante, pelo resto de sua vida, estaria sozinha e que ninguém, jamais, preencheria o lugar de suas companheiras perdidas. "Conforme o tempo ganhava velocidade", escreveu mais tarde, "elas se tornaram diáfanas, cada vez mais transparentes, perdendo suas cores e suas formas... Apenas suas vozes permaneceram, mas mesmo elas começaram a desaparecer conforme Paris ficava mais perto... Quando chegamos, não conseguia mais reconhecê-las. Eu estava viva para ter um *depois*, para saber o que *depois* significava?".

15

Deslizando para as sombras

Pouco depois de chegar à sua casa em Paris, Charlotte Delbo começou a escrever sobre os campos alemães. Muito de sua escrita era em verso. "Voltei de outro mundo", escreveu,

para este mundo
do qual não saí
e não sei
qual dos dois é real...
Pelo que me toca
ainda estou lá
morrendo lá
um pouco mais a cada dia
morrendo mais uma vez
a morte daquelas que se foram...
Retornei
de um mundo além do conhecimento
e agora preciso desaprender,
pois do contrário,vejo claramente,
não poderei mais viver.

Suas palavras poderiam ter sido escritas por qualquer uma das 49 sobreviventes do "comboio dos 31.000", pois todas compartilhavam a mesma sensação de alienação, perda e solidão. Durante os dois anos e três meses em que ficaram nos campos alemães, sentiram muito frio, estiveram muito assustadas, muito doentes, muito famintas, muito sujas e muito tristes. Testemunharam tanto o pior quanto o melhor que a vida tinha a oferecer, crueldade, sadismo, brutalidade, traição, roubo, mas também generosidade e altruísmo. Suas reservas de força e personalidade foram levadas ao limite da resistência e qualquer noção de humanidade foi desafiada.

Uma ambivalência marcava elas todas. Não se sentiam mais as mesmas pessoas e, olhando para trás, para as jovens que um dia foram, cheias de esperança, convicção e entusiasmo, admiravam-se com quanto eram inocentes e confiantes. Não havia mais nenhuma inocência, em qualquer uma delas; e nunca mais a encontrariam.

Tendo vivido tão intensamente juntas, dependendo umas das outras para permanecerem vivas, agora eram forçadas a se separar: pela geografia, por suas famílias, por um mundo cujas regras e modos haviam esquecido e que, fisicamente fracas, rapidamente esgotadas, prematuramente envelhecidas, tinham de aprender novamente. Quando, mais tarde, se encontraram, admitiram umas para as outras que o retorno à França no início do verão de 1945 provou ser tão difícil e infeliz quanto qualquer coisa que conheceram. O retorno, diziam, foi um tempo de "lugares sombrios, silêncios e coisas não ditas".

O hotel *art déco* Lutétia, no bulevar Raspail, em Paris, onde o Abwehr se instalara durante os quatro anos da ocupação alemã, tinha sido transformado em um centro de recepção para os deportados que retornavam. Como ninguém tinha uma ideia clara quanto aos números envolvidos, nem quanto ao estado de saúde dos que voltavam dos campos de concentração, as condições no antigo hotel eram caóticas. Havia médicos e oficiais da Cruz Vermelha à disposição, representantes do governo e jornalistas, e nos corredores e saguões havia fotografias e listas de nomes dos desaparecidos. Chegando de avião ou trem em pequenos grupos, as amigas se viram rodeadas de famílias ansiosas segurando fotografias de parentes perdidos, desesperadas por notícias dos sobreviventes, implorando que olhassem para as fotografias e vissem se conseguiam reconhecer os rostos. Madeleine Dissoubray, colocada em um quarto com quatro estranhas, era constantemente incomodada por batidas na porta, pais desvairados do lado de fora procurando por filhas e filhos desaparecidos, mulheres por seus maridos, homens por suas esposas.

Lulu chegou ao Lutétia alguns dias antes de sua irmã, Carmen. Conseguiu telefonar para o marido, Georges, que fora ferido tentando escapar de um campo de prisioneiros de guerra e repatriado mais cedo. Lulu chegou em casa a tempo para o quinto aniversário de Paul. Levou alguns doces para ele — foram os primeiros que ele comeu. Ela havia deixado um bebê, e voltou para encontrar um menino que não a conhecia.

Gilberte Tamisé — adiando o momento em que teria de enviar um telegrama ao pai em Bordeaux, dizendo a ele que, embora tivesse sobrevivido, sua irmã mais nova, Andrée, estava morta — viu-se sozinha no Lutétia. Algumas de suas amigas já tinham partido para se juntarem a suas famílias, outras ainda não tinham sido repatriadas. Naquela noite, sonhou com a liberdade, mas ao entrar em um quarto vazio, sozinha pela primeira vez depois de quase três anos, seu pensamento imediato foi: "Isto é mesmo liberdade, esta solidão intolerável, este quarto, esta exaustão?" Como responderia à pergunta "E Andrée? O que você fez com Andrée?". E se o pai também estivesse morto? E como explicaria para a família Lapeyrade que Berthe morrera nos pântanos em Birkenau e que ela, Charlotte, Viva, Lulu e Carmen carregaram seu corpo de volta ao campo para a chamada noturna? Como contar ao filho de Charlotte Lescure que tinha visto sua mãe ser espancada até a morte por uma *kapo*? Dominada por um sentimento de solidão e perplexidade, ansiando por Lulu, Carmen e Charlotte, voltou para a cama e dormiu. Dessa vez sonhou que estava de novo entre as amigas e se sentia "confortada, tranquilizada, aquecida".

Finalmente tirada do quarto pela fome, Gilberte ficou no corredor olhando, esperando, pensando aonde ir. Estava com medo, sentindo-se deslocada. Vendo-a lá, tão incerta e desconfiada, um homem se aproximou e disse a ela que tinha acabado de chegar de Mauthausen. Convencendo-a no caminho, encorajando-a a encarar a volta para casa, levou-a gentilmente até o restaurante, então para a agência de telegramas e para uma mesa onde havia comprovantes de viagem. Mais que qualquer coisa, ela sentia vontade de chorar. Ele trouxe comida, ajudou-a a preencher os formulários, enxugou seu rosto suavemente com um lenço. Mais tarde, naquela noite, ela viajou para

Bordeaux, com outros que retornaram dos campos. Seu pai estava esperando por ela na plataforma. Parecia curvado e cansado. Não perguntou a respeito de Andrée: ele já sabia. Em casa, Gilberte encontrou as coisas de Andrée em seu quarto, exatamente como ela as tinha deixado. Tudo lhe parecia afiado, ameaçador; tinha a sensação de estar ferida, como se estivesse coberta de hematomas.

Germaine Pican, chegando ao Lutétia, ficou em pé no saguão, procurando entre as multidões algum membro de sua família. Não havia ninguém. Viu um jornalista que conhecera antes da guerra. Perguntou a ele se sabia onde seu pai estava. "Ele está morto", o homem disse a ela. No entanto, suas duas filhas estavam vivas e esperando por ela em casa. André, seu marido, foi executado pelos alemães, um fato de que fora informada em Romainville, mas que agora tinha de digerir, para construir uma nova vida para si e para as meninas. Mas primeiro precisava descobrir onde André estava enterrado, e passou as primeiras semanas na França verificando registros em diferentes municipalidades. Reconheceu o corpo, que acabou por ser exumado, pela jaqueta, por uma mecha de cabelo e um dente de ouro.

Germaine Renaudin, também em pé no saguão do Lutétia, não reconheceu o jovem alto que se aproximou dela. O menino que três anos antes era uma criança magra agora era um adulto, e quando o telegrama informando a família de que Germaine estava viva chegou à fazenda onde ele estava trabalhando, Tony emprestou o dinheiro para a passagem do fazendeiro, caminhou 12km até a estação mais próxima e foi a Paris esperar pela mãe. Germaine lhe pareceu perdida e distraída, seu corpo curiosamente inchado e manchado devido ao tifo do qual ainda não estava completamente livre.

Juntos, participaram de um desfile de retorno dos prisioneiros de guerra e deportados no dia 1º de maio, marchando com muitos dos ex-prisioneiros de campos de concentração, que usavam as roupas listradas com as quais haviam chegado. Então pegaram o trem para casa. Todos os habitantes vieram dar as boas-vindas a Germaine, e havia uma cadeira esperando por ela caso se sentisse cansada durante os discursos. Ela falou muito pouco. Nos meses que se seguiram, seu cabelo ficou completamente branco, mas com o tempo voltou a ficar preto.

Assim, uma a uma, em duplas e em pequenos grupos, as 49 mulheres voltaram para casa. A última a chegar foi Marie-Jeanne Bauer, repatriada de Auschwitz via Odessa. Ninguém estava esperando por ela. O prédio em que ela morou tinha sido bombardeado, seu apartamento, saqueado, e ela descobriu que o irmão fora executado. Estava atordoada, exausta e tinha perdido a visão do olho direito — ainda com diagnóstico positivo para tifo. Seu sentimento mais forte era o de que tudo por que haviam passado, ela e as outras mulheres, todos os seus sacrifícios, haviam sido em vão.

Quatorze das 49 mulheres que retornavam eram viúvas, seus maridos executados pelos nazistas ou mortos em campos de concentração. Foi ao chegar à França novamente, a guerra acabada, que as mortes finalmente atingiram as mulheres. Hélène Solomon sabia muito bem que Jacques estava morto: despediu-se dele em Romainville, antes de ter sido levado ao Mont-Valérien e executado. Mas sem perceber realmente, havia se agarrado à ideia de que de alguma forma ele estaria esperando por ela se algum dia ela conseguisse voltar. Agora, de repente, a força total dessa perda a tomava. "Achei que fosse enlouquecer", disse mais tarde. "Durante muito tempo, mal conseguia falar."

Dezesseis das mulheres que retornavam — entre elas Lulu, as duas Germaines, Marie-Elisa e Cécile — tinham filhos esperando por elas, e 22 crianças estavam agora reunidas com suas mães. Mas 53 mães não conseguiram voltar para casa e deixaram 75 órfãos.

Michel Politzer, de sete anos, não veria a mãe novamente, nem Pierre Zani, de três anos, nem Claude Epaud, cuja mãe, Annette, administrava o L'Ancre Coloniale em La Rochelle, nem os dois filhos de Yvonne Noutari, de quem ela falava com tanto amor e saudade em Birkenau. Em Saint-Martin-le-Beau, Gisèle Sergent, de doze anos, esperava e tinha esperança. Sua mãe não tinha prometido que voltaria para casa? Um dia, na mercearia da cidade, ouviu um estranho dizer ao dono que madame Sergent estava morta. Mesmo assim, achou difícil de acreditar. Sua mãe retornara duas vezes de prisões alemãs: por que não o faria novamente? E os pais de Rosa Floch nunca mais veriam sua jovem filha novamente. Na última vez que sua mãe a viu, ela estava terminando de se arrumar para ir à escola em uma fria manhã de dezembro de 1942.

A filha de Louise Loquet, que aos quinze anos a ajudava com a ortografia dos tratados para a Resistência, voltava ao Lutétia dia após dia, esperando por notícias. Mostrava para todo deportado que retornava a fotografia da mãe, implorando que tentassem se lembrar de alguma coisa. Foi somente em dezembro de 1946, conhecendo por acaso Marie-Claude, que ela ouviu que a mãe estava morta, e mesmo assim, que ninguém a viu morrer.

E não eram apenas crianças que esperavam. A mãe de Yvonne Noutari foi à estação em Bordeaux todos os dias durante muitas semanas. A última notícia que tinha ouvido foi que Yvonne sobrevivera a Auschwitz. Tinha certeza de que a filha simplesmente estava demorando a voltar. Foi só muito mais tarde que descobriu que Yvonne tinha sido morta durante o bombardeio de Amstetten, apenas seis semanas antes da rendição alemã.

O que cada um dos sobreviventes agora tinha de encarar era a questão de como refazer suas vidas, e como transmitir a suas famílias tudo que haviam passado. Auschwitz e Ravensbrück, como Marie-Claude observou, foram tão extremos, tão incompreensíveis, uma experiência tão pouco familiar, que as mulheres duvidaram ter as palavras para descrevê-los, mesmo que as pessoas quisessem ouvir — o que, como acabaram descobrindo, não muitos queriam.

Muito antes do fim da guerra, o governo francês, exilado em Argel, vinha planejando o retorno dos deportados ou feitos prisioneiros pelos alemães. Henri Frenay, fundador de um dos principais movimentos da Resistência, o Combat, fora nomeado chefe de um Comissariado para Prisioneiros e Deportados, homens e mulheres que se reuniram sob as palavras "os ausentes". Naquele estágio, nem ele nem ninguém sabia o que exatamente esperar. Ele tinha números de prisioneiros de guerra, estimados em 950 mil, e números daqueles que foram enviados como parte do Serviço de Trabalho Obrigatório para trabalhar na Alemanha — 650 mil —, mas não tinha ideia a respeito de quantos resistentes, judeus, ciganos, homossexuais ou pessoas consideradas hostis aos nazistas tinham sido colocados em trens e deportadas para o leste. Quando lhe pediam um número, dizia que provavelmente ficava entre 40 mil e 160 mil. O que mais o preocupava era a repetição do caos que se seguiu à Primeira Guerra Mundial, quando prisioneiros de guerra libertos voltaram para casa trazendo consigo a gripe espanhola, que, quando foi superada, matara mais pessoas na Europa do que a própria guerra.

Acontece que os números de Frenay quanto aos deportados da França não estavam longe da realidade. Mas o que fez deles tão terríveis foi o que logo revelaram. Dos 75.721 judeus deportados da França, os deportados raciais, não muito mais que 2.500 voltaram para casa. Os deportados políticos se saíram um pouco melhor: 40.760 de 86.827, um pouco menos que a metade, retornaram. Todos, em certa medida, estavam mal. Embora relatórios das condições nos campos tivessem chegado à França durante muitos meses, eles foram em grande parte suprimidos, e não com a finalidade de não assustar as famílias. E embora as fotografias de Bergen-Belsen, liberadas pelos britânicos no dia 15 de abril, tivessem precedido os homens e as mulheres em suas roupas listradas que desembarcaram na Estação Ferroviária do Leste ou desceram de aviões no Le Bourget, houve muito pouco tempo para fazer um balanço de tudo por que haviam passado. A realidade, com seu novo vocabulário de perseguição, provou ser profundamente chocante.

Entre os que cumprimentavam os primeiros sobreviventes dos campos de concentração e extermínio na Estação Ferroviária do Leste estava Janet Flanner, correspondente da *New Yorker* que também havia chegado recentemente. "Seus rostos", escreveu, "eram cinza-esverdeados e pareciam ver mas não assimilar". Outros falavam de cabeças carecas, peles de cera e rostos enrugados "remanescentes daquelas pequenas cabeças humanas exibidas por tribos primitivas". Alguns estavam muito frágeis para ficar em pé. As multidões que lhes davam as boas-vindas levavam flores da primavera para presentear os homens e as mulheres esqueléticos e arredios — quando os ramos de lilases caíam de suas mãos "inertes", deixavam um tapete roxo na plataforma, e "o perfume de flores pisoteadas misturado ao fedor de doença e de sujeira". Os deportados que retornavam cantavam a *Marselhesa* em vozes baixas e resmungadas; alguns dos espectadores choravam.

Era, no entanto, consideravelmente mais complicado que simplesmente repatriar aqueles "ausentes" em especial e cuidar deles. A questão era como tudo por que haviam passado deveria ser reconhecido e, mais importante, como a França devia lidar com os colaboradores responsáveis pelo que havia acontecido com eles, e com a própria França. Quem era, na verdade, culpado? Quantos franceses haviam passado os quatro anos da ocupação na "zona cinza" de ambiguidade de Primo Levi, entre vítimas e perseguidores? Quem devia ser punido? A polícia francesa que colocou em prática as ordens alemãs, implementando regulamentações antissemitas, revistando e torturando suspeitos antes de entregá-los aos nazistas? Os juízes franceses que presidiram tribunais que sentenciaram resistentes à morte? Os maquinistas franceses da SNCF que transportavam os deportados no primeiro estágio para os campos? Seus chefes, que cobravam caro dos ocupantes alemães por cada pessoa transportada? Os 700 mil membros do serviço civil, sem os quais a França não poderia ter continuado a funcionar sob o governo alemão? As faxineiras que trabalharam nos escritórios administrativos alemães? E quanto àqueles que participaram da Resistência apenas nos meses finais da guerra, os *résistants de la dernière heure*? Milhões de franceses e francesas excederam em muito a "conduta correta" em relação ao ocupante conforme previsto nos termos do armistício: todos deveriam ser punidos?

Mesmo antes de as Forças Aliadas cruzarem o Canal em junho de 1944 e iniciarem a libertação da Europa, uma purificação selvagem, um expurgo cruel, de colaboradores viu a execução sumária de 5.238 membros da milícia de Darland, policiais colaboradores e superzelosos, por partidários franceses. Cerca de 20 mil francesas, as tosquiadas, que se dizia terem sido muito amáveis com os ocupantes, tiveram a cabeça raspada. O governo francês no exílio, chegando para assumir o lugar de Vichy, tinha extrema consciência da necessidade de que a justiça fosse vista e feita, de que os culpados fossem punidos e humilhados publicamente. Os comunistas em especial, referindo-se a si mesmos como *le parti des fusillés*, os executados, e afirmando que 90 mil patriotas tinham sido executados pelos alemães — o número real foi, mais tarde, estimado em 9 mil —, exigiam expurgos generalizados.

Mas de Gaulle — ansioso para ver a França restabelecida como um dos principais poderes, temeroso de uma influência americana excessiva, consciente da necessidade de uma França unida e de que os franceses, traumatizados por quatro anos de ocupação, conseguissem superar a guerra — estava relutante quanto a alongar-se muito a respeito dos colaboradores e de suas vítimas. Era tempo de celebrar os heróis, não caçar aqueles que chamava de "espécimes miseráveis". "*Assez de cadavres! Assez de suppliciés!*" [Basta de cadáveres! Basta de torturas!], um editor disse a um sobrevivente de Mauthausen, Maurice Delfieu, que propôs escrever suas memórias. Graças às façanhas gloriosas da Resistência, os franceses, por seus próprios esforços, foram reabilitados. "*Paris martyrisé!*", declarou de Gaulle, entrando na capital. "*Mais Paris libéré! Libéré par lui-même! Avec l'appui et le concours de la France entière... la vraie France... la France éternelle...*".[18] Os dias de lágrimas terminaram; os "de glória" retornaram. Assumindo o controle de Paris, o general e seus correligionários decretaram que os culpados de atos mais graves, entre os colaboradores, deveriam ser rapidamente levados a julgamento e punidos com severidade máxima, mas não em espírito de vingança, e que, logo depois, a França deveria perdoar e seguir em frente.

Trabalhando dia e noite sob uma avalanche de papéis, promotores considerados não contaminados pela ocupação reuniram dossiês sobre 311 mil colaboradores suspeitos e os apresentaram a vários tribunais de justiça. Descobriu-se, convenientemente, que muitos documentos misteriosamente desapareceram. Foram arquivados 60 mil casos. Do resto, pouco mais de três quartos dos julgados foram considerados culpados. Foram executadas 764 pessoas e 46.145 condenadas a "degradação nacional", o que significa que perderam o direito ao voto, foram banidos de filiação a sindicatos e de várias profissões e perderam medalhas, condecorações, honras e pensões.

Como outros países europeus, a França não tinha uma legislação adequada para lidar com crimes de ocupação. A acusação, para muitos dos julgados, foi de ter ameaçado a liberdade e a igualdade do país ao fornecer "inteligência para o inimigo", ou de ter cometido um novo "crime de colaboração", algo entre a traição e a aceitação

[18] Paris foi martirizada! Contudo, Paris se libertou! Libertou-se por si só! Com o apoio e a gana de toda a França... a verdadeira França... a França imortal..."

dos ocupantes. A França, dividida e ambivalente, não incorporou crimes contra a humanidade na lei francesa até 1964. Chegariam os anos 1980 antes que Klaus Barbie, "o açougueiro de Lyon", fosse levado a julgamento. Tanto Maurice Papon quanto René Bousquet, responsáveis enquanto secretários-gerais da polícia de Vichy pela deportação de muitos milhares de judeus da zona livre, viveram até os anos 1990 como homens livres.

As 49 sobreviventes do "comboio dos 31.000" chegaram em casa a tempo de Betty Langlois dar depoimento no julgamento do comissário Fernand David, o chefe das Brigadas Especiais de Paris que havia enviado muitas mulheres para Auschwitz e seus maridos à morte. Charlotte, Cécile, Madô, Maï e Danielle estavam todas entre suas vítimas — por causa dele e de seus homens, Charlotte perdera o marido e Betty, o amante. Olhando para ele do outro lado do tribunal, Betty ficava imaginando por que ele não a reconhecia, se ela tinha suas feições tão permanentemente estampadas em sua mente. No banco dos réus, David defendia que ele, pessoalmente, nunca viu ninguém ser torturado, que apenas obedecia a ordens e que se algum de seus homens foi um pouco duro, bem, nunca chegavam à violência de fato. O juiz referiu-se a ele como o "Himmler parisiense".

O júri deliberou por dezessete minutos; quando deram o veredicto de culpado, o tribunal inteiro se levantou e aplaudiu. No dia 5 de maio, David foi executado, juntamente com seu garboso chefe, Lucien Rottée, cuja posição à frente dos generais da Inteligência havia sido tão letal para a Resistência. Por toda a França, 5 mil policiais foram suspensos e dez membros das Brigadas Especiais de Paris foram executados. Mas a França precisava de magistrados e policiais, e muitos outros evitaram a punição. O sobrinho de Rottée, René Hénoque, chefe da segunda Brigada Especial de Paris, condenado *in absentia* pela morte de 216 resistentes executados, escapou e morreu muitos anos depois, na velhice, em Bruxelas. Cécile, retornando ao 11º *arrondissement* em Paris, foi abordada pelo policial que ela sabia ter sido quem a entregara. Ele estendeu a mão e sorriu. Ela deu as costas para ele.

Quase nenhuma das mulheres da Gironda ou de Charente no comboio sobreviveu para depor contra Poinsot, o chefe das Brigadas Especiais responsável, assim foi acusado, pela morte de 1.560 judeus e novecentos deportados políticos, pela execução de 285 homens e por uma tortura tão extrema que as pessoas foram "literalmente massacradas". Aminthe Guillon e sua nora, Yvette, estavam mortas e seus maridos foram executados em Souge; nem Madeleine Zani, nem Jeanne Souques, nem Marguerite Valina tinham vivido para voltar para casa.

Poinsot, que no final de agosto de 1944 havia escapado da França para a Alemanha em um dos doze carros enviados para ele e seus associados, foi reconhecido e preso na Suíça e entregue à polícia francesa. Sua esposa foi presa alguns dias depois na estação de Dijon, com um milhão de francos e uma fortuna em outras moedas. Poinsot escapou por pouco de ser linchado quando a prisão em que era mantido foi atacada. Em junho de 1945, foi julgado em Moulins. A prova mais condenatória contra ele era uma lista escrita em tinta vermelha, de próprio punho, com os nomes daqueles que tinha enviado para a morte. Poinsot foi executado em Riom no dia 12 de julho. Ferdinand Vincent, o informante que havia entregado Annette Epaud, os Guillon e muitos outros, foi executado por um pelotão em 1949.

Algumas das críticas mais duras quanto a comportamentos durante a ocupação foram feitas a escritores e jornalistas que exaltavam as virtudes e políticas dos nazistas. Em setembro de 1944, o Comitê Nacional de Escritores, que o marido de Charlotte, Georges Dudach, juntamente com Georges Politzer, ajudaram a criar, elaborou sua primeira lista negra com doze escritores considerados colaboradores. Mais tarde, a lista aumentou para 158 nomes. À época, 44 foram acusados e Robert Brasillach e Jean Luchaire foram executados; Drieu de la Rochelle conseguiu cometer suicídio em sua terceira tentativa. Como aconteceu com os líderes políticos, ninguém conseguia concordar quanto à severidade dos julgamentos. Mauriac, preocupado com o fato do excesso de "purificação" poluir o novo Estado francês antes que este tivesse tempo de governar, agiu como apóstolo da reconciliação e do perdão, enquanto Camus começava a encorajar os franceses a irem direto da resistência para a "revolução" e tratar colaboradores com severidade. Mais tarde temperou seu ponto de vista e disse que a própria palavra purificação havia se tornado odiosa para ele.

Era consenso geral, no entanto, que muitos escritores proeminentes passaram a ocupação em silêncio e inação vergonhosos, e que lembrariam por muito tempo que Simone de Beauvoir trabalhou, à época, para a Rádio Nacional sob o comando dos alemães, e que Sartre estava satisfeito em substituir um professor de filosofia judeu que foi demitido de seu posto com os decretos antissemitas. Havia elogios aos editores do *Lettres Françaises* executados no Mont-Valérien.

O julgamento de Pétain, que começou no dia 23 de julho de 1945 e durou três semanas, foi menos uma audiência jurídica do que uma cerimônia de condenação de tudo o que Vichy representava. No banco dos réus, Pétain ficou a maior parte do tempo em silêncio, uma vez que o marechal de 89 anos estava ficando cada vez mais senil. Foi condenado à morte por fuzilamento, mas de Gaulle comutou a sentença para prisão perpétua; Pétain foi enviado para a Ile d'Yeu, no Atlântico, onde morreu, completamente senil, seis anos depois. No dia 16 de outubro de 1946, Pierre Laval, primeiro-ministro da França de Vichy, após tentar, mas não conseguir, cometer suicídio tomando cianeto, foi executado. Em nenhum dos julgamentos falou-se muito da deportação dos judeus.

Por toda a Europa libertada e nas quatro zonas da ocupação Aliada na Alemanha, muitos outros julgamentos estavam em andamento. Muito antes do fim da guerra, os Aliados haviam anunciado que qualquer um que tivesse participado de crimes de guerra seria julgado e punido, e, no dia 26 de junho de 1945, uma conferência foi convocada em Londres com o propósito de chegar a um acordo quanto à precisão dos julgamentos dos maiores criminosos de guerra. A conferência não foi facilitada pela animosidade entre os negociadores e os desentendimentos amargos a respeito de tradições legais, mas no dia 8 de agosto a Carta de Londres, que estabeleceu a base legal para um Tribunal Militar Internacional, foi acordada. Uma inovação legal crucial foi a categoria de "crimes contra a humanidade", a ser aplicada não só em caso de assassinato e extermínio, mas também de vários outros atos.

O primeiro e mais importante tribunal teve início em Nuremberg no dia 20 de novembro de 1945. Havia 22 líderes nazistas no banco dos réus — deveria haver 24, mas Gustav Krupp, o industrial nazista, estava doente e Robert Ley, o chefe da Frente de Trabalho Alemã, cometeu suicídio antes do início do julgamento. A esperança, conforme expresso pelo conselheiro de acusação americano, Telford Taylor, era que a justiça prevalecesse, e também que a verdade, "por que e como essas coisas aconteceram", aparecesse. A natureza da gravidade das ofensas estava nos limites distantes da experiência humana, e todos os presentes tinham consciência de quanto seria difícil trazer o holocausto para o tribunal de modo que honrasse a catástrofe que havia acontecido. "Os erros que intentamos condenar e punir", disse Taylor, "foram tão calculados, tão malignos e tão devastadores que a civilização não pode tolerar que sejam ignorados, porque não sobreviverá caso sejam repetidos". Tão mais difícil de abordar era a questão de onde estaria o limite entre violência legítima e a ilegítima em tempos de guerra.

Marie-Claude foi a única sobrevivente do "comboio dos 31.000" a ser chamada para depor em Nuremberg. Apareceu no 44º dia de julgamento, uma segunda-feira, 28 de janeiro de 1946. Digna e articulada, os cabelos loiros em uma trança ao redor da cabeça, ela descreveu, em frases claras e firmes, o que tinha visto e vivenciado em Birkenau e Ravensbrück. Respondeu a perguntas sobre sua prisão em Paris, suas amigas e colegas executadas pelos alemães, os meses que passou na prisão de La Santé. Em seguida, falou sobre a viagem de Romainville a Auschwitz, as chamadas, a brutalidade dos guardas, as câmaras de gás. Usou a palavra "nós", porque estava falando, disse, não só por si mesma, mas pelas 229 mulheres deportadas com ela. Falou sobre Alice Viterbo, a cantora com uma perna só, que caiu na "corrida" e implorou a Danielle que lhe desse veneno antes de ser levada para a morte.

Ocasionalmente, interrompiam Marie-Claude e pediam-lhe que falasse mais devagar, pois os intérpretes não estavam conseguindo acompanhá-la. Mais tarde, ela diria que, sentada no banco das testemunhas, olhando para Göring, Bormann, Dönitz e von Ribbentrop, pensou consigo mesma: "Olhem para mim, porque nos meus olhos verão centenas de milhares de olhos encarando-os, e na minha voz ouvirão centenas de milhares de vozes acusando-os." Olhando para aqueles rostos e expressões, admirou-se de quanto pareciam normais. Voltara para a França, Marie-Claude disse, com um ódio profundo ao fascismo, francês ou alemão, e considerava que os homens no banco dos réus eram monstros, e como tais "deveriam ser eliminados". Ficou chocada e chateada quando, na primeira manhã, o dr. Hans Marx, um dos advogados de defesa, perguntou a ela como podia explicar o fato de ter sido submetida a tanto horror e sofrimento e ter conseguido voltar, aparentemente, com tanta saúde. Sua resposta foi sucinta: fazia um ano que tinha voltado para casa. Dez dos 22 homens no banco dos réus foram enforcados — o pelotão de fuzilamento parecia um fim muito digno para eles.

A Carta de Londres serviu como base para posteriores julgamentos Aliados e alemães. Mais de 5 mil pessoas foram condenadas em tribunais Aliados e mais ou menos o mesmo número em tribunais alemães. Salvaguardas das tradições legais anglo-americanas garantiram o direito de defesa, a presunção da inocência e condenações baseadas em provas que estivessem além de qualquer dúvida razoável, mas houve reclamações quanto à justiça dos vencedores. E nem sempre havia provas suficientes para condenar aqueles que claramente eram culpados. No banco dos réus, nos tribunais de toda a Europa, os acusados defendiam que apenas obedeciam a ordens, que também estavam sob coerção e que eram vítimas de identidade trocada.

Sob julgamento em Varsóvia, Rudolf Hoess, comandante de Auschwitz, surpreendeu o tribunal com a calma com que descreveu as câmaras de gás, explicando, com precisão técnica, o processo de asfixia e como cerca de um terço das pessoas morria na hora, enquanto os outros "cambaleavam pela sala e começavam a gritar e a se debater por um pouco de ar". Perguntado se era verdade que mais ou menos 2,5 milhões de pessoas caminharam para a morte em Auschwitz, respondeu que acreditava que o número ficasse em cerca de 1,5 milhão. Em suas memórias, escritas enquanto estava na prisão aguardando julgamento, observou que o público jamais o consideraria como nada além de uma "besta sedenta por sangue... cruel, sádico e assassino em massa", e que ninguém jamais entenderia que ele, também, tinha um "coração e que não era mau". Hoess foi enforcado em Auschwitz no dia 15 de abril de 1947, na frente da casa em cujo jardim Charlotte tinha visto seus filhos brincarem.

Muitas, mas não todas, pessoas cuja brutalidade havia dominado e destruído a vida das mulheres do comboio foram levadas à justiça. Mengele, o médico cujos experimentos Adelaïde Hautval havia se recusado a assistir, escapou e nunca foi pego. O dr. Schumann, que "tratara" com raios X jovens dos sexos masculino e feminino, causando queimaduras que jamais curariam, foi trabalhar na África e morreu, um homem livre, em 1983. O dr. Clauberg, que realizou operações de esterilização usando uniforme militar, morreu em uma cela de prisão, em circunstâncias misteriosas, em agosto de 1957. O dr. Treite, chefe dos serviços médicos em Ravensbrück, cometeu suicídio. O dr. Winkelmann, que fazia as seleções para as câmaras de gás com tanto prazer, morreu antes que sua condenação pudesse ser colocada em prática. O dr. Caesar, o botânico de Raisko, conseguiu evitar a prisão e abriu uma lavanderia. O general Karl Oberg e Helmut Knochen, os oficiais da SS que haviam capturado, torturado, executado e deportado um número incontável de homens, mulheres e crianças francesas durante os quatro anos da ocupação foram condenados à morte, mas suas sentenças foram comutadas. Foram libertados em 1962.

Mas Hans Pflaum, o guarda assassino de Ravensbrück, que encurralava fugitivas como em jogadas de rúgbi, e Adolf Taube, o algoz de Birkenau que parecia um touro, ambos foram executados, assim como Elisabeth Marschall e Dorothea Binz, que haviam espancado mulheres frágeis e doentes até a morte. Mais tarde diriam que muitos dos condenados à morte foram enforcados de tal forma que foram lentamente estrangulados. Mas o que aconteceu com a perversa Margot Drechsler, conhecida pelas prisioneiras como "Morte" e em cujas mãos as mulheres sofreram por repetidas vezes em Birkenau, ninguém jamais descobriu.

Depois que o Alto-Comando Aliado suspendeu as restrições remanescentes nos tribunais alemães, em 1955, uma febre de anistia estourou. Sentenças foram comutadas, condenações derrubadas, acusações suspensas. Na França, 40 mil pessoas foram para a prisão por colaboração; em 1948, havia apenas 13 mil ainda presas, e em 1965, todas estavam livres.

A última das mulheres do comboio a testemunhar foi Adelaïde, chamada para depor contra o dr. Dering, o prisioneiro polonês ginecologista em Auschwitz, a quem havia visto tantas vezes tentando cair nas graças dos médicos nazistas. Em 1964, em Londres, Dering processou o escritor americano Leon Uris por difamação, após Uris ter escrito em seu romance *Exodus* que Dering executara 17 mil esterilizações em prisioneiras sem anestesia. Na época, o júri decidiu a favor de Dering e o favoreceu com meio-pêni por danos, mas a corte deixou seus sentimentos bem claros com a decisão de que ele mesmo deveria pagar a despesa.

Em sua síntese, Lord Justice Lawton referiu-se a Adelaïde como "uma das mulheres mais corajosas e notáveis que jamais testemunhou perante um tribunal britânico". Quando, no ano seguinte, Israel propôs conferir a ela uma medalha por ser uma dos "Justos entre as nações", ela recusou, dizendo que tudo o que tinha feito em Auschwitz e Ravensbrück foi natural, lógico e fruto de uma "obrigação moral". Voltou dos campos, dizia, obcecada com o medo de que os nazistas não seriam expostos e ficariam impunes, e que apenas uma força sobre-humana, um feito extraordinário de determinação, realmente seria capaz de trazer um fim à "recusa de todo valor humano e espiritual" demonstrada pelos nazistas. Os franceses deram a ela uma condecoração: a Ordem Nacional da Legião de Honra.

Não foi por acidente que as mulheres do comboio chamadas para testemunhar em tribunais de crimes de guerra foram Marie-Claude, Adelaïde e Betty. As três eram mulheres fortes, determinadas, dispostas a lutar e testemunhar que haviam sobrevivido em parte devido à ferocidade de seu desejo de ver os nazistas e os colaboradores franceses punidos. Mas a França não estava exatamente disposta a ouvir o que elas tinham a dizer, e os homens e mulheres que voltaram dos campos não estavam, em sua maioria, bem o suficiente, física ou mentalmente, para fazer com que suas vozes fossem ouvidas. O general de Gaulle, empurrando o mito da França como um país de resistentes unidos traídos por um punhado de traiçoeiros, precisava de uma amnésia coletiva. Os deportados magros e doentes eram um lembrete malvindo de que em cinco semanas os alemães arrasaram o que foi, por muito tempo, considerado um dos melhores exércitos do mundo; e de que, durante os quatro anos de ocupação, foram os próprios franceses que detiveram e internaram judeus e resistentes, antes de enviá-los para a morte na Polônia.

Não se evitou, no entanto, o fato de que os deportados tinham que ser reconhecidos e recompensados. Ao chegar em casa, cada homem e cada mulher — desde que pudessem provar que eram franceses, o que excluiu os milhares de judeus não franceses, resistentes poloneses, refugiados espanhóis, todos aqueles que haviam feito da França seu lar e lutado na Resistência, mas nunca tiveram nacionalidade francesa — recebeu 5 mil francos, rações extras de comida e longas férias pagas. Mas houve debates amargos sobre quem exatamente era resistente e muita discussão quanto a direitos relativos aos deportados políticos e raciais. Só em 1948 dois estatutos, um para cada categoria, com graus diferentes de reconhecimento e pensão, dependendo de doença ou invalidez, finalmente foram transformados em lei — mesmo assim, os deportados políticos, considerados combatentes e não vítimas, levaram a melhor.

Dos 40.760 resistentes políticos que voltaram para casa, 8.872 eram mulheres. Dizia muito sobre a maneira como o papel das mulheres na Resistência era visto na França o fato de que das 1.053 pessoas que acabaram se tornando Companheiros da Liberação — a mais alta honra — apenas seis eram mulheres. Mantendo a imagem que de Gaulle criou de um grupo heroico de combatentes, verdadeiros resistentes eram retratados aos olhos do público como homens armados, realizando atos de sabotagem ou participando do combate ao inimigo. Os papéis realizados pelas mulheres — mensageiras, impressoras, distribuidoras de literatura banida, fornecedoras de casas seguras — não parecia heroico o suficiente. E entre as próprias mulheres havia uma tendência a menosprezar o que haviam feito, a dizer que não havia sido mais do que aquilo que sempre fizeram, como mulheres. Ao retornar à França, a maioria delas deslizou de volta para as sombras.

Uma das poucas que não foram esquecidas foi Danielle Casanova, celebrada rapidamente como uma nova Joana d'Arc, uma heroína comunista martirizada, a patriota suprema e símbolo da resistência. Em sua homenagem, bebês e ruas receberam seu nome e seu retrato foi colocado em medalhões e cartazes. Durante um tempo, acharam melhor que seu marido, Laurent, não confessasse que havia se casado com outra mulher, mas parecesse como se dedicasse sua vida a cultuar a esposa morta.

Mesmo antes de deixarem os campos, alguns dos deportados franceses discutiram a formação, quando fossem para casa, de *amicales*, associações que reuniriam sobreviventes e lutariam por seus direitos. Marie-Claude e Madeleine Dechavassine assumiram papéis de liderança ao dar início a uma *amicale* de deportados de Auschwitz, Birkenau e dos campos de Alta Silésia, e em outubro de 1945 uma Federação Nacional de Deportados, Resistentes Internos e Patriotas já havia sido formada, com salas na rua Leroux, em Paris, onde a Gestapo antes mantinha seus escritórios. Muitas das preocupações giravam em torno da morte dos deportados, que sofriam do que ficou conhecido como "síndrome dos deportados" — isso incluía exaustão crônica, problemas digestivos e depressão.[19]

As pessoas deixadas de fora de quase todas as deliberações, no entanto, foram os judeus, de quem apenas parte dos deportados voltou. Em parte porque tão poucos voltaram e em parte porque os campos de extermínio da Polônia tinham sido quase completamente destruídos pelos alemães que os deixavam, e, de qualquer forma, ficavam na zona soviética de ocupação, as primeiras histórias de mortes nos campos foram escritas não por judeus, mas por comunistas. Mas era mais complicado que isso. Simone Veil, deportada como judia com sua família, mais tarde diria que os resistentes sobreviventes foram rápidos em desprezar e marginalizar os sobreviventes judeus. "Eles tinham lutado contra os nazistas. Nós, nós não éramos nada." Nem de Gaulle nem ninguém estava disposto a admitir que grande parte da França não só havia tolerado o antissemitismo e a xenofobia, mas também se antecipado aos desejos alemães de identificar e deportar judeus.

---

[19] Em dez anos, um terço de todos os sobreviventes morreu.

Chegaria o início dos anos 1970 antes que houvesse séria reavaliação do que foram chamados *les années noires*, os anos negros. O filme de quatro horas de duração de Max Ophüls sobre a vida sob o regime de Vichy, *Le Chagrin et la pitié* [A dor e a piedade], com sua mensagem clara de que houve poucos resistentes e muitos colaboradores, foi feito para a televisão no final dos anos 1960, mas não foi transmitido até 1981. Na época, Beate e Serge Klarsfeld já haviam publicado seu estudo monumental sobre a deportação dos judeus da França, listando todos os nomes e todos os trens, e Claude Lanzmann estava trabalhando em seu *Shoah*, um filme de nove horas de duração sobre a Alemanha e os judeus. Seria preciso que um historiador estrangeiro, Marcus Paxton, publicasse a primeira obra oficial sobre Vichy e os judeus, e muitos anos antes que Vichy fosse julgado culpado de crimes contra a humanidade.[20]

Enquanto isso, no inverno rigoroso de 1945-6, os franceses estavam mais preocupados com comida, política e com o tempo. As mulheres não tinham conseguido conquistar o direito ao voto depois da Primeira Guerra Mundial, mas 1945 trouxe o voto feminino e algumas pequenas melhorias em relação a seus direitos econômicos e sociais, embora em sua maioria ficassem restritos à família francesa, juntamente com outros grupos vulneráveis, como as crianças. As leis sobre o aborto e a contracepção, na verdade, ficaram mais severas. As mulheres conquistaram o direito de voto a tempo de ajudar a colocar de Gaulle no poder como presidente em novembro, mas, como Marie-Claude temia, havia divisões profundas entre os partidos políticos. Os comunistas ganharam 159 cadeiras e passaram a ser o maior partido da França, mas de Gaulle permaneceu extremamente relutante quanto a dar a eles cargos ministeriais. O eventual compromisso duraria apenas alguns meses. Incapaz de unir o país, de Gaulle renunciou ao cargo em janeiro de 1946, mas continuou pedindo a reconciliação nacional, dizendo que os comunistas eram os culpados pela sensação crescente de desilusão política.

O inverno foi amargamente frio. O franco caíra e dizia-se que a França agora estava oito vezes mais pobre do que em 1914. A econo-

[20] Em 1980 uma pesquisa com franceses entre dezoito e 44 anos revelou que 34% não acreditavam que a existência de câmaras de gás era claramente provada.

mia estava falida e o país mantinha-se à custa de ajudas e empréstimos americanos. Havia pouca comida e o preço de bens racionados disparou. Parisienses reclamavam que estavam com mais frio do que no período da ocupação. Devido a uma falta de gesso nos hospitais, não havia nada com que reparar ossos enfraquecidos por anos de malnutrição e quebrados por quedas no gelo.

Fábricas estavam ociosas, seu equipamento e a maquinaria foram desmontados e enviados de navio de volta para a Alemanha pelos ocupantes; havia muito pouco fertilizante, madeira ou carvão. 7.500 pontes caíram e a falta de sal significava que os porcos não eram mortos para a charcuteria. As forças Aliadas, atravessando a França durante 1944 e 1945, consumiram alimentos escassos, cometeram vandalismos, saques e estupros, e sua destruição e ganância foram comparadas às dos soldados alemães em todos os lugares. Caen, Le Havre e Saint-Lô foram reduzidas a escombros; cinco milhões de pessoas, muito mais do que ao fim da Primeira Guerra Mundial, estavam desabrigadas. Na *New Yorker*, Janet Flanner descreveu o barulho dos sapatos de madeira nos paralelepípedos de Paris e o modo como os estudantes da Sorbonne iam para as aulas envoltos em roupas grossas de esqui. Mas se as prateleiras dos supermercados estavam vazias, os teatros estavam cheios. Edith Piaf, a cantora que Georgette Rostaing tanto amava, estava se apresentando na discoteca de Giro. Uma nova leveza estava no ar, um desejo por prazer e divertimento, e as pessoas a comparavam aos dias de glória do Diretório, após a desolação e o terror da revolução de 1789. "Paris não está alegre", escreveu Janet Flanner. "Está inquieta, ansiosa, irritadiça." Mas, completou, estava "convalescente".

Eram muitas as coisas que as 49 mulheres achavam difíceis quando voltaram para casa. Havia, primeiro de tudo, um sentimento de culpa, por terem sobrevivido quando tantas de suas amigas haviam morrido. Isso era especialmente difícil para Félicienne Bierge, uma das pouquíssimas mulheres da Gironda ou de Charente a retornar, que considerava sua obrigação contar às famílias como suas mães, irmãs e filhas haviam morrido. Havia dezoito ligações e visitas a fazer

— Félicienne era uma mulher tímida e reservada, e a tarefa lhe era incrivelmente desgastante.

Familiares tornaram-se estranhos, crianças mudaram tanto que as mulheres mal as reconheciam e desconfiavam daquelas estranhas que diziam ser suas mães. Marie-Elisa encontrou seu filho, Francis, bem, mas descobriu que seu irmão morrera em Bergen-Belsen e que sua amiga France Bloch, com quem fazia explosivos para a Resistência em Paris, havia sido executada em Hamburgo, tendo a cabeça cortada com um machado. Também recebeu a confirmação daquilo que mais temia: sua mãe, tendo admitido ser judia, havia de fato sido mandada para a câmara de gás em Auschwitz. Hélène Bolleau, que ainda se recuperava da fratura na perna, voltou a Royan e encontrou a cidade em ruínas, sua casa bombardeada, o avô morto, a avó ferida, tinha visto a mãe morrer de desidratação em Birkenau, tentando desesperadamente beber a água acumulada nos sulcos deixados na terra por um carro que havia passado.

Muitas voltaram para casa sentindo que levavam consigo o que David Rousset, outro sobrevivente dos campos, chamaria de "gangrena", o suplício terrível e vívido que ficou para assombrar os sobreviventes. "Eu não tinha mais o direito de ser infeliz", escreveu uma mulher, "mas não havia prazer ou alegria capaz de compensar o sofrimento pelo qual havia passado. Voltei trazendo o campo comigo, e ainda me sentia completamente sozinha". Tendo sobrevivido o insobrevivível com o propósito de voltar para casa, o mundo idílico de gentileza e calma que haviam mantido e alimentado em suas mentes rapidamente pareceu pouco mais que uma ilusão. A vida era rasa, vazia. As mulheres pensavam em si mesmas como viajantes de outra terra, não semelhantes a quaisquer outras pessoas. Se antes queriam tanto viver, agora não mais se importavam se vivessem ou não. Tinham dito a si mesmas que nos campos haviam sofrido toda a gama de infortúnios e que agora tinham o direito à felicidade. Mas a felicidade se esquivava delas.

A maioria descobriu que não suportava dormir sozinha, então era colocado um colchão no quarto dos pais. Incapazes de digerir qualquer comida que não fosse macia, pois ou não tinham dentes ou eles doíam, comiam a pequenas bocadas com colheres de chá. Encolhiam-

-se se alguém fazia um movimento brusco, como para evitar um golpe, e evitavam tecidos listrados. Descobriram que não conseguiam mais chorar em enterros, porque tinham visto tantas pessoas morrerem. Preocupavam-se porque pareciam estranhas e se comportavam de maneira peculiar; tinham também vergonha dos dentes que faltavam. Brutalizadas e famintas por mais de dois anos, achavam quase impossível reaprender a viver em um mundo não governado pela força e pela esperteza. Sentiam-se irritadas, distraídas. Algumas ficaram obcecadas com a necessidade de confrontar os homens que as haviam traído. Germaine Renaudin e seu marido foram para Bordeaux procurar pelos dois policiais que a torturaram no Fort du Hâ. Ambos haviam morrido na guerra. Charlotte foi atrás dos homens das Brigadas Especiais que a prenderam e a Dudach: disseram-lhe que eles lutaram contra os alemães durante a libertação — résistants de la dernière leure —, sendo assim, estavam imunes a processos.

O que todas as mulheres consideravam mais difícil era encontrar as palavras para descrever o que haviam passado. Tendo imaginado que contariam às famílias exatamente como tinha sido, agora caíam no silêncio. Frequentemente, acabaram descobrindo, as famílias não queriam muito escutar: as histórias eram muito insuportáveis de se ouvir. "Não era comida que queríamos", Cécile diria. "Era falar. Mas ninguém queria ouvir." Quando voltou a trabalhar para o mesmo empregador no ramo de peles, um judeu que sobrevivera às batidas parisienses, ele deixou claro que não queria ouvir nada sobre os campos. Estranhos faziam perguntas, então mudavam de assunto rapidamente e começavam a contar as dificuldades de sua própria guerra. Em uma festa da vizinhança, logo após sua chegada, Hélène Bolleau falou um pouco sobre os campos. Um fazendeiro a interrompeu: "Não pode ser verdade. Se fosse, você não teria sobrevivido." Ela chorou por três dias; então parou de falar. Foi Hélène quem, mais tarde, contou às outras que havia conhecido uma mulher que, vendo os números tatuados em seu braço, disse: "Ah, é aí que você escreve seus números de telefone? Ou é alguma moda nova?"

Charlotte voltou a Paris com a sensação de que sobrevivera, de fato, não como ela mesma, mas como um fantasma, flutuando por um mundo que, de certa forma, não existia. Quando tentava ler um livro, era tomada pela sensação curiosa de que conseguia ver através das palavras o vazio e a banalidade. Com toda a sutileza perdida, não parecia haver gradações de sombras ou luz, e o mundo foi despido de todo o mistério. Foi, diria, um período de "ausência prolongada", desprovido de sabor, cor, cheiro e sons. E então, muito lentamente, as coisas ganharam definição. Um dia, pegou um livro e começou a ler novamente.

Poupette, com plena consciência de que tinha sobrevivido e a irmã, Marie, tinha morrido, chegou a Rennes e descobriu que o pai estava prestes a se casar novamente. Ela tinha vinte anos e se sentia incrivelmente velha. Sua nova madrasta, não muito mais velha em anos do que ela mesma, achou que as duas tinham morrido e transformou seus quartos em quartos extras para o hotel. "Foi só naquele momento que percebi, de verdade, que não tinha mais uma irmã", Poupette diria. "O retorno foi horrível, sórdido, uma pilha de detalhes desprezíveis." Como as outras mulheres, achava a perda da amizade intensa e da intimidade que as havia unido extremamente dolorosa.

Não se sentindo querida, desgostosa de sua madrasta, logo se casou com um dos sobreviventes da rede Johnny.[21] Teve duas filhas, mas nada em sua vida parecia funcionar, e quando seu pai morreu, ela vendeu o hotel — a madrasta tinha saído de lá há muito — e abriu um pequeno negócio em Buenos Aires. "Durante anos", diria, "comportei-me como se tudo estivesse bem, mas por dentro vivia em uma névoa de tristeza". Mas continuou lendo e aprendendo, fiel à promessa que havia feito a si mesma de que se voltasse viva descobriria, por ela própria, todas as coisas de que Charlotte, Maï, Danielle e Marie-Claude falavam. Mais tarde, Poupette irritaria os outros sobreviventes ao escrever suas memórias, em que deu os nomes de cinco dos sete anões a mulheres que estiveram com ela na mina de sal em Beendorf. Cécile, de quem nunca havia gostado muito, foi chamada de *Grincheuse*, [Zangada].

Simone, que ainda não tinha 21 anos quando voltou para casa, descobriu que de todos os garotos e garotas que haviam feito piquenique e treinado com ela nos bosques de Bolonha e lutado lado a lado

[21] Dos 120 homens e mulheres que haviam trabalhado para a Johnny, 28 foram mortos pelos alemães.

nos Batalhões da Juventude, apenas um garoto havia sobrevivido. O irmão mais novo de Simone, Pierre, achou que ela estava curiosamente a mesma, até o dia em que ela foi dormir no quarto ao lado do seu, e ele a ouviu chorando noite após noite enquanto dormia. Um primeiro casamento, com outro sobrevivente dos campos, não deu certo; um segundo trouxe um filho e a felicidade. Mas Simone, a estudante bonita e cheinha que saiu sorrindo na fotografia tirada em Romainville, voltou para casa fisicamente destruída. O sonho que tinha em Auschwitz, em que tinha tanta fome que cortava um pedaço da carne de um cavalo vivo, que então chorava, continuou a assombrá-la.

Muitas das mulheres casaram-se rapidamente, frequentemente escolhendo homens que também haviam estado na Resistência. Betty conheceu um ex-membro das Brigadas Espanholas que tinha estado em Mauthausen — tiveram um filho e foram morar no Marrocos. Hélène Bolleau casou-se, determinada a ter filhos, para provar que "os alemães não tinham me destruído". Mas havia longos períodos em que ficava muito deprimida para cuidar dos filhos, e eles tiveram que ir morar com os sogros dela. Germaine Renaudin descobriu-se grávida — seu marido voltou de um campo para prisioneiros de guerra logo que ela chegou em casa —, mas não queria o bebê. Havia dias em que estava "ausente", e temia que nunca mais pudesse cuidar de alguém novamente. Na época, um menino nasceu e ela o chamou Daniel, em homenagem a Danielle Casanova, e depois uma menina. Germaine também tinha pesadelos e gritava, repetidas vezes: *"Les chiens! Les chiens!"* [Os cães! Os cães!].

Não eram apenas as mulheres que achavam a vida tão difícil em 1945. Seus filhos estavam confusos e frustrados. Isso se aplicava tanto àqueles cujas mães retornaram quanto aos que tinham apenas uma carta ou o momento de despedida como lembrança. Muitos cresceram divididos entre o desejo de não serem atingidos em demasiado pelas histórias de suas mães, mas ao mesmo tempo precisando não esquecer as memórias tão cruciais a suas identidades. Ninguém sabia ao certo qual trem traria Félicienne Bierge de volta a Bordeaux, por isso seu tio e seu avô estavam no desembarque de todos os trens. Seu filho tinha quatro anos na última vez em que viu a mãe. Foi com eles à estação, mas não reconheceu a mulher que finalmente chegou. Sem saber o que fazer, estendeu a mão e disse: *"Bonjour, madame"*. Jamais esqueceu o fato de que quando Félicienne descobriu que o marido fora executado em Souge, disse que se soubesse disso não teria tentando tanto sobreviver.

Alguns avós e maridos sobreviventes achavam mais fácil não dizer às crianças para onde suas mães tinham ido. Jaunay e suas irmãs esperaram, dia após dia, por notícias da mãe, Germaine, que tinha feito parte de uma rede de *passeurs* em Amboise e nos arredores; todos foram denunciados e presos no verão de 1942 e nenhum jamais retornou. Seu pai não disse nada. O nome de Germaine nunca era mencionado. As semanas, e então os meses, se passaram. Finalmente, a irmã de Jaunay foi até os amigos e descobriu a verdade. Mas seu pai se recusava a falar sobre a mulher, e nunca mais tocou no nome dela. Durante toda a sua vida, Jaunay viveu com a pálida memória de uma mulher que o amava, e aos oitenta anos ainda era impossível falar dela sem chorar.

Pierre Zani, que tinha dezoito meses quando a mãe foi levada, foi criado por avós e tios que culpavam seu pai pela prisão de sua mãe. Quando menino, odiava a forma como os filhos de pais que morreram na Resistência eram tratados na escola. Ivariavelmente, depois disso, embora não tivesse memória consciente da mãe, sentia sua ausência como um buraco em sua vida, uma lacuna que nada poderia preencher.

Claude Epaud tinha quinze anos quando lhe disseram que sua mãe, Annette, não voltaria para casa. Vivia com os tios em uma família de irmãos e irmãs unidos, que o tratavam como se também fosse irmão deles. Só anos depois, conversando com Marie-Claude, ele descobriu que a mãe havia sido colocada em um caminhão e levada para a câmara de gás depois de dar água à moribunda no Bloco 25 em Birkenau e que, enquanto era levada para longe, gritou para as outras: "Cuidem do meu filho." E foi só depois da morte do pai, quando descobriu entre seus papéis o desenho dele quando era menino que a mãe havia mantido e depois dado a Félicienne Bierge, que ele percebeu que ela havia mantido a foto dele consigo durante todos os meses que passou em Birkenau. Félicienne cuidou da fotografia e depois da guerra a deu ao pai de Claude. Ele colocou o desenho sobre a escrivaninha, para que pudesse olhar para ele todos os dias. Anette Epaud recebeu o título de "Justa entre as nações".

A filha de Georgette Rostaing, Pierrette, que tinha a lembrança de uma mãe sorridente e amorosa, sempre cantando, sempre bem--vestida e de salto alto, que a levava junto quando ia ouvir Edith Piaf cantar, cresceu consumida pelo desejo de descobrir o que havia acontecido com ela. Seus avós, com quem vivia, falavam pouco, existindo em estado de luto, tendo perdido não apenas Georgette, mas seu irmão, Pierre, que alguns diziam ter apanhado até a morte de um guarda da SS durante a evacuação do campo Dora em Nordhausen, e outros diziam ter sido trancado com outros prisioneiros em um celeiro e queimado. Pierrette, mais tarde, diria que depois da guerra nunca viu o avô sorrir, nem uma vez.

Sabendo que Cécile tinha voltado, entrou em contato com ela e pediu para encontrá-la. Mas Cécile recusou-se, dizendo, muito tempo depois, que era incapaz de suportar uma coisa como essa na época. Cécile também não achou o retorno fácil. Sua filha tinha oito anos quando ela partiu, onze quando voltou, uma criança alta, muito magra e triste, que foi muito infeliz na casa em que a colocaram para passar a guerra. Era possessiva com a mãe e ciumenta, e foi difícil quando Cécile conheceu e casou-se com um sobrevivente de Mauthausen. A menina decidiu que não queria viver com a mãe novamente. "Se for honesta", disse Cécile mais tarde, "tenho que dizer que nunca a tive de volta". Durante vinte anos, Cécile continuou tendo o mesmo pesadelo. Um guarda da SS, com um revólver, subia as escadas para matá-la. Só parou, ela disse, quando, no sonho, Cécile disse ao homem: "Não me importo se você me matar."

E a sensação de perda, de negócio inacabado, de confusão de sentimentos, passou de geração a geração. Adrienne Hardenberg, que ajudara seu marido impressor na Resistência e morrera em Birkenau, deixou uma filha para trás, Yolande, que foi enviada para viver com camaradas do Partido Comunista. No final da guerra, a criança, já uma adolescente, descobriu que seus pais estavam mortos. Mudando de família em família, nunca indo bem na escola, considerada uma menina reservada e instável, Yolande morreu depois de um aborto malsucedido em casa. Só então sua família descobriu que ela tinha deixado outro bebê, uma menina chamada Catherine, com uma ama de leite. Catherine cresceu com outra família comunista, e foi só quando sua mãe adotiva morreu, muitos anos depois, que ela começou a montar a história de vida de sua avó.

Relutantes quanto a conversar com os filhos — mas em menor grau com os netos —, as 49 mulheres mantiveram o contato, e conforme envelheciam se encontravam com mais frequência, em duplas ou trios ou em reuniões que faziam para marcar os dias de comemoração. Charlotte, Cécile, Carmen e Lulu, embora espalhadas por Genebra, Paris, Brittany e Bordeaux, continuaram as amigas mais próximas. Frequentemente suas conversas começavam com memórias de incidentes nos campos que as haviam feito sorrir ou que tiveram finais felizes: dias em que um pouco de sorte havia recaído sobre elas ou o modo como Charlotte, contando a história de sua prisão, mudava a cor da saia que vestia cada vez que contava a história novamente. Mas então o clima ficava sombrio, e elas começavam a falar sobre as mulheres que tinham morrido.

Às vezes conversavam sobre por que haviam sobrevivido, o que, em suas histórias em particular ou em suas personalidades as capacitaram a viver, se era sua natureza otimista ou o fato de terem conseguido usar suas habilidades de mulher, cuidando umas das outras. No fim, sempre voltavam às mesmas duas razões: sobreviveram porque cada uma delas foi incrivelmente sortuda e por causa da amizade que havia entre elas, que as protegia e fazia com que fosse mais fácil suportar a barbárie. Aprenderam, diziam, o sentido pleno da amizade, um compromisso com as outras que era muito mais profundo do que o gosto ou desgosto individual, e agora se sentiam mais sábias, de uma forma indefinível, porque haviam entendido as profundidades a que os seres humanos podiam afundar e a que alturas era possível que se erguessem.

Diziam, umas às outras que, apesar de todo esse horror extremo, a experiência as tinha tornado mais receptivas, mais interessadas no mundo à volta, mais conscientes do sofrimento dos outros, embora pensassem que não eram testemunhas verdadeiras, no sentido de Primo Levi, pois só suas amigas mortas, as *sommersi*, as afogadas, poderiam dar testemunho real do horror por completo. E concordavam que havia momentos em que o passado e a memória dos campos eram mais reais para elas do que o mundo ao redor. Muitas sofriam com problemas de saúde, exaustão, visão ruim e pesadelos terríveis contra os quais lutavam ao cair no sono. Sentiam-se, e pareciam, muito mais velhas que sua idade dizia. Lulu disse às outras que não parava de sonhar que sentia o cheiro de carne e ossos queimados, e passaram meses até que conseguisse suportar o gosto do café novamente. Charlotte desejava que o primeiro ano do retorno acabasse logo para que não pudesse mais dizer a si mesma: "um ano atrás, neste momento..."

Mesmo quando não conseguiam se encontrar, as sobreviventes continuavam a sentir a ligação que tinham umas com as outras, de modo que ela não enfraquecia com o tempo. Permanecia uma familiaridade entre elas, uma sensação de abertura e calma que não compartilhavam com mais ninguém. Quando Germaine Renaudin morreu, Carmen, Lulu e Charlotte se encontraram no trem a caminho de seu funeral. Quando se juntaram a elas outras sobreviventes do comboio, que não viam fazia alguns anos, viram-se instantaneamente ligadas não aos rostos e aos corpos que viam diante de si, mas às mulheres que haviam conhecido nos campos. Tiveram, como Charlotte diria, conversas em que "não precisávamos fazer nenhum esforço, nenhuma restrição, nem mesmo por polidez comum. Entre nós, éramos nós". Era um tipo de proximidade que não precisavam ensaiar.

E, conforme os anos se passaram, muitas das mulheres construíram vidas novas, dizendo que muitas vezes sentiam que precisavam fazer todas as coisas que aquelas que haviam morrido não tinham sido capazes de fazer. Como em Birkenau e Ravensbrück, as que tinham um compromisso político forte, uma causa em que acreditar, encaravam tudo aquilo mais facilmente. Marie-Claude e Hélène Solomon. entraram para a política. Marie-Elisa Nordmann voltou a seu laboratório de pesquisa. Adelaïde Hautval não voltou a seu trabalho como psiquiatra, mas passou a atender uma escola no subúrbio de Paris, onde assava bolos para as crianças da comunidade. Obcecada com a necessidade de documentar os experimentos médicos nos campos, escrevia notas detalhadas do que havia testemunhado. Nada foi publicado até depois de sua morte; após a morte de uma amiga idosa com quem dividia sua casa, ela cometeu suicídio. Como aconteceu com Primo Levi e Bruno Bettelheim, sobreviver ao horror, no fim, pode ter sido difícil demais.

No final dos anos 1940, Charlotte Delbo sentou e escreveu um livro sobre Auschwitz. Tinha voltado para Paris com terríveis dores de cabeça, febre e dor de dente, sofrendo com pesadelos em que a morte se apoderava dela — passou muitos meses em um sanatório na Suíça antes de se juntar novamente a Louis Jouvet no Teatro Athenée. Foi só ao voltar da Polônia que descobriu que seu irmão mais novo morrera em um campo de concentração. Sem dinheiro ou um apartamento próprio, mudou-se para Genebra a fim de trabalhar para as Nações Unidas, onde o conhecimento de diversas línguas rendeu-lhe um bom salário. Não reclamava, mas às vezes se perguntava se não havia fugido da França pós-guerra sem pensar. "Não é vida para uma mulher sozinha, o exílio", escreveu com tristeza para Jouvet. Tendo escrito seu relato sobre os campos enquanto convalescia, decidiu deixá-lo de lado por vinte anos, para ver se resistia ao teste do tempo e se realmente transmitia como tudo aquilo tinha sido. Queria que seu estilo fosse tão claro, tão transparente que nada ficasse entre o leitor e seu entendimento.

De uma forma ou de outra, em verso, prosa e diálogo, Charlotte passou o resto da vida escrevendo sobre os campos. Escreveu um longo relato a Jouvet em forma de carta, citando Eurídice, mas nunca o enviou, e Jouvet morreu. Em seu livro *Auschwitz and After* [Auschwitz e depois], constituído de três livros menores, publicados separadamente no início dos anos 1970, falou sobre ter dois eus, um eu em Auschwitz e um eu pós-Auschwitz, como uma cobra perdendo a pele para criar uma nova — temia que a pele crescesse muito fina, se quebrasse e os campos tomassem conta dela novamente. Mas, diferente da pele de uma cobra, sua pele da memória de Auschwitz estava tão profundamente incrustada que não conseguia separar-se dela. Simplesmente não desaparecia. "Vivo", escreveu, "com ela. Auschwitz está aqui, inalterável, preciso, mas envolto em pele de memória".

Havia, então, dois tipos de memória: o agora, que ela chamava de memória "comum", e o "eu lá", que era *la mémoire profonde*, a memória profunda, a memória dos sentidos. A primeira permitia que ela visse Auschwitz como parte de uma narrativa, algo que havia acontecido e terminado, e fazia com que fosse possível seguir em frente. A segunda condenava-a a sentir que Auschwitz nunca tinha acabado, e jamais acabaria. A memória comum, do pensamento, permitia que ela transmitisse os fatos; a memória dos sentidos a capacitava a transmitir um vislumbre da angústia inimaginável que as acompanhava. Como Paul Celan e Primo Levi, usou palavras cuidadosas e resolutas, belamente balanceadas e sem adornos, para tocar o leitor apelando para seus sentidos. Queria, ela dizia, carregar os leitores para dentro de Auschwitz consigo, para fazer com que fosse tão real para eles quanto havia sido, e sempre seria, para ela.

Charlotte permaneceu próxima a muitas das mulheres do comboio, e um dia decidiu organizar e registrar, em breves notas biográficas, a história de cada uma das 230 mulheres. Foi quando conversou com Madeleine Doiret, a Madô, que colocou em palavras a essência do que Birkenau e Ravensbrück significou para elas. Madô, que tinha 22 anos quando foi enviada para Birkenau, disse a Charlotte que quando seu primeiro filho nasceu, depois da guerra, foi tomada por um sentimento de felicidade imenso, mas que de uma vez só foi invadida pelos fantasmas das mulheres que morreram sem conhecer esse prazer em especial. "A água sedosa de minha alegria", explicou, "transformou-se em lama grudenta, pântanos fétidos".

Então continuou: "A vida que queríamos encontrar novamente quando dizíamos 'se eu voltar' deveria ser grandiosa, majestosa, cheia de cor. Não seria nossa culpa o fato de que a vida que retomamos tenha se provado tão insípida, pobre, trivial, ladra, e que nossas esperanças tenham sido mutiladas, nossas melhores intenções destruídas?" O marido, disse, era sensível, dedicado e queria que ela esquecesse, e ela não queria ferir seus sentimentos. Mas tudo o que conseguia pensar era que esquecer seria um ato de traição. Pensava em todas elas: em Viva, Danielle, Raymonde e Annette, o tempo todo e na maioria das vezes sentia-se ainda mais próxima daquelas em quem continuava pensando como "as verdadeiras, nossas verdadeiras camaradas". Então decidiu não falar mais sobre Auschwitz. "Olhando para mim, as pessoas pensam que estou viva... não estou viva. Morri em Auschwitz, mas ninguém sabe disso."

Apêndice: as mulheres

Em 2008, quando comecei a trabalhar neste livro, havia sete mulheres do "comboio dos 31.000" ainda vivas. Eram:

Simone Alizon (Poupette). Nascida em 24 de fevereiro de 1925 e a mais jovem das sobreviventes. Poupette casou-se, teve duas filhas e recebeu a condecoração honorífica da Ordem Nacional da Legião de Honra. Voltou a morar em Rennes.

Cécile Charua, a *"Cygne d'Enghien"*. Nascida em 18 de julho de 1915. Depois da guerra, Cécile casou-se novamente e teve dois filhos. Mora perto deles, em Brittany.

Madeleine Dissoubray. Nascida em 25 de novembro de 1917. Madeleine voltou de Ravensbrück, casou-se, teve dois filhos e dedicou sua carreira à educação. Permaneceu próxima às organizações da Resistência.

Madeleine Langlois (Betty), *"Ongles Rouges"*. Nascida em 23 de maio de 1914. Depois da guerra, Betty casou-se, teve um filho e foi morar no Marrocos. Passou os últimos dias de sua vida em Paris, onde morreu em 2009.

Geneviève Pakula. Nascida em 22 de dezembro de 1922. De origem polonesa, Geneviève voltou dos campos para a França, casou-se, teve uma filha e virou costureira. Recebeu a condecoração honorífica da Ordem Nacional da Legião de Honra.

Gilberte Tamisé. Nascida em 3 de fevereiro de 1912. A irmã mais nova de Gilberte, Andrée, morreu em Auschwitz. Gilberte voltou para Bordeaux e cuidou do pai. Morreu em 2009.

Lulu Thévenin. Nascida em 16 de julho de 1917 em Marselha. Ela e a irmã, Carmen, voltaram para casa — a única dupla de irmãs a retornar. Lulu encontrou o marido e o filho, Paul, esperando por ela e voltou a trabalhar para o Partido Comunista. Morreu em 2009.

Não foi muito o que consegui descobrir sobre as outras 42 mulheres do comboio que sobreviveram à guerra, mas morreram nos anos seguintes. Voltaram para famílias que tinham sido destruídas, casas que foram bombardeadas ou saqueadas, crianças que não as conheciam mais. Muitas tinham maridos e amantes que foram executados pelos alemães. Algumas casaram-se novamente. Algumas das solteiras casaram-se e tiveram filhos. Quase todas sofriam com problemas de saúde herdados dos campos — artrite, problemas do coração, doenças de pele, efeitos remanescentes do tifo. Ficavam cansadas muito rápido e tinham crises de depressão. Poucas, muito poucas, encontraram a vida de felicidade com a qual haviam sonhado.

Marie-Jeanne Bauer. Nascida em 14 de julho de 1913 em Saint-Affrique, permaneceu em Auschwitz até a liberação. Ao voltar, encontrou sua casa bombardeada, o marido e o irmão executados. Nos campos, perdeu a visão de um dos olhos.

Antoinette Besseyre. Nascida em 7 de julho de 1919 em Brittany. O marido de Antoinette, comunista, foi executado pelos alemães. Ela casou novamente, mas se sentia muito doente, com sintomas recorrentes de tifo e por isso não teve filhos.

Félicienne Bierge. Nasceu em 9 de junho de 1914 na Espanha, mas cresceu em Bordeaux. O marido de Félicienne foi executado pelos alemães, mas ela voltou para o filho, casou-se novamente e teve uma filha.

Claudine Blateau. Nascida em 23 de março de 1911 em Niort. Claudine voltou e descobriu que o marido havia sido executado pelos alemães, mas seus dois filhos estavam esperando por ela. Casou-se novamente.

Hélène Bolleau. Nascida em 6 de abril de 1924 em Royan. A mãe de Hélène, Emma, morreu em Auschwitz e seu pai foi executado pelos alemães. Retornou, aos 21 anos, casou e teve filhos. Mas sua saúde era sempre frágil e sofria de depressão.

Marie-Louise Colombain. Nascida em 12 de abril de 1920 em Paris. Marie-Louise voltou para casa e descobriu que o marido havia morrido em Mauthausen. Casou-se novamente e teve três filhos.

Marguerite Corringer. Nascida em 15 de junho de 1902 em Paris. Marguerite era empregada antes da guerra. Seu marido, comunista, foi executado pelos alemães. Ela voltou doente, com artrite e osteoporose.

Madeleine Dechavassine. Nascida em 1900 nas Ardenas. Madeleine voltou para o antigo emprego como engenheira química, mas nunca se casou. Aposentou-se em 1960 e vivia sozinha.

Alida Delasalle. Nascida em 23 de julho de 1907 em Fécamp. A saúde de Alida foi destruída nos campos. Ela voltou com pericardite, nefrite, esclerose e reumatismo, além de ter perdido os dentes e parte da audição. Não estava bem o suficiente para voltar a trabalhar. Seu marido havia sido executado pelos alemães.

Charlotte Delbo. Nascida em 10 de agosto de 1913 em Seine-et-Oise. Conseguiu um emprego em Genebra, nas Nações Unidas, e passou a escrever poemas, peças e memórias sobre os campos. Seu marido havia sido executado pelos alemães e ela não se casou novamente.

Madeleine Doiret (Madô). Nascida em 2 de novembro de 1920 em Ivry. Madô tinha apenas 24 anos quando voltou. Casou-se e teve um filho. Voltou a trabalhar como secretária, mas foi obrigada a se aposentar cedo devido a problemas de coluna. Continuou assombrada por aquelas que não tinham sobrevivido.

Aimée Doridat. Nascida em 14 de março de 1905 em Nancy. Aimée foi deportada com a cunhada Olga Godefroy, que não retornou. Sua perna foi amputada em Birkenau. Quando voltou para casa encontrou o marido e os filhos esperando por ela e recebeu a condecoração honorífica da Ordem Nacional da Legião de Honra.

Germaine Drapon. Nascida em 1º de janeiro de 1903 em Charente. Dava abrigo a comunistas procurados. Voltou e encontrou o marido, libertado de Oranienburg, e a filha. Sua casa havia sido bombardeada, mas estavam juntos.

Marie-Jeanne Dupont. Nascida em 11 de março de 1921 em Douai. Tinha 24 anos quando voltou. Casou-se e teve dois filhos, mas sua saúde era muito precária.

Mitzy Ferry. Nascida em 6 de março de 1918 nos Vosges. Mitzy voltou e estabeleceu-se no sul da França, levando o filho consigo. Mas sua saúde era debilitada e ela passou por muitas cirurgias no abdômen.

Hélène Fournier. Nascida em 23 de dezembro de 1904 em Indre-et--Loire. Única sobrevivente da região de Tours, Hélène voltou e encontrou o marido e a filha. Recebeu a condecoração honorífica da Ordem Nacional da Legião de Honra.

Yolande Gili. Nascida em 7 de março de 1922 na Mosela, onde seus pais, imigrantes italianos, se estabeleceram. Seu pai e seu marido foram executados pelos alemães e sua irmã, Aurore Pica, não retornou dos campos, mas Yolande voltou para o filho e casou-se novamente. Sua saúde era muito precária.

Adelaïde Hautval. Nascida em 1° de janeiro de 1906 na bacia do Reno. Uma das últimas mulheres a serem repatriadas, voltou e tornou-se médica escolar. Recebeu a condecoração honorífica da Ordem Nacional da Legião de Honra por sua devoção às companheiras nos campos.

Thérèse Lamboy. Nascida em 25 de julho de 1918. Detalhes de sua vida, para além do fato de que tinha um filho e que sobreviveu, são desconhecidos.

Fernande Laurent. Nascida em 31 de dezembro de 1902 em Nantes. Fernande voltou e registrou queixa contra a família que a havia denunciado. Encontrou o marido e os filhos esperando por ela, mas sua saúde era muito ruim. Sofria de problemas cardíacos, bronquite e flebite.

Marcelle Lemasson. Nascida em 28 de novembro de 1909 em Saintes. Reunida com o marido, que sobreviveu a Mauthausen, teve um filho, mas sofria de problemas na coluna e com o coração debilitado.

Simone Loche. Nascida em 27 de outubro de 1913 no Baixo-Loire. Voltou para o marido e o filho pequeno, e lentamente se recuperou.

Louise Losserand. Nascida em 23 de fevereiro de 1904 em Paris. O marido de Louise foi executado pelos alemães. Embora tenha casado novamente, ela nunca conseguiu voltar para o trabalho com peles.

Louise Magadur. Nascida em 21 de abril de 1899 em Finistère. A mais velha entre as sobreviventes a retornar, Louise reabriu seu salão de beleza, mas as mordidas de cachorro em suas pernas nunca sararam direito e ela tinha pesadelos terríveis.

Lucie Mansuy. Nascida em 3 de junho de 1915 nos Vosges. O marido de Lucie morreu na Guerra Civil Espanhola e seu amante foi morto pelos alemães. Ela voltou e descobriu que sua casa fora saqueada. Passou a trabalhar em indústrias, mas sofria com pesadelos terríveis.

Henriette Mauvais. Nascida em 22 de outubro de 1906 em Vitry-sur-Seine. Henriette voltou para o marido e as duas filhas e ainda teve gêmeos. Trabalhava como taquígrafa.

Marthe Meynard. Nascida em 29 de março de 1912 em Angoulême. O marido de Marthe morreu em Mauthausen. Seu único filho, que tinha três anos quando os pais foram deportados, cometeu suicídio em 1973, deixando quatro filhos.

Lucienne Michaud. Nascida em 4 de abril de 1923 em Creusot. Louise casou-se com o noivo de antes da guerra, teve dois filhos e passou a trabalhar em uma agência de viagens.

Marcelle Mourot. Nascida em 31 de julho de 1918 em Doubs. Depois da guerra, Marcelle casou-se com outro resistente e teve dois filhos. Passou por diversas cirurgias no ouvido.

Marie-Elisa Nordmann. Nascida em 4 de novembro de 1910 em Paris. Marie-Elisa, cuja mãe morreu em Birkenau, voltou para o filho e a carreira científica. Casou-se novamente e teve mais três filhos. Recebeu a condecoração honorífica da Ordem Nacional da Legião de Honra.

Marie-Jeanne Pennec. Nascida em 9 de julho de 1909 em Rennes. Marie-Jeanne voltou para o filho, mas tinha problemas constantes com ele, e quando este foi morar na Indochina ela sofreu uma depressão nervosa, tentou cometer suicídio e sofreu uma lobotomia.

Germaine Pican. Nascida em 10 de outubro de 1901 em Ruão. O marido de Germaine, André, foi executado pelos alemães, mas ela voltou para as duas filhas. Permaneceu membro do Partido Comunista. A mais velha das duas meninas, abalada pela guerra e pela perda do pai, morreu dois anos depois.

Germaine Pirou. Nascida em 9 de março de 1918 em Finistère. Em 1956, Germaine casou-se com um austríaco que se filiou à Legião Estrangeira. Tiveram um filho e arranjaram um emprego para administrar uma propriedade. Foi uma das pouquíssimas sobreviventes a viver uma vida feliz.

Renée Pitiot. Nascida em 17 de novembro de 1921 em Paris. O marido de Renée foi executado pelos alemães aos 22 anos. Ela se casou novamente e teve três filhas, mas morreu jovem, de insuficiência renal.

Paulette Prunières. Nascida em 13 de novembro de 1918 em Paris. Paulette casou-se e teve dois filhos, mas ficava doente com frequência.

Germaine Renaudin. Nascida em 22 de março de 1906 em Meurthe-et-Moselle. Católica e comunista, Germaine voltou para o marido, o filho e as duas filhas e teve mais dois filhos. Morreu de câncer em 1968.

Simone Sampaix. Nascida em 14 de junho de 1924 em Sedan. Simone tinha vinte anos quando voltou. Casou-se duas vezes e teve um filho, mas nunca recuperou a saúde.

Jeanne Serre (Carmen). Nascida em julho de 1919 na Argélia. Carmen casou-se e teve três filhos. Sofria com a saúde debilitada, mas permaneceu comunista militante.

Julia Slusarczyk. Nascida em 26 de abril de 1902 na Polônia. Julia nunca soube por que foi presa. Voltou para Paris e encontrou seu açougue suíno destruído e seu companheiro muito doente. Ela nunca recuperou a saúde.

Hélène Solomon.. Nascida em 25 de maio de 1909 em Paris. O marido de Hélène, Jacques, foi morto pelos alemães. Ela voltou e se tornou representante no Parlamento francês. Voltou a trabalhar com pesquisa científica. Casou-se novamente, mas não teve filhos e sua saúde foi sempre muito precária.

Marie-Claude Vaillant-Couturier. Nascida em 3 de novembro de 1912 em Paris. Viúva antes da guerra, Marie-Claude voltou e se casou novamente com seu companheiro, Pierre Villon. Tornou-se representante do Partido Comunista e teve uma carreira brilhante. Recebeu a condecoração honorífica da Ordem Nacional da Legião de Honra.

Rolande Vandaële. Nascida em 18 de abril de 1918 em Paris. Rolande foi deportada com a mãe, Charlotte Douillot, e a tia, Henriette L'Huillier. Nenhuma das duas voltou. Depois da guerra, voltou para o marido, carteiro, e tiveram um filho. Mas permaneceu com medo e assombrada.

E as mulheres que não voltaram para casa:

Jeanne Alexandre. Cantal. Transportava armas para a Resistência. Tinha 31 anos quando morreu de tifo em fevereiro de 1943. Deixou um filho.

Marie Alizon. Rennes. Dava abrigo a resistentes. Aos 22 anos, morreu de disenteria e inflamação aguda no ouvido em junho de 1943. (Sua irmã, Poupette, sobreviveu.)

Josée Alonso. Espanhola, foi para a França aos quatro anos de idade. Era enfermeira e cuidava de resistentes feridos. Divorciada, mãe de dois filhos. Tinha 32 anos quando apanhou de um oficial da SS e morreu de pneumonia em fevereiro de 1943.

Hélène Antoine. Vosges. Trabalhadora da indústria têxtil, tinha um filho. Escondia armas. O marido foi executado. Morreu na primavera de 1943 aos 44 anos de causa desconhecida.

Yvonne B. Indre-et-Loire. Esposa de um fazendeiro. Denunciada — equivocadamente — por esconder armas. O marido foi feito prisioneiro de guerra. Como estava grávida, poderia ter evitado a deportação, mas o filho não era de seu marido, por isso teve vergonha de dizer. Capturada na "corrida" de 10 de fevereiro de 1943, aos 26 anos de idade.

Gabrielle Bergin. Bourges. Tinha um café perto de Cher e ajudava prisioneiros fugitivos e judeus a cruzar a linha de demarcação. Denunciada pela amante do marido. Tinha cinquenta anos quando morreu, em março de 1943. Causa desconhecida.

Eugenia Beskine. Russa. Aos 54 anos, foi capturada na "corrida" de 10 de fevereiro de 1943.

Antoinette Bibault. Sarthe. Suspeita de trair trinta membros da Resistência. Tinha 39 anos quando morreu em seu beliche, dez dias após chegar a Birkenau. Seu marido morreu em Mauthausen, seu irmão em Buchenwald.

Rosette Blanc. Pirineus Orientais. Comunista e oficial de ligação da Resistência intelectual em Paris. Tinha 23 anos quando morreu de tifo, em abril de 1943.

Yvonne Blech. Brest. Casada com René Blech. Ambos comunistas e parte da Resistência intelectual. Morreu de disenteria em 11 de março de 1943, aos 36 anos.

Emma Bolleau. Royan. Com o marido, Roger, e a filha, Hélène, criou o primeiro grupo FTP em Charente-Maritime. Presa ao levar comida para Hélène na prisão. Mantida por 52 dias. Morreu de disenteria e desidratação no dia 20 de março de 1943 aos 42 anos. (Roger foi executado; Hélène retornou.)

Josée Bonenfant. Paris. Costureira. Morreu no final de fevereiro de 1943, de causa desconhecida. Deixou uma filha de dez anos de idade.

Yvonne Bonnard. Sabe-se muito pouco sobre ela. Uma noite, depois da chamada, caiu na lama e morreu. Tinha 45 anos.

Léona Bouillard. Ardenas. Com o marido, empreiteiro, foi denunciada por distribuir folhetos. O marido morreu em Oranienburg. Ela morreu três dias após chegar a Birkenau, durante a chamada, aos 57 anos.

Alice Boulet. Saône-et-Loire. Comunista e oficial de ligação em Paris para a Frente Nacional. Morreu de disenteria em março de 1943 aos 28 anos. Seu marido morreu em Wilhemshafen.

Sophie Brabander e a filha, **Hélène**. Imigrantes polonesas que viviam em Paris. Pertenciam, com o marido de Sophie, à rede Monika. Sophie foi capturada na "corrida" de 10 de fevereiro de 1943 aos 55 anos. Hélène morreu de tifo no dia 12 de maio de 1943, aos 20 anos.

Georgette Bret. Gironda. Escondia e distribuía material clandestino com o marido, militante comunista da Resistência armada. Continuou a trabalhar depois que ele foi executado pelos alemães. Morreu de tifo no dia 20 de maio de 1943, aos 27 anos. Deixou uma filha de dez anos.

Simone Brugal. Saint-Denis. Cabeleireira em um transatlântico. Teve quatro filhos com um oficial de cavalaria judeu e então casou-se com um peixeiro. Aparentemente, não tinha atividades ligadas à Resistência. Morreu no início de fevereiro de 1943 aos 45 anos. Nenhuma causa conhecida. O pai de seus filhos foi enviado para a câmara de gás em Auschwitz.

Marcelle Bureau. Charente-Maritime. Envolvida com a rede da família Bolleau. Morreu, aos vinte anos, de tifo no dia 16 de abril de 1943.

Alice Cailbault. Paris. Tinha uma fazenda com o marido em Charente e estava envolvida com a rede Guillon/Valina. Traída por Vincent. Sua filha, Andrée, assumiu a fazenda e as atividades resistentes. Morreu no dia 8 de março de 1943 aos 36 anos, com as pernas tão inchadas que não conseguia andar.

Germaine Cantelaube. Paris. Estocava panfletos e participava de atividades ligadas à Resistência em Bordeaux. Depois que seu marido foi executado, continuou a abrigar resistentes. Quando interrogada por Poinsot, cuspiu em seu rosto. Morreu de disenteria no dia 31 de março de 1943, aos 35 anos.

Yvonne Carré. Montceau-les-Mines. Com o marido, era ativa na FTP da rede Losserand. Marido executado. Morreu de gangrena após uma mordida de um dos cães da SS em março de 1943, aos 45 anos.

Danielle Casanova. Ajaccio. Dentista. Fundadora da JFdeF e ativa na Frente Nacional, nos Jovens Comunistas e na Resistência intelectual de Paris. Morreu de tifo no dia 9 de maio de 1943 aos 34 anos. Postumamente, foi premiada com a condecoração honorífica da Ordem Nacional da Legião de Honra.

Hélène Castera. Gironda. Com o marido e os três filhos, ativa na Resistência em Bègles e nos arredores. Morreu de disenteria no início de março de 1943, aos 45 anos, sem saber que dois de seus filhos haviam sido executados pela Gestapo. O marido morreu em Mauthausen.

Yvonne Cavé. Montrouge. Nem ela nem o marido, fabricante de papelão, escondiam a antipatia para com os alemães e ouviam a Rádio Londres. Morreu em fevereiro de 1943, de nefrite aguda. Alguém roubara seus sapatos, e ela teve de comparecer, descalça, na neve, a uma chamada que durou quatro horas. Tinha 46 anos. Seu marido morreu em Oranienburg.

Camille Champion. Finistère. Administrava uma pensão, mas não há registros de atividades ligadas à Resistência. Capturada com o marido em uma batida a Pican/Politzer. Morreu de tifo em abril de 1943 aos 44 anos. O marido foi executado pelos alemães. Deixou um filho.

Marie Chaux. Tain-l'Hermitage. Viúva, administrava uma pensão. Presa por manter o revólver do marido, mas suspeita de abrigar resistentes. Levada ao Bloco 25 no dia 3 de fevereiro de 1943, após dizer que não aguentava mais as chamadas. Provavelmente foi mandada para a câmara de gás. Tinha 67 anos.

Marguerite Chavaroc. Quimper. Com o marido, fazia parte da rede Johnny (ver Alizon). Morreu de disenteria em meados de março de 1943, aos 48 anos. O marido sobreviveu a Oranienburg.

Renée Cossin. Amiens. Trabalhando para a clandestinidade comunista, tornou-se oficial de ligação entre as duas zonas, e em seguida ativa com mulheres protestantes em Picardy. Morreu na *Revier* de disenteria e edema em abril de 1943, aos 29 anos. Deixou dois filhos, um de onze anos e um de seis.

Suzanne Costentin. Deux-Sèvres. Professora e habilidosa no trabalho com couro. Capturada levando panfletos relacionados ao destino dos que foram executados em Chateaubriand. Apanhou tanto que não conseguia se mexer — uma gangrena se instalou. Morreu em março de 1943 aos 49 anos.

Yvonne Courtillat. Morbihan. Ajudante de enfermeira, trabalhava perto do rio Cher, o qual cruzava conduzindo judeus e resistentes da zona ocupada até a zona livre. Foi denunciada. Foi uma das primeiras a morrer, mas ninguém testemunhou sua morte. Tinha 32 anos. Deixou um filho de doze anos e uma filha de dez.

Jeanne Couteau. Paris. Trabalhava como *chef* em Tours quando foi presa por distribuir panfletos. Morreu de tifo no início de abril de 1943 aos 42 anos.

Madeleine Damous. Indre. Ela e o marido eram comunistas e trabalhavam para a FTP. Morreu em março de 1943 após apanhar com tanta violência de uma *kapo* que perdeu a visão. Tinha apenas trinta anos. Seu marido foi executado pelos alemães. Não tinham filhos.

Viva Daubeuf. Ancona. Filha do líder socialista italiano Pietro Nenni. Ajudava o marido, impressor, a preparar publicações clandestinas.

Quando o marido foi preso, poderia ter escapado, mas ficou para levar comida e cigarros para ele. Morreu de tifo no dia 26 de abril de 1943 aos 29 anos. O marido foi executado pelos alemães.

Simone David. Evreux. Coletava fundos e distribuía material de propaganda para a Frente Nacional enquanto esperava a imigração. Entregou-se para evitar que o pai fosse levado como refém. Morreu de tifo no fim de maio, aos 21 anos. Seu marido e seu cunhado foram executados pelos alemães, e a esposa deste cometeu suicídio. Outro cunhado foi libertado porque era pai de oito filhos, mas morreu logo depois em um acidente.

Charlotte Decock. Haute-Vienne. Levada como refém por causa do marido, que estava na Resistência. Morreu no bombardeio de Amstetten em março de 1945. Tinha 44 anos.

Rachel Deniau. Indre-et-Loire. Trabalhadora postal que ajudava as pessoas a cruzar a linha de demarcação (ver Jaunay, Laurillou, Gabb). Morreu, aos 53 anos, na *Revier*. Deixou dois filhos.

Charlotte Douillot e a irmã, **Henriette L'Huillier**. (Ver também Rolande Vandaële, filha de Charlotte). Paris. Presas ao serem seguidas pela polícia, que estava atrás do marido, comunista e resistente, de Charlotte. Ela morreu de disenteria no dia 11 de março de 1943, aos 43 anos. Henriette morreu de tifo no dia 23 de março de 1943, aos 39 anos. Os maridos das duas foram executados pelos alemães. Henriette deixou um filho.

Marie Dubois. Beaune. Administrava um café que era ponto de encontro de resistentes e de troca de cartas. Morreu no dia 10 de fevereiro de 1943, no Bloco 25, após levantar a mão dizendo que não aguentava mais as chamadas. Tinha 52 anos.

Marie-Louise Ducros. Gironda. Com o marido, armazenava pólvora e granadas e dava abrigo a resistentes. Morreu no dia 28 de fevereiro de 1943, aos 40 anos. Deixou quatro filhos.

Elisabeth Dupeyron. Bordeaux. Ativa na rede Guillons/Valina. Foi para a câmara de gás no dia 15 de novembro de 1943 aos 29 anos. Deixou dois filhos, de dez e cinco anos. O marido foi executado pelos alemães.

Charlotte Dupuis. Yonne. Administrava uma fazenda com o irmão enquanto armazenava armas para a Resistência e abrigava combatentes. Morreu de disenteria no dia 8 de março de 1943, aos 49 anos. Seu irmão sobreviveu a Mauthausen.

Noémie Durand e a irmã, **Rachel Fernandez**. Haute-Vienne. Depois que o marido sindicalista foi executado pelos alemães, Noémie tornou-se representante da Frente Nacional em Charente, conseguindo oficiais de ligação para a FTP e distribuindo panfletos. A irmã viúva, Rachel, foi presa com ela. Noémie morreu no dia 22 de fevereiro de 1943, após ser capturada na "corrida" e levada para a câmara de gás. Tinha 53 anos. Rachel morreu de disenteria no dia 1° de março de 1943, aos 48 anos. A mãe foi presa com elas, mas foi libertada — morreu, louca, em 1943.

Simone Eiffes. Paris. Assistente de um alfaiate em Paris, com quem tinha um filho. Não tinha atividades ligadas à Resistência, mas foi presa quando visitava membros dos Batalhões da Juventude (ver Sampaix). Morreu de tifo em maio de 1943. Tinha 22 anos. A filha foi criada pela avó.

Yvonne Emorine. Montceau-les-Mines. Costureira. Com o marido, organizava grupos em Charente e na Gironda. Pega nas buscas a Pican. Morreu no dia 26 de fevereiro de 1942 aos trinta anos, de causa desconhecida. Seu marido foi torturado até a morte, embora os alemães alegassem que havia cometido suicídio. Deixou uma filha de seis anos.

Annette Epaud. La Rochelle. Mantinha um café, dava abrigo a resistentes e distribuía panfletos clandestinos. Denunciada por Vincent. Foi para a câmara de gás no dia 22 de fevereiro de 1943, aos 42 anos, depois de dar água a uma mulher que implorava por uma bebida. Deixou um filho de treze anos.

Gabrielle Ethis e a sobrinha **Henriette Pizzoli**. Romainville. Gabrielle e o marido abrigavam comunistas alemães que fugiram da Alemanha quando Hitler chegou ao poder. Henriette, fabricante de papelão, era suspeita de lhes fornecer suprimentos do mercado negro. Gabrielle morreu imediatamente ao chegar a Birkenau; tinha 47 anos. Henriette, que tinha 23, morreu de tifo em junho de 1943. Deixou uma filha.

Lucienne Ferre. Seine-et-Oise. Cabeleireira e membro da JFdeF de Danielle Casanova. Jovem e instável, era suspeita de denunciar um grande número de camaradas. Morreu aos vinte anos de ulceração causada pelo frio no dia 5 de março de 1943.

Yvette Feuillet. Paris. Moldadora de vidro e membro da JFdeF. Oficial de ligação da Resistência intelectual. Morreu no dia 8 de julho de 1943, de tifo, aos 23 anos.

Marie-Thérèse Fleury. Paris. Ajudou a criar uma organização da Resistência dentro do serviço postal, o PTT, onde era tesoureira federal adjunta. O registro de sua morte, de "deficiência do miocárdio", alertou a França para o destino das 230 deportadas. Tinha 35 anos e deixou uma filha de oito.

Rosa Floch. Eure. Estudante e a mais jovem no trem. Presa pintando "Vs" nas paredes de sua escola. Morreu no início de março de 1943, aos 17 anos. Causa desconhecida.

Marcelle Fuglesang. Norueguesa de nascimento. Estudou enfermagem em Paris e converteu-se ao catolicismo. Fazendo trabalho social com as famílias de prisioneiros de guerra em Charleville, ajudava prisioneiros fugitivos a cruzar a fronteira para a Suíça. Morreu aos quarenta anos, de disenteria em março de 1943. Foi premiada com a Cruz de Guerra, a Medalha da Resistência e a condecoração honorífica da Ordem Nacional da Legião de Honra.

Marie Gabb. Amboise. Pertencia a uma rede, passando cartas para a zona não ocupada (ver Jaunay, Deniau). Primeira a morrer, no dia em que chegou a Birkenau, em 27 de janeiro de 1943. Tinha 51 anos.

Madeleine Galesloot. Bélgica. Com o marido, holandês, trabalhava com imprensas clandestinas em Paris. Morreu de disenteria em março de 1943, aos 34 anos. Seu marido foi executado pelos alemães.

Yvonne Gallois. Eure-et-Loir. Trabalhava como cozinheira em Paris quando se envolveu com um jovem que participou de um ataque armado aos alemães. Ninguém testemunhou sua morte. Tinha 21 anos.

Suzanne Gascard. Rueil-Malmaison. Casou-se jovem, teve uma filha e tornou-se ama de leite de um bebê que adotou depois que a mãe desapareceu. Mantinha e distribuía panfletos até que foi denunciada por um vizinho. Morreu de disenteria no fim de fevereiro de

1943 aos 41 anos. Postumamente, recebeu a Cruz de Guerra com folha de palmeira e a Medalha da Resistência.

Laure Gatet. Dordogne. Uma farmacologista que coletava informações para a Resistência. Morreu de disenteria, aos 29 anos, no dia 15 de fevereiro de 1943.

Raymonde Georges. Transportava armas, abastecia os partidários e era oficial de ligação da Resistência armada (ver Sampaix). Presa quando um revólver caiu de sua sacola no trem. Morreu aos 26 anos de disenteria, em março de 1943.

Sophie Gigand e a filha **Andrée**. Aisne. Com o marido e os filhos, Sophie armazenava armas e distribuía panfletos. Foi capturada na "corrida" de 10 de fevereiro de 1943. Tinha 45 anos. Ninguém testemunhou a morte de Andrée, de 21 anos. Marido e filho sobreviveram à deportação.

Germaine Girard. Paris. Nada de sua vida é conhecido, a não ser o fato de que morreu em março de 1943 na *Revier*, aos 39 anos.

Renée Girard. Paris. Escriturária, secretária parlamentar e jornalista. Comunista militante e agente da Frente Nacional. Morreu (causa desconhecida) no final de abril de 1943. Tinha 58 anos. Órfã, não tinha família e não havia ninguém a quem notificar.

Olga Godefroy. Nancy. Membro de uma numerosa família comunista de resistentes (ver Doridat). Morreu aos 37 anos no dia 26 de fevereiro de 1943, depois que uma *kapo* quebrou sua coluna com um porrete.

Marcelle Gourmelon. Paris. Tornou-se agente da Resistência armada como cozinheira no campo Luftwaffe. Armazenava armas e explosivos. Morreu de tifo em julho de 1943 aos 19 anos. Sua mãe, presa com ela e enviada a Romainville, foi libertada.

Cica Goutayer. Allier. Ajudava resistentes a cruzar a linha de demarcação próxima a Tours. Denunciada por Bibault. Morreu na *Revier* no início de abril de 1943, aos 42 anos. Seu marido morreu deportado. Deixou um filho de dezesseis anos.

Jeanne Grandperret. Jura. Pintora em esmalte. Trabalhando com o marido em Paris, acolhia fugitivos enviados a eles pela rede da Resistência. Morreu na *Revier* no dia 1º de março de 1943, aos 46 anos.

Claudine Guérin. Baixo-Sena. Estudante. Oficial de ligação para a Resistência local. Morreu de tifo no dia 25 de abril de 1943, logo após seu aniversário de dezoito anos.

Aminthe Guillon e a nora, **Yvette**. Charente. Família de fazendeiros, comunistas, membros da FTP. Armazenavam armas. Denunciados por Vincent (ver Valina). Aminthe foi capturada na "corrida" de 10 de fevereiro de 1943 — tinha 58 anos. Yvette, aos 32 anos, morreu de gangrena no dia 16 de março de 1943. Prosper, marido de Aminthe, e Jean, seu filho, foram executados pelos alemães.

Jeanne Guyot. Argenteuil. O marido, que tinha uma gráfica, imprimia panfletos antialemães. Jeanne, que não era politicamente ativa, foi presa com ele. Tinha 32 anos. Ninguém testemunhou sua morte. Seu marido foi executado com o grupo de impressores. Deixou um menino de nove anos e uma menina de oito.

Adrienne Hardenberg. Saint-Quentin. Cortadora, casada com um fotogravador que trabalhava para o clandestino *L'Humanité*. Ela tinha 36 anos. Ninguém testemunhou sua morte. Seu marido foi executado pelos alemães. Deixou uma filha de treze anos.

Hélène Hascoët. Finistère. Era costureira em Paris. Abrigava amigos judeus. Morreu de lesões infeccionadas, desidratação e disenteria aos 32 anos no dia 9 de março de 1943.

Violette Hebrard. Paris. Trabalhava em uma seguradora. Com o marido, militante comunista, imprimia o clandestino *L'Humanité*. Ninguém testemunhou sua morte, em abril de 1943. Tinha 33 anos. O marido morreu deportado.

Lucette Herbassier. Tours. Mantinha um bar onde escondia publicações clandestinas. Morreu de hemorragia aos 28 anos. Deixou um filho de dez anos.

Jeanne Herschel. Cresceu na Suíça, na Inglaterra e nos Estados Unidos. Sem atividades ligadas à Resistência conhecidas; escondia o fato de que era judia. Ninguém testemunhou sua morte em meados de fevereiro de 1943. Tinha 31 anos.

Jeanne Hervé. Côtes-du-Nord. Dona de casa, garçonete. Denunciava judeus e pessoas que se dedicavam ao mercado negro e, finalmente, foi pega pela polícia. Marginalizada pelas outras mulheres.

Morreu, aos 42 anos, em meados de fevereiro de 1943, de nefrite aguda.

Marguerite Houdart. Verdun. Com o marido, impressor, vendia, em Paris, papel para a Resistência, mas não eram politicamente ativos. Foi capturada nas buscas por impressores e seu marido foi executado. Morreu em 10 de maio de 1943, provavelmente de tifo, o corpo devorado por ratos. Deixou uma filha de quatorze anos.

Jeanne Humbert. Blénod-les-Toul. O marido participava de ataques de sabotagem às ferrovias e Jeanne transportava as armas. Morreu, no final de março de 1943, espancada por um guarda da SS e, em seguida, enviada para a câmara de gás. Tinha 28 anos. Deixou dois filhos, de três e cinco anos.

Anna Jacquat. Luxemburgo. Com o marido francês, administrava um café perto da estação de Charleville e trabalhava com Marcelle Fuglesang fornecendo suprimentos a prisioneiros fugitivos. Ninguém testemunhou sua morte. Tinha 46 anos e deixou um filho de dezesseis e uma filha de quatorze.

Germaine Jaunay. Indre-et-Loire. Vivia na fronteira entre as duas zonas e ajudava resistentes a cruzar a linha de demarcação. Denunciada com a sobrinha (ver Deniau). Chamada pelas outras mulheres de "a filósofa", porque era sempre equilibrada. Morreu na *Revier* no dia 5 de abril de 1943, aos 44 anos. Deixou quatro filhos com menos de quinze anos.

Marie-Louise Jourdan. Paris. Mantinha uma lavanderia que se tornou ponto de encontro da Resistência. Presa nas buscas a Pican. Morreu de tifo em abril de 1943, aos 44 anos.

Suzanne Juhem. Genebra. Criada em Paris, tornou-se costureira. Envolvida com um comunista militante, mas não se acreditava que era envolvida com política. Morreu de disenteria em março de 1943 aos 32 anos.

Irina Karchewska. Polônia. Emigrou para a França com o marido nos anos 1920 e tinha um restaurante / mercearia em Paris. Escondia poloneses que tentavam chegar a Londres. Morreu de disenteria aos 43 anos no dia 30 de abril de 1943.

Léa Kerisit. Viena. Enfermeira, envolvida em uma rede que ajudava prisioneiros de guerra que tentavam chegar à zona livre. Espancada até a morte em abril de 1943 aos 47 anos. Deixou três filhos adultos.

Karolina Konefal e **Anna Nizinska**. Duas camponesas polonesas que chegaram a Paris logo após sua prisão. Suspeitas de pertencerem à rede Monika. Karolina morreu em março de 1943, depois de ser espancada, jogada em um riacho e afogada por um oficial da SS; tinha 22 anos. Não houve testemunhas da morte de Anna, de 25 anos.

Eugénie Korzeniowska. Lublin. Chegou à França em 1931 para trabalhar como professora dos filhos de mineradores poloneses. Provavelmente ligada à rede Monika. Capturada na "corrida" de 10 de fevereiro de 1943. Tinha problemas no quadril e mancava. Tinha 41 anos.

Marguerite Kotlerewsky. Era secretária do *France-Soir*, da Auvérnia quando se casou com um imigrante russo judeu. Foi denunciada. Morreu no dia 26 de fevereiro de 1943, aos quarenta anos, tendo perdido toda a vontade de viver quando sua filha Gisèle, deportada com ela, foi chicoteada por Taube e morreu. Deixou outra filha. O filho, Léon, também deportado, nunca voltou.

Lina Kuhn. Paris. Membro da rede Johnny (ver Alizon). Morreu com mais ou menos 35 anos no início de março de 1943, provavelmente de tifo.

Georgette Lacabanne. Uma costureira de Bordeaux que dava abrigo a resistentes. Morreu na *Revier* no dia 8 de março de 1943 aos 32 anos. Deixou uma filha de onze anos e um filho de três.

Madeleine Laffitte. Maine-et-Loire. Trabalhava em uma fábrica de fiação. Tornou-se agente de ligação da Frente Nacional e foi presa durante as buscas da rede Cadras. Morreu de disenteria aos 29 anos no final de novembro de 1948.

Gisele Laguesse. Poitiers. Com o marido, professor, era agente de ligação entre a liderança da Frente Nacional e as regiões, imprimia panfletos, transcrevia transmissões de Londres. Morreu de disenteria e por ter sido espancada no dia 11 de março de 1943 aos 28 anos. Despediu-se do marido quando ele foi levado de Romainville e executado.

Léa Lambert. Ardenas. Era cozinheira e empregada em Charleville e ajudava Marcelle Fuglesang a transportar prisioneiros para a

Suíça clandestinamente (ver também Jacquat). Morreu logo que chegou, em meados de março de 1943, aos cinquenta anos. Ao receber a notícia, seu marido amaldiçoou os alemães, foi ouvido, preso, deportado e morreu em Dachau.

Fabienne Landy. Loire-et-Cher. Estenógrafa e membro do Partido Comunista, trabalhava para a Frente Nacional e digitava panfletos. Morreu de uma injeção letal de formol depois que bolhas se espalharam por seu corpo e infeccionaram, no dia 25 de fevereiro de 1943. Tinha 21 anos.

Berthe Lapeyrade e a cunhada **Charlotte Lescure**. Lot-et-Garonne. Com seus maridos, armazenavam material de propaganda e davam abrigo a *résistants*. Berthe morreu nos pântanos no início de março de 1943, aos 47 anos; Charlotte foi capturada na "corrida" de 10 de fevereiro de 1943, mas suas amigas a salvaram. Algumas semanas depois, foi espancada até a morte. Tinha quarenta anos. Seus maridos também foram mortos.

Suzanne Lasne. Paris. Foi atraída para a Resistência com Louise Magadur e trabalhava para a FTP. Presa com os nomes de Jeanne Alexandre, Marie-Louise Colombain e Angèle Mercier, todos pegos na rede. Morreu na *Revier*, consumida pela culpa, no dia 14 de março de 1943. Tinha dezenove anos.

Marcelle Laurillou. Indre-et-Loire. Parte da cadeia de *passeurs* da Resistência em Amboise. Morreu de disenteria perto de 20 de abril de 1943 aos 28 anos. Deixou dois filhos, de sete e nove anos.

Louise Lavigne. Viena. Trabalhava em uma fábrica, fazendo tamancos. Quando o irmão foi preso, ela e o marido assumiram seu trabalho para a Frente Nacional em Poitiers. Espancada até a morte com um revólver por um oficial da SS perto de 25 de março de 1943. Deixou duas filhas, de sete e dois anos de idade. Seu marido foi executado e o irmão morreu em Auschwitz. Ela tinha 39 anos.

Lucienne Lebreton. Paris. Zeladora. Denunciada como comunista. Morreu no final de março de 1943, na *Revier*, aos 38 anos.

Angèle Leduc. Roubaix. Trabalhava como caixa no açougue do marido em Paris. Provavelmente denunciada por ouvir a Rádio Londres. Morreu de edema, com as pernas tão inchadas que não conseguia andar, em março de 1943 aos 51 anos.

Elisabeth Le Port. Lorient. Professora e líder na Frente Nacional. Denunciada por um aluno que viu os panfletos e estênceis em sua mesa. Morreu aos 23, anos no dia 14 de março de 1943, de disenteria.

Marguerite Lermite. Nantes. Professora. Com o marido, distribuía panfletos clandestinos. Não houve testemunhas de sua morte, no fim de fevereiro de 1943. Deixou um filho de quatro anos. Seu marido também morreu em Auschwitz, provavelmente na câmara de gás.

Marie Lesage. Doville. Administrava um café na periferia de Cherburgo e escondia combatentes da Resistência. Não houve testemunha de sua morte no início de fevereiro de 1943. Tinha 45 anos.

Sophie Licht. Mosela. Casada com um judeu e possivelmente denunciada por ouvir a BBC. Morreu aos 37 anos de tifo. Seu marido foi executado pela SS durante a evacuação de Buchenwald. Seus filhos, Denise, de dez anos, e Jean-Paul, de quatro, foram deportados de Drancy para Auschwitz e mandados direto para a câmara de gás.

Yvonne Llucia. Orã. Sabe-se muito pouco dela, além do fato de que morreu, aos 32 anos, em março de 1943. A mãe recusou-se a aceitar sua morte.

Alice Loeb. Paris. Química. Comunista ativa. Conseguiu escapar de uma seleção no dia 20 de fevereiro de 1943, mas morreu após a chamada no dia seguinte. Tinha 52 anos.

Louise Loquet. Morbihan. Órfã aos oito anos, criou os três irmãos, únicos sobreviventes de treze filhos. Operava uma máquina de costura em uma loja de bordados e, com o marido, compunha e digitava panfletos. Ninguém testemunhou sua morte, logo após a chegada a Birkenau. Tinha 42 anos. Deixou uma filha de dezessete anos.

Yvonne Loriou. Charente-Maritime. Secretária. Escrevia cartas secretas sobre a Resistência para o irmão, um prisioneiro de guerra na Alemanha. Morreu no dia 8 de março de 1943, de erisipela. Tinha 41 anos.

Suzanne Maillard. Somme. Com o marido, dava abrigo a resistentes e rádios de transmissão. Morreu em meados de abril de 1943. Tinha 49 anos. Deixou um filho de treze anos.

Yvette Marival. Indre-et-Loire. Com o marido, era membro do Partido Comunista e juntou-se à Frente Nacional. Denunciada por um membro de sua rede, que falou sob tortura. Ninguém testemunhou sua morte.

Luz Martos. Refugiada da Espanha, ela e o marido, francês, juntaram-se à Resistência em Paris. Caiu na lama, desistiu e morreu no início de fevereiro de 1943. Tinha 37 anos.

Germaine Maurice. Indre-et-Loire. Ajudava o pai como *passeur* na linha de demarcação (ver Kerisit). Morreu de pneumonia no dia 23 de fevereiro de 1943. Tinha 24 anos. O pai morreu deportado.

Olga Melin. Pont-Sainte-Maxence. Artesã. Com o irmão, ajudava judeus a fugir cruzando a linha de demarcação. Morta no bombardeio próximo a Mauthausen no dia 21 de março de 1945, aos 29 anos. Deixou um filho com poliomielite.

Angèle Mercier. Seine-et-Marne. Gerenciava um hotel em Paris. Era agente de ligação. Morreu no início de março de 1934 aos 33 anos. Causa da morte desconhecida.

Georgette Mesmer. Besançon. Fazia parte de uma cadeia que ajudava prisioneiros de guerra a chegar à Suíça. Morreu, aos 29 anos, de disenteria, deixando um filho.

Suzanne Meugnot. Não se sabe quase nada sobre ela, além do fato de que nasceu em abril de 1896 e morreu no início de fevereiro de 1943.

Renée Michaux. La Rochelle. Membro da JFdeF. Sob o nome "Marcelle", organizava grupos locais da Frente Nacional na Gironda. Morreu de disenteria em meados de abril de 1943. Tinha 23 anos. Seu companheiro, André Sautel, foi torturado e enforcou-se.

Simone Miternique. Eure-et-Loir. Parte de uma cadeia de *passeurs* que levava judeus e resistentes de Paris à linha de demarcação. Morreu na "corrida" de 10 de fevereiro de 1943. Tinha 36 anos e deixou um filho.

Gisèle Mollet. Paris. Camareira em um hotel. Descoberta ajudando o namorado comunista a distribuir panfletos. Foi espancada pela SS e morreu na primeira metade de agosto de 1943, aos 23 anos.

Suzanne Momon. Paris. Trabalhava em uma fábrica de tintas. Mãe de Gilbert Brustlein, dos Batalhões da Juventude. Não houve testemunhas de sua morte, em fevereiro de 1943, aos 46 anos. Deixou dois filhos.

Denise Moret. Haute-Vienne. Nunca soube por que foi presa. Morreu logo após chegar a Birkenau, aos 25 anos. Ninguém testemunhou sua morte. Deixou uma filha de quatro anos.

Madeleine Morin e a mãe, **Marie-Louise Morin**. Paris. As duas mulheres administravam um salão de beleza, onde judeus coletavam identidades falsas. Madeleine morreu de tifo no final de abril de 1943. Tinha 21 anos. Não ouve testemunhas da morte de Marie-Louise, perto do fim de fevereiro de 1943.

Marie-Louise Moru. Morbihan. Trabalhava em uma fábrica de enlatados como embaladora. Ajudava jovens a fugir para a zona livre a fim de se juntarem à Marinha francesa. Morreu aos dezessete anos na *Revier* em março de 1943.

Madeleine Normand. Charente. Com o marido, administrava uma pequena fazenda, escondia resistentes e as ajudava a cruzar a linha de demarcação. Espancada até a morte no dia 23 de fevereiro de 1943. Tinha 45 anos. O marido foi executado pelos alemães. A mãe morreu de tristeza e preocupação no dia em que o comboio partiu em direção a Auschwitz.

Yvonne Noutari. Gironda. Com o marido, era membro da Frente Nacional e abrigava resistentes. Morta no bombardeio próximo a Mauthausen no dia 2 de agosto de 1944. Tinha 28 anos. O marido foi executado pelos alemães. Deixaram dois filhos.

Toussainte Oppici. Marselha. Não se sabe nada sobre ela, além do fato de que administrava um restaurante e morreu de tifo no final de abril de 1943, deixando um filho adolescente. Tinha 37 anos.

Anne-Marie Ostrowska. Renânia. Casada com um judeu polonês refugiado. Foi presa quando cruzava ilegalmente a linha de demarcação. Morreu nos pântanos no início de abril de 1943, aos 42 anos. Seu marido morreu nos campos; o filho, deportado para Auschwitz, sobreviveu, e a filha também.

Lucienne Palluy. Paris. Estenógrafa. Tornou-se oficial de ligação da FTP e transportava pólvora e outros explosivos. Morreu de disenteria no final de fevereiro de 1943, aos 33 anos.

Yvonne Pateau. Vendeia. Com o marido — que também era seu primo de primeiro grau —, tinha uma pequena fazenda e escondia armas roubadas da pedreira em Jonzac. Morreu no início de fevereiro de 1943 aos 42 anos, de nefrite aguda. Seu marido foi executado pelos alemães. Deixaram um filho de cinco anos.

Lucie Pecheux. Nièvre. Trabalhava em Paris para um fabricante de roupas e recolhia fundos para a Resistência. Morreu na *Revier* em meados de fevereiro de 1943, aos 37 anos, deixando uma filha de dezoito anos.

Aurore Pica. Mosela. Evacuada para a Gironda com a família, trabalhava com a Resistência reunindo informações, arranjando passes, ajudando em furtos de armas. Morreu no dia 28 de abril de 1943, de sede. Tinha dezenove anos. Sua irmã, Yolande Gili, sobreviveu.

Yvonne Picard. Atenas. Foi para Paris lecionar filosofia na Sorbonne, onde juntou-se à Resistência. Morreu de disenteria, aos 22 anos, no dia 9 de março de 1943.

Suzanne Pierre. Meurthe-et-Moselle. Não tinha ligação com qualquer grupo oficial da Resistência, mas trabalhava com amigos para explodir um bloqueio de canal. Ninguém testemunhou sua morte, em agosto de 1943. Tinha 31 anos.

Juliette Poirier. Maine-et-Loire. Ninguém sabe por que foi presa e ninguém a viu morrer. Tinha 24 anos. Deixou um filho de oito anos.

Maï Politzer. Biarritz. Parteira. Trabalhava com a Resistência intelectual de Paris. Morreu de tifo no dia 6 de março de 1943. Seu marido, Georges, foi executado pelos alemães. Deixou um filho de oito anos.

Pauline Pomies. Toulouse. Lavadeira. Com o marido, abrigava resistentes. Capturada na "corrida" no dia 10 de fevereiro de 1943. Tinha 62 anos. Deixou uma filha.

Line Porcher. Eure-et-Loir. Viúva e comunista que escondia uma máquina de escrever para produzir panfletos. Provavelmente morreu na câmara de gás em fevereiro de 1943 aos 63 anos.

Delphine Presset. Nimes. Sem ligação com a Resistência, mas presa em uma varredura em Bordeaux. Ninguém testemunhou sua morte, em fevereiro de 1943. Tinha 42 anos.

Marie-Thérèse Puyoou. Baixos Pirineus. Administrava uma cooperativa e abrigava membros da Resistência. Morreu na *Revier* no dia 31 de março de 1943. Tinha 46 anos. Deixou duas filhas, de dezessete e dez anos.

Jacqueline Quatremaire. Orne. Secretária. Trabalhava com a Frente Nacional em Paris. Morreu de tuberculose no dia 24 de fevereiro de 1943. Tinha 24 anos.

Paula Rabeaux. Saumur. Trabalhava fazendo ornamentos funerários. Com o marido, fazia parte da Resistência na área de Bordeaux. Morreu, com a língua tão inchada que não conseguia comer ou respirar, em março de 1943, aos 31 anos. Seu marido foi executado pelos alemães.

Constance Rappenau. Yonne. Administrava um restaurante usado pela resistência. Capturada na "corrida" de 10 de fevereiro de 1943. Tinha 63 anos. Deixou um filho.

Germaine Renaud. Seine-et-Oise. Administrava uma gráfica clandestina. Espancada até a morte pelas *kapos*. Tinha 24 anos.

Marguerite Richier e as filhas **Odette** e **Armande**. Paris. Membros da Frente Nacional. Marguerite foi capturada na "corrida" de 10 de fevereiro de 1943. Tinha 62 anos. Não houve testemunhas das mortes de Odette, de 31 anos, e Armande, de 26.

Anne Richon. Lot-et-Garonne. Tricotava casacos. Com o filho e o marido, trabalhava para a FTP. Morreu de edema no dia 21 de março de 1943. Tinha 44 anos.

France Rondeaux. Normandia. Ajudava aviadores e judeus a fugir. Morreu de tifo, aos 41 anos, em maio de 1943.

Georgette Rostaing. Ivry-sur-Seine. Comunista militante que escondia resistentes e armas. Ninguém testemunhou sua morte, em março de 1943. Tinha 31 anos. Deixou uma filha.

Félicia Rostkowska. Polônia. Foi para a França lecionar para os filhos de mineradores poloneses e juntou-se à rede Monika. Ninguém testemunhou sua morte. Tinha 34 anos.

Denise Roucayrol. Tarn. Era ajudante em um hospital e trabalhava com a FTP. Morreu de tifo em abril de 1943 aos 33 anos.

Suzanne Roze. Baixo-Sena. Comunista, representante sindical e oficial de ligação da Resistência. Morreu devido a um espancamento severo por um guarda da SS em fevereiro de 1943. Tinha 38 anos.

Esterina Ruju. Não se sabe nada sobre ela, além do fato de que morreu no final de março de 1943 aos 58 anos.

Léonie Sabail. Châtellerault. Gerente de escritório. Com o marido, abrigava resistentes. Morreu na *Revier* em março de 1943. Tinha 53 anos. Seu marido foi executado pelos alemães. Deixou uma filha e um filho.

Anna Sabot. Alsácia. Ninguém testemunhou sua morte ou descobriu qualquer coisa sobre ela. Tinha 44 anos.

Berthe Sabourault. Charente. Abriu um salão de beleza e, com o marido, trabalhava para a FTP. Morreu de tifo em abril de 1943 aos 38 anos. Seu marido morreu em Mauthausen. Deixou um filho.

Raymonde Salez. Lilas. Era membro da Juventude Comunista e participou de ataques armados. Ninguém testemunhou sua morte. Tinha 23 anos.

Henriette Schmidt. Essert. Trabalhava com Danielle Casanova na JFdeF e com a rede Dallidet. Morreu na *Revier* no dia 14 de março de 1943. Tinha 30 anos.

Antoine Seibert. Paris. Assistente de enfermagem. Trabalhava com a FTP. Morte não testemunhada. Tinha 43 anos.

Léonie Seignolle. Paris. Não se sabe nada sobre sua vida nem sobre sua morte.

Raymonde Sergent. Indre-et-Loire. Dona de um café que ajudava as pessoas a cruzar a linha de demarcação. Morreu de edema no final de março de 1943, aos 39 anos. Deixou uma filha de doze anos.

Yvonne Souchaud. Tours. Trabalhava com a Frente Nacional. Morreu de disenteria em março de 1943 aos 45 anos.

Jeanne Souques. Gironda. Ajudava o marido a administrar uma lavanderia. Entregava panfletos e escondia uma máquina de escrever. Morreu de tifo no dia 1º de abril de 1943. Tinha 48 anos. Seu marido sobreviveu a Mauthausen.

Marguerite Stora e a sobrinha, **Sylviane Coupet**. La Manche. Marguerite não tinha atividades conhecidas na Resistência, mas era casada com um judeu. Xingou os alemães que vieram prendê-lo. Morreu na *Revier* em março de 1943 aos 47 anos. Sylviane, a quem considerava uma filha, morreu na *Revier* em agosto de 1943. Ainda não tinha dezoito anos.

Andrée Tamisé. Bordeaux. Ajudava a datilografar e imprimir panfletos e formou um grupo de estudantes com a irmã, Gilberte (que sobreviveu). Morreu no dia 8 de março de 1943 de congestão pulmonar. Tinha 21 anos.

Jeanne Thiebault. Meurthe-et-Moselle. Trabalhadora especializada da Citroën, sem atividades conhecidas ligadas à Resistência. Ninguém testemunhou sua morte. Tinha 33 anos.

Marguerite Valina. Charente-Maritime. Abrigava membros da Resistência e escondia armas. Foi presa nas buscas de Poinsot (ver Guillon). Morreu no final de fevereiro de 1943, na *Revier*. Seu marido foi executado pelos alemães. Deixou um filho de dezessete anos, uma filha de quatorze e um filho de oito.

Théodora van Dam e a filha, **Reyna**. Holanda. Com o marido, pertencia a uma rede que ajudava resistentes holandeses a fugir para a Inglaterra. Capturada na "corrida" de 10 de fevereiro de 1943. Tinha sessenta anos. Reyna não quis deixar a mãe, e as duas foram para a câmara de gás. Tinha dezenove anos. Outra filha sobreviveu.

Jakoba van der Lee. Holanda. Professora na Escola de Estudos Orientais. Previu, melancolicamente, a derrota de Hitler. Capturada na "corrida" de 10 de fevereiro de 1943. Tinha 54 anos.

Alice Varailhon. Charente-Maritime. Abrigava membros da Resistência e era oficial de ligação. Levou um tiro de um oficial da SS por protestar contra a morte de uma criança, em 11 de março de 1943. Tinha 45 anos.

Alice Viterbo. Egito. Cantora na Ópera de Paris. Pega na "corrida" de 10 de fevereiro de 1943 aos 47 anos.

Madeleine Zani. Meurthe-et-Moselle. Abrigava resistentes perseguidos em Bordeaux. Não houve testemunhas de sua morte. Tinha 27 anos e deixou um filho de três.

Notas de fontes

Prefácio

13 **Durante as duas semanas seguintes**: arquivos da polícia, Paris. Caso Pican BS2, pasta 6; Pican, Cadras, Politzer e outros GB129 BS2-37; GB65 BS-17.

16 **No início dos anos 1960**: ver Charlotte Delbo, *Qui rapportera les paroles?* (Paris, 2001).

Parte 1

Capítulo 1

23 **O que surpreendeu**: ver Alistair Horne, *To Lose a Battle: France 1940* (Londres, 1969); Roger Langeron, *Paris: Juin 1940* (Paris, 1946).

25 **Hitler, que fez**: Rod Kenward, *France and the French since 1900* (Londres, 2005), p. 243.

25 **um brinquedo novo maravilhoso**: Dominique Veillon, *Fashion under the Occupation* (Oxford, 2002), p. 22.

27 **Muito antes de chegarem a Paris**: ver Pierre Bourget, *Histoire secrète de l'occupation de Paris* (Paris, 1970); Jacques Delarue, *Histoire de la Gestapo* (Paris, 1962).

29 **De sua embaixada suntuosa**: ver Gilles Ragache e Jean-Robert Ragache, *La Vie quotidienne des écrivains et artistes sous l'occupation 1940-1944* (Paris, 1988).

30 **Na época da revolução de**: Stéphane Courtois, Denis Peschanski e Adam Rayski, *Le Sang des étrangers* (Paris, 1989), p. 19.

30 **No início de agosto**: ver Gérard Walter, *La Vie à Paris sous l'occupation* (Paris, 1960).

33 **Os parisienses foram aconselhados**: Richard Cobb, *French and Germans, Germans and French* (Londres, 1983), p. 128.

Capítulo 2

36 **Os primeiros atos**: ver Henri Amouroux, *La Vie des français sous l'occupation* (Paris, 1990); Albrecht Betz e Stephan Martens, *Les Intellectuels et l'occupation* (Paris, 2004).

37 **Havia, no entanto**: ver Stéphane Courtois e Marc Lazar, *L'Histoire du Parti Communiste Français* (Paris, 1995); Tony Judt, *Marxism and the French Left* (Oxford, 1986); Annie Kriegel, *The French Communists: Profile of a People* (Chicago, 1972).

38 **Um desses jovens idealistas**: Cécile Charua. Conversa com a autora.

41 **Enquanto Cécile estava ocupada**: Betty Langlois. Conversa com a autora.

43 **"Como Heydrich..."**: Roger Bourderon e Ivan Avakoumovitch, *Détruire le PCF* (Paris, 1988).

43 **Nos anos 1930**: Herbert R. Lottman, *The Left Bank* (Boston, 1982), p. 151.

45 **"Ai!", observou**: ver Tony Judt, *Past Imperfect: French Intellectuals 1944-1956* (Oxford, 1992); Piers Brendon, *The Dark Valley* (2000).

45 **Outros escritores**: ver Jean Guéhenno, *Journal des Années Noires 1940-1944* (Paris, 1947).

47 **Apesar da presença**: ver Henri Noguères, *Histoire de la résistance en France de 1940 à 1945* (Paris, 1967).

49 **Um desses jovens era**: ver Charlotte Delbo, *Auschwitz and After* (New Haven, 1970).

49 **Fascinada pelo teatro**: Fonds Jouvet, Bibliothèque Nationale, Paris.

51 **A costureira**: Veillon, *Fashion*, p. 31.
51 **A maior parte deles**: Cobb, *French and Germans*, p. 100.
52 **Em meio a tudo isso**: ver Betz e Martens, *Les Intellectuels*.

Capítulo 3

54 **Dezenas de bebês-Vichy**: Archives Nationales AJ72/257 Relatórios de prefeitos da França ocupada; Nina Kunz, "Les Françaises dans la résistance", Mainz, 2003.
55 **O governo de Vichy também havia decidido que o esporte**: Margaret Collins-Weitz, *Sisters in the Resistance* (Nova York, 1995), p. 56.
55 **Já que a frouxidão moral**: ver Veillon, *Fashion*.
60 **Perto de Madô**: Pierrette Rostaing. Conversa com a autora.
61 **Outra família**: Paul Thévenin e Christiane Fillatre. Conversas com a autora.
64 **Quando amanheceu**: ver Courtois e Lazar, *Histoire*, p. 119.
65 **Compareceram à reunião**: ver Jean-Marie Berlière e Franck Liaigre, *Le Sang des communistes* (Paris, 2004).
65 **Entre os primeiros**: Frédéric Blanc. Conversa com a autora. Também as memórias não publicadas de Simone Sampaix.
66 **Os novos jovens**: ver Maroussia Naitchenko, *Une Fille en guerre* (Paris, 2003).
67 **Muitos falavam iídiche**: ver Albert Ouzoulias, *Les Bataillons de la Jeunesse* (Paris, 1972); Marie Granet, *Les Jeunes dans la résistance* (Paris, 1985).
68 **O ataque havia**: ver Hervé Villeré, *L'Affaire de la Section Spéciale* (Paris, 1973).
68 **A resposta alemã**: ver Louis Oury, *Rue du Roi-Albert — Les Otages de Nantes, Chateaubriand et Bordeaux* (Paulin, 1997).
70 **Como observou Pétain**: Bourderon e Avakoumovitch, *Archives*, p. 154.

Capítulo 4

73 **Um ex-caldeireiro**: ver Oury, *Rue du Roi-Albert*.
74 **Segundo o ponto de vista dos resistentes parisienses**: Jean Jérôme, *Les Clandestins 1940-1944* (Paris, 1986).
75 **Os Pican tinham**: entrevista gravada 4AV812 Archives Départementales du Val-de-Marne.
76 **Não longe dali**: Madeleine Dissoubray. Conversa com a autora.
78 **de Gaulle, no entanto**: Ouzoulias, *Les Bataillons*, p. 132.
79 **Para os alemães**: Claudine Cardon-Hamet, *Mille Otages pour Auschwitz* (Paris, 1997), p. 83.
79 **Com a voz partida**: Noguères, *Histoire*, p. 152.
80 **Mas a maioria dos**: ver Primo Levi, *The Drowned and the Saved* (Londres, 1988).
80 **No verão**: ver Berlière e Liaigre, *Le Sang*.
83 **Pareça elegante e atraente**: ver Alain Guérin, *Chronique de la résistance* (Paris, 2000).
84 **As primeiras leis**: ver Michael Marius e Robert Paxton, *Vichy France and the Jews* (Londres, 1981).
84 **De qualquer forma**: ver Halimi, *La Délation*.
86 **Passando novamente pelas linhas de demarcação**: ver Elsa Triolet, *Ce n'était qu'un passage de ligne* (Paris, 1945).
86 **Voltou a Paris**: ver Anne Simonin, *Les Editions de Minuit* (Paris, 1994).
90 **Tudo parecia**: ver Albert Ouzoulias, *Les Fils de la nuit* (Paris, 1975).

Capítulo 5

96 **Foi no início de**: Gisèle Jaffredu. Conversa com a autora.
100 **As primeiras linhas**: ver Sara Helm, *A Life in Secrets* (Londres, 2005).
101 **Quando criança**: Simone Alizon. Conversa com a autora.

Capítulo 6

106 **No entanto, David e seus homens**: Arquivos da polícia, Paris. BS2, pasta 6.

108 **Melhor que as pessoas**: ver Frédéric Couderc, *Les Renseignements Généraux sous l'occupation* (Paris, 1992).

109 **Quando Madeleine**: Arquivos da polícia, Paris. BS2, pastas 6 e 37.

110 **Charlotte Delbo estava**: madame Riera-Collet. Conversa com a autora.

117 **O comissário David**: ver Claude Angeli e Paul Gillet, *Debout Partisans!* (Paris, 1970).

118 **Otto von Stülpnagel**: ver Ernst Junger, *Journal de guerre et d'occupation 1939-1948* (Paris, 1965).

118 **Em relação a**: ver Serge Klarsfeld, *Memorial to the Jews Deported from France 1942-1944* (Nova York, 1983).

122 **Chocados com as sentenças**: Arquivos da polícia, Paris. BS2, pasta 9. Caso Brodfeld.

125 **Uma delas era**: Arquivos da polícia, Paris. GB129; BS2-37.

126 **Entre os primeiros**: ver Klarsfeld, *Memorial*.

127 **A maior parte das execuções**: ver Arsène Tchakarian, *Les Fusillés de Mont-Valérien* (Nanterre, 1995).

127 **Certa vez ouviu-se**: Guérin, *Chronique*, p. 509.

127 **Um padre alemão**: ver R. Closset, *L'Aumonier de l'enfer* (Paris, 1965).

Capítulo 7

131 **No início de fevereiro**: ver Maurice Rajsfus, *La Police de Vichy* (Paris, 1995).

132 **Os alemães não pediram**: ver Raphaël Delpart, *Les Convois de la Honte* (Paris, 2005).

133 **Uma das pessoas**: ver Adelaïde Hautval, *Medizin gegen die Menschlichkeit* (Berlim, 2008).

137 **Em meados de**: Arquivos da polícia, Paris. GB102; BS2-10.

138 **Com seu interrogatório**: Arquivos da polícia, Paris. GB50. Caso Tintelin.

141 **crucial para**: Arquivos da polícia, Paris. GB65bis; BS1-17.

Capítulo 8

144 **Mas a longa extensão**: Archives Départementales de la Gironde. Arquivos individuais 1400, 3009, 3025bis; VR199; ver também René Terrisse, *A la Botte de l'occupant* (Bordeaux, 1988).

146 **Nascido em 1907**: Archives Départementales de la Gironde, SC493.

148 **Bègles, nos arredores**: madame Vignac. Conversa com a autora.

148 **Aminthe e Prosper**: Hervé Guillon. Conversa com a autora; Michel Bainaud. Conversa com a autora.

150 **Hélène era filha única**: Archives du Val-de-Marne. 4AV 788-90.

151 **Perto dali**: Claude Epaud. Conversa com a autora.

152 **Entre esses jovens estava**: Tony Renaudin. Conversa com a autora.

152 **E havia outra**: Pierre Zani. Conversa com a autora.

153 **Algum tempo depois de sua chegada**: Archives Départementales de la Gironde, SC456.

153 **Em abril de 1942**: ver Michel Slitinsky, *La Résistance en Gironde* (Bordeaux, s.d.).

158 **No final de outubro**: Archives Départementales de la Gironde, VRAC 707.

Capítulo 9

160 **O forte em Romainville**: ver Thomas Fontaine, *Les Oubliés de Romainville* (Paris, 2005).

160 **A primeira das**: relatos tirados de conversas com Cécile Charua, Simone Alizon e Betty Langlois; e memórias deixadas por Charlotte Delbo e Marie-Claude Vaillant-Couturier.

177 **Não muito antes**: ver Jamine Ponty, *Les Polonais du Nord* (Paris, 1995); Karel Bartosek, René Gallissot e Denis Peschanski, *De l'Exil à la résistance* (Paris, 1989). Ver também arquivos do Museu Sikorski em Londres e do Instituto Polonês em Paris.

178 **Toda a família Brabander**: ver arquivos no Memorial de la Shoah, Paris.

184 **Das 230**: *ver* Charlotte Delbo, *Le Convoi du 24 janvier* (Paris, 1965).

Parte 2

Muito do material para a segunda parte do livro vem de conversas com Cécile Charua, Betty Langlois, Madeleine Dissoubray e Simone Alizon, e de seus documentos e cartas; de conversas com os descendentes e parentes das mulheres que estavam no trem; e de memórias não publicadas deixadas pelas sobreviventes.

Capítulos 11 e 12

190 **No verão de 1941**: ver Yisrael Gutman e Michael Berenbaum, *Anatomy of the Auschwitz Death Camp* (Washington, DC, 1998); Robert Jan van Pelt e Deborah Dwork, *Auschwitz 1270 to the Present* (New Haven, 1996).

191 **Como diria mais tarde**: ver Rudolf Hoess, *Commandant of Auschwitz* (Londres, 1959).

193 **No início de 1943**: ver Diarmuid Jeffreys, *Hell's Cartel* (Londres, 2008).

194 **Mais tarde, Primo Levi**: ver *The Drowned and the Saved.*

Capítulo 12

225 **Suas habilidades especiais**: ver Myra Goldenberg, "Different Horrors, Same Hell", em Roger Gottlieb (org.), *Thinking the Unthinkable* (Nova York, 1970).

227 **Caesar estava mais interessado**: Arquivos de Auschwitz, APMA-B; V46, p. 55.

232 **A história foi contada**: ver Fernand Grenier, *C'était ainsi...* (Paris, 1959).

239 **Experimentos médicos nazistas**: ver Robert Jay Lifton, *The Nazi Doctors* (Londres, 1986); Hautval, *Medizin gegen die Menschlichkeit* (Berlim, 2008).

243 **Agora se preparava**: ver Lore Shelley (org.). *Criminal Experiments on Human Beings in Auschwitz and War Research Laboratories* (San Francisco, 1991).

Capítulo 13

249 **Não era, no entanto**: ver Bernhard Strebel, *Ravensbrück. Un Complexe Concentrationnaire* (Paderborn, 2003).

251 **As francesas disseram que as polonesas**: Germaine Tillion, *Ravensbrück* (Paris, 1973), p. 54.

254 **Pouco tempo depois**: ver Charlotte Serre, *De Fresnes à Ravensbrück* (Paris, 1982).

257 **Entre as prisioneiras**: Annette Posnay-Vittel. Conversa com a autora.

266 **Um dia, uma delas**: ver Raymonde Guyon-Belot, *Le Sel de la mine* (Paris, 1990).

268 **Pouco tempo depois**: Marie-Claude Vaillant-Couturier, em depoimento em Nuremberg.

Capítulo 14

273 **Um após outro**: Geneviève de Gaulle, em depoimento em Nuremberg.

277 **Mulheres suspeitas de**: ver Marie-Claude Vaillant-Couturier, diário não publicado; Keith Mant, "The Medical Services in the Concentration Camp of Ravensbrück", *Medico-Legal Journal*. Vol. 18.

278 **Com o avanço**: ver David Rousset, *L'Univers concentrationnaire* (Paris, 1946).

285 **Já fazia algum tempo**: ver conde Bernadotte, *La Fin* (Lausanne, 1945).

287 **Um dia, sete**: madame Hommel, testemunho, Arquivos de Ravensbrück TH401.

Capítulo 15

295 **Muito de sua escrita**: ver Delbo, *Auschwitz and After*.

298 **Germaine Renaudin**: Tony Renaudin. Conversa com a autora

299 **Em Saint-Martin**: Gisèle Jaffredu. Conversa com a autora.

301 **Entre os que cumprimentavam**: ver Janet Flanner, *Paris Journal 1944-1965* (Londres, 1966); Antony Beevor and Artemis Cooper, *Paris after the Liberation, 1944-1949* (Londres, 1994).

302 **Mesmo antes**: ver Jean-Marie Berlière e Franck Liaigre, *Liquider les Traîtres* (Paris, 2007).

303 **Como outros países**: ver Patricia Heberer e Jürgen Matthaus, *Atrocities on Trial* (Londres, 2008).

305 **Poinsot, que no**: Documentos dos julgamentos nos Archives Départementales de L'Allier; ver também Dominique Lormier, *Bordeaux brûle-t-il?* (Bordeaux, 1998).

306 **Era consenso geral**: ver Tony Judt, *The Burden of Responsibility* (Chicago, 1998).

307 **Marie-Claude foi**: ver depoimento em Max Ophüls, *Memory of Justice* (filme, 1976); Marie-Claude Vaillant-Couturier, testemunho em Nuremberg, 28 de janeiro de 1946.

308 **Sob julgamento em Varsóvia**: ver Jeremy Dixon, *Commanders of Auschwitz* (Atglen, 2005).

312 **Mas era mais complicado**: ver Simone Veil, *Une Vie* (Paris, 2007).

319 **Pierre Zani, que**: Conversa com a autora.

319 **Claude Epaud**: Conversa com a autora.

320 **A filha de Georgette Rostaing**: Pierrette Rostaing. Conversa com a autora.

320 **E a sensação de perda**: Catherine Hardenberg. Conversa com a autora.

322 **Quando Germaine**: ver Delbo, *Auschwitz and After*.

Lista de ilustrações

Os mapas foram desenhados por Reginald Piggott.

Foto 1: Alemães em Paris, tirada de *Paris in the Third Reich*, de David Pryce-Jones, Collins.

Foto 2: Cécile Charua (arquivo de Cécile Charua).

Foto 3: Betty Langlois e Lucien Dorland (com a gentil permissão de Yves Jegouzo).

Foto 4: Maï Politzer (com a gentil permissão de La Fondation pour la Mémoire de la Déportation e da FNDIRP).

Foto 5: Charlotte Delbo.

Foto 6: Marie-Claude Vaillant-Couturier (com a gentil permissão de La Fondation pour la Mémoire de la Déportation e da FNDIRP).

Foto 7: Jeunes Filles de France (com a gentil permissão de Pierrette Rostaing).

Foto 8: Protestos de estudantes (com a gentil permissão de Roger-Viollet).

Fotos 9 e 10: Georgette e Pierrette Rostaing (com a gentil permissão de Pierrette Rostaing).

Foto 11: Danielle Casanova.

Foto 12: Simone Sampaix e seus irmãos, Pierre e Jacques (com a gentil permissão de Frédéric Blanc).

Fotos 13 e 14: André e Germaine Pican (com a gentil permissão de Archives Départementales du Val-de-Marne, Pierre Labate, Roger Hommet e L'Association Mémoire-Vive). Direitos reservados.

Foto 15:	Raymonde Sergent e sua filha Gisèle (com a gentil permissão de Gisèle Sergent Jaffredu).
Foto 16:	Marie e Simone Alizon (com a gentil permissão de Simone Alizon).
Foto 17:	Marie-Elisa Nordmann e France Bloch (com a gentil permissão da FNDIRP).
Fotos 18 e 19:	Aminthe e Yvette Guillon (com a gentil permissão de Hervé Guillon).
Fotos 20 e 21:	Hélène e Emma Bolleau (com a gentil permissão de Archives Départementales du Val-de-Marne, Pierre Labate, Roger Hommet e L'Association Mémoire-Vive). Direitos reservados.
Foto 22:	Annette Epaud (com a gentil permissão de Claude Epaud).
Foto 23:	Germaine Renaudin (com a gentil permissão de Tony Renaudin).
Foto 24:	Madeleine Zani (com a gentil permissão de Pierre Zani).
Foto 25:	Pierre Zani com os avós (com a gentil permissão de Pierre Zani).
Foto 26:	Simone Sampaix (com a gentil permissão de Frédéric Blanc).
Foto 27:	Charlotte, Betty e Lulu (com a gentil permissão de Archives Départementales du Val-de-Marne, Pierre Labate, Roger Hommet e L'Association Mémoire-Vive). Direitos reservados.
Foto 28 a, b, c:	Fotografias tiradas em Romainville (com a gentil permissão de Thomas Fontaine, do Ministério da Defesa de Caen).
Foto 30:	Bilhete escrito por uma das mulheres no trem.
Foto 31:	Annette e Claude Epaud (com a gentil permissão de Claude Epaud).

FOTO 33: Os barracões em Birkenau (com a gentil permissão da coleção do arquivo do Museu Auschwitz-Birkenau, em Oświęcim).

FOTO 34: Dentro dos barracões em Birkenau (com a gentil permissão da coleção do arquivo do Museu Auschwitz-Birkenau, em Oświęcim).

FOTO 35: Mulheres em Birkenau (com a gentil permissão do Arquivo do Museu Auschwitz-Birkenau).

FOTOS 36 A, B, C, D: Simone, Charlotte, Betty e Emma em Birkenau (com a gentil permissão de Archives du Val-de-Marne, Pierre Labate, Roger Hommet e L'Association Mémoire-Vive). Direitos reservados.

FOTO 37: Corpos na neve em Birkenau (cortesia dos Arquivos Fotográficos do Museu Memorial do Holocausto dos Estados Unidos).

FOTO 38: Mulheres trabalhando em Birkenau (com a gentil permissão do Arquivo do Museu Auschwitz-Birkenau).

FOTO 39: Guardas rindo em Auschwitz (cortesia dos Arquivos Fotográficos do Museu Memorial do Holocausto dos Estados Unidos).

FOTOS 40 E 41: Desenhos feitos por Jeanette L'Herminier em Ravensbrück.

FOTO 42: Marie-Claude Vaillant-Couturier depondo em Nuremberg (com a gentil permissão da Fondation pour la Mémoire de la Déportation e da FNDIRP).

FOTO 43: Uma reunião em 1945 (com a gentil permissão de Archives Départementales du Val-de-Marne, Pierre Labate, Roger Hommet e L'Association Mémoire-Vive). Direitos reservados

Todo esforço foi feito para encontrar ou contatar todos os detentores de direitos das imagens, e os editores terão prazer em corrigir, na primeira oportunidade, quaisquer omissões que lhes forem informadas.

Bibliografia

Fontes principais

O material mais importante para este livro foram as entrevistas com as sobreviventes e suas famílias, as obras de Charlotte Delbo e memórias e cartas não publicadas.

Antes de sua morte, em 2009, visitei Betty Langlois diversas vezes em seu apartamento em Paris. Também conversei bastante com Cécile Charua, Madeleine Dissoubray e Poupette Alizon. As outras quatro mulheres, ainda vivas quando comecei este trabalho, não estavam bem o suficiente para falar comigo. No entanto, as famílias de muitas das mulheres que fizeram parte do "comboio dos 31.000" concordaram em conversar, em me dar cartas e documentos e memórias não publicadas.

Quando Charlotte Delbo voltou à França, em 1945, escreveu a primeira do que viriam a ser três memórias de seus meses em Birkenau e Ravensbrück, mas então deixou a obra de lado por vinte anos. Publicadas em um volume único, nos anos 1970, *Auschwitz et après* até hoje é reimpresso. Daquela época até sua morte, em 1985, Delbo continuou a escrever sobre os campos — em verso, peças e ensaios. A obra mais importante para este livro foi *Le Convoi du 24 janvier*, na qual reuniu notas bibliográficas sobre suas companheiras. O livro foi crucial em minha busca pelas mulheres e suas famílias.

As seguintes mulheres do comboio escreveram memórias:

ALIZON, Simone. *L'Exercise de vivre.* Paris, 1996.

BORRAS, Christiane. *Cécile, une 31.000, communiste, déportée à Auschwitz-Birkenau.* Domont, 2006.

DELBO, Charlotte. *Le Convoi du 24 janvier.* Paris, 1965.

_______. *Auschwitz et après.* Paris: 1970-1. 3 vols.

_______. *Spèctres, mes compagnons*. Lausanne, 1977.

_______. *Une Scène jouée dans la mémoire* e *Qui rapportera les paroles?*. Paris, 2001.

HAUTVAL, Adelaïde. *Medizin gegen die Menschlichkeit*. Berlim, 2008.

SAMPAIX, Simone. *Memória não publicada*. 1941-5.

VAILLANT-COUTURIER, Marie-Claude. *Mes 27 Mois entre Auschwitz et Ravensbrück*. Paris, 1946.

_______. Diário não publicado.

Duas fontes forneceram material importante:

LAZAROO, Gilbert; PEYROTTE, Claude-Alice. Entrevistas gravadas com Hélène Bolleau, Lulu Thévenin e Germaine Pican.

QUÉNY, Marion. *Un Cas d'exception: 230 femmes françaises déportées à Auschwitz-Birkenau en janvier 1943 par mesure de repression: le Convoi du 24 janvier*. Tese de doutorado. Universidade Charles de Gaulle, 3 jun. 2004.

Fontes manuscritas

Documentos de valor inestimável sobre a Resistência, os resistentes, as Brigadas Especiais, a França sob ocupação, deportações e os ocupantes alemães são encontrados em Caran, nos Archives Nationales em Paris (séries 72AJ45; 72AJ69; 72AJ78), nos Archives Départementales da Gironda, nos Archives Départementales de l'Allier, nos Archives Départementales de Indre-et-Loire, nos Archives Départementales du Val-de-Marne, nos Archives de la Préfecture de Police, em Paris: *Cartons des Brigades Spéciales, Dossiers individuels des 31000 et de leurs maris ou compagnons constitués par les Renseignements Généraux*; no Bureau des Anciens Combattants em Caen, *Dossiers des Personnes rentrés de Déportation*; no Memorial da Shoah, Paris; no Musée de la Résistance et de la Déportation, Besançon, *Fonds* Marie-Claude Vaillant-Couturier; nos arquivos Sikorski, em Londres.

Eu mesma traduzi todo o material citado.

Fontes secundárias

A Segunda Guerra Mundial na França ocupada pelos alemães, as deportações de judeus e resistentes aos campos de extermínio e concentração no leste e a vida em Birkenau, Auschwitz e Ravensbrück foram todas extensivamente descritas em memórias, histórias e revistas acadêmicas. A lista a seguir é uma seleção breve dos mais frequentemente consultados para este livro.

ADDED, Serge. *Le Théâtre dans les années de Vichy*. Paris, 1992.

ALARY, Eric. *La Ligne de démarcation*. Paris, 2003.

_______. *Les Français au quotidien*. Paris, 2006.

_______. *Un Procès sous l'Occupation au Palais Bourbon. Mars, 1942*. Paris, s.d.

ALCAN, Louise. *Le Temps ecartelé*. St.-Jean-de-Maurienne, 1980.

AMICALE de Ravensbrück et Association des Déportées et Internées de La Résistance. *Les Françaises à Ravensbrück*. Paris, 1965.

AMOUROUX, Henri. *La Vie des Français sous l'occupation*. Paris, 1990.

AVON, Robert. *Histoire de l'épuration*. Paris, 1967.

AZIZ, Philippe. *Le Livre noir de la trahison. Histoire de la Gestapo en France*. Paris, 1984.

BARTOSEK, Karel; GALLISSOT, René; e PESCHANSKI, Denis. *De l'Exil à la résistance. Réfugiés et immigrés de l'Europe centrale en France 1933-1945*. Paris, 1989.

BEEVOR, Antony; COOPER, Artemis. *Paris after the Liberation, 1944-1949*. Londres, 1994.

BELLANGER, Claude. *La Presse clandestine 1940-1944*. Paris, 1961.

BERLIÈRE, Jean-Marie; CHABRUN, Laurent. *Les Policiers français sous l'occupation*. Paris, 2001.

BERLIÈRE, Jean-Marie; LIAIGRE, Franck. *Le Sang des Communistes. Les Bataillons de la Jeunesse dans la lutte armée*. Paris, 2004.

_______. *Liquider les traîtres. La Face cachée du PCF. 1941-1943*. Paris, 2007.

BERNADOTTE, Conde. *La Fin*. Lausanne, 1945.

BESSER, Jean-Pierre; PONTY, Thomas. *Les Fusillés. Répression et execution pendant l'occupation. 1940-1944*. Paris, 2006.

BETTELHEIM, Bruno, *O coração informado*, trad: Celina C. Cavalcanti. Rio de Janeiro: Paz e Terra, 1985.

______. *Surviving the Holocaust.*

BETZ, Albrecht; MARTENS, Stephan. *Les Intellectuels et l'occupation.* Paris, 2004.

BLUMENSON, Martin. *Le Réseau du Musée de l'Homme.* Paris, 1977.

BOURDEL, Philippe. *La Grande Débâcle de la collaboration. 1944-1948.* Paris, 2007.

BOURDERON, Roger; AVAKOUMOVITCH, Ivan. *Détruire le PCF — Archives de l'État Français et l'Occupant Hitlérien 1940-1944.* Paris, 1988.

BOURGET, Pierre. *Histoire secrète de l'occupation de Paris.* Paris, 1970.

BRETON, Catherine. *Mémoires d'avenir.* Tese de doutorado. Nanterre, Paris X, 1994.

CARDON-HAMET, Claudine. *Mille Otages pour Auschwitz. Le Convoi du 6 Juillet 1942.* Paris, 1997.

CHOMBART DE LAUWE, Marie-Jo. *Toute une Vie de résistance.* Paris, 1998.

CLOSSET, R. *L'Aumonier de l'enfer: Franz Stock.* Paris, 1965.

COBB, Richard. *French and Germans, Germans and French.* Londres, 1983.

COHEN, Elie A. *Human Behaviour in the Concentration Camp.* Londres, 1954.

COLLINS-WEITZ, Margaret. *Sisters in the Resistance. How Women Fought to Free France 1940-1945.* Nova York, 1995.

COUDERC, Frédéric. *Les Renseignements Généraux sous L'occupation.* Paris, 1992.

COURTOIS, Stéphane; LAZAR, Marc. *Histoire du Parti Communiste Français.* Paris, 1995.

COURTOIS, Stéphane; PESCHANSKI, Denis; RAYSKI, Adam. *Le Sang des étrangers: les immigrés de la MOI dans la résistance.* Paris, 1989.

DABITCH, Christophe. *24 Octobre 1941. Bordeaux. Les 50 Otages — un assassinat politique.* Montreuil-Bellay, 1999.

DEBÛ-BRIDEL, Jacques (org.). *La Résistance intellectuelle.* Paris, 1970.

DELARUE, Jacques. *Histoire de la Gestapo.* Paris, 1962.

DELPART, Raphaël. *Les Convois de la honte*. Paris, 2005.
DIXON, Jeremy. *Commanders of Auschwitz*. Atglen, PA, 2005.
DURAND, Pierre. *Danielle Casanova, L'indomptable*. Paris, 1990.
FABRE, Marc-André. *Dans les prisons de Vichy*. Paris, 1944.
FLANNER, Janet. *Paris Journal 1944-1965*. Londres, 1966.
FONTAINE, Thomas. *Les Oubliés de Romainville*. Paris, 2005.
La France de 1945: Résistances, retours, renaissances. Actes de Colloque de Caen 17-19 Maï 1995. Caen, 1996.
FURET, François. *The Passing of an Illusion*. Chicago, 1999.
GAILLARD-MENANT, Sundy. "Résister à l'occupation, Résister à Auschwitz, Résister à l'oubli: la mémoire des femmes. De Charlotte Delbo, du Convoi du 24 janvier 1943". Tese de doutorado. Université-Sorbonne Panthéon, 1999.
GILZMER, Mechtild; LEVISSE-TOUZÉ, Christine; e MARTENS, Stephan. *Les Femmes dans la résistance en France*. Paris, 2003.
GOTTLIEB, Roger S. (org.). *Thinking the Unthinkable: Meanings of the Holocaust*. Nova York, 1970.
GRANET, Marie. *Les Jeunes dans la résistance. 20 ans en 1940*. Paris, 1985.
GRENIER, Fernand. *C'était ainsi . . .* Paris, 1959.
GRESH, Sylviane. *Les Veilleuses*. Paris, 1996.
GUÉHENNO, Jean. *Journal des années noires 1940-1944*. Paris, 1947.
GUÉRIN, Alain. *Chronique de la résistance*. Paris, 2000.
GUTMAN, Yisrael; BERENBAUM, Michael. *Anatomy of the Auschwitz Death Camp*. Washington, DC, 1998.
GUYON-BELOT, Raymonde. *Le Sel de la mine*. Paris, 1990.
HALIMI, André. *La Délation sous l'occupation*. Paris, 1983.
HAMELIN, France. *Femmes dans la nuit 1939-1944*. Paris, 1988.
HARDMAN, Anna. "Women and the Holocaust". *Holocaust Educational Trust Research Papers*. V. 1, n. 3, 1999/2000.
HEBERER, Patricia; MATTHAUS, Jürgen. *Atrocities on Trial. Historical Perspectives and the Politics of Prosecuting War Crimes*. Londres, 2008.
HELLER, Gerhard. *Un Allemand à Paris 1940-1944*. Paris, 1981.
HELM, Sara. *A Life in Secrets*. Londres, 2005.
HIGONNET, Margaret Randolph et al. (org.). *Behind the Lines: Gender and the Two World Wars*. New Haven, 1987.

HILL, Mavis M.; LEWIS, L. Norman. *Auschwitz in England*. Londres, 1965.

HITCHCOCK, William. *Liberation: Europe 1945*. Londres, 2008.

HOESS, Rudolf. *Commandant of Auschwitz*. Londres, 1959.

HORNE, Alistair. *To Lose a Battle. France 1940*. Londres, 1969.

HUGHES, H. Stuart. *The Obstructed Path. French Social Thought in the Years of Desperation. 1930-1960*. Londres, 2002.

JEFFREYS, Diarmuid. *Hell's Cartel. IG Farben and the Making of Hitler's War Machine*. Londres, 2008.

JÉRÔME, Jean. *Les Clandestins 1940-1944*. Paris, 1986.

JOSSE, Raymond. "La Naissance de la résistance étudiante à Paris." *Revue d'histoire de la deuxième guerre mondiale*. Paris, n. 47, jul. 1962.

JUDT, Tony. *Marxism and the French Left*. Oxford, 1986.

_______. *Passado imperfeito: Um olhar crítico sobre a intelectualidade francesa no Pós-Guerra*, trad. Luciana Persice Nogueira. Rio de Janeiro: Nova Fronteira, 2007.

_______. *The Burden of Responsibility*. Chicago, 1998.

JUNGER, Ernst. *Journal de guerre et d'occupation 1939-1948*. Paris, 1965.

KAUFMANN, Dorothy. *Edith Thomas: A Passion for Resistance*. Londres, 2004.

KEDWARD, H.R. *Occupied France. Collaboration and Resistance 1940-1944*. Oxford, 1985.

KENWARD, Rod. *France and the French since 1900*. Londres, 2005.

KLARSFELD, Serge. *Le Livre des otages*. Paris, 1979.

_______. *Memorial to the Jews deported from France 1942-1944*. Nova York, 1983.

KOGON, Eugen. *The Theory and Practice of Hell. The German Concentration Camps and the System behind them*. Nova York, 1979.

Kriegel, Annie. *The French Communists: Profile of a People*. Chicago, 1972.

KUNZ, Nina. "Les Françaises dans la résistance." Diplomarbeit über das Thema, Johannes Gutenberg-Universität. Mainz, 2003.

LALLAM, Sandra. *Maitrisse d'Histoire Contemporaine*. Paris 1V Sorbonne, 1999-2000.

LANGBEIN, Hermann. *People in Auschwitz*. Londres, 2004.

LANGERON, Roger. *Paris: Juin 1940*. Paris, 1946.

LAROCHE, Gaston; MATLINE, Boris. *On les nommait les Étrangers. Les Immigrés dans la résistance*. Paris, 1965.

LEVI, Primo. *Os afogados e os sobreviventes*, trad. Luiz S. Henriques. São Paulo: Paz e Terra, 2004.

LIFTON, Robert Jay. *The Nazi Doctors. Medical Killing and the Psychology of Genocide*. Londres, 1986.

Live-Mémorial des deportés de France par mesure de repression 1940-1941. La Fondation pour la Mémoire de la Déportation. Paris, 2004. 4 vols.

LOTTMAN, Herbert R. *The Left Bank. Writers, Artists and Politics from the Popular Front to the Cold War.* Boston, 1982.

MARIUS, Michael; PAXTON, Robert. *Vichy France and the Jews*. Londres, 1981.

MARIUS, Michael. *The Nuremberg War Crimes Trial*. Londres, 1997.

MARNHAM, Patrick. *The Death of Jean Moulin*. Londres, 2001.

MICHEL, Henri. *Paris Allemand*. Paris, 1981.

_______. *Paris Résistant*. Paris, 1982.

MILHAUD, G. *Raymond Losserand 1903-1942*. Paris, 1949.

MORRIS, Alan. *Collaboration and Resistance Reviewed. Writers in the Mode Rétro in Post-Gaullist France*. Nova York, 1992.

NAITCHENKO, Maroussia. *Une Fille en guerre*. Paris, 2003.

NOGUÈRES, Henri. *Histoire de la résistance en France de 1940 à 1945*. Paris, 1967. 5 vols.

NOVICK, Peter. *The Resistance versus Vichy. The Purge of Collaborators in Liberated France.* Londres, 1958.

OUZOULIAS, Albert. *Les Bataillons de la Jeunesse. Les Jeunes dans la résistance*. Paris, 1972.

_______. *Les Fils de la nuit*. Paris, 1975.

PENDAS, Devin O. *The Frankfurt Auschwitz Trial 1963-1965. Genocide, History and the Limits of the Law.* Cambridge, 2006.

POLLAK, Michael. *L'Expérience concentrationnaire*. Paris, 1990.

PONTY, Janine. *Les Polonais du Nord ou la mémoire des corons*. Paris, 1995.

POZNER, Vladimir. *Descente aux enfers. Récits de deportés et de SS d'Auschwitz*. Paris, 1980.

PROST, Antoine (org.). *La Résistance: Une Histoire sociale*. Paris, 1997.

RAGACHE, Gilles; RAGACHE, Jean-Robert. *La Vie quotidienne des écrivains et des artistes sous l'occupation 1940-1944*. Paris, 1988.

RAJSFUS, Maurice. *La Police de Vichy*. Paris, 1995.

RAYSKI, Adam. *The Choices of the Jews under Vichy*. Notre-Dame, 2005.

RÉMY. *La Ligne de démarcation*. Paris, 1964. 6 vols.

"La Résistance et les français". *Les Cahiers de l'IHTP*, n. 37, Paris, dez. 1997.

RICHET, Charles; MONS, Antonin. *Pathologie de la déportation*. Paris, 1958.

RIOUX, Jean-Pierre; PROST, Antoine; e AZÉMA, Jean-Pierre. *Les Communistes français de Munich à Chateaubriand 1938-1941*. Paris, 1987.

ROSSI, A. *La Guerre des papillons. Quatre ans de politique communiste 1940-1944*. Paris, 1954.

ROSSITER, Margaret L. *Women in the Resistance*. Nova York, 1986.

ROUSSET, David. *L'Univers concentrationnaire*. Paris, 1946.

SERRE, Charlotte. *De Fresnes à Ravensbrück*. Paris, 1982.

SHELLEY, Lore (org.). *Criminal Experiments on Human Beings in Auschwitz and War Research Laboratories*. San Francisco, 1991.

_______. *Auschwitz: The Nazi Civilisation, Twenty-three Women Prisoners' Accounts*. Londres, 1992.

SIMONIN, Anne. *Les Éditions de Minuit. Le Devoir et l'insoumission*. Paris, 1994.

SLITINSKY, Michel. *La Résistance en Gironde*. Bordeaux, s.d.

SOULEAU, Philippe. *La Ligne de démarcation en Gironde 1940-1944*. Perigieux, 1998.

STREBEL, Bernhard. *Ravensbrück. Un Complexe concentrationnaire*. Paderborn, 2003.

SZMAGLEWSKA, Seweryna. *Smoke over Birkenau*. Nova York, 1947.

TCHAKARIAN, Arsène. *Les Fusillés de Mont-Valérien*. Nanterre, 1995.

"Témoignages sur Auschwitz". *Édition de l'Amicale de déportées d'Auschwitz*. Paris, s.d.

TERRISSE, René. *A la Botte de l'occupant*. Bordeaux, 1988.

_______. *Face aux Peletons Nazis*. Bordeaux, 2000.

THATCHER, Nicole. *A Literary Analysis of Charlotte Delbo's Concentration Camp Representation*. Nova York, 2000.

______. *Charlotte Delbo*: Une Voix singulière. Paris, 2003.
THIBAULT, Laurence (org.). *Les Femmes et la résistance. Cahiers de la Résistance*. Paris, 2006.
TILLON, Charles. *On Chantait Rouge*. Paris, 1977.
TILLION, Germaine. *Ravensbrück*. Paris, 1973.
VEILLON, Dominique. *Le Temps des restrictions en France 1939-1949*. Paris, 1996.
______. *Moda & guerra: um retrato da França ocupada*, trad. André Telles. Rio de Janeiro: Zahar, 2004.
VERCORS. *Le Silence de la mer*. Paris, 1945.
______. *La Bataille de Silence*. Paris, 1967.
VIDALENC, Jean. *L'Exode de mai-juin 1940*. Paris, 1957.
VILLERÉ, Hervé. *L'Affaire de la Section Spéciale*. Paris, 1973.
VILLON, Pierre. *Résistant de la première heure*. Paris, 1983.
VINEN, Richard. *The Unfree French: Life under the Occupation*. Londres, 2006.
WALTER, Gerard. *La Vie à Paris sous l'occupation*. Paris, 1960.
WIEVIORKA, Annette. *Ils étaient Juifs, resistants, communistes*. Paris, 1986.
______. *Déportation et génocide. Entre la mémoire et l'oubli*. Paris, 1992.

Agradecimentos

Meus agradecimentos, primeiro e mais importante, vão para as quatro sobreviventes do comboio que foram gentis em me encontrar e conversar comigo: Simone Alizon (Poupette), Cécile Borras (Charua), Madeleine Jegouzo (Betty Langlois) e Madeleine Odru Dissoubray. As longas entrevistas comigo e a gentil permissão para que eu citasse suas cartas e seus documentos tornaram este livro possível. Pela mesma gentileza, quero agradecer a Catherine Benainous, Frédéric Blanc, Claude Epaud, Jaunay, Yves Jegouzo, Catherine Kestemberg-Hardenberg, Tony Renaudin, Pierrette Rostaing, Gisèle Sergent Jaffredu, Paul Thévenin, Christine Umido, Michelle Vignac e Pierre Zani por conversarem comigo sobre suas mães e por me deixarem ver cartas e memórias não publicadas. Christiane Fillatre conversou comigo generosamente sobre suas irmãs, Lulu e Carmen, e Hervé Guillon sobre seus avós. Frédéric Blanc muito gentilmente permitiu que eu lesse o diário não publicado escrito por sua avó, Simone Sampaix.

Durante a minha pesquisa, recebi ajuda das seguintes pessoas; às quais gostaria de agradecer muitíssimo por seu tempo, sua generosidade e seu ânimo: Michel Bainaud, Rosine Crémieux, Fernand Devaux, Catherine Dubois, Claudine Ducastel, M.R.D. Foot, Trudy Gold, Roger Hommet, Freddy Knoller, Pierre Labate, Gilbert Lazaroo, Christine Levisse-Touzé, madame Marchelidon, Stefan Martens, André Montagne, Claude-Alice Peyrotte, Marion Quény, Claudine Riera-Collet, Bernard Strebel, Rita Thalmann e Mala Tribich. Claudine Riera-Collet, amiga e testamentária de Charlotte Delbo, me deu conselhos e a gentil permissão de usar os trabalhos de Delbo.

Muito do material usado neste livro vem de arquivos mantidos por inúmeras bibliotecas e instituições. Em especial, gostaria de agradecer aos seguintes indivíduos e funcionários das bibliotecas: M. Roland-Boisseau e à AFMD em Bordeaux; L'Amicale de Ravensbrück,

Paris; M. Laux e aos Archives Départementales de la Gironde; madame LeClerc e aos Archives Départementales de Indre-et-Loire; Laurence Bourgade e aos Archives Départementales du Val-de-Marne; Cyrille Lequellec e à Fondation pour la Mémoire de la Déportation; L'Association des Déportés, Internés de la Résistance; L'Association Mémoire Vive des Transports des 45.000 et 31.000; madame Rutkowski e à Bibliothèque Polonaise em Paris; Patrick Le Boeuf e à Bibliothèque Nationale, na rua de Richelieu; Arnaud Boulligny e ao Bureau des Archives des Victimes des Conflits Contemporains, Caen; Caran; Le Centre Jean Moulin; Le Comité des Fusillés de Souge; madame Baron e madame Micheline, da Fédération Nationale des Déportés et Internés Résistants et Patriots (FNDIRP); The Holocaust Survivors Centre, Hendon; Christine Levisse-Touzé e ao Mémorial du Maréchal Leclerc de Hautecloque de la Libération de Paris; Le Mémorial de la Shoah em Paris; Wojciech Plosa e Symon Kowalski do museu Oswiecim-Brzrzinka; ao Ministério da Defesa francês; ao Musée de l'Histoire Vive em Montreuil; Marie-Claire Ruet e ao Musée de la Résistance et de la Déportation, Besançon; Xavier Aumale e ao Musée de la Résistance Nationale em Champigny-sur-Marne; ao Museu Sikorski, Londres; Cordula Hundertmark, Monika Herzog e à dra. Insa Eschebach, dos arquivos de Ravensbrück.

Christina Meier e Monika Liro me ajudaram com as pesquisas polonesas e alemãs — por isso, agradeço-lhes muitíssimo.

E gostaria de agradecer a todos os amigos que, por meio de sua hospitalidade e disposição de viajar comigo, tornaram este livro possível: Catherine e Olivier Beressi, Anne Chisholm, Karin Demorest, Virginia Duigan, Hubert Faure, Annie Nairn, Kathy van Praag, Patricia Williams, Lyn e Carlos Windmann. Ingrid von Rosenberg e Gerd Strechman não só viajaram comigo para Ravensbrück e Auschwitz, mas também encontraram material de que eu jamais teria conhecimento.

Mais uma vez, quero agradecer, sinceramente, a meus editores, Jennifer Barth, Poppy Hampson e Penelope Hoare, à minha agente, Clare Alexander, e a Helen Smith pelo índice.

Pelos versos de Charlotte Delbo, *Auschwitz and After*, traduzidos por Rosette Lamar [na edição em inglês], na página 295, gostaria de agradecer a Claudine Riera-Collet e o executor literário de Charlotte Delbo.

Os versos de Louis Aragon, na página 231, são da obra *Collected Poems*, publicada por Gallimard.

Os versos de Paul Éluard, nas páginas 89/90, são do poema *Courage*, da obra *Au Rendez-vous Allemand*, Éditions de Minuit, França, 1944. Tradução da autora.

Índice remissivo

C

D

Q

R

Produção editorial
Mariana Elia
Thiago Braz

Revisão
Victor Almeida
Eduardo Carneiro

Indexação
Marília Lamas

Projeto gráfico
Priscila Cardoso

Diagramação
Filigrana Design

Este livro foi impresso em novembro de 2012, pela RR Donnelley, para a Editora Paz e Terra. A fonte usada no miolo é Dante 11,5/14. O papel do miolo é lux cream 70g/m², e o da capa é cartão 250g/m².